麦读
MyRead

走向上的路　追求正义与智慧

MyRead

PRIVATE LAW

麦读私法译丛

FOUNDATIONS OF
American Contract Law

美国
合同法的根基

〔美〕
詹姆斯·戈德雷（James Gordley） 著

张淞纶 译

中国民主法制出版社
全国百佳图书出版单位

[美] 詹姆斯·戈德雷（James Gordley）　　作者简介

比较法、合同法及法律史领域极具声望的学者，美国艺术
与科学院院士。先后毕业于芝加哥大学和哈佛大学，获法
律博士学位。1978 年至 2007 年任教于加州大学伯克利
分校，曾任 Shannon Cecil Turner 法理学讲席教授，2007 年
荣休；此后转至杜兰大学法学院，担任 W.R.Irby 杰出大学
讲席教授。2022 年，获美国比较法学会"终身成就奖"。
主要研究领域为比较法与合同法，已出版代表性著作：*The
Philosophical Origins of Modern Contract Doctrine*（中译《现代合
同理论的哲学起源》，法律出版社 2024 年版）；*Foundations
of Private Law:Property,Tort,Contract,Unjust Enrichment*（中译《私
法的基础：财产、侵权、合同和不当得利》，法律出版社
2007 年版）；*An Introduction to the Comparative Study of Private
Law: Readings,Cases,Materials*（中译《私法比较研究导论：
阅读、案例、材料》，中国法制出版社 2021 年版）。

张淞纶　　译者简介

1983 年生，吉林长春人，法学博士，广东外语外贸大学土
地法制研究院副院长、教授，广东外语外贸大学"云山青年
学者"。兼任中国法学会民法学研究会理事，广东省法学会
乡村振兴法治研究会副秘书长，《法治社会》民商法责任编
辑。2006 年毕业于吉林大学法学院，获得法学学士学位；
2011 年毕业于武汉大学法学院，获得民商法专业法学博士
学位（提前攻博）；2011—2013 年于华中科技大学人文学
院哲学系进行博士后研究工作。主要研究方向为物权法和财
产法、土地法、英美财产法、财产法史与财产法哲学。出版
专著 2 本，译著 4 本，在《哲学研究》《中外法学》《环球
法律评论》《法商研究》《政法论坛》《法学评论》《法律科学》
《交大法学》《法治现代化研究》等期刊上发表论文近 40 篇。

继受与超越

李 昊

2000年，我攻读硕士之初，梅迪库斯（Medicus）教授所著之《德国民法总论》刚经邵建东教授引介入国内，一时间洛阳纸贵。凡研习民法者，均视若至宝，焚膏继晷，再三研读。四年之后，我前往德国求学，于慕尼黑大学图书馆大快朵颐，耳濡目染，逐渐体会到德国民法的博大精深。之所以谈及此番经历，不为其他，仅为说明我国当代研习民法者对德国民法多有崇尚。究其原因，主要有两个方面。

一方面，德国民法潘德克顿体系（Pandektensystem）经由萨维尼（Savigny）、普赫塔（Puchta）、温德沙伊德（Windscheid）等数代名家精琢细磨，汲取罗马法的神髓，兼济日耳曼法的传统，最终成就五编制体例，并于20世纪独领风骚。德国民法精于体例，契合我国《唐律疏议》《宋刑统》《大明律》等成文法典的立法传统；其又长于理论，如若适当继受，必然有益于我国法治的长足发展。

另一方面，对于德国民法的承继，并非从当代开始，早在近代时即已有之，且在百余年间从未中断。清末修律之际，沈家本受命为"修律大臣"，民法编纂即被列入修律计划，并委任日本学者梅谦次郎、冈田朝太郎、松冈义正三人协助制定。虽然有学者据此认为《大清民律草案》取法日本，但明治民法本就以德国民法第一草案为蓝本，德国民法的概念术语、法律教材经由日本翻译引入中国，可以说是对德国民法的间接继受。沈家本曾奏称："伏查欧洲法学统系约分德、英、法为三派，日本初尚法派，近则模范德派，心慕力追。"由此亦可知，《大清民律草案》虽形似日本，神髓却从于德国。综上所述，我们足可认为我国早在清末修律之际就已继受德国民法。但是尚未及《大清民律草案》付诸施行，清帝溥仪退位，民国随之建立。民国之初，民律编纂便被提上日程，其赓续此前《大清民律草案》，除债编部分多有改动之外，其他部分均得沿袭。民国民法继受前清民律草案，更由兼具德瑞法日法学背景的史尚宽先生等学者主导，诚如梅仲协先生所言，民国民法虽对瑞士民法有所参酌，亦有借鉴法、日、苏俄民法，但本质上仍是承袭德国民法，并转向直接继受。新中国成立之后，废除六法全书，承载德民精义的民国民法在大陆已然告终，随即转向继受苏俄民法。但是，苏俄民法同采德国民法体系，在具体制度上不乏德国民法风骨，从两处便得窥知：一是苏俄民法也依物债二分体系；二是苏俄民法亦遵法律行为公因式提取之法。由此，潘德克顿体系附着于苏俄民法而为新中国民法草案所继受，此亦可谓是对德国民法的间接继受。

所谓继受（Rezeption），并非对域外法制度的"传播"（weitergeben）或"接受"（aufnehmen），而是外来制度逐渐融入本国法的过程。我国民法之骨架已然具备德国民法物债二分与法律行为特质，且已有百余年继受历史及理论基础，民法理论深入发展之首需者即为原原本本地引介德国民法制度，探究潘德克顿法学本质。米健教授、吴越教授对此早有洞见，在20世纪末21世纪初先后主持"当代德国法学名著"丛书、"德国法学教科书译丛"，开德国法学系统引介之先河。之后，德国民法继受之风日盛，留德学者渐增，研习德国民法者甚众。也正因二位前辈珠玉之功，德国法学继受方才于中国民法百年之际得以回归，实乃我国民法之幸。

20世纪80年代，美苏冷战趋于终结，世界贸易互通日渐勃兴，英美法借此契机引领国际契约法的统一，尤其是《联合国国际货物销售合同公约》（CISG）深刻体现了英美合同法的影响。20世纪90年代，我国合同法立法如火如荼，从三足鼎立走向统一之合同法（1999年《合同法》）。1999年《合同法》并不偏取德国民法，在概念体系及原则上综合继受德国、日本及我国台湾地区之"民法"，而在总则尤其是违约责任以及买卖合同具体条文部分又着重参考了 CISG、《国际商事合同通则》（PICC）与《欧洲合同法原则》（PECL）的规定，进而纳入了英美合同法的视角。此际的我国商事立法尤其是公司法和证券法更是受到美国法的深度浸染，民事诉讼法理论也逐渐呈现出由日入德的趋势。

1999 年《合同法》开创我国民法多元继受的先河，此后《物权法》（2007 年）于物权变动模式上兼采德、日、英、美诸域民法，形成公示生效与公示对抗混合模式；《侵权责任法》（2010 年）更是在侵权责任一般成立要件上兼采大陆法系"一般条款"构造与英美法系"类型化"思想，形成"一般条款＋类型化"的立法模式。2020 年，我国民法各单行法最终编纂成《民法典》，各单行法附带的多元继受特质随之进入《民法典》中，由此也决定了此后民法典时代教义学发展的路径。多元继受并非"多元"的简单堆砌，而在于"继受"之融合一体，浑然天成。而欲达成此目标，存在三重困难：首先，我国民法没有立法理由书，故追溯各制度、条文之继受渊源便无所依从。其次，我国当代学者知识结构相对单一，或倚德法，或取日本法，或谙法国法，或采英美法，各有所长，却少有全面综合之学者，这与我国民法典多元继受格局难以相称。最后，我国民法在 20 世纪 80—90 年代借鉴日本法，而后又转向德国法，受意大利、法国等国民法理论的影响不强，英美体系嵌入困难，形成了民商割裂、程序法与实体法疏离的局面。而且，我国民法对日本民法多元继受以及德国民法自身体系弊病理解不足，立法上也未予以甄别、澄清，故而导致现有体系杂糅不通，难以形成协调一致的严密体系。

我国民法多元继受已成定局，但仍须以德国民法体系为根基。德国民法体系特质在于物债二分，物权变动理论的根基也在于此，但碍于彼时外文文献翻译不甚准确，人云亦云，逐渐偏离德国民法，且误读奥地利民法，以至于在物权变动问题上分歧严重，难达共识，实乃我国继受德国民法之最大缺憾。基于此，继续准确译介德国文献实属必要。2009 年，我甫入教职，便在中国人民大学出版社启动"外国民商法教科书译丛"翻译计划，自 2012 年出版德国通行畅销的布洛克斯／瓦尔克（Brox/Walker）《德国民法总论》（第 33 版）始，相继推出韦斯特曼（Westermann）《德国民法基本概念》（第 16 版·增订版）、罗歇尔德斯

(Looschelders)《德国债法总论》(第 7 版)、多伊奇/阿伦斯(Deutsch/Ahrens)《德国侵权法》(第 5 版)、慕斯拉克/豪(Musielak/Hau)《德国民法概论》(第 14 版)等一系列德国主流的民商法教科书,目前计划仍在持续进行并不断更新版次(《德国民法总论》2019 年更新至第 41版,《德国侵权法》2022 年更新至第 6 版,《德国民法基本概念》2025 年更新至第 17 版)。

德国译著的引介,不仅是对具体制度的介绍,更兼有法律文化、法律实务以及法律教育之多元呈现。制度的形成倚赖济济人才,而人才培养又倚赖教育兴盛。德国法学教育最值得借鉴之处,首推其"完全法律人"(Volljurist)培养理念,以及建立在法教义学基础上的以鉴定式案例研习为典范的教学模式。鉴于对德国法学教育模式的认可,继"外国民商法教科书译丛"之后,我又于 2019 年推出"法律人进阶译丛",以德国法学教育体系为蓝本,将译丛分为启蒙、基础、拓展及经典四个系列,并以鉴定式案例研习方法相辅,遍及法学全领域,旨在整体地引入德国法教义学之教学体系。

德国译著一时涌入,继受德国民法在当下蔚为主流,但切不可依据知识结构之路径依赖而盲目地奉为圭臬。例如,《民法典》第 1165条第 1 款是侵权责任成立要件之一般条款,近来有对该条款作"三阶层构造"解释的倾向。但应注意的是,若要作三阶层之论,就必须从第1165 条第 1 款中解释出"违法性"(Rechtswidrigkeit)要件。所谓违法性,在德国法上素来有结果不法说(Erfolgensunrecht)与行为不法说(Handlungsunrecht)之争,当今通说采双重违法性说(zweifache Rechts-widrigkeit),即结果/危险关联的违法性(erfolgs-/gefahrdungsbezogne)和行为/禁止关联的违法性(verhaltens-/verbotsbezogne Rechtswid-rigkeit),前者适用于直接侵害行为,此时法益侵害征引违法性,后者适用于间接侵害行为,此时需要借助行为义务/交易安全义务来确定违法性。行为不法的存在,将导致违法性阶层与有责性阶层混同,虽然提出内在注意(innere Sorgfalt)与外在注意(äußere Sorgfalt)区分,但是二者终究仍在多数情形下存在一致性要求,几无区别实益。基于此,布吕格迈尔(Brüggemeier)教授主张以义务违反为核心统一违法性与有责性两个阶层;瓦格纳(Wagner)教授也提出过错违法性要素说,虽然与布吕格迈尔教授的思路有别,但殊途同归,最终在结论上都使"违法—有责"两个阶层归于同一。依上述所言,《民法典》第1165条第1款不宜囿于知识背景而盲从德国民法的三阶层构造,如仍决心继受德国民法,也不应不探究其制度背后原理而盲目增加"违法性"要件。

我国民法虽然以德国民法体系为根基,但也不能在具体制度上盲目偏取,否则,非但上述三重困难无法克服,反而会增加多元继受各制度之间的掣肘。例如,《民法典》第147条规定"重大误解",我国多数学者将其与错误等同,继而偏取德意志式意思表示错误制度。德国民法意思表示错误制度规定于《德国民法典》第119条,与我国《民法典》第147条在表述上具有本质性差别,我国为何又偏取德国民法?一方面,在20世纪90年代,我国大陆学习台湾地区"民法",后者的错误制度与德国错误制度同宗同源,故而我国已经积淀了相对完备的德国错误理论基础,而后又顺应本世纪德国民法继受主流之势,移植德国民法一套体系完善的制度并非难事。另一方面,盲目奉德国民法为圭臬,并未察究德国民法意思表示错误制度的漏洞所在——单方错误与双方错误有本质之别,而《德国民法典》第119条未作区分,此即为法律漏洞。为填补此漏洞,德国民法判例创设主观行为基础理论来规制双方动机错误,并最终于2002年新债法改革之际成文化。我国若采德国民法意思表示错误制度,上述法律漏洞如何填补,诚为难题。如若对德国意思表示错误制度进行过深入研究,便绝不会如此贸然继受,徒增法律漏洞。我国"重大误解"既然不采纳德国民法意思表示错误制度,那么自然要进一步考察其来源。根据考证,我国"重大误解"源自苏俄民法重大误解(或严重错误)制度。苏俄民法虽然在体系上引入了德国民法之法律行为及意思表示概念,但其内嵌罗马—法国法系错误理论,即依照契约要素来界定错误重大性之类型化模式。对我国"重大误解"的理解,首先应当尊重文义解释,依照立法继受来源的考察,应当取与苏俄民法"重大误解"相同文义之解释;继而可采苏俄民法错误理论或较之更为本宗的罗马—法国法错误理论;在此之后,理论如何发展,是否存在不足或弊端,则待后续研究解决。

以上诸例，可谓"经由德国法，超越德国法"。

我国民法多元继受的格局虽然决定了体系上须以德国民法为根基，但在具体制度上不应囿于德国民法，而应主动探究制度继受的渊源，在与其他法例及其实效综合比较的基础上进行取舍。鉴于个体的外语能力有限，多元引介法、奥、意、日、俄、英、美诸法域的译著才是解难之道。2009 年，我启动"外国民商法教科书译丛"翻译计划之初，原定选取德、法、意、日诸国的民商法基础教科书进行翻译，借此反映当今世界主要大陆法系国家的民商法教学全貌，但有碍于当时翻译人才短缺，除德国、奥地利民法之外，仅仅纳入了"日本侵权行为法"和"日本民法争点"两个选题。真正踏入该领域后，我才深刻地感受到学术翻译工作有不为外人所道之艰辛。于我而言，此番努力绝非贪求个人私利，仅是希望能为学界同仁提供学术助益。借由译著继受域外法，进而超越域外法，是我一直以来的志趣所在。计划启动之初，多有共识者援手以襄，为译为勘，也正是因此，我决心以此为毕生追求，至今亦未曾有过丝毫懈怠。而后，我相继于 2009 年和 2012 年推出"侵权法人文译丛""欧洲侵权法与保险法译丛"，这两部译丛在侵权法统一主题下对欧陆其他法域以及英美法作整体性介绍，并注重交叉主题之引入，由此，多元化引介已初露峥嵘。随着小语种人才日渐隆盛，组建多元化译者梯队亦可期待，故而我在 2019 年推出的"法律人进阶译丛"中即有意识地在四个子系列中纳入英美、日本、意大利等不同法域最新的和经典的法学著作，同期推出的"欧洲法与比较法前沿译丛"则更多地纳入欧洲法和比较法视域下的著作，两部译丛正式启动了多元译介计划。2023 年初，又蒙麦读曾健先生不弃，洽商多位青年才俊后，新设译丛，赓续多元译介计划。本计划所欲引介的著作偏重私法领域，其中德国私法著作在于查缺补漏，重续经典，更多的视野将扩及德国以外的私法著作，尤其是日本、英国、美国和奥地利、瑞士等国的新近和经典私法著作，其范围不限于传统民法、商法、民事诉讼法、私法史以及方法论著作皆在囊彀之中。

倘若多元译介计划可以继而持之，域外多元化制度借此引入，即可与我国私法制度加以对比，继而探究立法来源，第一重困难便迎刃而解。再者,多元译介计划有助于开拓学术眼界,可弥补因语言障碍而导致的知识结构单一之不足,如此第二重困难也可消除。须得注意的是,在消解前述二难的同时,我们也得以自如地克服某一域外制度本身的弊端。日本作为多元继受国,同时也作为我国继受来源国之一,学习日本继受经验将大有裨益:一是探求其多元继受的路径,避免重蹈覆辙;二是吸收其继受错误之后的纠偏之举。例如,日本基于其民法立法未能充分体现证明责任分配的状况而发展出了一套融合了实体法和程序法、证明责任和主张责任的司法官训练方法,即所谓要件事实论,借此克服多元继受偏差带来的弊端。我国如若能够以日本继受经验为镜鉴,破除多元继受制度之间的壁垒,构建圆融统一的体系,便可实现"经由域外法,超越域外法"的转变。此亦即"麦读私法译丛"之所求。

是为序。

2025 年 7 月 10 日

中文版序言

詹姆斯·戈德雷

　　尽管这本书探讨的是美国的合同法,但其所解释的问题,也应会为中国的法学家所关注。规则不同是寻常之事。美国联邦各州都采用了英国的普通法(路易斯安那是个例外)。中国《民法典》则是直接或间接地受到欧陆法的影响,特别是德国法。但所有的法学家都必须处理相同的问题,其中之一便是19世纪的遗产。

　　在19世纪,西方的法学家采用了合同的意志理论,合同被定义为当事人的意志。法学家们常常说,合同因当事人的意志或合意而成立。这一革新等于声称,意志是当事人合同债务的全部源头。

　　这些理论难以应对合同法的问题,即便是19世纪的合同法。它们无法解释,为什么当事人会受到合同的约束? 当事人固然是自愿地进入合同,但说一个合同有约束力,就是说其可以针对某个当事人而被执行,即便该人不希望再被约束亦然。每一方当事人都希望获益,但如果某一方没有获益,他也一样要受到合同的约束。

　　更重要的是,当事人会受到很多债务的约束,而前者或许压根没有想到这些债务,也就谈不上有明示的同意。买卖、租赁或合伙的当事人,会受到买卖法、租赁法或合伙法所规定的债务之约束。

　　而且,即便是在19世纪,如果合同条款极度不公平,当事人也不会受约束。比如,盎格鲁-美国的法律就对"显失公平"(unconscionable)的条款授予了救济,而法国法则对土地买卖中的损害(léison)、德国法对合同价格的失衡都授予了救济。时至今日,几乎在每个地方,面对合同或消费者合同中的严苛条款,当事人都会得到救济。

正如我与我的合作者蒋昊(Hao Jiang)在别处所指出的,[1]这里的困难在于,19世纪的法学家丧失了对更早之观念的视野,而后者曾经指引着合同的理论,其可以上溯至亚里士多德,这就是自愿的交换正义。合同必须是自愿进入的,但合同的条款必须在经济上是公平的,意即在合同缔结之时,没有一方当事人会因他人之开销而得利。由此,因买卖之货物的市场价格变动,或者因货物有缺陷,再或因未预料的情形导致货物无法发挥其最初的功用,一方当事人可能会变得更糟或更好。他们缔结合同就是为了分配此种风险。交换正义要求,当且仅当在合同缔结之时一方当事人得到了补偿,其才应当承担此种风险。

这是一个简单的规则,但在本书之中,我会指出它能解释美国合同法之大部。在其他地方,蒋教授和我曾一起指出,其也可以解释中国合同法之大部。[2]

2025 年 3 月 9 日

---

[1] "Contract as Voluntary Commutative Justice," 2020 Michigan State Law Review 725.

[2] "Fairness in Chinese Contract Law: A Borrowed Mistake," 2024 European Review of Private Law 241-258.

各种体系都破裂了……

——格兰特·吉尔莫

我们的目标是重新思考合同法的诸种根基。

——詹姆斯·戈德雷

目　录

第一部分　绪论

第一章

对体系的找寻

一、各种体系都破裂了

我们的目标是重新思考合同法的诸种根基,我们所采取的方式,是希望有助于理解美国普通法中的法律。那么首先要说明,为什么这些基础需要被重新审视。

对合同法进行系统化,这是普通法与大陆法在 19 世纪诸多伟大事业中的一项。在 20 世纪晚期,正如格兰特·吉尔莫(Grant Gilmore)所看到的:"各种体系都破裂了,而且现在看来,也没办法把它们粘回去。"[1]

这些体系是实证主义的、概念主义的,而且大部分都是意志论主义的(voluntarist)。说它们是实证主义的,是因为它们意在为特定法体系中具有法定权威的文本提供最优解释。在普通法的国家里,这些有权文本是判例;在某些大陆法的国家中(比如法国),它们则是民法典中的条款。而在其他国家(比如德国),它们就是罗马法的文本,后者由公元 6 世纪的优士丁尼皇帝所搜集,也就是后世所称的《民法大全》(*Corpus iuris civilis*)。

说这些体系是概念主义的,因为几乎所有的规则都是从少数概念中推演出来的。概念主义和实证主义如影随形:因为概念被认为是有权文本所明示或暗示出来的。这样一来,基于概念所推演出的规则,就和这些文本有着同等的权威。如果某个法学家得出了某个结论,但这个结论并不能从(有权)文本中推演出来,那么他就不是在阐释法

---

[1] Grant Gilmore, The Death of Contract 102 (1974).

律,而是在制造法律。

说这些体系是意志论主义的,尽管其对意志的强调到 19 世纪便已引发了反响。其时法学家们依据当事人所表达之意志来界定合同。[2] 这一革新并非意味着当事人通过表达"自己希望如此这般"来缔结合同——尽管罗马法学家曾如是说,[3] 而是要将当事人的意志作为(用 A. W. B. Simpson 的话)"一种基础规范(Grundnorm),由此可以推演出尽可能多的合同法规则"[4]。19 世纪与 20 世纪早期,可被铭记为合同的意志论时代。

这些理论的一个缺憾,便是它们无视目的(purpose)的理念。一个广为人知的范例是兰代尔(Christopher Columbus Langdell)的断言,即从逻辑的角度讲,直到要约人收到了受要约人对要约的接盘(acceptance),合同才会成立。根据定义,没有合意(mutual assent)就没有合同,而没有沟通就没有合意。相比之下,在意志理论勃兴之前,一直适用的是普通法规则,即对要约的接盘发出即生效。有学者指出,普通法的这一规则会更好地维护当事人的利益。不过兰代尔指出:"对此反驳的正确回答,就是这无关紧要。"[5]就像在数学中一样,结果源自定义,而与目的无关。

---

〔2〕 参见 1 Samuel Comyn, A Treatise of the Law Relative to Contracts and Agreements Not Under Seal 1 (1809); John Newland, A Treatise on Contracts, Within the Jurisdiction of Courts of Equity 1 (1821); Joseph Chitty, Jun., A Practical Treatise on the Law of Contracts, Not Under Seal; and upon the Usual Defences to Actions Thereon 3 (1826); 2 James Kent, Commentaries on American Law 450 (Charles M. Barnes ed., 13th ed. 1884); C. E. Dodd, *On the Construction of Contracts—Assent—Construction*, 12 Legal Observer J. Juris. 249, 249 (1836); William W. Story, A Treatise on the Law of Contracts Not Under Seal 1 (1844); Professor Carey, *A Course of Lectures on the Law of Contracts*, 4 L. Times & J. Prop. 448, 463 (1845); 1 Theophilus Parsons, The Law of Contracts 6 (3d ed. 1857); Stephen Martin Leake, The Elements of the Law of Contracts 7-8 (1867).

〔3〕 Dig. 2. 14. 1. 3.

〔4〕 A. W. B. Simpson, *Innovation in 19th Century Contract Law*, 91 L. Q. Rev. 247, 266 (1975).

〔5〕 Christopher Columbus Langdell, Summary of the Law of Contacts 20-21 (2d ed. 1880).

这些理论的另一个缺憾在于,说当事人的意图是其合同中全部债务的源泉,这很难令人信服。霍姆斯(Oliver Wendell Holmes)与威利斯顿(Samuel Williston)就曾质疑,法律将很多条款"读"入了合同,以便规范那些当事人未曾约定、实际上可能从未想过的事项。正如威利斯顿所言:"假定人人懂法,而且每人缔约时都参考法律,还能将法律的条款纳为协议的条款,真是子虚乌有之事。"[6]霍姆斯与威利斯顿提出了"客观化理论"(objective theories),后者将合同定义为法律定着(attach)于当事人所言或所为之后的各种结果。不过他们并没有解释,法律为什么会定着了这一套(而不是其他的)后果。

再一个缺憾是,有时缔约双方确实达成了合意,但法律却并不会执行(enforce)这些条款。某人承诺赠与金钱或财产,即便一方明确表明了赠出的意愿,而另一方也愿意接受,但法律不会执行这个承诺。有时候法律也不会执行苛刻的议价(harsh bargain)。即便是在 19 世纪与 20 世纪早期,法院虽然认为公平无关紧要,但仍然针对不公平的交易给出了救济。到了 1952 年,《统一商法典》(Uniform Commercial Code, UCC)认为公平还是重要的,其允许法院拒绝执行"显失公平"的条款。[7] 类似的条款也被纳入了 1981 年的《第二次合同法重述》(以下简称《第二次重述》)。[8]《第二次重述》还将其他传统规则解释为防止不公的途径,比如,防止一方利用他人的开销来进行投机。

美国合同法的体系化累积于《第一次合同法重述》(以下简称《第一次重述》),它的报告人是塞缪尔·威利斯顿(Samuel Williston)。此次重述反映了当时的实证主义与概念主义。尽管其意在形塑最符合既判案例的规则,但却未能像威利斯顿所希望的那样体系化。在威氏所期冀的客观化理论与关注当事人意愿之间,《第一次重述》反复横跳。有时,它还会牺牲逻辑以便满足对目的实践关切。

在吉尔莫宣称"各种体系都破裂了"之后,《第二次重述》旋即出

[6]　2 Samuel Williston, The Law of Contract § 615 (1920).

[7]　U. C. C. § 2-302 (Am. Law Inst. & Unif. L. Comm'n 1977).

[8]　Restatement (Second) of Contracts § 208 (Am. Law Inst. 1981).

版。起草者当然无意把这些破裂的体系给粘回来,而且正如吉尔莫所指出的,也没人知道该怎么粘。出于惰性,《第一次重述》的很多内容都传到了《第二次重述》。对公平的关注以及对当事人目的的强调,都是基于某种特定目的的(*ad hoc*)基础。有时,起草者会在已经非常复杂的规则上再加几个弯弯绕;有时会故弄玄虚。《第二次重述》的规则如今已被很多法院所采纳——有时是不加鉴别;有时还会无视法院自己的在先判决。本书将会关注这些规则,因为它们向我们展示出,不对合同法的基础进行重新审视就设计零零碎碎的解决方案,这将是多么困难!

二、19 世纪之前的合同理论

我们会从更早的合同法理论中借来一些观念,这些理论为 16 和 17 世纪的欧陆法学家所创,直至意志理论勃兴之前,其从未被确定地放弃。

这些理论的建构者从属于一个哲学家-法学家的学派,历史学家们称其为“晚期经院主义者”(late scholastics),因为他们的方法都是基于对冲突的权威文献进行协调,这一点很像中世纪的经院主义者。他们希望能协调中世纪法学家所阐释的罗马法与托马斯·阿奎那所阐释的亚里士多德哲学。这些人的领袖包括索托(Domingo de Soto,1494—1560)、莫利纳(Luis de Molina,1535—1600)和莱西乌斯(Leonard Lessius,1554—1623)。

晚期经院主义者的作品对北方自然法学派的创始人——格劳秀斯(1583—1645)——产生了深刻的影响。格氏及其追随者从晚期经院主义者那里受惠颇多,包括作品的结构以及很多结论在北欧广为传播。但吊诡的是,这一传播的世纪,恰恰是亚里士多德哲学丧失了无可争议的权威的世纪。18 世纪的法学家——如波蒂埃(Robert Pothier,1699—1772)——也是以完全相同的方式在阐释合同。一个世纪之后,这种理论的思想基础却不再为普通法与大陆法的法学家所接受了。

　　根据先前的理论,当事人缔结合同以及法律执行合同有两个目的或者说原因(*causae*),一个是践行慷慨(Liberality),另一个则是接受对等于自己所给出的东西。晚期经院主义者在这里援用了亚里士多德。根据亚氏的文义观点,所谓慷慨,不仅仅是慷慨地授予利益,而是"对应该的对象,按应该的数量,在应该的时间及其他正确给予所遵循的"〔9〕*。亚里士多德还认为,自愿的交易(诸如买卖和租赁)是交换正义之行为,即当事人以等价进行自愿的互易。〔10〕

　　如果双方所缔结之合同出自慷慨,那么当事人则有可能希望是以自己的开销来向他人授予利益,当然他也可能不打算如此,而是希望一毛不拔但助人为乐。比如,他把自己现在不用的财产或金钱借出去,或者他同意照看别人的财产,相信自己不会有额外的成本。这些合同均因合意而有约束力,但好意之当事人若发现自己得"花钱",那么他就可以抽身而退。〔11〕反过来,一方当事人也会希望以自己的开销来利益对方。比如,他承诺把自己的金钱或财产赠与对方。慷慨意味着不仅要给出去,更要给得明智。一方当事人需要明智地行为,这是为了解释源自罗马法的规则,即此种承诺只有具备了特定的形式才具有约束力。在中世纪,"形式"变成了在一位公证人(notary)面前签署协议。据说大陆法还承认了这一要件的两种例外:对婚姻的赠与

---

　　〔9〕　Aristotle, Nicomachean Ethics IV. i. 1119b-1120a.

　　*　此处译文参照了苗力田先生所译的《尼各马科伦理学》(修订本),中国社会科学出版社 1999 年版,第 73 页,特此说明并致谢。——译者注

　　〔10〕　Id. V. ii 1130b-1131a; V. i 1131b-1132b. 熟悉亚里士多德的 14 世纪法学家率先通过使用亚里士多德的思想形塑了原因规则。BARTOLUS DE SASSOFERRATO, COMMENTARIA CORPUS IURIS CIVILIS IN OMNIA QUAE EXTANT OPERA TO DIG. 12. 4. 16 no. 3; to Dig. 44. 4. 2. 3 (1615); BALDUS DE UBALDIS, COMMENTARIA CORPUS IURIS CIVILIS TO C. 3. 36. 15 no. 3; TO C. 4. 30. 13 no. 14 (1577); BALDUS DE UBALDIS, IN DECRETALIUM VOLUMEN COMMENTARIA TO X 1. 4. 11 no. 30 (1595). 不过他们并未将这个规则整合为更大的理论,参见 James Gordley, Philosophical Origins of Modern Contract Doctrine 49-57 (1991)。

　　〔11〕　3 LUDOVICUS MOLINA, DE IUSTITIA ET IURE TRACTATUS disp. 279, no. 10 (1614).

(*proper nuptias*)〔12〕以及对(慈善性)机构的承诺(*ad pias causas*)。〔13〕
在这两种情况下,捐赠被认为也是明智的行为。

　　在交易合同中,据说对等原则是用来回答(经由中世纪法学家解释的)罗马法为什么会对重大损失(*laesio enormis*)——即偏离超过公正价格一半的情况——提供救济。公正价格的确定,乃是根据竞争性条件下的市场价格。〔14〕 这个救济只适用于严重违反的情况,而其理由也一定是实用性的,诸如维护商业稳定。〔15〕

　　据说对等原则还用来解释法律为何会将一些条款写入合同,尽管当事人全无明示约定。在(经由中世纪法学家解释的)罗马法中,如果没有相反约定,卖家就要确保自己的货物无瑕疵。据说,这一认知的理由是,不这样买家就意味着多花了冤枉钱。〔16〕 莫利纳曾经指出,卖家可以明示放弃这一保证,但前提是他要降低价格以便保障对等。〔17〕

　　对意志论者来说,先前理论所立基的思想是难以接受的。他们相信,要法律来关心当事人的行为是否明智,或合同是否公平,这是家长主义做派。法律要求赠与金钱的承诺必须满足形式化要求才能被执行,意志论者也对此表示困惑。在交易合同中,斯托里(Joseph Story)指出:

　　　每个人只要不是有特殊残疾,那么他都可以按其选择的方式和条

---

　　〔12〕　4 ANTONIUS DE GAMMA, DECISIONUM SUPREMI SENATUS LUSITANIAE CENTURIAE dec. no. 348, no. 5 (1622). 莫利纳接受了这一点,参见 *supra* note 11, at no. 7。

　　〔13〕　Julius Clarus, SENTENTIARUM RECEPTARUM LIBER QUARTUS lib. 4 § Donatio q. 17. no. 1 (1595); 2 Antonius Gomezius, VARIAE RESOLUTIONES IURIS CIVILIS, COMMUNIS ET REGII cap. 4, no. 10 (1759). 莫利纳接受了这一点,参见 note 11, at no. 2; Leonardus Lessius, DE IUSTITIA ET IURE, CETERISQUE VIRUTIBUS CARDINALIS lib. 2, cap. 18, dub. 13, no. 102 (1628)。

　　〔14〕　比如,参见 GLOSSA ORDINARIA to C 4. 44. 2 to auctoritate iudicis (1581)。

　　〔15〕　参见 Domenicus Soto, De iustitia et iure libri decem lib. 6, q. 2, a. 3 (1553); Molina, *supra* note 11, at disp. 348; Lessius, *supra* note 13, at cap. 21, dub. 2。

　　〔16〕　Molina, *supra* note 11, at disp. 353; Lessius, *supra* note 13, at cap. 21, dub. 11; Hugo Grotius, De iure bellis ac pacis libri tres II. xii. 9. 1 (1688)。

　　〔17〕　Molina, *supra* note 11, at disp. 353。

款来处分自己的财产;他的交易是否明智或谨慎,是否能赚钱,这都是当事人自己才会考虑的事,轮不到法院操心。[18]

更重要的是,对 19 世纪的法学家来说,公平价格或交易中的对等性看起来是没有意义的。斯托里就认为,价值"之本性便是变动不居的,其在不同场合会全然不同。在处分财产时,不同的人的出售价格很可能都不一样"。[19] 根据奇蒂(Chitty)与迈特卡夫(Metcalf)的观点,"无从"断定是否付了合适的价格。[20] 威廉·斯托力(William Wentworth Story)* 则认为,这种断定就要"对当事人的动机进行心理学调查",[21] 而艾迪森(Addison)也持相同的观点。[22]

不过,在他们谈到交易的对等性时,先前的学者们并不是说每方当事人对所给出与所接受之物均持相同价值,否则就不会有交易了。正如亚里士多德所言,鞋匠不会和鞋匠做买卖,他们找的是盖房子的。[23] 而且,学者们也没有认为货物的公平价值是内在或稳定的某种性质(如同物品的颜色),他们是在竞争性市场的价格下确定公平价

---

[18] 1 Joseph Story, EQUITY JURISPRUDENCE AS ADMINISTERED IN ENGLAND AND AMERICA 337 (1918). 类似的,参见 Chitty, *supra* note 2, at 7; 12 Charles Greenstreet Addison, A TREATISE ON THE LAW OF CONTRACTS 163 (1911); Story, *supra* note 2, at 435; Leake, *supra* note 2, at 311-12; Joel Bishop, COMMENTARIES ON THE LAW OF CON-TRACTS 18 (2d ed. , 1887); John Smith, THE LAW OF CONTRACTS 96 (1847); John Ne-wland, CONTRACTS WITHIN THE JURISDICTION OF COURTS OF EQUITY 357 (1821); Louis Hammon, THE GENERAL PRINCIPLES OF THE LAW OF CONTRACT 692 (1912).

[19] Story, *supra* note 18, at 339.

[20] Chitty, *supra* note 2; Theron Metcalf, PRINCIPLES OF THE LAW OF CONT-RACTS AS APPLIED BY COURTS OF LAW 163 (1878).

* 斯托力是 19 世纪美国的法学家,著作包括《秩序、权力和自由》。为区别于我们更熟悉的美国大法官约瑟夫·斯托里,本书将其译为"斯托力"。——译者注

[21] Story, *supra* note 2, at 435.

[22] Addison, *supra* note 18, at 12.

[23] Aristotle, *Nicomachean Ethics* V. v 1133a.

格的,[24]而(他们知道)此间的公平价值变动不居,因其要对成本、需求以及稀缺性等因素作出回应。[25] 在交易发生之时,当事人会发现自己不赚不亏——当然第二天他们可能就不这么想了。合同缔结后市场价格变化的风险是买卖中的内在风险,就像失火导致财产损毁是所有权的内在风险一样。如果价格跌了,当事人可能会赔,但若是涨了他就会赚。正如索托所言,对商人来说,"如果厄运降临,比如未预料到的充足货物不断囤积",那么他必须承受;反过来说,"如果幸运降临,后来出现了未预料到的物品稀缺",那么他也会卖得更多。"……因为买卖生意就是会受到各种偶然因素的影响,商人就应当自担风险,当然同时也可以期待财运(good fortune)。"[26]类似的,莱西乌斯也指出:"购入的开销小就能挣钱,如果开销失衡或过高就会赔钱,这就是商人的状况。"[27]如果市场价格下跌,但一方当事人却不愿承受因此所带来的损失,这就像其购买的物品被损毁就要去拒绝合同一样无理。因为他之前承担了风险,但现在却要逃避后果。

我们会在后面考虑这种立场的价值。目前,只要明确其与意志论的冲突就够了。意志论勃兴于概念主义的时代,其时法律规则被认为应逻辑化地遵循(诸如"意志"这样的)概念。与此相比,先前的理论则是目的论的(teleological),规则应当服务于当事人缔约的目的。对意志论者而言,当事人的意志就是其债务的唯一源泉。而先前的理论家们则认识到,有时,当事人无意制定的条款会对他们构成约束;有时,当事人虽然有意地制定了条款,但却不会受到约束。

8

〔24〕 指出这一点的,John Noonan, THE SCHOLASTIC ANALYSIS OF USURY 82-88(1957);Raymond de Roover, The Concept of the Just Price and Economic Policy, 18 J. Econ. Hist. 418 (1958)。

〔25〕 参见 Soto, *supra* note 15, at lib. 6, q. 2, a. 3 (1553);Molina, *supra* note 11, at disp. 348;Lessius, *supra* note 13, at lib. 2, cap. 21, dub. 4;Grotius, *supra* note 16, at II. xii. 14。

〔26〕 Soto, *supra* note 15, at lib. 6 q. 2 a. 3.

〔27〕 Lessius, *supra* note 13, at lib. 2, cap. 21, dub. 4.

第二部分　可执行力

第二章
对现有规则的批判

一、概览

现有规则在《第二次重述》中得到了巧妙的总结。

合同被定义为可执行的承诺。"一个合同就是一个或一组承诺，若违背之，法律会提供救济，或者要求履行，这种履行在某种意义上被法律认为是一项义务。"[1]*

如果承诺的作出是通过盖印，或有对价，或在某些情况下受诺人基于信赖而为行为，则承诺具有可执行性。

盖印是中世纪所确立的法律形式。其时重要人物拥有印章或者印戒(signet ring)，当他们希望受到法律上的约束时，则会用蜡印封在文件上以表明这一态度。《第二次重述》将盖印定义为"以实体和惯常的形式，对文件被盖印之意图所作出的表示(manifestation)"[2]**。其"可以采取蜡封、胶封或其他物质固定在文件上，或者在文件中作出表述"[3]。"在美国大多数仍然承认盖印之重要性的州中，盖印采取的形式包括书面或打印的印章、语词、涂草(scrawl)或其他符号。"[4]

---

〔1〕 Restatement (Second) of Contracts § 1 (Am. L. Inst. 1981).

* 本书对《第二次重述》条文的翻译，借鉴了我国最新的中译本(《美国合同法重述第二版·规则部分》徐文彬译，中国政法大学出版社 2022 年版)，但并不求同，正所谓"和而不同"。对在先译者表示感激与尊重。——译者注

〔2〕 Id. at § 96(1).

** 此处《第二次重述》的中译本翻译为"意思表示"，但考虑到这是一个典型的德国法概念，为了与美国法有所区隔，本书将 manifestation 译为"展示"。——译者注

〔3〕 Id. at § 96(2).

〔4〕 Id. at § 96(3).

对价则通过议价的存在而得以界定。根据《第二次重述》第71条：

(1)要想构成对价,则必须对履行或对应的承诺(return promise)进行议价(bargain)。

(2)如果承诺人希望能换取其承诺,而受诺人为换取该承诺有所付出,则是对履行或对应的承诺进行了议价。

(3)履行可以包括:

(a)承诺以外的其他行为,或者

(b)不行为(forbearance),或者

(c)法律关系的创设、变更或终止。

11　第79条规定"不存在对交易价值对等性……的额外要件"。不过根据第208条,法院可以拒绝执行"显失公平"的议价。"交易价值明显不对等,乃是在判定合同显失公平时的重要因素。"[5]

《第一次重述》首次认定了承诺可被执行的另一种情况:受诺人已经信赖该承诺。《第二次重述》第90条的规定与《第一次重述》的表述很相似:

如果承诺人可以合理预期承诺会引发受诺人或第三人的行为或不行为,而且的确引发了此种行为或不行为,又只有通过执行该承诺才能避免不公正,那么这样的承诺就是有约束力的。[6]

未经盖印的承诺若无对价则不可执行,为了避免这个要件所引发的困难,故有第90条之适用。要想理解这些困难,我们需要审视对价规则的缘起。

---

〔5〕 *Id.* at cmt. c.

〔6〕 *Id.* at § 90.

二、从令状之法到合同之法

(一)作为利益减损之议价的对价

在 19 世纪以前,普通法的法律人不会按照诸如合同或侵权这样的分类来思考问题。普通法乃是由令状组成的。自中世纪以来,原告需要在一份令状的范围内将事实诉至普通法院。否则,就算出于公正或许应当令其获得一项救济,他也需要另寻他处——比如去庄园法院、市镇法院(municipal court)、商人法院(merchants' court)或教会法院。到 18 世纪,两项令状被用来执行一项承诺:违反盖印合同请求赔偿损失之诉(covenant)与简约之诉(assumpsit)。* 违反盖印合同请求赔偿损失之诉,可以被用来执行盖印之下的合同,盖印作为一种形式要求,其被印制在承诺所书写的文件之上。而简约之诉则被用来执行有"对价"的承诺。是否如此乃是由一套传统知识(lore)所判定的,而学说则来自判例之中。对价只有在 19 世纪才像今天一样被确定为议价或者交易。

12

在 19 世纪,普通法的法律人解释道,普通法上的违反盖印合同请求赔偿损失之诉与简约之诉构成了合同之法。他们首次发展出了一个体系化的合同法实体。与欧陆法学家一样,他们的基础同样是实证主义、概念主义与意志论主义的。不过,欧陆法学家是用新理论代替了旧理论,但普通法的法律人则是首次发展出一套理论,他们从欧陆的学者那里受益颇多。普通法的法律人宣称,他们所借来的思想最好地解释了违反盖印合同请求赔偿损失之诉与简约之诉中的责任。

在这一演进过程中,撰写论著的学者们乃是引领者。正如辛普森

---

* 我国有学者将这两种翻译成"专约之诉"与"违诺赔偿之诉",参见刘承韪:《英美法对价原则研究:解读英美合同法王国中的"理论与规则之王"》,法律出版社 2006 年版,第 59 页。笔者则是遵循《元照英美法词典》的译名,特此说明。——译者注

所指出的,在 19 世纪之前,少有作品是关于今日所称的普通合同法。[7] 除了判例的报告,在布莱克斯通的《英国法释义》中只有寥寥几页有关于此。第一部关于普通合同法的论著来自鲍威尔(John J. Powell),创作于 1790 年。[8] 自此以后,论著开始层出不穷。

这些作者将对价定位为议价或者交易。这是一项革新。之前正如道森(John Dawson)所指出的:

> "对价"只是用了一个词,它使人隐约地感到这需要落在某处……"对价"的表述看起来仅仅是含混地表达了如下感觉:即要想使对承诺的执行正当化,需要足够的理由、基础或动机。[9]

普通法院已经发现了进行议价或者交易之承诺的对价,但它们也发现了其他承诺的对价,即希望在欠缺盖印形式时加以执行的承诺。它们认为,父母一方承诺会在准女婿结婚后赠与其若干金钱,这里面也有对价。我们很难设想,准女婿会要求此种承诺要盖印作出。再如,承诺看管并返还无偿借来或者无偿委托给自己的财产,这里面也有对价。同理,这种承诺也很难要求用盖印作出。因为一方当事人仅仅是要帮帮另一方。

自布莱克斯通始,[10] 普通法的法律人认为对价与民法中的约因(causa)概念是一致的。英国的鲍威尔[11]和泰勒(William Taylor)[12]

13

---

〔7〕　A. W. B. Simpson, Innovation in Nineteenth Century Contract Law, 91 L. Q. Rev. 247, 250-51 (1975).

〔8〕　John J. Powell, ESSAY UPON THE LAW OF CONTRACTS AND AGREEMENTS 1 (1790).

〔9〕　John P. Dawson & William Burnett Harvey, CONTRACT AND CONTRACT REMEDIES CASES AND MATERIALS 540 (1959).

〔10〕　2William Blackstone, COMMENTARIES ON THE LAWS OF ENGLAND 444-46 (1766).

〔11〕　Powell, *supra* note 8, at 331.

〔12〕　William Taylor, A TREATISE ON THE DIFFERENCES BETWEEN THE LAWS OF ENGLAND AND SCOTLAND RELATING TO CONTRACTS 16 (1849).

便如此,而美国的科明(Samuel Comyn)[13]、斯托力[14]以及帕森斯(Theophilus Parsons)亦如此。[15] 正如辛普森所述,普通法的法律人看起来是将对价视为了约因规则的一个地方版本。[16]

正如我们所见,根据这一规则,当事人会制定合同——或者说法律会执行合同,存在两种约因(或说好的理由):或者在践行慷慨,或是取得交易中与自己所付出相对等的东西。普通法的法律人将对价等同于交易合同的约因。布莱克斯通指出,正如"民法的学者所认为的……交易中一定是有所付出,而且是相互和互惠的"[17]。在大陆法系,赠与(金钱或财产)的合同若要具有可执行性,则必须具有公证形式。将对价与交易合同的约因等同,这就使普通法看起来与民法很相像了。慷慨地授予他人利益的合同若想具有可执行性,则须适用违反盖印合同请求赔偿损失之诉,后者要求具有盖印的形式;而交易合同则依据简约之诉而具有可执行性。

这种匹配远非完美。正如前文所述,普通法法院已经在一些交易中发现了对价,而这些交易绝非日常意义上的议价。范例如"父母承诺给准女婿送点钱",又如承诺看管并返还受诺人之前慷慨借出的财产,再如承诺人慷慨地同意替(受诺人)来进行保管。大陆法系的法律人将这些行为列入无偿行为,并将其与其他无偿行为加以区分,诸如赠与金钱或财产,即意在令赠与人受损而使对方获益的行为。后一类行为若要具有约束力则须满足形式要件,前一种则不用。如果这些交易中的承诺具有对价,而对价意味着议价,那么问题就来了:因为这些交易不是议价。

更重要的是,普通法院有时会通过一种对交易的牵强类比来寻找

---

[13] 1Samuel Comyn, CONTRACTS AND AGREEMENTS NOT UNDER SEAL 8 (1809).

[14] William W. Story, A TREATISE ON THE LAW OF CONTRACTS 431, 431 n. 1 (1851).

[15] 1 Theophilus Parsons, THE LAW OF CONTRACTS 355 (1860).

[16] Simpson, *supra* note 7, at 262.

[17] Blackstone, *supra* note 10, at 444.

对价。借助这一方法，它们会执行一些承诺，而这些承诺在日常的意义上并非交易，而其中的对价也不是一般意义上的酬劳（recompense）。判定对价就是承诺之价值的对等物，这会推翻法官之前试图确立的目标，即执行那些"其中的对价并非酬劳"的承诺。这就是 Sturlyn v. Albany 一案[18] 中的著名论断："当一件事做出之后，无论它有多么微不足道，这都足以作为对价而提起诉讼。"在 Sturlyn 一案中，原告将地产租给第三人，第三人将其地产授予了被告。原告请被告支付租金，而被告则是承诺，若原告能向自己展示证明该租金是合法的契据，那么自己就会付租金。"展示契据"被认为就是对价。

　　另一个问题在于，根据约因规则，交易的每一方所收到的都对等于自己所给出的。普通法法院则不会考察对价的适当性。如果 19 世纪交易的对等性概念被接受了，那么普通法的法律人或许会以两种方式作出回应。他们或许会说，理论上交易需要对等，但法律在实践中却不会这么做。兰代尔就曾指出：

　　　法律在理论上从未放弃如下原则，即对价必须与付出所换取的债务相适应；不过在大多数案件中，最小的对价也能支持最大的承诺。这只是因为法律对这里的不对等视而不见。因此，如果法律必须正视某种不对等，那么这种不对等就会否定承诺的效力。[19]

或者普通法的法律人会说，普通法院并不检查对价的适当性，后者乃是衡平法院的任务。衡平法院会在合同的不公达致"显失公平"时提供救济。

　　交易的对等性之理念并未在 19 世纪获得接受。论者们（如波洛克）解释道，普通法并未检查对价的适当性，乃是因为不存在公平价值

---

　　〔18〕　*Sturlyn v. Albany*, Cro. Eliz. 67, 78 Eng. Rep. 327（QB 1587）.

　　〔19〕　Christopher Columbus Langdell, SUMMARY OF THE LAW OF CONTRACTS 70-71（1880）.

这种东西。[20] 正如辛普森所指出,尽管衡平法院会对显失公平的合同提供救济,但这么做的理由却发生了变化。如今的法院主张,条款的严苛性之所以值得关注,因为这是"欺诈的证据,而不是基于独立的实质性标准,也并不是因为构成了严苛"[21]。不过,尽管法院不想承认,条款的严苛性还是要考虑的。不利一方即便从未主张自己被骗了,法院仍然会给予救济。[22] 事实上,如果它们会以欺诈提供救济,也就不需要 unconscionability 的规则了。*

15

波洛克发现了一条绕开这些困难的路径。和之前的论者一样,他也将对价与议价或交易加以等同。不过,他给议价弄出了一个新定义,以便解释那些当事人未作日常意义上的议价但法院却在其中发现了对价的案件。这就是所谓的"为利益减损而议价"的对价公式。在

---

〔20〕　Frederick Pollock, Principles of Contract: BEING A TREATISE ON THE GENERAL PRINCIPLES CONCERNING THE VALIDITY OF AGREEMENTS IN THE LAW OF ENGLAND 172 (4th ed. 1885).

〔21〕　A. W. B. Simpson, *The Horwitz Thesis and the History of Contracts*, 46 U. Chi. L. Rev. 533, 569 (1979).

〔22〕　James Gordley, THE PHILOSOPHICAL ORIGINS OF MODERN CONTRACT DOCTRINE 154-57 (1991).

＊　关于 unconscionability,一般均译为"显失公平"。但本书作者明确反对这一做法。他给我提供了自己的理由:"unconscionability 是美国法律中广泛使用的规则。它起源于英国,但在英国法律中用得不多。从规则上讲,unconscionability 需要两个要素:实质性(substantive,价格、价值之间存在巨大差距)和过程性(procedural,因交易不平等而产生、以压迫和突袭条款为形式所产生的剥削)。尽管规则是明确的,但在观念的认知上却有各种不同的理论理解。马科维茨(Daniel Markovits)主张一种纯粹的程序观点。这种观点认为,过程性 unconscionability 应当是唯一的决定因素,达甘(Hanoch Dagan)也侧重于程序性的正义。本森(Peter Benson)持综合观点,认为两个要素缺一不可。本书作者则认为,只有实质过程不公才重要。有一系列案例不涉及任何一种不公平,而是试图用 unconscionability 来救济不明智的合同(愚蠢的交易)。例如,在 *Maxwell v. Fidelity Financial Services* [184 Ariz. 82(1995)]一案中,当事人购买了相当于其抵押贷款价值50%的热水器,但由于经济状况不佳,不得不拖欠付款。可见在美国法中,对 unconscionability 的含义也没有一致的看法。因此,其与中国法律中的'显失公平'并不能互换对应。"我理解作者希望将 unconscionability 与"显失公平"加以区隔的做法,但"显失公平"不仅是一个制度,同时也是一种表述,而表述的内涵源自不同的人所赋予的内容,用固有表述翻译外来概念,亦是寻常之举。(转下页)

美国,波洛克的好友霍姆斯热切地接受了这个做法。[23]霍姆斯的崇拜者威利斯顿将这个公式的一个版本写入了《第一次重述》,[24]因为威利斯顿乃是报告人。这又传至《第二次重述》第 71 条(前文已述)。

根据波洛克所言,"对价的意思并不是说,一方当事人放弃了当下的某些合法权利,或者限制了未来的某些合法自由,这就可以作为对另一方之行为或承诺的诱因",[25]"付出的当事人因此背上了某些负担,或者丧失了某些在法律上可能有价值的东西,……这样就足够了"。[26] 他在开头援引了霍布斯所言:"所有的缔约之物品的价值,都是由缔约人的胃口所定,因此公平价值就以他们打算给出的为准。"[27]"这个观念不仅典型地体现在英国实证法中,也体现在英国的法理学与政治学中。"[28]法院不会"调查对价是否适当"的这个规则,乃是通过对上述原则的"演绎而得出"的。[29]"这个规则由来已久,为多个案件所阐释。"随后他援引了前述 *Sturlyn v. Albany* 一案中的段落。[30]"这些案件的规则可以被总结为如下一句话,即承诺人所得到的乃是他所议价的东西,多位法官在多个案件中对这句话有过洋洋洒

(接前注)事实上,我国《民法典》第 151 条(包括"处于危困状态、缺乏判断能力"的表述)与 unconscionability 所欲表达的东西并无实质上的差异;更进一步讲,unconscionability 对过程性与实质性的界分,其实恰恰有助于充实和细化我国关于"显失公平"的理解。因此,我更倾向于使用"显失公平"一词来翻译 unconscionability 一词,这也符合中文学界对英美法概念的通译。而且从策略上讲,我个人认为英美法的术语在译介过程中,应当尽量削弱与中国法概念的陌生化效果,这样才有利于我国法律人对英美法的理解和接受。不过我还是尊重原作者的意见,保留 unconscionability 的英文来作出区别。——译者注

〔23〕 Oliver Wendell Holmes, Jr., The Common Law 193-94 (1881). See Letter from Oliver Wendell Holmes, Jr., to Frederick Pollock (June 17, 1880) in 1 Holmes-Pollock Letters 14-15 (M. Howe ed., 2d ed. 1961).

〔24〕 Restatement (First) of Contracts § 75 (Am L. Inst. 1932).

〔25〕 Pollock, *supra* note 20, at 172.

〔26〕 *Id.*

〔27〕 *Id.* 引文源自霍布斯的《利维坦》,I. xv, 102 (1935)。

〔28〕 Pollock, *supra* note 20, at 172.

〔29〕 *Id.*

〔30〕 (1587) Cro. Eliz. 67.

酒的论述。"[31]

　　这个定义使波洛克可以将一项事务(transaction)类分为一项交易,即"承诺人所得到的乃是他所议价的",即便该事务并非一般意义上的交易。承诺在婚后会送给受诺人一些钱,故此"应承诺人的要求与其女儿结婚,这就是一个良好的对价"。[32] 对波洛克而言,"婚姻就是承诺的价格",也是"(承诺人)所议价的一切"[33]。承诺照管并返还无偿借来的物品,同样是议价。波洛克援引了 *Bainbridye v. Firmstone* 一案,[34]该案认为"如果一个人有两个锅炉并允许另一人称重,对方承诺'在称重后保持原样还回来'也是一项良好的对价"。[35] 类似的,承诺人无偿将物品寄托、保管并返还的承诺同样构成对价。在 *Coggs v. Bernard* 一案中,[36]一个门房承诺会免费将一桶朗姆酒运到所有权人的住处,结果却把这桶酒给打破了,这门房就要承担责任。根据波洛克的见解,在这种案件中,"委托人放弃了对货物的现时合法占有,这固然对受托人算不上利益,而且受托人占有货物也是为了委托人的使用和便利,但多少构成了对委托人的利益减损"[37]。

　　美国的法院将这个公式用在了新的地方,即执行对慈善机构捐款捐物的承诺。有时(并非时时)[38]法院会认为这个承诺乃是由其他人的诺言(commitment)所诱发的:比如,其他捐赠者捐钱的诺言,[39]或

---

　　〔31〕　Pollock, *supra* note 20, at 174.

　　〔32〕　Frederick Pollock, PRINCIPLES OF CONTRACT AT LAW AND IN EQUITY, BEING A TREATISE ON THE GENERAL PRINCIPLES CONCERNING THE VALIDITY OF AGREEMENTS, WITH A SPECIAL VIEW TO THE COMPARISON OF LAW AND EQUITY, AND WITH REFERENCES TO THE INDIAN CONTRACT ACT, AND OCCASIONALLY TO ROMAN, AMERICAN, AND CONTINENTAL LAW 151-52 (1st ed. 1876).

　　〔33〕　*Id.* at 152.

　　〔34〕　(1838) 8 A. & E. 743.

　　〔35〕　Pollock, *supra* note 32, at 154.

　　〔36〕　(1703) 2 L. Raym. 909.

　　〔37〕　Pollock, *supra* note 20, at 173.

　　〔38〕　*Johnson v. Otterbein University*, 41 Ohio 527 (Ohio 1885)(不存在对价)。

　　〔39〕　*Congregation B'nai Sholom v. Martin*, 173 N. W. 2d 504, 510 (Mich. 1969); *First Presbyterian Church v. Dennis*, 161 N. W. 183, 187-88 (Iowa 1917).

者慈善机构以捐赠人的名字来命名基金的诺言,[40]将学院坐落于特定城镇[41]甚至以慈善目的使用款项的诺言也算。[42]

正如我们将要看到的,在美国,这些结果后来都通过承诺性信赖(promissory reliance)规则得到了阐释。不过利益减损之议价规则也保留了下来。之所以如此,部分源自惰性;部分源自确信该公式准确地描述了传统英国普通法;还有一部分原因是法院会出于完全不同的目的来适用这个公式:如在商业事务中拒绝执行承诺,因为这里没人是乐善好施的"及时雨"。但吊诡的是,法院之所以如此,是因为这些承诺常常是不公平的,但根据利益减损之议价规则,公平与否本不该是重要的。

(二)承诺性信赖

根据"承诺性信赖"或"承诺性禁反言"(promissory estoppel)规则,一项未作盖印、没有对价的承诺,如果承诺人可以合理期待受诺人会继续信赖而为行为,而该行为会使得受诺人蒙受某种损失,那么该承诺就是可执行的。这一规则是为了执行某些在利益减损之议价规则下欠缺对价的承诺,以及其他一些被认为具有对价的承诺。

在1920年一篇颇具影响力的合同法论文中,威利斯顿提到了一类欠缺对价的承诺。[43] 他援引了内布拉斯加州的 *Ricketts v. Scothorn* 一案。[44] 在该案中,Kathy Scothorn 的祖父给了她一份 2000 美元的本票,要她辞职,她照做了。在本票被支付前,祖父去世了。法院要求祖父的执行人支付本票,理由是她信赖该承诺而辞了职。[45] 法院要执

17

---

[40] *Allegheny College v. National Chautauqua County Bank*, 159 N. E. 173, 176 (N. Y. 1927).

[41] *Rogers v. Galloway Female College*, 44 S. W. 454, 455 (Ark. 1898).

[42] *Nebraska Wesleyan University v. Griswold's Estate*, 202 N. W. 609, 616 (Neb. 1925).

[43] 1Samuel Williston, THE LAW OF CONTRACTS § 139 (1920).

[44] Frederick Pollock, PRINCIPLES OF CONTRACT AT LAW AND IN EQUITY 650 n. 1 (Gustavus Wald & Samuel Williston eds. , 7th English ed. , 3d American ed. 1906).

[45] 77 N. W. 365 (Neb. 1898).

行人支付的原因,在于 Scothorn 信赖该承诺而辞职了。威利斯顿指出,法院或许会允许受诺人的信赖作为对价的替代品。不过他说,尽管这一概念"不无道理,但若其被广泛使用则会大大地扩展承诺上的责任,而且……现今它有悖于厚重的通说权威"[46]。不过尽管说是"厚重的通说权威",在数年之后,他还是将这个规则写成了《第一次重述》的第 90 条。

威利斯顿和科宾还相信,这个规则更好地解释了如下问题:在前述某些情境中的承诺虽然并非日常意义上的议价,但法院仍然会对其加以执行。为了支持这个新规则,威利斯顿援引的执行承诺案件,主要是关于婚姻和慈善机构。[47] 结婚的夫妻一般会因信赖父母的承诺而结婚,而慈善机构则会因信赖捐赠人的承诺而花费更多的款项。

科宾对信赖规则的认同或许是在同一时间,但却是通过不同的路径。在 1919 年版安森(Anson)的《合同法原则》(Principles of Law of Contract)一书中,科宾主张当法院在认定对价时,它们有时候是因为"后续的事实包含了对承诺的信赖之行为"便令承诺人担责。[48] 尽管没有明说,但科宾看起来已经考虑了法院在无偿借贷和无偿委托财产中认定对价的案件。[49] 我们再一次看到,这类案件正是波洛克在设

18

---

〔46〕　1 Samuel Williston & George Thompson, A TREATISE ON THE LAW OF CONT-RACTS § 139 (1937).

〔47〕　*Id*。他还提到了赠与土地,而受赠人搬进并进行改进的案件。

〔48〕　William R. Anson, PRINCIPLES OF THE LAW OF CONTRACT WITH A CHAP-TER ON THE LAW OF AGENCY § 118 at 116 n. 3 (Arthur L. Corbin ed., 14th English ed., 3d American ed. 1919). 一年前,他反对霍姆斯所说的"仅有承诺诱发利益减损,或者仅有利益减损引发了承诺,这是不够的",已经贴近了这个立场。Wisconsin & Mich. R. R. v. Powers, 191 U.S. 379, 386 (1903). 科宾指出:"存在大量案例,其中唯一的对价就是某些基于信赖的行为,而承诺都得到了执行。因此我们很难接受(霍姆斯的)论断。"Arthur L. Corbin, *Does a Pre-existing Duty Defeat Consideration? — Recent Noteworthy Decisions*, 27 Yale L. J. 362, 368 (1918).

〔49〕　在科宾所编辑的文本中,安森将其列为对正常对价要件的例外。Anson, *supra* note 48, at § 122 at 119; § § 133-35 at 132-35. 与此相反,威利斯顿虽然对这些案件很不满意,但看起来却认为它们应当被解释为真正的对价之范例,或者应当被解释为侵权诉讼。1 Williston, *supra* note 43, at § 138.

计其公式的时候希望解释的案件。

我们可以看出为什么威利斯顿和科宾认为对价规则无法解释此类案件。佼谈议价太过刻意，甚至可称错误。一个关于婚姻的承诺被作出，就说婚姻是"承诺的价格"且为"（承诺人）所议价之事"，这太做作了。[50] 同样，这也很可能不是真的。父母承诺给"准女婿"送钱，一般都是在求自己的女儿"别嫁给他"之后的事。波洛克的逻辑线被卡多佐法官在著名的 *De Cicco v. Schweitzer* 一案[51]中推向了极致。在本案中，一位父亲承诺给自己的准女婿送钱，在承诺作出之时，后者已经和他的女儿订婚了。由于根据当时的法律，这位"准女婿"已经有义务和该女子结婚，看起来"结婚"就是他本该所为。卡多佐在求婚者未放弃的权利中找到了对价：这就是经过女儿同意解除婚约的权利。说是求婚者"会结婚"的诺言诱使父亲作出了承诺，这太做作且不正确——即便是女儿想解除婚约亦然。

说对慈善的承诺具有对价，同样也很做作。当然，承诺很可能是为了诱使受诺人用捐赠人来命名，或者将学院坐落于特定的城镇之类的。但法院在执行此种承诺之时，可无须任何能证明承诺人动机的证据。

同理，在返还借款或照管并返还财产的情况下，借用人的承诺或许是为了诱使出借人"借出来"，但说接受款项就是他承诺的"价格"，还是那么做作。

在诸如 *Coggs v. Bernard* 一类的案件中，利益减损之议价的公式根本无法适用。门房承诺照管朗姆酒并不是为了诱使所有权人将酒委托于自己。正如特雷尔（Guenter Treitel）所指出的，对受诺人而言，"与占有分离很难构成一种（对受诺人的）利益减损"。[52]

威利斯顿和科宾认为，对于这些承诺为何被执行，承诺性信赖规则能够提供一种更好的解释。实则不然。那些结婚是为了爱情的人，

---

〔50〕 Pollock, *supra* note 32, at 152.

〔51〕 221 N. Y. 431 (1917).

〔52〕 G. H. Treitel, THE LAW OF CONTRACT 142 (8th ed. 1991).

他们不会依靠父母给钱的承诺。他们就是会结婚。法院也不会问他们是不是这么做了。为了避免与判例法冲突,《第二次重述》规定:"婚姻财产授予协议(marriage settlement)是有效力的……无须证明承诺诱发了行为或不行为。"[53]根据艾森伯格(Melvin Eisenberg)的观点,这一规则的理由是:"一旦一个人被承诺,他若为特定行为便会得到补偿,那么无论是这个人还是法院,都无法分清这行为是否(以及何种程度上)受到了补偿之承诺的激励。"[54]不过假设这里并无疑问,那么我们能不能说,原则上发誓"钱不算个事"的受诺人就应当败诉?或者为了钱而结婚的受诺人就应当胜诉?

法院已经执行了针对慈善的承诺,而无须慈善机构证明自己有赖于此。相应的,《第二次重述》规定:"慈善性捐款(charitable subscription)有效,无须证明承诺诱发了行为或不行为。"[55]

更重要的是,借用人肯定要还钱,即便出借人未依赖其会还钱的承诺亦然。在《威尼斯商人》中,安东尼奥借钱给自己的好朋友巴萨尼奥,以便后者向美丽的鲍西亚求爱,如果巴萨尼奥能迎娶美人,那么就能够把钱还上了。假设安东尼奥认为鲍西亚和巴萨尼奥根本成不了,但还是借了钱,因为他觉得"金钱诚可贵,友情价更高",那么,巴萨尼奥若是成功了,他肯定还是要还钱的呀!

假设一位乘客在装运货轮的时候,嘱咐门房来搬一箱烈酒,但自己却被告知不许携带烈酒上船,再假设这个门房是乘客唯一可以求诸之人,因为此时已无他人,那么门房就不应当因照管过程中的轻过失而担责,而若收了钱则相反。[56]但如果门房根本没有做此事之义务,

〔53〕 RESTATEMENT (SECOND) OF CONTRACTS § 90(2) (Am. L. Inst. 1981).

〔54〕 Melvin A. Eisenberg, FOUNDATIONAL PRINCIPLES OF CONTRACT LAW 129 (2018).

〔55〕 RESTATEMENT (SECOND) OF CONTRACTS § 90(2) (Am. L. Inst. 1981).

〔56〕 传统规则是,无偿受托人的义务要比一般的注意义务轻。多布斯(Dobbs)、海登(Hayden)和布里克(Bublick)将"这一规则"视为历史的遗迹。引自 Thomas M. Cooley, THE LAW OF TORTS 628-33 (1879). Dan B. Dobbs et al., LAW OF TORTS § 121 at 379-80, 380 n.13 (2d ed. 2016)。但我们能援用若干现代案例来支持这一规则。

这就非常引人注目了。

一个例外是，承诺性信赖的规则在形成过程中，并没能解释某些被援引来支持这一规则的某些案件。其中之一便是 *Ricketts v. Scothorn* 一案，[57]该案中受诺人信赖了赠与型承诺。但这个规则不仅存留了下来，而且勃兴壮大。与对价规则一样，法院也在商业事务中使用这一规则。我们将会看到，法院用它去执行一些非常合理，但在对价规则之下不具执行力的协议。

(三) 重组我们的规则

诸多规则应被形塑，从而将相似理由下结果类似的案件加以汇总。普通法的规则未能做到这一点，这一形塑的过程如今仍在继续。

我们可以学习传统欧陆民法的做法。和普通法一样，传统民法也只在完成了形式要件的前提下才会执行赠与货币或财产的承诺。民法的形式化要求便是公证，而普通法的形式化要求则是盖印。盖印一度是为了引起承诺人对交易事务之重要性的关切:其需要印在滴于文件的蜡上。英国仍然要求纸上要有印记。但盖印可以使一切承诺均有拘束力。美国的法律人并非仅在重要的交易事务中(诸如赠与金钱或财产)使用盖印，而是到处使用。正如《重述》中所说:"在美国大多数仍然承认盖印之重要性的州中，盖印采取的形式包括书面或打印的印章、语词、涂草或其他符号。"[58]法律人可以理解这里的语词、涂草或符号的意义，但外行人就不行了。形式要件不再让人关注交易事务的重要性了。很多州废止了这种做法，导致那些希望作出捐赠的人无法通过形式化来约束自己。后面我们会考察提供了形式化要件之保护的替代品(诸如公证)。我们应当厘清形式化要件在如下交易的角色，即确定赠与金钱或财产之诺言的约束力。

我们已经看到，在法典化之前，民法认可了形式化需求之外的两项例外。承诺向要结婚的人赠与金钱或财产(*proper nuptias*)会具有约

---

[57] Pollock, *supra* note 44, at 650 n. 1.

[58] RESTATEMENT (SECOND) OF CONTRACTS § 96(3) (Am. L. Inst. 1981).

束力而无需形式要件，类似的还有对慈善的赠与（*ad pias causas*）。18世纪的英国法院与19世纪的美国法院分别认定了这些承诺是有对价的。为了解释对价何来，利益减损的公式将这些承诺变形成了议价。由于这些解释看起来很做作，美国人便转向了承诺性信赖规则。实际上更好的做法是，像欧陆民法那样认定这些承诺的可执行是源自特殊的原因，而这些原因与对价或信赖毫无干系。

罗马法在如下三类合同中作出了区分：无偿借贷金钱或可替代物（fungibles）的合同（即消费借贷，*muttum*）、无偿由借贷人借用的合同（即使用借贷，*commodatum*）以及无偿管照他人财产的合同（即寄托，*depositum*）。在罗马法中，这些合同在借贷物或寄托物交付之时而生效。晚期经院主义者相信，它们应当基于合意而有约束力，这一规则最终为民法所继受。但并没有民法的法律人主张过，它们有约束力是因为它们实际是交易合同，或者当事人信赖了对方的承诺，而普通法的法律人却会这么说。根据利益减损之议价规则，这些事务都是议价。根据承诺性信赖规则，依照这些交易事务所作出的承诺有约束力，原因在于受诺人对其有信赖。如果我们像欧陆民法那样，认定这些合同是无偿的，它们可被执行的原因和议价或信赖没有任何关系，它们也不需要和赠与金钱或财产的承诺一样被细查（scrutiny），这岂不是更好？

根据利益减损之议价的公式，当事人缔结合同的每个承诺都有对价。如果张三把自己的福特野马汽车卖给了李四，售价3万美元，张三的承诺就是有对价的，因为李四放弃了自己对金钱的权利，而李四的承诺也是有对价的，因为张三承诺放弃了自己对汽车的权利。根据这一公式，波洛克成功地在不使用"价值等同物"的前提下对合同给出了定义，而相对的民法学者适用的说法则是约因。根据波洛克的观点，人是不能说"等同物"的。《第二次重述》认同了波氏的观点，只要对合法权利的放弃（relinquishment）是议价所得，那么"就不需要额外的……交易价值对等的要件"[59]。不过根据第208条，"显失公平"的

21

---

[59]　*Id.* at § 79.

交易又可以获得救济。"与交易价值的严重不匹配,是判定合同显失公平的重要因素。"[60]我们将会看到,对价规则的使用主要情境在于,当一个承诺在商业背景下作出,但很可能是不公平的,这时对价规则就会被用来否定对该承诺的执行。"等同物"的观念被扔了出去,却又从另一条路回来了。我们应当思考的问题是为何如此,以及何时一个合同会因交易价值不匹配而不被执行的问题。

22

---

[60]　*Id.* at cmt. c.

第三章

施惠(do favors)的承诺

一、在非商业背景下的施惠

当一个人赠与他人金钱或者财产,他是希望以自己的开销令他人获益。正如我们即将使用的术语:一个人承诺对他人施惠,是希望授予他人利益而不引发任何成本。

在普通法上,无偿借贷金钱或财产的承诺是不可执行的。因为它没有对价。无偿接受他人财产来保管的承诺也是一样。不过,在借贷已成或财产被委托给他人之后,当事人"会照管并返还"的承诺就是可执行的。在19世纪之前,普通法法院认为此种承诺是有对价的。正如我们所见,它们这么做有实用的理由。如果否认这里有对价,那么承诺就无法通过简约之诉加以执行。当然,它也可以通过违反盖印合同请求赔偿损失之诉,但这就要有盖印。当一方施惠于另一方,期待这种承诺会在盖印下做成显然不切实际。

当19世纪将对价与议价等同后,之所以设计了利益减损之议价公式,部分原因是为了将这些事务定性为议价,从而解释为何在此存在对价。承诺性信赖规则被设计出来的部分原因,则是为了避免这种定性的矫揉造作。

为了解释规范这些交易事务的规则,有学者转向了侵权法。科宾一度曾提出此处责任的基础乃是侵权法上的过失。[1] 这里的困境在于,要想构成过失责任,当事人必须负担注意义务。如果此处的责任

---

[1] 尽管他更倾向于承诺性信赖的解释。1A Arthur Corbin, Contracts: A COMPREHENSIVE TREATISE ON THE WORKING RULES OF CONTRACTS LAW § 207 (1950).

是侵权法上的,那么这个义务就并非源自他们的承诺。

多布斯(Dan Dobbs)、海登(Paul Hayden)和博迪克(Dllen Burdick)认为,诸如 *Coggs* 一案(即门房无偿同意照管一桶烈酒)中的被告要承担侵权法上的责任,因为"当事人的关系……会要求被告采取积极的措施来避免对原告的伤害"[2]。但这里的"关系"乃是由承诺所创,而简约之诉就是用于违约的情况。根据《侵权法第二次重述》,一个人的行为若没有增加损害他人财产的风险,则在所有权人不存在信赖的情况下,该人不负担看管该财产的义务:

当某人保证(undertake)对他人提供服务,无论是无偿还是包含对价的,其应当认识到对他人人身或物品加以保护的必要,在满足如下情况时,因未能行使合理注意来履行其保证,导致对他人造成实际损害,该人须承担责任:

(a)其未履行此种注意义务增加了此种损害的风险,或者

(b)遭受这种损害是因为其他人对此种保证存在信赖。[3]

根据这一条款,在履行服务中适用注意义务来确定责任,当事人必须"保证"(十有八九是作出一项承诺)承担这些服务。借用人或者受托人遗弃了委托后给他们的财产,如果该财产被遗失或者损毁,那么他们就需要承担责任,因为他们通过违背了照管财产的承诺而"增加了此种损害的风险"。这就使我们回到了合同规则。[4] 承诺是义务的基础。的确,如果问"遭受此种损害是因为其他人对此种保证存在信赖",这实际就是对承诺性信赖规则的另一种说法。而我们已经看到,这个规则解释的并不是(侵权法上的)责任。

我们理应认识到,这些是合同性的法律关系,具有特殊的性质,因

------

〔2〕 Dan B. Dobbs, Paul T. Hayden, & Ellen M. Bublick, HORNBOOK ON TORTS 379 (2d ed. 2016).

〔3〕 Restatement (Second) of Torts § 323 (Am. Law Inst. 1964).

〔4〕 我曾经持相反的观点,对此我深表遗憾。James Gordley, *Enforcing Promises*, 83 Calif. L. Rev. 547, 585-86 (1995).

此需要特殊的规则。罗马法就认识到了这一点。它区分了无偿借贷金钱或可替代物(fungibles)的合同(即消费借贷, *muttum*);无偿由借贷人借用的合同(即使用借贷, *commodatum*)以及无偿管照他人财产的合同(即寄托, *depositum*)。这些是实物契约(此处的"实"乃是实物之"真实",而非真假美猴王之"真实")*;当借贷或寄托物被交付之时,合同具有了约束力。

在这个问题上,普通法的做法也是一样的。此种承诺在交付之前是不具有约束力的。一旦交付完成,同意照看并返还财产的一方就负担了如此行为之义务。

这些规则是为了防止如下情形,即本打算无偿助人的一方却要负担未曾预期的开支。当一方当事人撤回"施惠"的承诺,理由很可能是情况有变,施惠不再是免费的了。承诺人或者希望把财产用于某种之前未有预期的目的,或者没有多余的地方来置存他人的财产。

关于对他人财产进行照管,罗马法发展出了特殊的规则,来规范此间所需的不同等级的注意。标准则取决于他是施惠还是受惠。同意不收钱就照管他人财产的,仅因重大过失而担责。免费借他人财产供自用者,则会因"最轻过失"而担责。自中世纪以来,这个"最轻过失"实际就是严格责任之一种。[5] 过失的意思就是未尽合理注意。但我们不能说,当事人未能采取超过合理的注意也会导致过失。

普通法采纳了这些规则。对它们的解释一般留给了侵权法的学者们。它们看起来很奇特,导致多布斯、哈顿和博迪克对其一无所知。这几位援引了库雷(Thomas Cooley)在1879年关于侵权法的论文,[6] 该文指出"基于寄托是为了受托人单方的利益、双方共同利益还是寄

24

---

* 此处原文使用的是 real 一词,本书根据罗马法的中文习惯译为"实物"契约;原文说这里的 real 是不动产(real estate)的含义,而不是"real McCoy"的含义,后者是"真货"的意思,本书此处采意译。——译者注

〔5〕 James Gordley, *Culpa Levissima and the Eclipse of Strict Liability*, 42 Grotiana 5, 9-12(2021).

〔6〕 Thomas M. Cooley, THE LAW OF TORTS 628-33(1879).

托人单方的利益,该规则会配以极端的注意、一般的注意或者轻注意"[7]。其实,现代就有大量的案件支持这些规则。

格劳秀斯在解释这些规则之时,他援引了"合同必须对等"的原则。[8] 在交易合同中,"对等要求任意一方不应索要多于其应得之量,这在慷慨行为中应无立足之地"[9]。

不过应当指出,特定的对等仍然可以见于无偿合同,其并非处处像交易合同那般,而是基于如下预设,即一方施惠于人则不应受损。正因如此,一方无偿地承诺对他人为某项服务(委托,*mandatarius*),则其支出的成本以及遭受的损害均应获得补偿。无偿借用人(使用借贷,*commodarius*)若是所借之物灭失,则其应当进行补偿。这不仅源自财产之应有之义——即我们先前所说,因出借人之所有权对任一占有人所施加的约束——也是接受他人施惠的应有之义。除非物品在所有权人的管领下也会灭失,这样一来,所有权人就不会因出借遭受任何损失。[10]

如果借用人不给所有权人以补偿,那么就会违背对等原理:其会因所有权人的开销而获益。

晚期经院主义者使用了与此相同的原则来批评罗马法的规则。对他人施惠之承诺,若承诺人希望如此,则受诺人可以起诉。但由于承诺人希望施惠是无成本的,那么如果他发现需要有支出了,他就没有义务信守承诺。如果他发现在借给他人以后自己要用,即便他承诺了借用人可以在特定的时间内加以使用,他仍然可以把东西要回

[7] Dobbs, Hayden, & Burdick, *supra* note 2, at § 121, 379-80, 380 n. 13.

[8] Hugo Grotius, DE BELLI AC PACIS LIBRI TRES II. xii. 6-7 (1688).

[9] *Id.* at. II. xii. 11.

[10] *Id.* at II. xii. 13. 1.

来。[11] 罗马法的做法是,如果之前允诺了期限,则在届满之前不得索回。[12] 晚期经院主义者所创设的规则在后来被某些民法法域(civil law jurisdictions)所接受。[13] 晚期经院主义者认识到,如果对方已经依赖于出借人"自己可以保留借出物品"的承诺,那么此对方就要承担相应的开支,即若无这个承诺则其本可避免的开支。原因是他已经承担到了这里的风险,因为出借人借给他是不打算有任何开销的。[14]

罗马人正确地认识到,特殊的交易事务需要特殊的规则。在普通法中,这些事务亦由特殊规则所规范,因此用对价或承诺性信赖规则来加以解释是错误的。这些是施惠,是希望授他人以利。和赠与金钱或财产不同,它们不希望一方在利益他人时会有开支。当承诺人发现这个承诺无法以"不花钱"的方式加以履行,但承诺人若不履行则会导致受诺人受损,问题就出现了。此时,我们必须在这两种无法预见的后果中加以选择:是由承诺人负担损失,还是受诺人?

普通法的解决方案与罗马法很相似。无偿的出借或照管金钱(财产)的承诺,在交付之前是没有约束力的。一旦交付作成,那么同意照管并返还所接受财产的一方当事人就有义务如此。正如罗马法中所规定,注意的标准取决于是哪一方当事人施惠。

同意免费照管他人财产的人,仅因重大过失而担责。无偿借用他人财产之人,则会遵循更加严格的标准,即接近于严格责任的标准。26罗马法的不同之处在于,如果承诺人同意了特定期限,则施惠的承诺不能被撤回。在普通法上,这个承诺会欠缺对价。不过,信赖这一承诺而遭受损失的受诺人会得到承诺性信赖的保护。普通法的解决方案是历史偶然性的结果。不过,它几乎算得上是唯一合理的解决方案。

---

〔11〕　3 Ludovicus Molina, DE IUSTITIA ET IURE TRACTATUS DISP. 279, no. 10 (1614).

〔12〕　Dig. 13. 6. 17. 3.

〔13〕　James Gordley ed., THE ENFORCEABILITY OF PROMISES IN EUROPEAN CONTRACT LAW 192 (2001).

〔14〕　Molina, *supra* note 11, at disp. 279, no. 10.

二、在商业背景下的施惠

在我们之前讨论的情境中，一方当事人对他人施惠（正如晚期经院主义者所说）乃是出于慷慨。在商业背景下，一方当事人在承诺施惠时未必出于慷慨，而是出于便利当事人之间的交易合同。在之前的情境中，这里的施惠是无偿出借金钱或财产，再或照看他人财产。但在商业背景下的案件中，典型的关注点是另一种施惠：一方当事人承诺对他人提供服务，且该服务的履行不会为自己引发成本。

有时，这种施惠的承诺乃是在当事人缔结交易合同之后所产生。比如，财产的出卖人承诺提交文件以便为财产投保；[15] 又如铁路方面承诺协助其顾客通过向政府机构提交文件来获取折扣；[16] 再如持有财产担保利益的当事人承诺以受诺人的开销来进行投保，[17] 或者以自己的开销进行短期保险。[18] 其他案件如交易事务涉及了三方当事人，一方同意做某事，但并不是为了付款给自己的一方，而是为了第三方。比如，财务安排（financing arrangement）中的优先债权人同意对次位债权人提供违约通知（notice of default）；[19] 总承包人同意向其分包人的供应商（而不是分包人）开具可支付的支票。[20]

由于这些承诺都不具有对价，有些学者就认为执行它们的真正原

---

〔15〕　*Dalrymple v. Ed Shults Chevrolet, Inc.*, 380 N. Y. S. 2d 189, 190 (App. Div. 1976), aff'd, 363 N. E. 2d 587 (N. Y. 1977)；还可以参见 *Northern Commercial Co. v. United Airmotive*, 101 F. Supp. 169 (D. Alaska 1951)（法院认为飞机卖方对于"保持飞机被保险的状态，直到买家取得保险"的承诺不担责任，仅仅因为买家并没有合理谨慎）。

〔16〕　*Carr v. Maine Cent. R. R. Co.*, 102 A. 532 (N. H. 1917).

〔17〕　*East Providence Credit Union v. Geremia*, 239 A. 2d 725 (R. I. 1968).

〔18〕　*Siegel v. Spear & Co.*, 138 N. E. 414 (N. Y. 1923).

〔19〕　*Miles Homes Division of Insilco Corp. v. First State Bank*, 782 S. W. 2d 798 (Mo. Ct. App. 1990).

〔20〕　*United Elec. Corp. v. All Service Elec., Inc.*, 256 N. W. 2d 92, 95-96 (Minn. 1977).

因在于受诺人的信赖。[21] 但在刚刚所述的案件中,法院很少要求受 27
诺人证明这改变了自己的状况。在某些案件中,受诺人可以自己去
做,或找其他人来做:比如受诺人可以自己投保。但受诺人并未被要
求证明自己本可如此。在其他案件中,尽管如果承诺人拒绝,受诺人
就无法自己去做,但受诺人本可以通过胁以其合法权限内之事来施加
压力。比如,在三方当事人的情境中,次位债权人本可以告诉优先债
权人,除非后者承诺提供违约通知,否则自己就不提供信贷。类似的,
次承包人的供应商也本可以威胁撤回原材料,除非总承包人直接付给
自己。不过在这两种情况下,受诺人都没有被要求证明(甚至被要求
主张)自己本可提出这样的威胁,或者这个威胁本可成功。更重要的
是,有时若承诺人拒绝承诺,受诺人本来也无计可施,但后者仍然成功
索还了。在铁路的案件中,当铁路方面没能向政府机构寄送能使之前
的顾客获得折扣的文件,后者就获得了索还。不过,如果铁路公司从
一开始就拒绝合作,顾客是否还能获得折扣? 对此并不清楚。[22] 更
重要的是,正如约里欧与塞尔(Yorio & Thel)所观察到的,法院几乎总
是会最大限度地执行承诺,而不是根据受诺人基于信赖而受到损害的
量来判定损害赔偿。[23]

在这些案件中,就履行对承诺人的成本而言,或者是明显微不足
道,或者是当事人可以预见其会微不足道,否则就不太可能在商业背
景下给出承诺。同理,在前文讨论的施惠案件中,当事人无偿出借金
钱或财产,或者同意无偿照管他人财产,这也是事实(或者说被推定为
事实)。但这些承诺却不可以在履行之前被执行。

之所以存在这样的差异,一个很好的理由在于,施惠的承诺都是

---

〔21〕 参见 Benjamin F. Boyer, *Promissory Estoppel*: *Principle from Precedents*(pts. 1 &
2), 50 Mich. L. Rev. 639, 665-74, 873-88 (1952); Warren A. Seavey, *Reliance upon Gra-
tuitous Promises or Other Conduct*, 64 Harv. L. Rev. 913, 926 (1951); Warren L. Shattuck,
Gratuitous Promises—A New Writ? 35 Mich. L. Rev. 908, 918 (1937).

〔22〕 *Carr v. Maine Cent. R. R.*, 102 A. 532 (N. H. 1917).

〔23〕 Edward Yorio & Steve Thel, *The Promissory Basis of Section 90*, 101 Yale L. J.
111, 129-51 (1991).

与既存的合同相关联的。后文将会指出,交易合同的每一方当事人都有一项默示义务,即互相协作来完成合同所指向的目标。比如,每一方当事人都有义务采取必要的行动,以便于另一方有能力履行[24]或者满足相应的条件。[25] 比如,所有权人不把橱柜清空,承建商就无法改造厨房;再如所有权人不取得批准,承建商就无法加以建筑。"清空橱柜"或"取得批准"是所有权人的义务,即便承建商没有这么说,亦然。我们将会看到,即便不是必须,只要有助于实现合同的目的且成本微小,那么一方当事人仍然要负担采取行动的默认义务。一个明示的承诺,可以明确行为确实有利于合同的目的,并且履行成本也很低,借此使此种义务更加具体。

28

在某些范例中存在三方当事人。一方承诺做某事,但并不是为了合同的另一方,而是为了第三方。譬如财务安排(financing arrangement)中的优先债权人同意对次位债权人提供违约通知。[26] 总承包人同意向其分包人的供应商(而不是分包人)开具可支付的支票。[27] 是哪一方作出的承诺,这个问题并不重要。在三方的情境下,甲移转利益于乙,这样乙就可以移转利益于丙。如果甲可以无成本地便利乙的履行,那么甲的承诺是对乙还是丙,这就无关紧要了。

在讨论无偿借贷和委托时,我们看到当一个承诺希望是无成本的,则应当一直如此。这就揭示了为什么在某些案件中,当施惠的承诺是在商业背景下作出的,法院会不愿意提供救济。在某些案件中,承诺人未能履行所带来的责任可能会非常巨大。尽管履行本身可能是几乎无成本的,但(可能)面对责任本身就是巨大的成本。一个范例是

---

〔24〕 比如,*Designer Direct, Inc. v. DeForest Redevelopment Authority*, 313 F. 3d 1036 (7th Cir. 2002)(未能采取步骤来使承建商的履行变为可行,这会构成悖信)。

〔25〕 *Simon v. Etgen*, 107 N. E. 1066 (N. Y. 1915)(当房屋出售是在付款前必须满足的条件,那么依据诚信要求,出售必须在合理时间内完成)。

〔26〕 *Miles Homes Division of Insilco Corp. v. First State Bank*, 782 S. W. 2d 798 (Mo. Ct. App. 1990)。

〔27〕 *United Elec. Corp. v. All Service Elec. , Inc.*, 256 N. W. 2d 92, 95-96 (Minn. 1977)。

承诺协助受诺人获取财产保险的情况。某些法院甚至不支持受诺人的索还主张。[28]《第二次重述》指出,第90条应当被"谨慎地适用于获取保险的承诺",并指出"违反此类承诺的适当救济会使承诺人成为保险人,这会导致与承诺服务价值相关的责任非常巨大"。[29] 在这种情况下(正如在非商业背景中),承诺人仅仅会在行为严重失当,而不为行为又非常简单的情况下承担责任,这样就不用担心其会漫不经心地违背义务而负担责任。与非商业背景下相同,规则是无偿地同意照管他人财产者,只需因重大过失而担责。

29

----

〔28〕　比如,*Hazlett v. First Fed. Sav. & Loan Ass'n*, 127 P. 2d 273, 276-77 (Wash. 1942)(认定抵押权人对"为抵押财产承保"的承诺不担责任);*Comfort v. McCorkle*, 268 N. Y. S. 192, 194-95 (Sup. Ct. 1933)(认定被告对"代表原告申请保险"的承诺不担责任);*Prescott v. Jones*, 41 A. 352 (N. H. 1898)(认定被告对"更新原告财产的火灾保险"的承诺不担责任)。

〔29〕　RESTATEMENT (SECOND) OF CONTRACTS § 90 cmt. e (Am. Law Inst. 1981)。

第四章

赠与金钱或财产的承诺

一、为何此种承诺应当具有约束力？

19 世纪的意志论者对于对价规则非常困惑。他们相信，原则上讲，法律应当执行双方当事人愿意接受的一切债务。弗里德在他的著作《契约即允诺》(Contract as Promise) *中，捍卫了一种意志理论的现代版本。不过他也只能承认，"那种不靠谱且俗气的赠与，承诺过于夸张而导致配偶或子女利益受损"，则不应当得到执行。[1] 这实际是重新发现了慷慨的概念，而此种理解与 19 世纪之前的合同法理论家相同。当一个承诺意在基于承诺人的开销而令受诺人获益，法律就会关注其作出是否明智的问题了。

我们将会看到，这种关注解释了为什么法律会提供保障以便鼓励承诺人为明智之行为。不过，如果承诺人变了卦怎么办？为什么承诺应当具有约束力呢？

正如达甘(Hanoch Dagan)与海勒(Michael Heller)所指出，有些同时代的法学家已经回答了这个问题，他们塑造了一种所谓的"移转理论"(transfer theories)。[2] 承诺人的意志在受诺人处创设了一项合法

---

* 参考本书的中译本，[美]查尔斯·弗里德：《契约即允诺》，郭锐译，北京大学出版社 2006 年版。——译者注

〔1〕 Charles Fried, CONTRACT AS PROMISE: A THEORY OF CONTRACTUAL OBLIGATION 38 (1981).

〔2〕 Hanoch Dagan & Michael Heller, THE CHOICE THEORY OF CONTRACTS 33 (2017).

的权利,从而要求承诺人必须履行。[3] 对承诺人来说,拒绝履行会剥夺受诺人的这项权利,因此是不公正的。[4]

　　根据本森(Peter Benson)所言:

　　必须将合同的缔结理解为在当事人之间完成了一种交易的取得(*transactional acquisition*),这在双方确立了排他性的权利,具体内容则取决于承诺的内容。由于每方当事人都会从对方处取得该权利,后者是由双方之间的流转所构成……对合同的违背如今当然可被视为对权利的一种损害,而该种权利在合同成立之时便已经存在。违约相当于试图将一方已经给与另一方的权利加以"撤回"或"扣留"的行为。[5]

　　类似的,对里泼斯坦(Arthur Ripstein)来说,当事人的意志可以将既存的权利从一方流转给另一方。[6] 它也可能"创设新的权利,包括对那些在流转前无需完整确定之物的权利。[7] 对施里芬(Seana Shiffrin)来说,"乙给甲的承诺创设了一项乙须负担的道德义务,并且让甲拥有了权力(power),可以坚持或者解除乙的履行"[8]。"作出承诺背后的权力……涉及将一方当事人'变卦'的权力流转给另一方。"[9]

　　同样的,这些法学家们也是重新发现了 19 世纪之前合同法理论的教诲。本森正确地指出,其理论的提出者乃是"欧洲大陆民法传统中伟大的自然法学家,包括格劳秀斯(1583—1645)和普芬道夫

---

〔3〕　*Id*. at 34.

〔4〕　参见 Seana Valentine Shiffrin, *Promising*, *Intimate Relationships*, *and Conventionalism*, 117 Phil. Rev. 481, 507, 516 (2008);还可以参见 Arthur Ripstein, FORCE AND FREEDOM: KANT'S LEGAL AND POLITICAL PHILOSOPHY 109 (2009)。

〔5〕　Peter Benson, JUSTICE IN TRANSACTIONS: A THEORY OF CONTRACT LAW 8 (2019).

〔6〕　参见 Ripstein *supra* note 4, at 116。

〔7〕　*Id*.

〔8〕　Shiffrin, *supra* note 4, at 507.

〔9〕　*Id*. at 516.

（1632—1694）"。[10] 他援引了格劳秀斯，[11] 在讨论关于人们想说清楚未来要做什么的时候，格氏区分了三种表述：我们可能是"陈述我们现在的意图"，这样就不存在承诺；我们也可能是在作出一个"承诺"，但并不是"授予他人一项属于自己的权利"，这样就有一个承诺但不存在许诺（commitment）：受诺人没有权利要求承诺人保守自己的承诺；或者我们是"期待将我们自己的权利授予另一方，这被称为'完美的承诺'，具有与让渡所有权相似的效力"。[12] 这在承诺的意义上包含着许诺，受诺人可加以执行。

格劳秀斯的观念乃是源自晚期经院主义者。后者是在回答卡耶坦（Cajetan，即托马索·德·维奥，Tomasso de Vio，1469—1534）所提出的问题。假设承诺是明智的，但承诺人却违背了它，那么受诺人的地位并没有比承诺未曾作出之时更差。当且仅当一方当事人以其他人的开销而令自己受益之时，才算被违背了交换正义。因此看起来，如果以交换正义而论，受诺人没有权利要求承诺被履行，无论自己有多沮丧。当且仅当自己因信赖该承诺而改变了自己的地位导致受损，他才可以提起诉讼。[13]

莫利纳（1535—1600）曾指出，如果出赠人给出了某物并交付给了受赠人，那么这个物就归于受赠人。[14] 根据罗马法，除非受赠人有严重的忘恩负义（ingratitude），否则出赠人是不能把物品取回的。[15] 但交付的时刻并没有魔力。莫利纳认为，原则上讲，出赠人应该能够在交付之前便将物之权利或对物之请求的权利加以流转。如果他这么

32

---

〔10〕 Benson, *supra* note 5, at 10.

〔11〕 *Id.*

〔12〕 Hugo Grotius, De iure bellis ac pacis libri tres II. xi. 1. 6-2. 1-4（1688）.

〔13〕 参见 Cajetan（Tomasso di Vio），COMMENTARIA TO THOMAS AQUINAS, SUMMA THEOLOGICAL II-II, Q. 88, a. 1; Q. 113, a. 1（1698）。

〔14〕 参见 3 Ludovicus Molina, DE IUSTITIA ET IURE TRACTATUS DISPS. 272, 281（1614）。

〔15〕 这一规则见于 Leonardus Lessius, DE IUSTITIA ET IURE, CETERISQUE VIRTUTIBUS CARDINALIS LIBRI QUATUOR LIB. 2, cap. 18, dub. 8, no. 52（1628），以及 Molina, *supra* note 14, at disps. 272, 281。

做了,以不履行来剥夺此权利就会违背交换正义。[16] 莱西乌斯(1554—1623)认同这一点,格劳秀斯追随了莫利纳,而普芬道夫则追随了格劳秀斯。[17]

但无论是早期的法学家还是前述同期的"流转论"者,都要面临一个问题:为什么承诺将金钱或财产给出的人,会希望将执行该承诺的权利授予受赠人呢?

艾森伯格(Melvin Eisenberg)关于赠与承诺之可执行性的"实证理论"(positive theory)提到了这个问题。根据艾森伯格的观点,承诺人会放弃自己"变卦权"的一个理由,便是"保护自己当下的意愿,来对抗未来价值较低之自我"。[18] * 她相信决定将利益授予对方,是比将来"另为他举"要更好的决定。第二个理由在于,一个承诺会受制于某些尚不成熟的条件(inchoate condition),其中承诺人自己的需求会胜过　33

〔16〕　参见 Molina, *supra* note 14, at disps. 262。

〔17〕　参见 Lessius, *supra* note 15, at lib. 2, cap. 18, dub. 8, no. 52; Grotius, *supra* note 12, at II. xi. 1. 3-4 (1688); Samuel Pufendorf, DE IURE NATURAE LIBRI OCTO III. v. 5-7 (1688); Jean Barbeyrac, LE DROIT DE LA GUERRE ET DE LA PAIX DE HUGUES GROTIUS n. 2 to II. xi. 1; n. 1 to II. xi. 3 (1729); Jean Barbeyrac, LE DROIT DE LA NATURE ET DES GENS . . . PAR LE BARON DE PUFENDORF n. 10 to III. v. 9 (1734)。

〔18〕　Melvin A. Eisenberg, Foundational Principles of Contract Law 109 (2018). 在其所列的承诺人可能的动机中,他提到了其他三项:"保证如果自己未完全履行便去世,可从遗产中提取进行履行""增加其履行的价值"以及"允许受诺人基于履行作出可信赖的计划"。*Id.* 109. 只有当事人在去世之前没有变卦,那么第一个执行承诺的理由才算站得住脚。至于第二个,正如波斯纳所言,只有该承诺的可执行力减少了受诺人悖约的机会,从而使其对受诺人更有价值了,这个理由才能成立。参见 Richard A. Posner, *Gratuitous Promises in Economics and Law*, 6 J. Leg. Stud. 411 (1977)。不过,正如艾森伯格所指出的:"这一论断或许在很多(甚或大多数)案件中都无法适用,因其立基于承诺人所形成的信念,即受诺人会认为'承诺不被遵守'是有很大可能性的……出赠的承诺人不太可能会相信受赠人会如此想,且通常(甚或往往)承诺人会认为,受诺人哪怕是随便这么想一下也太不感恩了。"*Id.* 101 n. 15. 艾森伯格提到的最后一个理由,就是准许了受诺人的信赖。对于这种可能性将于后文讨论,现今我们只要关注正文中提到的理由就好了。

* 应当说明,此处对比了孙良国老师所赠的艾森伯格著作的中译本([美]梅尔文·A. 艾森伯格:《合同法基础原理》,孙良国、王怡聪译,北京大学出版社 2023 年版),特此致谢(孙老师是笔者本科时在吉林大学的老师,也是如今尊重的前辈大哥)。笔者根据原文有所调整,以下关于此书者皆然。——译者注

此时受诺人的需求。当事人自己最了解这些条件,而且无法到法院加以证明:

> 所有的承诺都受制于特定的、相关的且道德上(法律上)相当具体化的免责理由(诸如无行为能力),但单纯的出赠承诺则很可能受制于很多额外且易变的道德免责理由,诸如"我发现我没有预计到自己的业务需要这么多新钱",或者"为了一个退休之后的家",或者"为了我生病的侄子",如此这般。特别是,如果承诺人的个人情境发生了变化,导致其若守约会太强人所难(improvident)……那么出赠承诺所创设的债务就会被免除。如果叔叔承诺在两年内给侄子5000美元……没有人(包括侄子在内)在如下事件发生时仍会预期叔叔对于履行承诺具有道德上的义务……叔叔遭受了财力上的重创,难以供养自己的直系家庭;或者叔叔的财富虽然没变化,但其债务以未预期的方式激增(如因婚娶、子女出生或疾病);再或虽然叔叔的财务与债务均无变化,但由于其对这个礼物的错误计算会导致其难以继续其所习惯的生活方式。[19]

这些情况"常常是太过微妙,法律规则难以规范……很多(甚至)大部分出赠承诺都会在亲密的情境中产生,其中情感、激励以及暗示都复杂多样且高度相关"[20]。

不过,承诺人可能希望受诺人享有的,是如同金钱或财产已被流转之时的独立性和保障。决断如何使用财产而不会被承诺人之需求所凌驾,这归于受诺人。如果父母给了儿子和儿媳一幢房屋或一笔债券,那么这房屋和基金就归于这对小夫妻了。他们可以对其如自己之物加以随意处置,无须衡量自己与父母的需求之比。如果父母允许儿子与儿媳共同生活于父母所拥有的房屋里,那么这房屋就不是小夫妻的。如果父母将自己债券的利息赠与小夫妻,那么小夫妻拥有的就不

---

[19]　Eisenberg, *supra* note 18, at 99-100.

[20]　*Id*. at 100.

是债券。父母可以变卦,衡量子女与自己之间的需求。类似的,如果父母在艾森伯格所描述的"尚不成熟的条件"下作出承诺,亦然。

34

二、当此种承诺可被执行

(一) 形式

无论是大陆法系还是英美法系,赠与金钱或财产的承诺都可以因使用法定形式而具有约束力。有了形式,看起来会更像承诺人有意为之,且行为也是明智之举。而且,这也是承诺人意图授予受赠人执行该承诺之权利的标示。

在大陆法系,形式一般是公证。承诺人在一位公证人面前签署承诺。此处的公证人乃是一位法律职业人员,这与美国的公证人(notary public)有所不同。

传统普通法的形式是盖印。这要回溯到中世纪,其时重要人物会拥有印章或印戒,用来在文件上的蜡上进行封印。如今的人们没有印章或印戒了,因此对这些东西不甚了解。这样一来,有些州就废止了形式要件的要求。在保留这一要件的地方,制成文件须盖印的要求就非常宽松,以至于成了粗心大意的陷阱。正如从《第二次重述》中所看到的:"在美国大多数仍然承认盖印之重要性的州中,盖印采取的形式包括书面或打印的印章、语词、涂草(scrawl)或其他符号。"[21]

若要使赠与金钱或财产的承诺具有约束力,另一种方式(在某些州仍然有效的)便是为名义性(nominal)的对价作出承诺,比如一粒胡椒籽或者 1 美元。根据利益减损之议价公式,名义性对价并不是真实的对价。受诺人放弃了对一粒胡椒籽或 1 美元的普通法权利,但承诺人并没有承诺来诱使受诺人如此。给予"名义性对价"的目的是使得该承诺有约束力。根据《第一次重述》,付出名义性对价的承诺是有约

---

〔21〕　RESTATEMENT (SECOND) OF CONTRACTS § 96(3) (Am. Law Inst. 1981).

束力的。[22] 但根据《第二次重述》,一般规则是否定其有约束力。[23]
在这种罕见的范例中,《第二次重述》对适用利益减损之议价公式的适用,要比第一次重述更具有持续性。

35　　　艾森伯格认为,《第二次重述》应当为名义性承诺设置一项例外。"认定名义性对价能使承诺具有可执行性的规则,能让有特殊意图的捐赠承诺人令自己的承诺具有可执行力。"[24] 正如我们所指出的,一项承诺是否具有执行力取决于两方面的考量:承诺的作出是否经过了深思熟虑(deliberation),以及承诺人是否希望授予受诺人以执行该承诺的权利。使用了名义性对价,显示出承诺人确实希望授予此种权利,但还不足以确保"深思熟虑"。这有点像一个申明"其将有法律上的可执行性"的书面承诺。艾森伯格观察到,即便是书面的承诺,仍然有可能是"未经算计而非深思熟虑的",是在"因千恩万谢之奔涌、炫耀于外的冲动或者其他强烈但短暂的情绪引发的情绪化状态"中作出的。[25] 正是担心这种情况,很多州在前述公式变得不再重要之后,迅速废止了盖印的法律效力。

　　如果不通过缔结合同,希望捐赠的人也可以通过使用活人之间的(inter vivo)流转文据或者信托将金钱或者财产送出去。在这里两种情况下,法律不会将这里的交易事务认定为当事人未来会做之事的一项承诺,而是认定为所有权的现时流转。不过,效力就和满足了形式要件的承诺相同。赠与金钱或者财产的当事人会更深思熟虑地作出承诺,并且也会有意地将普通法的权利移转给另一方。

　　如果想使用活人之间的流转文据,那么当事人则需要执行一项文据,宣告作出赠与的即时意图(immediate intention),指明赠与人和受

---

〔22〕 RESTATEMENT（FIRST）OF CONTRACTS §84, illus. 1（Am. Law Inst. 1932）.

〔23〕 RESTATEMENT（SECOND）OF CONTRACTS § 79 cmt. c（Am. Law Inst. 1981）. 对于选择权（option）和贷款担保（loan guarantee）有例外（参见第 77-78 条）,我们将于后文讨论。

〔24〕 Eisenberg, *supra* note 18, at 112.

〔25〕 *Id*. at 99.

赠人以及赠与之物件。在收到该文据时,受赠人就取得了该财产的权利。

如果想在未来某时授予某项权利,当事人可以使用信托。"信托创设人"也要指名"受托人"(为了受赠人而信托持有该财产之人)。[26] 如果受托人作出了宣告,则信托不可撤销。一般会推定当事人具有创设一项不可撤销的信托之意图,即便没有作出宣告亦然。[27] 信托的条款可以允许受托人在一定期限内继续使用该财产,或者从信托中的资产收取收入。[28] 财产和金钱会归创设人希望赠与之人所有。

在实践中,业余人士不太清楚如何作出赠与契据或创设信托,他们需要法律人的协助。普通法的这个要求,恰与大陆法系中的公证有着相同的作用。如前所述,在大陆法系中,要想在作出约束性的赠与金钱或财产之承诺,承诺人必须在公证人面前签署。通过这样,承诺人显示了自己希望受到法律约束的意图,因而更会深思熟虑,并且会收到良好的建议。

(二)涉及婚嫁的承诺

正如前文所言,在 19 世纪的法学家将对价与议价相等同之前,普通法的法院就认定,对子女在他们婚后会赠与金钱或财产的承诺是有对价的。波洛克认为,这些承诺实际上就是议价。"迎娶承诺人的女儿"就是"承诺的价格",也是"(承诺人所)议价的一切"。[29] 威利斯顿认为,这些承诺的可执行力可以通过承诺性信赖加以解释,但法院

---

〔26〕 1 Austin W. Scott & William F. Fratcher, THE LAW OF TRUSTS 310-12, 312 n. 4 (4th ed. 1987).

〔27〕 *Id.* at 315.

〔28〕 1A *id.* at 188.

〔29〕 Frederick Pollock, PRINCIPLES OF CONTRACT AT LAW AND IN EQUITY, BE-ING A TREATISE ON THE GENERAL PRINCIPLES CONCERNING THE VALIDITY OF AGREEMENTS, WITH A SPECIAL VIEW TO THE COMPARISON OF LAW AND EQUITY, AND WITH REFERENCES TO THE INDIAN CONTRACT ACT, AND OCCASIONALLY TO ROMAN, AMERICAN, AND CONTINENTAL LAW 151-52 (1st ed. 1876).

执行的时候并未要求提供信赖的证据。根据《第二次重述》，不需要有信赖的证据。"婚姻财产授予(marriage settlement)是有约束力的……不需要提供证明该承诺诱发了行为或不行为的证据。"[30]

约里欧与塞尔指出：

> 最常见的解释，是将这些承诺的可执行性与社会政策……对婚姻制度的支持加以关联。这个理由明显具有片面性。比如，尽管吾人对子女、教育和健康都具有强烈的社会责任感，但支付女儿在大学之开销的承诺，或者在没有实际劝诱的前提下对儿子手术费用的承诺，法律系统都不会执行它们。前述理由没有解释这样的局面。[31]

不过，这个问题的内核，并不是承诺支付女儿的大学开销或儿子的手术费用是否是好的、明智的抑或对社会有利的。问题是承诺人是否会希望，受诺人能享有独立与安定，就像金钱或财产已经被流转完成一样。正如前文所言，当家长决定给自己的孩子一幢房子而不是让他们住在房子里，或者决定给孩子债券而不是定期给他们提供债券的利息，那么家长或许就有前述的希望。这样子女可以将房子或债券视如自己之物加以处分。如果是这样，那么这个承诺就不是受制于(如艾森伯格所描述的)某些尚不成熟的条件。《德国民法典》同样认识到，如果承诺人的动机是授予夫妻以独立性，那么承诺就无需一般要求的形式即具有可执行力。《德国民法典》的条文是：当承诺是"父亲或母亲作出，目的是婚姻或取得独立生活地位，以设立或维持生活地位……"[即具有前述效力]。[32]*

---

〔30〕　RESTATEMENT (SECOND) OF CONTRACTS § 90(2) (Am. Law Inst. 1981).

〔31〕　Edward Yorio & Steve Thel, *The Promissory Basis of Section* 90, 101 Yale L. J. 111, 153-54 (1991).

〔32〕　Bürgerlichesgesetzbuch (BGB) § 1624.

＊ 特别说明，此处翻译参考了陈卫佐先生对《德国民法典》的中译本(《德国民法典》，陈卫佐译注，法律出版社 2020 年版，第 576 页)。四角号内内容为译者所加。——译者注

相比之下,承诺支付女儿上大学的开销或儿子的手术,这就更像是受制于某些尚不成熟的条件。援引艾森伯格的说法,当父母"遭受了财力上的重创,难以供养自己的直系家庭;或者……财富虽然没变化,但其债务以未预期的方式激增(如因婚娶、子女出生或疾病);再或礼物……会导致其难以继续其所习惯的生活方式"。[33] 每方当事人都不会预期此时承诺应言出必行。

(三) 对慈善机构的承诺

我们已经看到,在向慈善机构赠与金钱或财产的承诺中,美国法院适用利益减损之议价公式来寻找对价。如果看起来太过刻意,它们就会转向承诺性信赖规则。不过很多法院都不要求信赖的证据。出于对判例法的尊重,《第二次重述》规定"慈善性的捐赠是有效力的,无须证明是承诺诱发了行为或不行为"。[34]

正如约里欧与塞尔所指出的,通常的解释是"将这些承诺的可执行力与对支持有组织的慈善活动的社会政策加以关联"。[35] 作为《第二次重述》的报告人,范斯沃思认为对慈善承诺的执行"作为一种手段特别可取,因其允许在个体层面作出了关于财富分配的决断"。[36] 某些法院持相同的观点,[37] 比如在 *Salisbury v. Northwestern Bell Telephone* 一案中,法院认定:"慈善性的捐赠无须展示对价或承诺性信赖便可有约束力,这是更合逻辑的做法。""慈善性的捐赠能够使无法成

---

[33] Eisenberg, *supra* note 18, at 99-100, 援引了 *supra* note 19。

[34] RESTATEMENT (SECOND) OF CONTRACTS § 90(2) (Am. Law Inst. 1981).

[35] Yorio & Thel, *supra* note 31, at 153-54.

[36] E. Allan Farnsworth & William F. Young, CASES AND MATERIALS ON CONTRACTS 98 (4th ed. 1988).

[37] 有些法院则并不如此认为。在 *In Re Morton Shoe Co* 一案中(40 B. R. 948, Bankruptcy Ct. , D. Mass. , 1984)法院指出,在对价规则或信赖规则下执行此种承诺,非常脆弱和机械化。取而代之的是,法院认为之所以如此是因为过去便是这么做的,这不禁让我们怀疑,过去又是为什么这么做呢?

行的项目落地,这常常会服务于公共利益。"[38]

38　　艾森伯格认同执行对慈善——或者如他所言,对"社会服务机构"——之承诺的理由并不是信赖。理由是:"在我们这样通过这些分权化的机构来强调推动普遍社会福利的社会中,支持此种赠与乃是一项重要的社会政策。"[39]然而,尽管援助有需求之人或许是一个值得赞赏的目标,但他仍然提出了反驳,认为"执行捐赠承诺对实现这个目的来说乃是一个相对微不足道的工具",[40]"而且可能的结果是导致更少的赠与……有些本来想捐赠的承诺人若是知道了承诺会具有法律上的执行力,那么或许他们就不会去承诺了"。[41]

　　不过,此种承诺应当具有可执行力的原因,并不取决于"何者能最好地服务于社会政策"的分析。当赠与金钱或财产的承诺可能是明智的,而且承诺人可能希望授予受诺人执行的权利,那么它就应当被执行。承诺是为了一个可推定为有价值的原因,这个事实本身就暗示了承诺是被明智地作出的。更重要的是,此种承诺的作出并不是在艾森伯格所说的"亲密的情境下"。承诺支付女儿上大学的开销或儿子的手术费用可能会受制于大量彼此互相理解的默示条件,这些条件都"太过微妙,难以为法律规则所规范"。但对慈善机构作出承诺的诸种前期条件都很难算是"彼此相互理解",更不可能由承诺人默示地加以施用。

　　这些考量说明了为何美国的法院会执行这些承诺,而英国的法院则不会。有人或许会认为,这些承诺不应被执行,因为承诺人的意图很难确定。如果是这样的话,那么英国法院的做法就是正确的了。

(四) 去世的承诺人

　　如果承诺人去世且没有改变心意,就无须关心该承诺是匆忙作出

---

〔38〕　221 N. W. 2d 609 (Iowa 1974). 还可以参见下述所援引的判例,Eisenberg, *supra* note 18, at 116 n. 51。

〔39〕　Eisenberg, *supra* note 18, at 116.

〔40〕　*Id.* at 101.

〔41〕　Id.

的,还是受制于(前述)尚不成熟的条件之一。此种条件并未实际发生。法院可以仅因承诺人去世而未否认承诺便加以执行。[42]

尽管没有法院曾如此这般地解释过自己的判决,但这个考量或许在某些著名案件中影响了最终的结果。*Hamer v. Sidway* 一案[43]常常被用来解释利益减损之议价的对价规则。在本案中,叔叔向侄子承诺,如果后者在 21 岁之前不喝酒、不抽烟、不说脏话且不赌博,那么自己就会给他 5000 美元。侄子放弃了自己做这些事情的"权利",而叔叔确实承诺(至少是部分地)来诱使其放弃这些"权利"。法院认定这里存在对价,不过其应当被执行的原因,或许是叔叔去世且没有变卦。

威利斯顿援引了 *Ricketts v. Scothorn* 一案[44]来支持承诺性信赖规则。在本案中,祖父向原告承诺,只要后者辞职,就会给她钱。随后原告辞职了,但祖父在给钱之前去世了。或许即便原告没有信赖这一承诺,承诺同样应被执行,因为祖父去世前并没有变卦。在 *Devecmon v. Shaw* 一案中,[45]因为叔叔承诺会埋单,所以侄子去了欧洲旅游。在 *Sandoval v. Bucci*(*In re Estate of Bucci*)一案中,[46]受诺人因信赖而买了套房子。在这两个案件中,承诺人都是去世了且没有变卦。

对于赠与金钱或财产的规范,有一条简单的规则:直到交付完成,赠与才生效。不过,如果赠与人去世且此前相信移转已经生效,在某些案件中,会为受赠人的利益而对财产设定一项推定信托。[47]

(五)承诺性信赖

我们已经看到,在承诺性信赖规则形成之时,很多案件都被援引

[42] 参见 John D. Calamari & Joseph M. Perillo, THE LAW OF CONTRACTS 275 n. 31 (3d ed. 1987)。

[43] 27 N. E. 256 (N. Y. 1891).

[44] 77 N. W. 365 (Neb. 1898).

[45] 14 A. 464 (Md. 1888).

[46] 488 P. 2d 216 (Colo. Ct. App. 1971).

[47] 1 Scott & Fratcher, *supra* note 26, at 350[认定当受赠人是赠与人之赠款的"自然受赠人"(natural object)时,此种信托会被设定]。

来作为支持，但这一规则其实并不能解释这些案件。唯一的例外是 *Ricketts v. Scothorn* 一案[48]。本案中凯西·斯考森的祖父给了她2000 美元的支票，借此劝她辞职，她照做了。法院要求祖父的遗产管理人支付，理由是她信赖这一承诺而辞职了。[49] 在 1920 年的论文中，威利斯顿援引了这个案件，以展示法院或许会允许承诺引发的信赖作为对价的替代品。[50] 他将这个规则写进了《第一次重述》。

40
　　大陆法系中并不存在与此并行的规则。正如我们所见，根据卡耶坦的观点，赠与性的承诺若要被执行，当且仅当受诺人基于对承诺的信赖而改变了自己的地位，且承诺若被违背会使受诺人受损。他的批评者则回应，如果承诺人已经给予了受诺人以要求履行的权利，那么剥夺这项权利就会使受诺人利益受损。卡耶坦关于"受诺人的信赖应值考虑"的观点未被追随下去。

　　信赖确实是个重要的问题。假设承诺人后来觉得"给出金钱或财产"的承诺其实很蠢，或者假设承诺人不想授予受诺人执行承诺的权利。如果受诺人并无信赖，那么承诺人应当就可以自由反思如何能最好地使用这笔钱或财产。而且如果没有信赖，那么受诺人也不会受损。不过，如果受诺人已经信赖了承诺，并且若不信守诺言会使其受损，那么承诺人否定承诺的行为就是利用了受诺人的开销。为探寻承诺人关于"如何能最好利用这笔钱或财产"的想法所支出的部分成本是要由受诺人负担的。给出金钱或财产的承诺会受制于某些尚不成熟的条件，其中承诺人自己的需求会胜过受诺人的需求。但不成熟的条件不太可能会允许以受托人的开销来实现承诺人的需求。比如，姨母承诺给自己的侄女 10000 美元，让她去欧洲旅游。如果随后姨母遇到经济上的重创，或者个人债务以未能预期的方式激增，则侄女就理应理解姨母无须信守自己的诺言。不过，如果侄女已经花了 2000 美

---

[48] Frederick Pollock, PRINCIPLES OF CONTRACT AT LAW AND IN EQUITY 650 n. 1 (Gustavus Wald & Samuel Williston, eds., 7th English ed., 3d American ed. 1906).

[49] 77 N. W. 365 (Neb. 1898).

[50] 1 Samuel Williston, The LAW OF CONTRACTS 307-14 (1920).

元买了不可退的车票(机票),那么姨母如果不信守诺言,就等于用侄女的开销来解决自己的经济问题或个人债务。姨母支持侄女去欧洲旅游的承诺,等于是让侄女给姨母埋单。

因此,此种承诺的可执行性就不应当达到完整的程度。承诺人应当仅就受诺人受损的部分担责。《第二次重述》允许法院仅按此数量授予救济。[51]

这个救济很像侵权法的救济。因为后者以弥补原告为限,即令原告如同承诺未作出一样。但此诉讼是在合同法中,因为被告是因违背了承诺而担责。承诺的意图是以承诺人的开销来令受诺人获益。承诺人或许并不负担授予这一利益的义务,但若未能守诺而令受诺人的状况变糟,则其应当承担责任。

这个解释在两种可互相替代的论证中选择了居中而为。其中一种是,为受诺人信赖之责任乃是基于侵权法的原则,即一人若有过错,则必须补偿其所损害之人。这就解释了为什么此处的救济是要弥补受诺人的损失。另一种则是,责任乃是基于合同法的原则,即一人作出了承诺,若有违背则应担责。这就解释了为什么被告会因违背承诺而担责。在我们看来,更好的解释是,这个诉讼乃是在合同法之中,但救济则是为了弥补损失。

沙图克(Warren Shattuck)在耶鲁的时候,在科宾的指导下撰写了一篇论文,认为这一规则是基于侵权法的原则。[52] 一年以后,富勒和帕杜(William Perdue)在著名的论文《合同损害赔偿中的信赖利益》(The Reliance Interest in Contract Damages)中提出了相同的观点。[53]

41

---

〔51〕 RESTATEMENT (SECOND) OF CONTRACTS § 90 cmt. d (Am. Law Inst. 1981).

〔52〕 Warrren L. Shattuck, *Gratuitous Promises—A New Writ?*, 35 Mich. L. Rev. 908 (1937), 908. 根据沙图克所言,这个观点是他独创的,并非源自其在耶鲁法学院的论文导师科宾的建议。电视采访沙图克(1993 年 7 月 2 日)。

〔53〕 Lon L. Fuller & William R. Perdue, Jr., *The Reliance Interest in Contract Damages* (pts. 1 & 2), 46 Yale L. J. 52, 373 (1936).

这一观点得到了 20 世纪 50 年代西维(Warren Seavy)[54]和鲍耶尔(Benjamin Boyer)[55]的两篇知名论文之背书。在《合同的死亡》(The Death of Contract)一书中,吉尔莫认为承诺性信赖"在效力上吞噬了议价规则",[56]合同由此并入了侵权。

尽管艾森伯格并未同感于吉尔莫关于合同法迫近消亡的担忧,但他也相信这个规则乃是基于侵权法的规则:

> 承诺人作出了承诺,随后又违背了承诺,这就是有过错。这里的过错会导致受诺人受损,因为承诺会被遵守的合理预期,诱使受诺人支出成本,而这一成本本来不会产生。因此,与单纯的捐赠承诺不同,如果对捐赠承诺的信赖被打破,受诺人的状况就会比在承诺作出之前更糟……有信赖的受诺人所遭受的不仅是沮丧,更是财富的实际削减。[57]

不过,承诺人未能预见到承诺的金钱需要用在其他目的上——诸如自己的生意、养老院或者拯救生病的侄子——这或许不能算是过错。但承诺人不应当用受诺人的开销来满足自己这些之前未能预见的需求。

艾森伯格相信,承诺性信赖规则是对更广之规则的一项适用。如果某人的语词或行为可预见地会伤害到他人,那么该人就要担责:

> 甲说了一些话或为某行为,如果他知道或应当知道这会诱使乙合理地相信甲会采取特定的行为,并且甲知道或应当知道,如果甲不采取行动,乙就会遭受相应的损失,那么甲就应当采取措施,以确保如果

42

[54] Warren A. Seavey, *Reliance Upon Gratuitous Promises or Other Conduct*, 64 Harv. L. Rev. 913, 928 (1951).

[55] Benjamin F. Boyer, *Promissory Estoppel: Principle from Precedents*(pts. 1 & 2), 50 Mich. L. Rev. 639, 873 (1952).

[56] Grant Gilmore, THE DEATH OF CONTRACT 72 (1974).

[57] Eisenberg, *supra* note 18, at 117.

自己不采取行动，乙也不会遭受损失。[58]

斯坎伦(T. M. Scanlon)也表达了相同的观点。[59]

不过，如果过失性的虚假陈述(misrepresentation)会导致他人可能合理地信赖，这并不会引发侵权法上的责任。杜布斯、海登和布里克(Bublick)已经指出，当事人若要担责，则其必须对原告"负担一项义务"，"典型的便是基于特殊关系或者确定的保证［而产生的义务］"。[60] 我们将会看到，当会计公司过失地提供了虚假信息，那么它担责的对象就只是公司的客户以及与客户缔结合同的第三方受益人。公司不会对信赖该信息的公众成员承担责任。当制造公司宣布自己会在特定的城镇开一家新工厂，或者房地产开发商宣布自己会在特定的地点兴建住宅、商铺或电影院的综合设施，随后取消了这个计划，即便公司预见到了之前的公布会影响很多人购买或出售周边土地的决定，它也不会为此承担责任。无论是作出宣布或取消计划，未能权衡此决定对自己的成本与其他人的成本，这并不会引发相应的责任。

巴内特(Randy Barnett)与其他学者则采取了截然不同的立场。基于承诺性信赖规则而执行承诺，这不是因为受诺人信赖了承诺，而是因为承诺人就打算让自己受约束。"如果当事人正式地表示了自己希望被约束的意图"，那么"非商业的承诺"就应当被执行。[61] 他声称对"新合意"(new consensus)的支持滥觞于20世纪80年代与90年代。他援引了约里欧与塞尔的作品，后二人认为"在诸法院看来第90

〔58〕 Lon L. Fuller & Melvin Aron Eisenberg, Basic Contract Law 27 (8th ed. 1996). 参见 Eisenberg, *supra* note 18, at 117。

〔59〕 T. M. Scanlon, *Promises and Practices*, 19 Phil. & Pub. Affairs, 199, 202-03 (1990).

〔60〕 Dan B. Dobbs, Paul T. Hayden, & Ellen M. Bublick, Hornbook on Torts 1123 (2d ed. 2016).

〔61〕 Randy E. Barnett, The Death of Reliance, 46 J. Legal Educ. 518, 528 (1996).

条的基础是承诺,而不是信赖"。[62] 约里欧与塞尔相信,一个承诺如果是深思熟虑的,那么就应当得到全面执行。"根据这一条,如果承诺得到了可信的证明,而且在作出时很可能是严肃且妥善考量的,那么该承诺就会被全面执行。"[63] 根据这一进路,受诺人的信赖仅仅是在作为承诺人的意图之证据,或承诺的作出系深思熟虑之证据时,才有重要性。

43

二人得出结论,有时即便受诺人并未对承诺有信赖,承诺仍然应当被执行。他们看到信赖并不能解释正式作成的承诺为什么是可执行的。[64] 他们指出婚姻财产授予协议以及慈善性认捐都是无需信赖即可执行。[65] 他们还指出,在本书之前讨论的那些案件中,受诺人确实有信赖,但(关键在于)承诺人在死前并没有否定自己的承诺。[66]

这里我们就要小心一点了。承诺是深思熟虑地作出的,这并不够。承诺人可能是深思熟虑地作出了一个承诺,但他仍然不希望授予受诺人一项依法执行该承诺的权利。我们已经看到,信赖是很重要的,因为承诺人不应当在受诺人有开销时自己却能变卦。

这些学者主张,信赖之所以重要,是因为预期到受诺人会信赖该

---

[62] Yorio & Thel, *supra* note 31, at 113. 巴内特同样援引了法博(Daniel Faber)的作品,后者关注了商业承诺的信赖。Daniel A. Farber and John H. Matheson, *Beyond Promissory Estoppel: Contract Law and the "Invisible Handshake,"* 52 U. Chi. L. Rev. 903 (1985). 他还援引了关于这个问题其他影响力稍弱的作品:ay Feimann, The Last Promissory Estoppel Article, 61 Fordham L. Rev. 303 (1992)(认为"相关"进路可以战胜此两种观点的分歧); Juliet P. Kostritsky, *A New Theory of Assent-Based Liability Emerging Under the Guise of Promissory Estoppel*, 33 Wayne L. Rev. 895 (1987)(讨论了承诺性信赖规则曾经是多么成功); Michael B. Kelly, *The Phantom Reliance Interest in Contract Damages*, [1992] Wis. L. Rev. 1755(讨论了将信赖性损害赔偿用于不确定的期待利益损害赔偿的替代品)。

[63] Yorio & Thel, *supra note* 31, at 113.

[64] *Id.* at 165.

[65] *Id.* 1 at 53-54.

[66] *Devecman v. Shaw*, 14 A. 464 (Md. 1888); *Sandoval v. Bucci* (In re Estate of Bucci), 488 P. 2d 216 (Colo. Ct. App. 1971). 参见 *Hamer v. Sidway*, 27 N. E. 256 (N. Y. 1891)。*Hamer* 一案一般被用来阐明对价规则,但有些学者相信承诺可以基于承诺性信赖而被执行。John D. Calamari & Joseph M. Perillo, THE LAW OF CONTRACTS 275 & 275 n. 34 (3d ed. 1987).

承诺,这乃是承诺人希望自己依法受到约束的证据。根据约里欧与塞尔,"只要受诺人为确定且实质的行为(或不行为)之可能性被移转给了承诺人,那么承诺便可被充分地认为可证成执行"。[67]巴内特在一篇与贝克(Mary Becker)合作的论文中写道,"招致或观察到了信赖,这就提供了……某些证据,证明承诺人希望作出可信赖的承诺",[68]也就意味着受诺人可以执行这一承诺。如果他们是正确的,那么无论回想起来这承诺是有多严苛,或者发生了何种未预见的需求,承诺人都有义务遵守自己的承诺。但根据我们所提出的进路,此时承诺人不应当有义务履行承诺,只要补偿受诺人因信赖该承诺而受损的部分即可。

更重要的是,说因为承诺人意识到了受诺人可能受到损害,因而承诺人就打算依法受到约束,这是难以服人的。一个轻率承诺的人,便是无视后果之人。家长承诺给孩子留下足够的钱,让他无须为了生活而去工作,特别是家长可以预见到子女会有赖于此,这就是轻率的行为。同理,如果在女儿要接受医学检查以便确定是否要手术的前一周,家长承诺给儿子买一辆新的跑车,这也是轻率的行为。后果的严重性并没有显示承诺经过了妥善的考量,而只是显示它本应经过妥善考量。

44

45

---

〔67〕 Yorio & Thel, *supra* note 31, at 152.

〔68〕 Randy E. Barnett & Mary E. Becker, *Beyond Reliance: Promissory Estoppel, Contract Formalities, and Misrepresentations*, 15 Hofstra L. Rev. 443, 455 (1987). 参见 Barnett, *supra* note 61, at 528.

第五章
公平交易

一、为什么交易的承诺是可执行的?

　　某些现代法学家已经解释了为什么交易合同是可执行的,他们使用的术语包括意志、自由或自治(autonomy),还有人使用的术语是效率。[1] 我们将会看到,一个更好的解释是基于公平,或者如法学家们之前所说,是基于交易的对等性。

　　意志论者将合同定义为当事人的意志。因此对于为什么当事人会受到约束,他们认为不需要有进一步的解释。正如拉努依(Valérie Ranouil)对法国意志论者的观察,合同的约束力是理所当然的,而非需要证成的。[2] 她援引了古诺特(Emmanuel Gounot)对法学家们观点的描述:"合同是有约束力的,因为它是合同。"[3]

　　弗里德发展了一种更加现代化的意志理论,他将合同具有约束力的理由归于要赋予最大范围的意志自由。"为了让我能尽可能地自由,让我的意志在最大可能的范围上得与其他人类似的意志相一致,有必要找到使我能够自我承诺的方法。"[4]这里的困难在于,承诺人不受之前的承诺约束亦可作出后来的决定,这同样是自由的行为。我

---

　　[1] 本章的内容乃是基于与蒋昊(Hao Jiang)合作的论文,*Contract as Voluntary Commutative Justice* Mich. St. L. Rev. 725 (2020)。

　　[2] 参见 Véronique Ranouil, L'AUTONOMIE DE LA VOLONTÉ: NAISSANCE ET EVOLUTION D'UN CONCEPT 71-72 (1980).

　　[3] Emmanuel Gounot, LE PRINCIPE DE L'AUTONOMIE DE LA VOLONTÉ EN DROIT PRIVÉ: CONTRIBUTION À L'ÉTUDE CRITIQUE DE L'INDIVIDUALISME JURIDIQUE 129 (Arthur Rousseau ed., 1912);参见 Ranouil, *supra* note 2, at 72 n. 31.

　　[4] Charles Fried, Contract as Promise 13 (1981).

们不能说,一个人被此种承诺约束着,他就更自由了。而自由的级别
也没有可供比较的度量衡。[5] 正如艾森伯格所看到的:"自治理论中
并无偏爱较早选择胜过嗣后选择的做法,如果缔约的当事人如今自主
决定拒绝采取某项行为,也不能强制他必须为此行为。"[6] 正如达甘
与海勒所指出,自治本身并不能回答如下问题:"为什么自由的个体却
不能改变其心意而不承担法律责任?"[7]

效率论会受制于相似的批评。效率的定义乃是基于偏好的满足,
若至少一个人的状态变得更能满足自己的偏好,同时不会使其他人变
得更不能满足其偏好,那么这个结果就是"有效率的"。在当事人进行
交易时,每个人都预期接受某物的价值会高于自己相应所给出之物的
价值。如果这样,那么结果就是有效率的。但若假设其中一人不是这
样呢?艾森伯格的反驳是:

承诺人在缔结合同时,他明示的偏好就是遵守承诺。但在合同被
执行之时,承诺人的明示偏好就是不要遵守承诺,否则受诺人就没理
由寻求法律上的执行了。显示性偏好理论(revealed-preference theo-

---

〔5〕 弗里德遵循了罗尔斯在《正义论》(7、8)中的进路。罗尔斯指出:"每个人对于
最广泛的基本自由都有平等的权利,这些自由与其他人相似的自由可得并存。"John
Rawls, A THEORY OF JUSTICE 60 (1971). 哈特反对这一点,因为个人自由的程度"不仅
是不确定的,更是难以了解"。H. L. A. Hart, *Rawls on Liberty and Its Priority*, 40 U. Chi.
L. Rev. 534 (1973). 一人践行自由常常会限制其他人的自由,如果我有自由能排除其他
人非法入侵我的土地,那么这些人就没有进入我土地的自由了。说自由被授予时的广泛
性要比自由被削减的时候是更多还是更少,这无从判断。罗尔斯承认哈特是正确的,这是
相当可敬的知性诚实。John Rawls, POLITICAL LIBERALISM 289-91 (1993). 弗里德所立
基的是罗尔斯之前的作品,因此哈特提出自由的"量"缺乏可以比较的度量衡,这一批评
同样可以适用于弗莱德。

〔6〕 Melvin A. Eisenberg, *Theory of Contracts*, in THE THEORY OF CONTRACT LAW
206, 233 (Peter Benson ed., 2001).

〔7〕 Hanock Dagan & Michael Heller, THE CHOICE THEORY OF CONTRACT 21
(2017).

ry)本身并不能告诉我们,法律［应当］尊重这两种偏好中的哪一种。[8]

卡拉布雷西在题为《帕累托的无意义：推进科斯》(The Pointlessness of Pareto：Carrying Coase Further)的论文中表明了相同的观点。事前看来会使双方更好的合同,在事后看来并不总会令双方更好。[9] 从事前的角度看(ex ante),当双方进入合同之时,双方当然是希望都会变好。但在事后看来,赢家当然变好,但输家就不一定了。正如卡拉布雷西所指出,"一切宣称的改进"——即据称是帕累托最优的各种改变——"至少是在事前来看都包含了输家的可能性"。[10] 当法律要执行合同时,它一定会不利于议价中"输了"的一方当事人,至少是与"输家"本可拥有的其他议价而言［他算是输的］。

为了回应这些难题,本森与其他法学家塑造了一个"移转理论"。本森指出这个理论有点像格劳秀斯的观点,而我们已经看到,格氏乃是借自晚期经院主义者。正如格劳秀斯所言,一个人可能"承诺"但却不会"把自己的权利给予另一方"。在这种情况下,如果承诺人变了卦,那么从公正的角度看,受诺人就没有提出主张的权利。或者承诺人可能"希望将自己的权利移转给另一方,这被称为完美的承诺,其与所有权的流转具有相似的效力"。[11] 受诺人此时对承诺的履行拥有权利,他们可以要求执行这一承诺。我们之前已经看到,这个理论是不完整的。它没有解释为什么一方当事人会作出这一种承诺而不是另一种。

---

〔8〕 Melvin A. Eisenberg, FOUNDATIONAL PRINCIPLES OF CONTRACT LAW 39 (2018)；还可以参见 Michael J. Trebilcock, THE LIMITS OF FREEDOM OF CONTRACT 244（1993）。

〔9〕 一般性的论述,参见 Guido Calabresi, *The Pointlessness of Pareto：Carrying Coase Further*, 100 Yale L. J. 1211 (1991)。

〔10〕 *Id.* at 1227.

〔11〕 Hugo Grotius, DE IURE BELLIS AC PACIS LIBRI TRES II. xi. 1. 6-2. 1-4 (1688).

　　交易合同的当事人希望合同被执行的一个原因是,一方当事人会补偿另一方对风险的负担。比如,如果一方当事人买了火险,在任何一方当事人知道该房屋是否会被烧毁之前,该合同必须有约束力。一个射幸合同(诸如保险)就是移转了一项风险。以固定的价格来交易货物或服务的合同也是对风险的分配:这里的风险就是未来有可能取得更高或者更低的价格。每一方当事人都放弃了寻找更优议价的机会以便规避风险,即如果等下去可能得到一个较差的结果。假定当事人希望买卖的物件有市场价格,如果市场价格上涨,那么卖家现在得到的就是较劣议价,反之买家则如此。如果该物件并无确定的市场价格(比如一幢房子或一幅画作),那么等下去的卖家可能无法得到更优的要约;而买家则无法在此价格上找到自己同样想要的房屋或画作。正如艾森伯格所言:

　　缔结有差别的商品买卖的远期合同,反映了卖家的决断,这决断具体化为一项有约束力的诺言,即其最好的"赌注"便是接受买家现时的要约,而不是等一个未来可能更高的要约。如果卖家继续寻找或者接受了一个更高的要约,那么她就否定了自己的赌注。[12]

类似的,如果一方当事人缔约以确定的价格履行,则每一方当事人都接下了风险,即履行的实际成本可能会比预估时的要更高或更低。如果成本高于预期,那么履行服务的一方就受损了;反之则是赚了。

　　交易合同的当事人若想分配这些风险,那么他们必须能事先作出许诺。比赛若已经开始,自然不能再下注了。通过事前许诺,当事人可以将风险归于最容易承担之一方。正如经济学家所言,大部分当事人都是风险厌恶者。赌徒们会花钱去承担风险,但一般人都是花钱规避风险。当某一方当事人能够不断面临相同的风险,并且可以通过很

---

〔12〕 Melvin A. Eisenberg, *Actual and Virtual Specific Performance*, *the Theory of Efficient Breach*, *and the Indifference Principle in Contract Law*, 93 Calif. L. Rev. 975, 1009 (2005).

49　　多交易将风险平摊，那么这一方就会更轻易地承担风险（如保险公司）。如果一方当事人能预见风险，他就可以最轻易地负担风险，因为风险就是不确定性。对结果越确定的当事人，越能轻易地负担风险，这就像偷看到别人牌的玩家，玩牌的风险自然要低了。最能轻易地控制风险的当事人，能最轻易地承担风险，因为忽视采取措施的当事人要对结果担责，故风险也就更低。正因如此，恰如经济学家们所认为的，让合同的当事人将风险置于能最好地承担风险之人，继而因此为后者提供额外的补偿，这是有效率的。[13]

　　从事前的角度看，双方的状况都变好了。但效率并不能解释为什么此种合同应当被执行。从事后的角度看，一方当事人的状况变糟了，正如赌徒输了赌注。输家应当付钱的原因，并非是执行此合同从长远来看会令每一方都得利。真正的原因是，如果允许当事人因承担风险而被补偿，但在风险具体化时却可以反悔，这是不公平的。如果一家保险公司能非常机巧地拒不承担他人的合法主张，以至于其拒绝支付对他人投保的意愿或数额都无影响，那么这种拒付就不会影响效率。但这是不公平的。因为保险公司会不当地得利，后者证实基于作出了支付以转移风险之当事人的开销。这就像允许当事人拿了货款但却不提供交货、拿了服务费却不履行一样。正如早期合同理论的缔造者们所言，这会违背交换正义。在我们之前讨论的早期合同理论中，交易合同是自愿的交换正义行为。双方当事人必须交换等价履行，否则一方当事人会因另一方的开销而得利。正是这个规则，解释了为什么交易的承诺要有约束力才是公平的。

二、Unconscionability

　　本书所提出的原则也解释了为什么合同应因不公平的条款而不

---

　　〔13〕 关于这些因素的第一个和最后一个，参见 Richard A. Posner & Andrew M. Rosenfield, *Impossibility and Related Doctrines in Contract Law: An Economic Analysis*, 6 J. Legal Stud. 83, 90-91 (1977)；关于第二个，参见 Guido Calabresi, THE COSTS OF ACCIDENTS: A LEGAL AND ECONOMIC ANALYSIS 135 (1970)。

被执行的问题。

自 19 世纪以来,很多法学家无法理解,合同的条款怎会不公平?尽管衡平法院拒绝执行它们认为是"unconscionable"合同,[14]但正如辛普森所指出,此间理由却有变化。法院认为它们拒绝执行"unconscionable"合同,并不是因为条款不公平,而是"由于条款的严苛是欺诈的证据,而不是作为救济的独立基础"。[15] 正如我在其他地方所指出,这里所说的并不是不利一方宣称自己被欺诈了。只是条款太严苛了。[16] 法院也会适用其他规则来推翻不公平的合同,但在执行公平的合同时,它们不会承认"公平"很重要。这些规则包括对价、情势变更(impracticability)以及要约与承诺。

如今我们认识到,unconscionability 会对不公平的条款授予救济。在 1952 年,《统一商法典》第 2-302 条准许了对 unconscionability 的救济,同时包含于普通法与衡平法。[17] 在 1981 年,一个相同的条款被纳入了《第二次重述》第 208 条,[18]其规定:

> 如果一个合同或条款在合同缔结之时是显失公平的(unconscionable),则法院可以拒绝执行该合同,或者执行合同中不包含显失公平条款的剩余内容,或者限制任何显失公平条款的适用,以避免任何显失公平的结果。

---

[14] 参见 James Gordley, THE PHILOSOPHICAL ORIGINS OF MODERN CONTRACT DOCTRINE 147-51 (1991)。

[15] A. W. B. Simpson, *Innovation in Nineteenth Century Contract Law*, 91 L. Q. Rev. 247, 269 (1975). 有些学者已经在表面价值上采纳了这些主张。议价"被笼统地认定为显失公平,几乎必然会与某种类型的欺诈、错误、无行为能力(incapacity)或者欠缺对价相关"。1 Howard J. Alperin & Roland F. Chase, CONSUMER LAW: SALES PRACTICES AND CREDIT REGULATION 245 (1986); Note, *Unconscionable Contracts: The Uniform Commercial Code*, 45 *Iowa L. Rev.* 843, 846 (1960).

[16] 参见 James Gordley, *Equality in Exchange*, 69 Calif. L. Rev. 1587, 1650-55 (1981).

[17] U. C. C. § 2-302 (Am. Law Inst. & Unif. L. Comm'n 1952).

[18] RESTATEMENT (SECOND) OF CONTRACTS § 208 (Am. Law Inst. 1981).

　　尽管如此,学者们仍然难以解释为什么合同的条款会是不公平的。正如我们所见,弗里德相信承诺应当被执行,因为这样会最大化承诺人的自由。但弗里德也承认意志的自由并不能解释为什么"有些议价虽然满足了我所提出的一切标准,但看起来仍然是太过严苛而不应被执行"。[19] 根据弗里德的观点,理由是交易通常发生于他所称的"功能性社会体系"或"社会分配的政治体系"中,随机事件导致了这些体系的崩溃。[20] 援引亚里士多德的法学者们则会将其称为分配正义与交换正义。

　　达甘与多夫曼(Dorfman)试图以意思自治来解释不公平。意思自治意味着当事人可以"在合同中作为平等主体而相互关联,或者通过承担合作决策,或者通过影响合作条款之决策;或者通过满足典型条款接受者(term-taker)的合理预期"。[21] 而当条款"不合理地有利于某一方",那么他们就是"实质上显失公平的"。[22] 但我们不清楚的是,条款实质上的公平与当事人的意思自治或自由究竟有何干系。更重要的是,如果只有双方当事人能够影响或者决定的条款才算公平,那么市场价格就是不公平的——因为没有人能够影响它。但如果市场价格不公平,那么大部分合同也都成了不公平的。

　　根据本森的观点,"交易中的公平,本质上是自由概念上的公平……它表达了作为自由且平等之当事人的妥善观点"。[23] 遵循市场价格的合同是公平的,并不是因为当事人能够影响或者决定它,而恰恰是因为他们不能如此,"市场价格对所有人都一样,它不是由特定人所决定的"。[24] 因此,其"体现了合同平等所要求的那种抽象平等

　　[19] Charles Fried, CONTRACT AS PROMISE: A THEORY OF CONTRACTUAL OBLI-GATION 109 (1981).

　　[20] Id. at 109-10.

　　[21] Hanoch Dagan & Avihay Dorfman, JUSTICE FOR CONTRACTS 47, 48 (2020)(文内重点号省略)

　　[22] Id. at 47.

　　[23] Peter Benson, JUSTICE IN TRANSACTIONS: A THEORY OF CONTRACT LAW 11 (2019).

　　[24] Id. at 185.

关系的立场,当事人作为平等的人,在与他人缔约之时,可以合理地被推定接受这一立场".[25] 这个"被推定的意图"就是"付出与收获具有等价性".[26] 本森说市场价格"不是由特定的人所决定的",这是正确的。但这并没有解释为什么市场价格就能确定当事人的地位是"自由且平等的人",也没有解释为什么当事人以市场价格进行交易的就是"付出与收获具有等价性",更没有解释为什么当事人会打算这么做——假设每个人都仅考虑自身利益的话。

Unconscionable 让我们必须考虑如下问题:合同条款的公平究竟是何意思? 在讨论"为什么执行交易合同是公平的"之时,我们看到如若不然,收了钱而负担风险的当事人就会在风险成真之时逃避责任。此人便会因其他人的开销而有得利。"无人应因他人之开销而得利"的原则同样也解释了为什么合同的条款会是不公平的。

(一) 交易价值中的不等价

价格

当普通法在 19 世纪首先拥有了一套理论和一套系统的规则实体之时,交易等价性的观念便声名狼藉。这个概念是更早理论的支柱,而后者为大陆法系的法学家所构建,一直延续到 18 世纪。这个理论乃是围绕着亚里士多德关于自愿交换正义的概念创立的。当事人必须以公平的价格进行交易,所谓公平价格,就是不会令一方借他人的开销而得利的价格。

对这些早期的学者而言,公平价格并不是物质内在或特定的性质(比如颜色),他们根据竞争性市场的价格来确定公平价格,[27] 他们知

52

---

〔25〕　*Id.*

〔26〕　Peter Benson, *The Unity of Contract Law*, in THE THEORY OF CONTRACT LAW: NEW ESSAYS 118, 188 (Peter Benson ed. , 2001) (文内重点号省略)。

〔27〕　正如努南(John Noonan)所指出的,John Noonan, THE SCHOLASTIC ANALYSIS OF USURY 82-88 (1957); Raymond de Roover, *The Concept of the Just Price and Economic Policy*, 18 J. Econ. Hist. 418 (1958)。

道前者会随着需求、稀缺以及成本而随时随地发生变化。[28]　当事人根据公平价格进行交易,在交易发生之时,无人变得更富,也无人变得更穷,尽管第二天可能就不是这样了。合同签订后市场价格会发生变化,这个风险乃是财产买卖的内在风险,就像财产可能会被火灾烧毁的风险是所有权的内在风险一样。正如索托与莱西乌斯所指出,价格跌了,当事人可能会赔;但若是涨了,他就会赚。[29]

这个解释完美地契合了我们所提出的"为何交易合同具有可执行性"的讨论。以固定价格交易货物或服务的合同,是在分配未来以更好或更差的价格取得货物或服务的风险。每一方当事人都放弃了寻找更优议价的机会,目的是避免等下去导致取得较劣议价之风险。如果市场价格上涨,那么出卖人就会丧失更优的议价;反之若下跌则轮到买家丧失机会。如果每一方当事人都因承担了风险而获得补偿,则无人因他人之开销而得利,那么合同的条款就是公平的。更重要的是,即便当事人均不关心条款是否公平,也不会有人会希望通过分配风险来令对方得利而自己却无补偿。以公平价格交易之当事人取得了他们所欲的结果,这就是取得了比自己所付出之物价值更高之物,同时避免了不想要的结果。没有人希望以自己的开销令他人得利。

的确,如果市场价格会上涨的机会等同于下跌的机会,那么合同就是公平的,就像公平的赌注一样。从事前的角度看,每一方当事人都不赚不亏。现代经济学常常被认为与公平价格理论相冲突。但事实并非如此:经济学解释了为什么"市场价格会变动"的风险是买卖的内在风险,以及为什么价格上涨与价格下跌的风险是对等的。

53　　如果价格是稳定不动的,那么物品或服务的供给与需求就不再对

---

〔28〕　参见 Domenicus Soto, DE IUSTITIA ET IURE LIBRI DECEM lib. 6, q. 2, a. 3 (1553); 3 Ludovicus Molina, DE IUSTITIA ET IURE TRACTATUS disp. 348 (1614); Leonardus Lessius, DE IUSTITIA ET IURE, CETERISQUE VIRUTIBUS CARDINALIS lib. 2, cap. 21, dub. 4; (1628); Hugo Grotius, DE IURE BELLI AC PACIS LIBRI TRES II. xii. 14 (1688)。

〔29〕　Soto, *supra* note 28, at lib. 6 q. 2 a. 3; Lessius, *supra* note 28, at lib. 2, cap. 21, dub. 4.

等。当价格低于市场的价格,那么货物和服务就不会流向希望为其支付最多的人。对货物和服务而言,它们会归于购买人队列中正好是第一个的人,或者归于那些碰巧"有靠山"而肯定能得到它们的人。如果价格更高,那么货物和服务就不会被出售。这样看来,竞争性市场的一个功能就是作为货物和服务的价格配给(price ration)。出钱最多的人会得到这些东西。另一个功能则是在价格上涨之时引导资源流向货物生产,而价格下跌之时引导资源远离货物生产。为了实现这些功能,市场价格必须被允许有所变化。

当事人以确定的价格缔结合同,每一方就都承担了风险。如果市场价格朝着一个方向偏移,那么每一方都会因缔约而变得更好;相反则会变得更糟。不过,当事人的"赌"并不像赌徒在赌场的"赌"。赌场中当事人输或赢的风险,仅仅源自他们所玩的游戏。他们并不是在分配风险,比如市场价格变化的这种风险一定要由某人承担。正如经济学家所言,大多数人都是风险厌恶型。风险厌恶的人是不会去赌博的。但他们会互相分配风险,确使一方或另一方必须有所承担。

尽管经济学家讨论的是效率而不是公平,但现代经济学的工具解释了为什么以市场价格进行的交易是公平的,如同公平的赌约一般。如果市场价格更可能朝着某一个方向偏移,那么它可能已经如此了。这就是经济学家笔下的"有效市场假说"(efficient market hypothesis)[30]。假设那种有先见之明的人,判断出当下市场价格过低,未来会上涨。如果这种人足够多,他们手上又有足够的款项,市场价格就会一直如他们所预料般进行修正。它不会持续地高于或低于其可能会上涨或下跌的位置(意即市场价格会在均衡点上下波动)。

我们可以将此类比于飞镖游戏中的玩家。即便是世界最优秀的飞镖玩家,当他面对一千名普通玩家之时,如果这些普通玩家选择根

---

[30] 法马(Eugene Fama)最早提出了这一假说,参见 Eugene F. Fama, *The Behavior of Stock-Market Prices*, 38 J. Bus. 34, 94(1965);还可以参见更一般的论述,Paul A. Samuelson, *Proof That Properly Anticipated Prices Fluctuate Randomly*, 6 Indus. Mgmt. Rev. 41(1965)。

据与靶心的平均距离计算单次得分,那么世界冠军也会败下阵来。比如,如果一个玩家向左偏出一英尺,而另一个向右偏出一英尺,都被算成是两次红心。类似的,在试图预测市场价格如何变化的卖家和买家之中,有人往高了猜,有人往低了猜,但其预测平均下来都是正中靶心。

如果市场价格的左右偏移都是均态的,那么每一方当事人所承担的风险都会公平地得到补偿。这样我们就会看到,为什么在大多数案件中,法院都会执行交易合同而不会特别审查其是否公平。当事人或许都没有考虑公平的问题,但尽管每一方"只考虑自己的收益"(援引亚当·斯密),"他会……被看不见的手所牵引而推动目的的实现,而这个目的根本不在他的考虑之内"。正因如此,以某个价格缔约对另一方也是公平的。[31]

即便一方当事人比另一方更能够预见市场变化的方式,执行合同同样可能是公平的。尽管根据有效市场假说,拥有其他市场交易者所不具有的市场交易信息之人能更好地作出此种预测,但即便一方当事人因拥有此种信息而会赢多输少,以市场价格缔结的合同仍然应当得到执行。

一个理由是,获取信息可能会消耗金钱和时间。支出了成本的人是在"赌"所取得的信息值得花这些成本。若是成功了,那么有相应的收益,这也是公平的。这些努力可以使得现有市场的价格准确地反映未来可能变化的概率。相应的,这些努力就应当得到回报。

在 *Laidlaw v. Organ* 一案中,一方当事人知晓了根特条约(Treaty of Ghent)的签订,这会在周日上午结束掉 1812 年战争。[32] 天亮以后,他马上联系了被告,之前他和被告一直商量要买 111 桶烟草。被告并不知道条约的事,并询问原告是否知道什么新闻会影响烟草的价格,但原告保持了沉默。随后新闻传来,烟草价格上涨 30%—50%。美国联邦最高法院拒绝提供救济,正如原告的辩护人所言,"买方在这

---

〔31〕 Adam Smith, THE WEALTH OF NATIONS bk. IV, ch. ii (1776).

〔32〕 15 U. S. 178, 182-83 (1817).

里不存在欺骗或计谋,他只是清晨早起,通过极高的敏锐性和警觉而取得了商品价格被调整的情报,仅此而已"。[33]

允许拥有此种信息的人借此受益仍为公平,还有另一个理由。无论信息是如何取得的,反正或者是拥有信息者获益,或者是其他人获益。如果信息必须被披露给对方,那么当事人就会通过缔结一个比其他市场交易者更好的价格的合约而获益。允许优先拥有信息的人利用信息,而不是要令其他人也能利用,自然难谓不公平。

另一种可能性是,有效市场假说不真实。如果是这样,那么当某人独享了某些信息,而这些信息一般是其他交易者也可获得的,那么他就有了保证自己预测市场价格涨跌的技能。因此,以市场价格进行的交易基于上述两个原因仍然是公平的。获益的一方当事人是"赌"自己的技能值得为获取它而付出时间和金钱,或者值得花钱去购买享有这一技能之人的建议。下此种赌注之人若是赢了,自然应当获益。有此技巧的交易者的努力会引领市场价格,使得现有的市场价格能更准确地反映未来涨跌的风险。更重要的是,如前所述,要求拥有此种技能的当事人在买卖时的价格却要劣于其他人,这无疑也是荒谬的。

不过还有另一种可能性,这就是不存在确定且可轻易获得的市场价格,因为交易的商品不是可替代的,而是独特的。一个典型的范例便是房屋价格。对卖家而言,一幢房屋不可能对所有潜在的买家同时展示;而对买家来说,他也不可能同时看到所有待售房屋。在合同签订以后,每一方当事人要承担的风险,就不是房屋价格会有涨跌那么简单。对出卖人而言,风险是丧失了获得更好要约的机会;而对买受人而言,风险则是错过了以更低的价格购买更好的房屋。当事人不想再等下去或再找下去,就会承担这个风险。

如果双方当事人都同时同等地被告知了守诺(而不是等下去)的风险,那么他们的合同就如同公平的赌约一样,仍然是公平的。不过,基于前述理由,即便当事人没有被同等地加以妥善通知,那么合同仍然可能是公平的。或许会有关于取得更好要约的信息,但当事人之所

---

〔33〕 *Id.* at 193.

以不想搜寻这方面的新信息，其实际是承担了如下风险，即这信息不值得花费成本去搜寻。当事人如果去搜寻新的信息，那就是在赌"为此消耗成本是值得的"。如果赌约兑现，那么赢家由此获益就是公平的。的确，正是通过这个过程，独特商品的价格才得以对供求加以调整。

如果当事人缔约之时，价格劣于市场价格，那么理由或者是市场参与不能，或者是价格认知缺失。交易对等性概念的拥护者将这两种情况归为"急需品"（necessity）和"信息缺失"（ignorance）。[34]

在急需品的情况下，当事人无法使用市场。一个范例是，某艘船只遇难（in distress），唯一能救援的另一艘船只，提出收取相当于船只及其货物价值99%的价金。[35] 艾森伯格的例子则是研究岩石的地理学家在沙漠里发现了一位旅人，汽车坏掉了，而且没有食物和饮水，前者向后者索要巨款以便将其带到最近的城镇。[36]

在这些案例中，如果救援人被允许获益，那么就不是因为双方当事人彼此之间分配了风险而一方碰巧"获胜"了。当然也不是因为他花费了额外的时间或金钱获取了信息——比如某处有人亟待被救援的消息——来确保其获益。事实上，此间的风险并不像市场价格变动那样，是必须由某一方当事人所承担的风险。救援的高价不同于高市场定价，它们不会将货物或服务配给于最高价之人，也不会增加（到海里或沙漠里找有难之人的）潜在救援者的供给。如果每艘船或每个沙漠旅人在无人帮助的情况下都会沉没或死去，而他们可以事先协商，那么他们可能就会一致同意不要榨取高价来乘人之危。否则，他们就是拿偶发事件来赌博，而风险厌恶者是不会赌博的。

当事人会以劣于市场的价格缔约的另一个理由是其对市场价格信息缺失。在这种情况下，衡平法法院会给予 unconscionability 的救

---

[34] 参见 Lessius, *supra* note 28, at lib. 2, cap. 21, dub. 4。

[35] Richard A. Posner, Economic Analysis of Law 118 (7th ed. 2007).

[36] 参见 Melvin Aron Eisenberg, *The Bargain Principle and Its Limits*, 95 Harv. L. Rev. 741, 755 (1982)。

济,这甚至是在《统一商法典》和《第二次重述》认可了这一规则之前。在 1892 年的 *Wollums v. Horsley* 一案中,肯塔基法院便是如此。本案中,一位 64 岁的残疾人在一个 200 英亩的偏远山区农场中生活,与世隔绝。他将自己土地上的矿藏权(mineral right)卖给了一位精明的企业家,后者将这一地区数千亩土地上的矿藏权悉数买下。后来发现当时矿藏权的价格相当于约定付款的 30 倍有余。[37] 一般的卖家都知道市场价格,但这位老人并不知道。

在 Wollums 一案中,卖家就是不知自己土地的市场价格。根据 unconscionability 规则,对于数次从上门的推销员手中购买物品而不了解物品零售价格的买家,法院授予了救济。[38]

在这样的案件中,合同的价格并不是关于市场价格的公平赌注。有时当事人花费了时间或者金钱利用知识或技巧来预测市场价格,并借此可以索要更多,但这些案件并非如此。它们也不是独特商品的买卖,因为后者的当事人都知道若等下去可能会得到更好的报价。在 Wollums 一案中,优势的一方当事人能够索要更高的价格,是因为他遇到了一个不知市场价格的人,而且事实上他在这类案件中是在主动搜寻这种人。他的定价是不公平的,有优势的一方当事人因花费了时间和成本而应当收获奖励,或者较弱的一方因为承担了风险而应当获得补偿,这个定价并没有反映出这些问题。

---

[37] 参见 *Wollums v. Horsley*, 20 S. W. 781, 781-82(Ky. 1892)。类似的,衡平法院拒绝执行一份土地交易合同,其中一块地位于密歇根,价值 15000 美元且未抵押;交换的是佛罗里达的另一块地,价值 25000 美元,但附带 25000 美元的抵押。密歇根土地的所有权人并没听过"[佛罗里达]大繁荣"(Great Boom)已经崩溃的消息,相信佛罗里达的地块可以价值 40000 美元。参见 Johnston Realty & Inv. Co. v. Grosvenor, 217 N. W. 20, 21(Mich. 1928)。

[38] *Jones v. Star Credit Corp.*, 298 N. Y. S. 2d 264, 266-67(Sup. Ct. 1969);*Frosti-fresh Corp. v. Reynoso*, 274 N. Y. S. 2d 757, 759(Sup. Ct. 1966),基于其他理由而被驳回,281 N. Y. S. 2d 964(App. Div. 1967);*Toker v. Westerman*, 274 A. 2d 78, 81(N. J. Dist. Ct. 1970);*Am. Home Improvement, Inc. v. MacIver*, 201 A. 2d 886, 889(N. H. 1964)(讨论了窗户和边墙的离谱价格的例子);Unif. Consumer Credit Code § 5. 108 cmt. 4(Nat'l Conf. of Comm'rs on Unif. State L. 1974)("某地家庭推销员将厨具……卖了 375 美元,而当地同等品质且易得的厨具……只需不超过 125 美元")。

在所有这些案件中,较弱的一方并没有收到市场价格是有原因的。在急需品的案件中,不存在其他人可供联系。在信息缺失的案件中,较弱的一方不知道市场价格是有原因的。如 Wollums 一案中,这位男士年老、残疾、独居而且是在偏远山区生活。在上门销售的案件中,推销员是在当事人家里宣传,这就让人不易货比三家,甚至有人连让推销员离开都难以启齿。有学者使用了过程性(procedural)unconscionability 的术语来描述这些困难。他们相信法院在提供救济之时,需要兼顾实质性(substantive)与过程性 unconscionability。我们将会在后面讨论这个说法,现在我们只要注意到,无论这个说法正确与否,这些救济都是实质性的不公平:未能获取市场价格。无论当事人在保护自己方面有何种难处,如果 Wollums 一案的老人被支付的是市场价格,或者上门推销员索要了货物的市场价格,那么就不存在法院拨乱反正的余地。

附属条款

合同的履行条款确定了各方当事人应当付出和接收的东西。在一桩买卖中,这就是物品与价格。某些附属条款会分配履行条款所确定的交易风险与负担,其他的附属条款则确定程序,通过这些程序得以确定当事人的权利。经济学家不会讨论公平,但前文已述,它们对交易的分析,能够解释这两种附属条款何时是公平的。

分配风险和负担的条款

如果条款给一方当事人施加了风险,同时该当事人能因承担风险而获得补偿,那么这些分配风险与负担的条款就是公平的。正如经济学家所指出的,尽管当事人不希望赌博,但它们还是希望分配风险,将风险具体落到一方或另一方身上。如果当事人理解这些风险,那么就会将风险分配于能以最低成本负担的一方当事人,并据此调整合同的价格以便补偿该方当事人。[39] 正如埃里克·波斯纳所言:"将合同事前的价值最大化……通常意味着以如下方式分配义务,即将偶然事件

---

〔39〕 参见 Posner, *supra* note 35, at 116。

的风险分配给能以最低价格承担的一方,并且赋予当事人以违约、投资和从事某种相关行为的适当激励。"[40]

　　根据理查德·波斯纳的观点,如果卖家不处于垄断地位,那么他们就会这么做。[41] 实际上,只要双方全面地理解了承担风险的成本,那么即便出卖人处于垄断地位也无关紧要。假如出卖人希望为 100 美元承担风险,而买受人则是低于 500 美元免谈。如果出卖人是垄断者,他可以强迫买受人为其产品支付高于竞争性的市场价格。但出卖人对风险的责任也和其他设施(amenity)一样,会随着产品而销售出去。如果出卖人是世界上唯一的汽车生产商,它固然可以索要高价,但如果买家愿意额外支付安装真皮座椅的钱,而后者超过了安装的成本,那么出卖人还是可以同意安装的。类似的,如果买受人愿意支付超过成本的价金,那么出卖人也会负担这里的风险。

　　因此,如果当事人全面地理解了合同条款所施加风险的成本,那么合同条款就如公平赌注一样公平。当事人可能会"输",但他会因承担了"输"的风险而获得补偿。如果合同将风险或负担置于某一方当事人但却不给补偿,那么合同就是不公平的。

　　如果当事人会因承担风险而获得补偿,那么即便另一方当事人的承担成本更低,合同也是公平的。不过在这种情况下,另一方当事人更应当成为承担风险的人。如果合同的条款很清楚地将风险置于一方当事人,而该方并不是能以最低成本承担风险的人,那么这一方当事人也不太可能会因承担了风险而获得补偿。

　　广为人知的 *Weaver v. American Oil Co.* 一案可以说明这一点。[42]一个没有多少文化的人从石油公司承租了一家加油站。租约包含了一个条款,即他要保证石油公司不必就其雇员所造成的任何损失而担责。这个条款被淹没在格式合同之中,没人向承租人指出过它的重要

　　〔40〕　Eric A. Posner, *A Theory of Contract Law Under Conditions of Radical Judicial Error*, 94 Nw. U. L. Rev. 749, 756 (2000).

　　〔41〕　参见 Posner, *supra note 35*, at 116。

　　〔42〕　276 N.E.2d 144, 145, 147 (Ind. 1971).

性。随后,石油公司的卡车司机因过失引发火灾,导致承租人和加油站受损。法院适用了 unconscionability 规则,拒绝执行这一条款。

正如前文所言,根据经济学家们的观点,哪一方当事人是最合适承担风险的人,取决于三个要素。在本案中,每一个要素都显示,石油公司能以最低廉的成本来承担风险。第一个要素是,谁最能预见到风险的大小,这基本相当于能看别人牌的扑克玩家风险自然更低的道理。第二个要素是,能采取预防措施控制风险的人应当承担风险。风险由此类人承担,会使得不采取预防措施而导致的进一步风险被最小化。第三个要素是,最能通过类似交易(无论是买保险或自我保险,self-insuring)分散风险之人应当承担风险。房屋着火的风险对保险公司而言就低于房东,因为前者可以通过其所保险的很多房屋将风险加以分散。坏运气给赌场带来的风险当然低于给个人带来的风险。[43]

由此看来,石油公司最能预见自己的司机可能会有过失,它也最能控制这种风险——只要在雇佣的时候加以留意就可以了。而且,通过签订大量租约,它也最能将司机对承租人导致伤害的风险加以分散。但合同却将这个风险推给了承租人,而石油公司也不太可能为此对承租人提供全面的补偿。如果与承租人相比,石油公司能以更低的成本承担风险,那么他就应该自己采取措施而不是提供补偿。比如,Amoco 会希望为 100 美元承担风险,而 Weaver 则是 500 美元,那么 Amoco 就不应将风险置于 Weaver,而且也不会将租金低于 500 美元。由于他没有获得补偿,那么让他承担风险就是不公平的。[44]

即便将风险置于最容易承担的一方,合同仍然有可能是不公平的,因为当事人没有因此获得补偿。一个范例就是广为人知的 *Williams v. Walker-Thomas Furniture Co.* 一案。[45] 一位靠福利金过活的女性威廉姆斯从百货店买了一些东西,合同约定她全部的应付款项都

---

〔43〕 关于第一个和最后一个要素,参见 Posner & Rosenfield, *supra* note 13, at 90-91;关于第二个要素,参见 Calabresi, *supra* note 13, at 135。

〔44〕 Weaver, 276 N. E. 2d at 145.

〔45〕 350 F. 2d 445, 449 (D. C. Cir. 1965).

按比例适用于她所购买的全部物品，这样在全款付清之前，所有物品的款项等于都没付清。随后该女士未能依约支付某次款项，商店试图重新占有（repossess）其所购买的全部物品，但她已付的款项已经超过了早先购买物品的价格。

波斯纳和艾珀斯坦（Richard Epstein）都指出，这些条款可能对商店的顾客具有净收益。[46] 因为商店可以对顾客购买之物进行重新占有，这样基于信用而对其出售新物品时风险就更低。因此，价格或者利息也会更低。这种论证的困难在于，本案中并没有证据证明商店给了威廉姆斯女士这种待遇。如果有证据，那么商店肯定会介绍出来的。目前来看，威廉姆斯女士作为一位新顾客，支付了相同的价格，并且与相同信用评级者支付了相同的利息。因此，即便因为威廉姆斯女士能够更容易地负担风险，因而在合同中被要求承担风险，商店也没有给予相应的补偿。因此，这个合同就不像公平赌注一样公平。

在 Weaver 一案和 Williams 一案中，法院都强调不利一方没有能力来理解自己所同意的合同条款。正如前文所述，有学者认为无能力就使得协议变得"过程上 unconscionable"，而在他们看来，这是救济的先决条件（prerequisite）。我们将会在后文讨论这个观点，这里我们只需要指出，如果涉案的条款不构成实质性的不公平，那么即便当事人缺乏理解合同条款的能力，法院也不会授予救济。我们已经看到这么做的原因了。

修改程序性权利的条款

有时合同的附属条款会明确决定当事人权利的程序。比如，为解决问题约定了仲裁，或者（在雇佣合同中很常见的）约定采用内部程序，而这些问题在其他地方会诉诸法院。这些条款会影响当事人权利的判定负担，也会影响作出不准确判定的风险。

这些条款的公平性取决于刚刚讨论过的因素。如果他们没有增加一方（与他方相比之下）的负担与风险，那么这些条款就是公平的。

[46] Posner, *supra* note 35, at 117; Richard A. Epstein, *Unconscionability: A Critical Reappraisal*, 18 U. Chi. J. L. & Econ. 293, 306-08 (1975).

一个例证是，采用了某种程序，这种程序对双方而言都更便宜，而且很可能比法庭上的诉讼更加准确。而且，如果采用的程序对一方当事人更烦琐或更有风险，但受不利的一方因此获得了补偿，那么这也是公平的。

如果在决定双方当事人的权利时，某项程序使双方增加了相同的成本（相同数额），其仍然有可能对一方当事人的负担更重。因为一方当事人可能资金更少，相同的成本对他来说负担更重。这样一来，另一方当事人就会强迫对方为了避免这一程序而接受一个不公平的约定。

另一种情况是，即便某项程序无偏差地减弱了精确性，以至于就算案件到了法院，每一方获胜的概率不变，这仍然有可能会对某一方当事人风险更高。正如前文所言，如果某方当事人在类似的交易中面临相同风险的次数很多，则其可以更轻易地负担风险。如果常常被卷入类似的纠纷，那么当事人就可能倾向于更低价且不精确的程序，因为其损益会摊平（average out）。对"一败输所有"的一方，以及从来没有卷入类似纠纷的一方当事人而言，程序不精确的风险就是更重的负担。

就一项附属条款所提供的程序而言，如果其没有增加精确性但更昂贵，或者没有削减成本但却更不精确，那么它就是不公平的。当事
61 人在合同中添加附属条款来约定此种程序的唯一原因在于，根据前文所述的理由，增加成本的负担或者削减精确性的风险，对自己来说会轻于对方。此种条款的目的可以是诱使另一方妥协，以便规避成本的增加或者避免败走的风险。对承担了这些负担和风险的当事人进行公平的补偿，正好不符合设置这一负担和风险的意图。反而言之，我们完全可以认定此当事人并未得到公平的补偿。

另一种可能性在于，程序不仅仅更不精确，而且有所偏颇，导致与法院判决相比，一方当事人更易获胜，而另一方当事人则容易败走。此处我们又一次可以推断，不利一方没有因负担这种偏颇性程序的风险而获得公平的补偿，因为这（指提供补偿）会违背插入这一创设偏颇之条款的目的。

(二)"过程性"unconscionability

尽管大多数学者都接受了 unconscionability 规则,但他们还是会将意志理论加以现代化改造,而不是将其抛之脑后。他们相信,之所以提供了救济,是因为当事人没有自主地选择合同的条款。有学者指出,unconscionability 规则并没有(也不应当)使法院能判断合同的条款是否实质不公。要修正的问题并不是条款的不公平,而是合同形成的过程。根据艾珀斯坦的观点,unconscionability 规则"应当仅仅被适用于……管理私人协议形成的过程"。[47]

与此相似,史密斯(Stephen Smith)正确地看到,当救济被给予时,一般都会出现当事人之间的"认知不对称"(cognitive asymmetry)。一方当事人"没什么文化、智力不高、知识匮乏,[或]缺乏独立性"。或者"合同晦涩难懂、用小号字体(fine print)或者涉及各种难以预估之可能情况"。[48] 但史密斯认为救济的给予并非源自实质性的不公平,这是错误的结论。当然,在认知不对称的情况下,合同更有可能在实质上不公平。但根据史密斯的观点,"认知不对称……的案件都是……法院有理由关心欺诈、不当影响(undue influence)、胁迫或者根本未达成合意(simple failure to agree)的情况,但其中缺少能直接证明这些缺陷的证据"。[49] 欺诈、胁迫以及不当影响都是拒绝执行合同的独立原因,它们发生于一方当事人欺骗、威胁或者信任另一方判断的情况中。"单纯不合意"则是错误的情况,我们将在后面讨论。给予救济的理由并不是认知不对称。严苛的议价可能是源自当事人教育缺失、智力不足或知识匮乏,但在这些情况下,只有议价是严苛的,才会授予救济。如若不然,大家可能都没办法缔结有约束力的合同了。

大多数学者都采取了更为中庸的立场,即尽管实质性不公平很重要,但合同必须同时在"实质上"与"过程上"均显失公平,法院才能授

[47] Epstein, *supra* note 46, at 294-95, 315.
[48] Stephen A. Smith, CONTRACT THEORY 344 (2004).
[49] *Id.* at 364.

予救济。[50] 当合同条款不公平时,就是实质性 unconscionability。任何类型的"议价劣势"都会构成过程性 unconscionablility。《统一消费者信贷法典》(Uniform Consumer Credit Code)列出了典型范例(很像史密斯所提及的):"由于身体或智力上的虚弱(infirmities)、疏忽或无知(illiteracy),而没有能力……合理地保护自己的利益。"[51] 根据《第二次重述》的官方评论:

> 对价不充分本身并不会使一项议价无效,但在判定合同是否显失公平之时,交易价值严重失衡则是重要的要素,而且可能无需其他理由便可否定实际履行。这种失衡可能还会证实交易过程中存在缺陷,或者在违反更为具体的规则时会影响所授予的救济。理论上讲,将合同具有压迫性(oppressive)视为一个整体,但在议价过程或单一条款中却不存在显失公平的缺陷,这也是可能的。不过,典型的情况是,显失公平合同同时兼具整体的不平衡以及其他要素。[52]

在与海勒与多夫曼合作的作品中,达甘解释了在过程性 unconscionability 中,"较弱一方'在理解协议用语时身体或心理处于虚弱、疏忽、无知或者无能力状态'"[53] 容易受害的往往是"穷人、弱者、愚

63

---

〔50〕　参见 Melissa T. Lonegrass, Finding Room for Fairness in Formalism—The Sliding Scale Approach to Unconscionability, 44 Loy. U. Chi. L. J. 1, 8-12 (2012)[将这两个要素并行审查作为"传统进路"(conventional approach),并与"比例进路"(sliding scale approach)形成对比,后者中"不再需要能够充分证明两项要素的证据来证成救济"]。还可以参见《消费者合同重述》(Restatement of Consumer Contracts)第 5 条("为判定一个合同或一项条款显失公平,[unconscionability 的某一种]形式达到更严重的程度,这可能会冲抵掉其他要素较轻的程度",但"在合适的情况下,严重程度的实质性显失公平足以认定一项标准合同条款……是显失公平的")。我们的观点不仅是说实质性 unconscionability 就足够了,而是说过程性 unconscionability 应当仅在作为实质性 unconscionablility 的证据时才有相关性。

〔51〕　Unif. Consumer Credit Code § 5.108(e) (Nat'l Conf. of Comm'rs on Unif. State L. 1974).

〔52〕　*Id*. cmt. c.

〔53〕　*Id*. 48 (援引了《第二次重述》第 208 条 cmt. D)。

昧或者无知的人"。[54] 过程性 unconscionability 意味着欠缺"自我决断"[55]或"有意义的抉择"。[56]

无疑,接受了不公平条款的当事人就是易受损害的人。所谓接受的价格劣于市场价格,或是无法利用市场,或是不知道市场价格。接受了风险的不利因素但没有得到补偿的人,很可能不了解风险。史密斯和《统一信贷法典》(Uniform Credit Code)所提到的要素,可能会解释为什么这一类当事人无法保护自己。不过,如果条款是不公平的,为什么不利的一方因易受损害而接受它们也很重要? 无论如何易受损害,如果合同条款本身就是公平的,那么就不应被授予救济。需要修正的问题是条款本身的不公平,或者有时所称的"实质性 unconscionability"。易受损害只能解释为什么一方当事人会接受这些条款。

如果需要修正的问题是实质性的不公平,那么有人或许会问,过程性 unconscionability 为何还有意义呢? 一个理由(尽管不是一个好理由)是一种信念,即能保护自己的当事人应当保护自己,否则要承担后果。但是,对于那些本可保护自己而免于不公平合同却未能如此之人,为什么要否定相应的救济呢?

将当事人易受损害的属性纳入考量,唯一的好理由就是此时的条款更可能真是不公平的。如果有经验的商人熟悉某个行业和常用的合同条款,准备去协商缔约,但随后否认条款的公平性,这个否认就不太可能成立。

这样一来,当条款明显不公平时,无论是否有过程性 unconscionability 的迹象,法院都应当给予救济。有人或许会怀疑,这种情况应该是寥若晨星。不过,有时即便在 unconscionability 规则被《统一商法典》和《第二次重述》所认可之前,衡平法院也曾授予救济,而无顾是否有证据证明过程性 unconscionability。例如:一位内科医生将价值

---

〔54〕　Hanoch Dagan & Michael Heller, THE CHOICE THEORY OF CONTRACTS 86-87 (2017)(文中引号被省略)。

〔55〕　Hanoch Dagan & Avihay Dorfman, JUSTICE FOR CONTRACTS 47 (2020).

〔56〕　Dagan & Heller, *supra* note 54, at 86-87(文中引号被省略)。

11800 美元的财产与价值 15000 美元但附带 15000 美元抵押的财产进行了互易,他还同意了支付抵押价款;[57] 汽车修理店的经营者取得了一幢价值 12000 美元的房屋,12 天后将其出售给了一位技工,后者只有六年级的教育水平,而且之前从未拥有过房屋;[58] 受托人以土地价值的十分之一将土地出卖;[59] 水果农场主出售了自己的农场,换来的是价格稍高于其抵押贷款的财产,并且农场主还继受了该抵押;[60] 以及四居室公寓的所有人将其与一块空地互易,而在这块空地上,他的权益还不到他放弃的权益的一半。[61] 假设一位二手汽车交易人对顾客报了价,对象是一台 2018 年的二手野马汽车,卖家知道,对当年同型号的车而言,自己的价格高于《凯利蓝皮书》(Kelley Blue Book)定价的 3 倍,但顾客没有去查询《蓝皮书》就同意了定价,而《蓝皮书》是很容易获得的二手车的通常销售价格清单。这个合同是不公平的。顾客很粗心,销售员也是知道的,但很难认同销售员可以由此获益。

三、一方当事人(One-party)的许诺

unconscionability 规则使法院可以直接检查交易条款是否公平。不过,对合同条款公平性的关切弥散在合同法中,这反映在对价、承诺性信赖以及要约和承诺的规则之上。法院将这些规则适用于老练的人,而不会对某方当事人是否为易受损害者进行特别调查。

当仅有一方当事人许诺,协议仍然有可能是不公平的。考虑如下四个案件:

1. 甲女和乙男达成协议,如果乙愿意,那么他就可以在接下来 3 年里的任意时间购买甲的房屋。几个月之后,甲告诉乙自己不想

[57] *State Sec. & Realty Co. v. Shaffer*, 142 N. W. 1058, 1060 (Mich. 1913).
[58] *Miller v. Coffeen*, 280 S. W. 2d 100, 104 (Mo. 1955).
[59] *Wright v. Wilson*, 10 Tenn. 294, 295 (Ct. Err. & App. 1829).
[60] *Koch v. Streuter*, 83 N. E. 1072, 1077 (Ill. 1908).
[61] *Linsell v. Halicki*, 215 N. W. 315, 316 (Mich. 1927).

卖了。

2. 丙女在周一给丁男写信,要约提出将自己的房屋以 50 万美元卖给他。丁在周三收到了信,当晚回信接受了要约。在周二,丙女接到了来自戊女的更好要约,于是给丁男写信,告知自己撤销要约。丁在周四收到了这封信。

3. 己女将自己的房屋挂在不动产经纪人庚男处,并且同意如果庚能够找到愿意支付超过 50 万美元的卖家,那么他就能收到一笔 5% 的佣金。随后庚花了大量的时间和精力来向潜在的买家展示房屋,终于找到了愿意与己女见面签署高于此价格之合同的人,结果己女告知庚,自己不想卖了。

4. 辛女要约以 95000 美元修复壬女的房屋。在收到了分包人癸男的要约之后,她以 5000 美元的价格要求癸来负责瓷砖工作。壬女接受了辛女的要约,但在辛女接受癸男的要约之前,后者要求将瓷砖工作的价格改为 7000 美元。

65

第一个案件是由对价规则加以规范的;第二个则由双方合同中的要约与承诺规则;第三个是单方合同要约撤销的相关规则;第四个则适用承诺性信赖规则。甲女不受拘束,是因为此处欠缺对价。丙女要受约束,是因为承诺一旦发出便生效;己女受约束,是因为受要约人或开始履行,或为履行支付了高额成本,那么单方合同的要约就是不可撤销的。最后,癸男受约束,是因为辛女信赖了他之前 5000 美元的承诺。

我们将会看到,在前两个案件中,规范合同成立的规则是用来防止一方受约束而另一方不受约束所引发的不公平;而在后两个案件中,这些规则是在一方当事人受约束而另一方不受约束时,用来加以修正以满足标准规则。

(一) 对价

协议中的一项选择权,仅在一方当事人有所选择之时才具有约束力。根据传统规则,一项选择权是欠缺对价的。选择权要想有对价,权利人就必须有所付出，否则此人就是没有放弃任何法律权利，也没有承诺会如此行为。

如果一方当事人没有支付任何东西，那么该选择权可能就是不公平的。但对价规则对于使不公平的选择权无效而言是很不得手的工具。某些选择权即便没有对价也是公平的，但对价规则仍然会使其无效。结果就是，法院和立法者必须修正这个规则。

一项选择权会因为允许一方当事人利用他人开销来投机而不公平。一个典型范例就是我们刚刚讨论的：甲女与乙男约定，如果乙愿意，他就可以在接下来3年的任何时间购买甲的房屋。这个协议是不公平的，因为如果市场价格在接下来的3年内超过了50万美元，乙就可以选择购买；如果没有超过，他就可以不买。

不过，有时候一项选择权可以是公平的，它服务于一项特殊的目的。假设甲女承诺乙男，他可以在接下来的一周内以50万美元购买甲的房屋，这个价格就是房屋的现值。乙愿意支付这笔钱，但他想知道自己能不能找到出借人或者自己有钱的大姨来筹钱，在此之前他都不愿意作出许诺。乙不太可能会借房屋价值的浮动来利用甲女的开销进行投机。更重要的是，在此种案件中，正如《第二次重述》所指出的："选择权是一项社会有益交易之缔结的合适预备步骤，这个事实本身就为执行提供了充分的实质基础。"[62]

对价规则并不能准确地区分公平和不公平的选择权，因为它不直接审查公平性的问题。考诸某些法院的答复[63]以及《第二次重述》的答复，只要选择权看起来是公平的，那么当事人通过名义性对价即可执行该选择权。

正如《第二次重述》所认识到的，名义性对价并不是真正的对价。如果是真正的对价，那么承诺作出之时，至少部分是要诱使受诺人放

---

〔62〕 RESTATEMENT（SECOND）OF CONTRACTS § 87 cmt. b（Am. Law Inst. 1981）.

〔63〕 1464-*Eight*, *Ltd. & Mills Management Corp. v. Joppich*, 154 S. W. 3d 101（Tex. 2004）［继受了《第二次重述》第87（a）条的规则］；*Board of Control of Eastern Michigan University v. Burgess*, 206 N. W. 2d 256（Ct. App. Mich, 1973）（购买房屋的6天选择权）。

66

弃法律权利。但在名义性对价中,受诺人也放弃了法律权利(如 1 美元),但理由不是为了诱使承诺人放弃权利,而是为了使该许诺产生法律约束力。

尽管名义性对价不会一般性地使合同具有可执行性,但《第二次重述》仍然为公平的选择权作出了例外规定:如果一项选择权"以书面形式并由要约人签署,列举了为作出要约所宣称的对价(purposed consideration),并且在合理时间内提出了一项基于公平条款的交易",那么该选择权就是有约束力的。[64] 为了保证对价规则能够区分公平与不公平的选择权,《第二次重述》认定其有必要直接考虑公平性的问题。

这么做的困难在于,一项公平的选择权是否有约束力,取决于当事人是否使用了正确的咒语。只要一个书面文件列举了所宣称的对价,那么无论这个"宣称对价"是否被实际支付,选择权都具有约束力。如果文件记载"要约人承诺为了 1 美元而不会撤销",这就是有约束力的;但如果写的是"要约人承诺本要约在一星期内不会撤回",这就不具有约束力。此种规则更像是保护那些最不需要保护的人,也就是有律师的那些当事人,而律师都知道正确的咒语该怎么写。

《统一商法典》中"不可撤销的要约"(firm offer)规则消除了使用咒语的需求。它规定,在商人之间,买卖货物的短期选择权如果以书面形式写明不可撤销,那么这就不需要对价。"但此不可撤销的期限不得超过 3 个月。"[65] 这一条并没有要求选择权需要是公平条款,但其意图乃是防止不公平,而不公平最可能肇自长期的选择权。尽管其没有提及公平性,但"(《统一商法典》中的)每一项合同或者义务在其

67

---

〔64〕 Restatement (Second) of Contracts § 87(a) (Am. Law Inst. 1981).

〔65〕 U. C. C. § 2-205 (Am. Law Inst. & Unif. L. Comm'n 1977).

履行和执行之中,都是在设定诚信的债务"。[66] *

　　有时一个合同会包含一项由一方当事人所控制的条件。如果当事人能够控制条件的实现而无实际成本,那么效果就相当于当事人有了一项选择权。只有在议价合适时,当事人才会保证条件成就。

　　在 Scott v. Moragues 一案中,[67]法院认定尽管合同是否具有约束力取决于一项基于一方当事人所控制的条件,该合同仍然是有对价的。Scott 与 Moragues 达成协议,如果 Scott 购买了一艘特定的船只,他就会将船只租给 Moragues。但是否买这艘船,则取决于 Scott 自己。

　　从技术上讲,该协议就是有对价的。Scott 放弃了法律上的权利。他可以既不买船,也不同意租给 Moragues。考诸当时的情境,协议不太可能是不公平的。要想从潜在的租船人手中接受更好的要约,Scott 就必须买一艘不同的船;他不太可能为了以高一些的价格租出去而这么做。与此相反,假设甲同意以 20000 美元的价格购买乙的汽车,条件是到下一周他想开车去临近的城镇拜访自己的侄子。甲可以寻找一个更好的要约,而且如果他找到了,他就可以通过推迟探访侄子来避开购买乙之汽车的合同。他可以通过使用一项由自己决定的条件来获得一项选择权,而自己对此无须有所支付。这是不公平的,但从技术上讲这个协议是有对价的。如果他不买车,那么他就放弃了下周探访侄子的法律权利。

　　正如这些范例所示,对价规则对于防止不公平来说是一个很粗糙的工具。在前述案件中,法院的选择是支持一个不公平的合同,因为

---

　　[66]　Id. at § 1-304.

　　*值得说明的是,潘琪所译的《美国统一商法典》中译本(法律出版社 2018 年版)中,将这一条文译为"任何人在履行和强制履行本法项下的任何合同和义务时,均有义务以善意进行"。原文是:"[e]very contract or duty within [the Uniform Commercial Code] imposes an obligation of good faith in its performance and enforcement."笔者翻译的基本理念是:在"信达雅"的取舍中,法律条文更倾向于"信",学术论文则更倾向于"达",雅则是可遇而不可求的奢侈品。因此本文对此采取了直译的做法,以"合同和义务"作为主语;同时"good faith"一词则是译为"诚信",避免与我们所熟悉的"善意"概念相混淆。译事难为,特别感谢潘琪先生的在先之功。——译者注

　　[67]　80 So. 394 (Ala. 1918).

(对价)规则的技术要件已经被满足了;或者就是干脆拒绝执行。

一个主观性的"满意条件"(condition of satisfaction)也有类似的困难。所谓"满意条件",是指一方当事人如果不满意另一方的履行,就可以将其拒绝。如果这个条件是"客观的",那么只要通情达理之人会满意,那么即便一方实际是不满意的,他也要加以接受。一个例子便是如下条件:建筑商只有满足合同的规格(specifications)才会被付钱。只要建筑商能够证明自己的工作满足了规格,那么这个条件就成就了。相反,如果条件直到对方满意才算成就,这就是"主观性"的。不用通情达理之人满意,关键是要当事人满意。典型的例子就是画一幅肖像,条件是画到客户满意为止。如果客户不喜欢画像,别人喜欢或不喜欢都是无关紧要的。

主观性条件引发了一种可能性,即可以通过宣称"不满意"来规避本应具有的约束力。但是,这种合同仍然是有对价的,法院对此已有先例。[68] 从技术的角度上讲,这是因为当事人放弃了法律上的权利:但"诚信"只允许确实不满意的当事人拒绝履行。不过,这样的合同仍然可能是公平的,因为它公平地分配了如下风险,即接受履行的一方当事人可能是(也可能不是)真满意。总有一方当事人要承担这个风险。主观性条件是将这个风险配给于提供履行的一方。一方当事人说自己不满意,这很难证明是真是假。但是,执行这一合同是公平的,因为提供履行的一方当事人接受了这个风险,若是因承担该风险而无补偿,那么他就不会这么做了。

(二)要约与承诺

合同需要双方合意,因此是由要约和承诺所构成的。根据《第二次重述》,"一项协议是两方或更多人共同合意的展示"。[69] "对交易之共同合意的展示,一般会采取如下形式,即一方当事人提出一项要

---

〔68〕 *Mattei v. Hopper*, 330 P. 2d 625 (Cal. 1958).

〔69〕 RESTATEMENT (SECOND) OF CONTRACTS § 3 (Am. Law Inst. 1981).

68

约或提议,跟着是另一方当事人(多人)提出的承诺。"[70]每一方当事人的同意是另一方当事人受约束的必要条件(*sine qua non*)。我们会在下一章讨论共同合意。

不过,要约与承诺规则的用意之一,并不是保证同意是共同的,而是为了防止不公平,即一方受约束而另一方不受约束。这就是我们在此要考虑的内容。

要约

何者可以构成要约

一项要约是提出了一个合同的条款,当另一方接受后即有约束力。在受要约人接受之前,可能会有时间差。在这个时间差里,要约人并不受到法律的约束,但事实上已经作出了许诺。在受要约人接受或者拒绝要约之前,与其他人来签合同是不明智的。规范要约之规则的目的之一在于,限制要约人因许诺而负担的风险,以及限制受要约人因此利用要约人之开销而投机的机会。

一方当事人要避免承担此种风险,可以通过作出要约邀请而非要约。所谓要约邀请,是指提出可被接受的条款,而不是作出一项要约。如果另一方当事人对这些条款作出了要约,那么该方就承担了作出事实上许诺的风险。

当不清楚当事人是在作出要约还是要约邀请之时,一个要素就是考虑作出事实上的诺言所包含的风险。在 *Lonergan v. Skolnick* 一案中,[71]双方的沟通不被视为要约,部分原因是沟通中显示"你要快点决定,因为我预计在接下来的一两周会有买主"。可见这里的卖家不希望失去接受其他买家要约的机会。

广告一般不被认为是要约的原因则与前述不同:如果多人接受,卖家就没有那么多东西可卖了。根据艾森伯格所言,普通法的规则是错误的。"每个要约中都应当默示,有合理的存量可供交易,而且这些

---

[70] *Id.* at § 22(1).
[71] 276 P. 2d 8 (Cal. App. 1954).

量可以基于先到先得而加以分配。"[72] 在法国,广告就被认定为要约。[73] 但传统规则还有另一个原因,它缩减了要约人事实上许诺的时间长度。为了改变价格,要约人就必须重新打广告。这就会费时间了。在这个阶段中,要约人就需要容忍如下风险,即其广告的价格可能会不那么诱人。

在例外情况下,广告会被认定构成了要约。有时问题是,广告中所包含的条款是不是一项要约的一部分,从而对双方都有约束力? 这无关合同是否成立。原告从被告处买了种子并种了下去,但没长成像广告说的样子。[74] 原告从银行买了一个存款单,但没有获得广告中的利息。[75] 一辆 1954 年的福特汽车的买家,并没有像汽车经销商的广告中所说而对一辆 1955 年福特汽车享有权利。[76] 这些法院都得出了相同的判断,即通过暗示(implication)而使得广告中的条款被纳入了合同。

在其他案件中,广告是用来对潜在消费者进行"诱导消费"(bait and switch)的。汽车的广告给出了一个价格,但销售商从来不想以此价格出售,只是为了将消费者吸引过来。[77] 广告说前三位进入商店的顾客可以象征性的价格购买一件贵重的皮草,结果第一个到的消费者被告知不行。[78] 商场的所有权人从来不打算按照广告的条款卖东西。如果说广告是要约,这就会阻碍他用广告来诱导消费了。

在瑞士法上,商场里出售货物的价格标签被认定是要约。[79] 但普通法并不这么认为。普通法规则的优点在于,其看到撤销此种要约是很困难的,商家会不得不重做重标价签。在这里,普通法的规则限

70

---

〔72〕　Eisenberg, *supra* note 8, at 423

〔73〕　Cour de cassation, 28 Nov. 1968, JCP 15797 (1969).

〔74〕　*Oliver v. Henley*, 21 S. W. 2d 576 (Tex. Civ. App. , 1929).

〔75〕　*Chang v. First Colonial Savings Bank*, 410 S. E. 2d 928 (Va. 1991).

〔76〕　*Johnson v. Capital City Ford Co.* , 85 So. 2d 75, 79 (La. App. 1955).

〔77〕　*Izadi v. Machado* (*Gus*) *Ford, Inc.* , 550 So. 2d 1135, 1139 (Fla. App. , 1989).

〔78〕　*Lefkowitz v. Great Minneapolis Surplus Store, Inc.* , 86 N. W. 2d 698 (Minn. 1957).

〔79〕　Swiss Code of Obligations (*Obligationenrecht*) § 7(3).

制了当事人作出事实上许诺的情境,这与广告的情形一样。

一项要约的可撤回性

普通法允许要约人在接盘之前撤回要约,即便自己承诺了保持要约的开放性,他亦可撤回。[80] 因为"不可撤回"的承诺欠缺对价。不可撤回的要约,效力上实际是一项选择权。正如前文所言,如果允许一方当事人利用另一方的开销进行投机,那么这项选择权就是不公平的。要约人许下了诺言,而受要约人可以借市场价格有变而"占个便宜",或者去商店找找更好的交易,这就是借助了要约人的开销而投机了。

不过,有时候一项选择权会是公平的,它服务于现实的目的。受要约人不太可能会借要约人的开销而投机,而且在采取措施确保合同有利可图之前,受要约人也不愿意作出许诺,但他又不愿意在要约人许诺之前采取这些措施。对价规则无法在公平的和不公平的选择权之间作出区分。正如我们已经看到的,根据《第二次重述》,不可撤销的要约(firm offer)若是"基于公平的条款在合理的时间提出了一项交易",则是不可撤回的。[81] 根据《统一商法典》,如果是在商人之间,以书面形式而且不超过 3 个月有效期,要约同样是不可撤回的。[82]

艾森伯格相信,所有不可撤销的要约都应当是不可撤回的:

在考虑是否接受一项要约时,受诺人可能会投入时间,常常也会投入金钱。受要约人如果能够肯定要约在这种"投入"之时会保持开放有效,那么他就更愿意作出这种投入,甚至投入得更多些。不可撤销的要约的意图,就在于诱使受要约人作此投入,以便增加要约被承诺的可能性。[83]

71

---

〔80〕 RESTATEMENT (SECOND) OF CONTRACTS § 25, cmt. b (Am. Law Inst. 1981).

〔81〕 *Id.* at. § 87(a).

〔82〕 U.C.C. § 2-205 (Am. Law Inst. & Unif. L. Comm'n 1977).

〔83〕 Eisenberg, *supra* note 8, at 461.

这个论证并没有证明所有的不可撤销的要约都应当是不可撤销的,而仅仅显示了不可撤销的要约一旦作出,受诺人知道了要约不可撤回,就会投入时间或者金钱。在这种情况下,基于承诺性信赖规则,要约人"不撤回"的承诺就具有可执行性。的确,在承诺性信赖规则成立之前,法院就已经因此而执行承诺了。在 1880 年的 *The M. F. Parker* 一案中,[84] 听闻木匠说修理船只需要花费 150 美元之后,一位男士以 315 美元的价格购买了这艘船。尽管他并没有许诺自己若是买了船就会雇佣木匠,但木匠最后发来了 356 美元的修理账单。法院认定木匠最多只能索要 150 美元修理费用。[85] 在 1920 年的 *Wison v. Spry* 一案中,[86] 被告承诺出卖自己土地的要约在 45 天内有效,这样想买的买家可以进行细致的检查,而这花了高昂的成本。法院执行了被告的承诺。不过在论证这个结论时,法院的论证是将预期的买家检查财产解释为一项债务,因此可以作为是预期卖家"保持要约开放"之承诺有效的对价。这是难以令人信服的。

威利斯顿在对波洛克关于合同法论文的评注中指出,*The M. F. Parker* 一案可以根据信赖原则得到解释。[87] 他后来成为《第一次重述》的报告人,但在支持承诺性信赖规则的时候,他并没有援引这个案件。[88] 究其原因,可能是它意味着这一规则不仅可以执行赠与的承诺,也可以执行商业背景之下不被对价所支持的承诺。从那时开始,这一规则的适用开始变得普遍起来。

正如前文所述,《第二次重述》允许法院授予两种救济之一。它可以全面执行承诺,一如承诺有对价一样;或者它可以授予损害赔偿,来

---

〔84〕　88 F. 853 (E. D. Va. 1880).

〔85〕　*Id.* at 855. 尽管法院认定木工只能按 150 美元的估价,但允许其对于最初报价未能考虑的额外工作收取 60 美元。*Id.* at 854-55.

〔86〕　223 S. W. 564 (Ark. 1920).

〔87〕　Frederick Pollock, PRINCIPLES OF CONTRACT AT LAW AND IN EQUITY 650 n. 1 (Gustavus H. Wald & Samuel Williston eds., 7th English ed., 3d American ed. 1906)

〔88〕　AMERICAN LAW INSTITUTE, COMMENTARIES ON CONTRACTS: RESTATEMENT No. 2, at 20 (Commentaries (a), Mar. 9, 1926); RESTATEMENT OF CONTRACTS, OFFICIAL DRAFT No. 1, § 90 explanatory notes, at 249-50 (1928).

补偿受诺人因信赖该承诺而遭受的损失。在讨论赠与金钱或财产的承诺时,我们看到受诺人应当仅可就损失而索赔。受诺人的状态不应比承诺未作出之时更差。在承诺保持开放有效的情况下,救济虽然相同,理由却大相径庭。要约人许下诺言,仅仅是允许受要约人有机会投入时间或金钱来判断要约是否合适。而且即便如此,如果另一份要约更诱人,那么受要约人也不是必须接受之前的要约。如果要约人受约束,但受要约人却不受约束,这无疑是不公平的。同理,如果要约人可以撤回要约,但无须补偿受要约人因信赖要约而投入的时间或者金钱,这无疑也是不公平的。因此,如果受要约人获得了补偿,那么要约人就不应当受约束。

不过,如果受要约人通过投入金钱或者时间取得了信息,而该信息使得要约人能够对其他人作出更诱人的要约,情况就不一样了。比如,假设受要约人掏钱进行了测试,发现要约人的土地上有着比预期级别更高的石油或者矿产,这样要约人就要受到约束,否则,要约人就等于是在利用受要约人的开销进行投机,而受要约人本无动机进行这笔投资来获取信息。

双方当事人可能会同意,要约人不仅要保持要约开放有效,而且如果某些条件达成,那么受要约人也负有承诺的义务。如果是这样,这里就有了对价。双方都受制于一个条件,可能是受要约人能否取得某些信息,或者能够通过投入金钱或者时间,总之是要使得要约看起来对他更诱人。此条件可以是检测显示土地中含有特定等级的石油矿物,也可以是受要约人发现根据特定的规划法律该地可以用来建造简易旅店(bed and breakfast);可以是受要约人满足于所获取的信息,这可以是客观性的——比如土地上有一定数量的板英尺(board feet)木材;也可以是主观性的——比如,在要约人处购买的地产上缔约租赁来开设商业中心。[89] 我们已经看到,即便条件的满足是主观性的,同样有对价。[90]

〔89〕　*Mattei v. Hopper*, 330 P. 2d 625(Cal. 1958).

〔90〕　参见本书页边码第 68 页。

在首创性判例 *Drennan v. Star Paving Co.* 一案中，特雷诺法官（Justice Traynor）适用了承诺性禁反言的规则，认定转包商（subcontractor）的要约不可撤销（回）。[91]　在本案中，针对总承包人发标的工程，一位转包商提交了一份负责铺路的投标书。在总承包人的招标被接受后，转承包人拒绝遵守自己的投标。特雷诺法官认定，根据承诺性禁反言规则，转承包人需要受到约束。因为总承包人已经信赖于转承包人的投标，将其用在了自己工程的核算之中。正如特雷诺在后来的判决中所解释的，[92]这导致了如下结果：如果总承包人使用了转承包人的投标，其不会对转承包人负担义务，尽管如此，转承包人却仍会因投标而需负担义务。在接受了合同之后，总承包人还可以去四处转转，看看是否能从其他人那里取得更低的投标价。这个结果也为其他法院所采纳。[93]

这样一来，要约人就可能用受要约人的开销进行投机。但特雷诺并没有为此困扰。正如他所指出的，总承包人可以在自己发标到期的最后一刻才接受承包人的投标（这也是 *Drennan* 一案的情况）。总承包人没有时间去考察自己是否能取得更优厚的议价，而且在他知道自己的发标已经被接受之前，这么做也不合理。在这种情况下，仅让一方当事人受约束，与他们到处询价的机会之间就构成了平衡。

要约因时间经过而终止

要约人也可以通过确认要约可被接盘的时间而得到保护。如果时间不确定，则要约必须在合理期间内被接盘。[94]　正如《第二次重述》所解释的，这一规则"是为了限制""在为接盘进行沟通期间，要约人为许诺所承担的风险"。[95]

73

---

〔91〕　333 P. 2d 757（Cal. 1958）.

〔92〕　*Southern Calif. Acoustics Co. v. C. V. Holder, Inc.*, 456 P. 2d 975（Cal. 1969）（不过此处他认为，总承包人会因加利福尼亚州的成本法条款而受约束）。

〔93〕　*Holman Erection Co. v. Orville E. Madsen & Sons, Inc.*, 330 N. W. 2d 693（Minn. 1983）.

〔94〕　RESTATEMENT（SECOND）OF CONTRACTS § 41（Am. Law Inst. 1981）.

〔95〕　*Id.* at cmt. f.

风险越是凸显,对这种限制的需求也就越大,因此时间越短就越合理。这些考量主要应用在财产买卖之中,因为后者可能会在价格上产生剧烈浮动(如商品、担保或土地)……

在投机性交易中,接盘的合理时间是很短的。这不仅是因为要约人一般不会在无补偿的情况下承担延长了的风险,也是因为他不想授予受要约人一个延长的机会来以要约人的开销进行投机。如果受要约人出于投机的动机而利用法律准许的沟通期间,这可能就是缺少诚信,即便接盘在要约人所计划的时间内到达,可能也会来不及。[96]

《第二次重述》提供了两个示例:

7. 甲向乙发送电报,内容是出售石油的要约,当时石油价格波动剧烈。要约在交易时间终止前不久被收到,受要约人得知价格激增后,第二天以电报发送了一份接盘,如果要约提供的是固定价格,那么接盘就太晚了;但如果价格在交付之时是市场价,那么接盘就来得及。

8. 甲向乙邮寄一份要约,内容是以固定价格出售未在交易所上市的公司股票。乙在收到要约之后等了两天,随后在得知股票的直售价格(price bid over-the-counter)剧增后发出了电报承诺。尽管这份接盘的到达时间早于以邮寄方式当即寄出的接盘(到达时间),但它还是太晚了。

要约因拒绝而终止

如果受要约人拒绝,则要约失效。

根据《第二次重述》,理由是"很可能要约人会信赖陈述而改变自己的计划"。[97]

信赖的形式很可能是不作为的(negative):如未能准备或者未能发出撤回的通知,因此也就很难甚至无法证明。为了保护此种信赖中

[96] Id.
[97] Id. at § 38 cmt. a.

的要约人,接盘的权力会终止而无须证明信赖。[98]

　　不过,尽管受要约人并没说自己是否会在未来接受要约,但要约人可以推断出,与要约最初作出时所预期的相比,受要约人接受要约的可能性更小了。由于预期发生了变化,因此无论"是否可能改变自己的计划",要约都应失效。只要要约是开放有效的,要约人在事实上就受诺言拘束。他无法与其他人缔约,但受要约人却是可以的。尽管在受要约人拒绝要约之前,要约人愿意承担作出事实上之许诺的风险,但我们也不能假设他此后也一直愿意这么做。风险是没变,但"因为受要约人会接受的,所以冒这风险终有回报"的机会却大大降低了。

接盘(acceptance)*

何者可以构成一项接盘

　　受要约人可以通过对要约人的提议表明(signify)一项许诺而接盘。

　　根据普通法的规则,反要约被算作是拒绝。[99] 因此反要约就会使要约失效。

　　正如我们已经看到的,拒绝会使要约失效的理由在于,要约人承担了扩展要约有效时间的风险,因为要约人事实上受到了约束。我们不能假定在要约已被拒绝之后,要约人还是愿意承担这一风险。如果受要约人作出了反要约,道理也是一样。不过法院采用了所谓的镜像规则(mirror image rule)。如果受要约人的回应在某些方面与要约人相异,则被视为并非接盘,而是反要约,也就是一种拒绝。即便当事人很有希望达成协议,同样如此。即便当事人明显打算缔结合同,亦同样如此。

　　最广为人知的范例便是"形式之战":每一方当事人都签了自己的

75

---

[98]　*Id*

　*　这就是我们常说的承诺。但为了与承诺(promise)一词相区分,本书选择了"接盘"的译法。——译者注

[99]　*Id*. at § 39.

格式合同（form contract），但没签对方的格式合同，结果两份合同的细节存在冲突。他们可能会数次交换有所冲突的格式条款。比如，出卖人可能会收到一份"采购订单"，其中包含一套条款；而在寄回包含了另一套规范的"接盘"之后，受要约人又收到了一份包含着与"采购订单"相同条款的"确认函"。每种形式都被当成拒绝且构成一份新要约。哪一份会胜出，这取决于谁发的"最后一枪"。最终一方当事人会为某行为，诸如航运发货或者接受航运，该行为会被推定为对仍然有效之要约的接盘。而哪份要约会仍然有效呢？这很大程度上都是偶然之事。

在买卖之中，这个规则已经被《统一商法典》第 2-207 条所取代。这一条文在构想的时候就很不正常，起草得又很拙劣，以至于法院已经通过类比其他合同而拒绝适用这一条文。我们会在后文讨论合意作为合同成立的一项必备要素之时，对这些困难加以考察。不过，这个难题的源头在于，法院已经适用了镜像规则。如果法院能说，除非其显示受要约人不太会接受要约人最初提出的条款，否则反要约并不会终止要约，那就会好得多。更重要的是，如果受要约人的回复显示自己愿意接受最初提出的条款，但希望这些条款能有所修正，这也并不是一项反要约，而是一项有限制的（qualified）接盘。如果受要约人作出了一个有限制的接盘，那么哪些条款会管控着合同呢？这个问题我们将在讨论第 2-207 条所引发的困难之时再加以展开，此处不赘。

通过沉默而接盘

正如我们所见，关于当事人是否提出了一项要约，这个问题的解决应当通过考虑当事人是否愿意承担单边许诺的风险；而关于受要约人行为的意义，这个问题的解决则应当诉诸如下方式，即将"利用要约人单边诺言之风险"加以最小化。受要约人模棱两可的回答也会使自己受约束，否则要约人事实上许诺的时间就会被延长。

关于"模棱两可"的行为，一个最主要的示例便是在受要约人沉默之时。通常，合同是不能通过沉默而被接盘的，因为没人知道受要约人是否作出了应诺。不过在特定的情境之下，要约人可以合理相信，受要约人一言不发就是许诺。需要解决的问题是防止如下情形：本无须保持沉默的受要约人,却通过保持沉默利用要约人的开销来投机。

比如,如果双方之前有过合作,他们将受要约人乙方的沉默视为表明同意,那么要约人在后来的交易中仍然对行为作此解释,就是合理的。受要约人已经选择了这种表明同意的方法,因此应当接受被误解的风险。

一个广为人知的范例便是马萨诸塞州的早期,*Hobbs v. Massasoit Whip Co.* 一案。[100] 在本案中,原告在没有接到任何特定订单(specific order)的情况下,直接将鳗鱼皮航运给了被告,共有四五次。被告也都付了款。后来原告又发了一次货,被告保留了鳗鱼皮四五个月,但没有和原告沟通。当这些鳗鱼皮损毁后,被告拒绝付款。法院认定基于双方之前的交易习惯,被告的沉默和保留鳗鱼皮的行为可以令原告推定已经接盘。很可能的是,原告作出这样的推定理应被支持。诚然如此,但(更重要的是)结果若是不同,则原告会遭受风险,而他从未因此而获得过补偿。事实上,被告可能不花一文就拥有了一项选择权:如果交易合适就保持沉默,反之就拒绝要约。为了避免这种不公平,唯一的方式就是认定其应当受到要约条款的约束。

很常见的情况是,潜在的买家签了一项由买家提供的格式协议,其规定直到卖家接盘了之后才会缔结合同。如果卖家不通知买家自己接盘,那么正常买家的推定应是,接盘会是卖家发出的一份正式文件。但如果卖家不必要地迟延接盘,而其在这一段期间又有了更好的交易,而买家却遭受了不利,那么"买家合理所想为何"的问题就是无关紧要的。不必要的迟延使得卖家可以利用买家的开销而进行投机,不应当允许卖家为如此之事。

比如,在 *Cole-McIntyre-Norfleet v. Holloway* 一案中,[101] 零售商就签订了这种格式协议,以购买 50 桶谷物。订单于 1917 年 3 月 26 日提交,但直到 5 月 26 日,他才被告知卖家不接盘。与此同时,价格上涨了 50%——这并非难以想象,因为美国在当年 4 月 2 日参加了第一次

---

[100]　33 N. E. 495（Mass. 1893）.

[101]　214 S. W. 817（Tenn. 1919）.

世界大战。法院指出："迟延通知对方……构成一项接盘……否则，
（受要约人）就可以将货物待价而沽，但同时却让合同的另一方干等着，但后者本该有时间自己看看合同是否有利可图。"[102]

　　在 *Kukuska v. Home Mutual Hail – Tornado Insurance Co.* 一案中，[103] 一位农民签订了类似的格式订单来购买雹灾保险（hail insurance）。他付了首付款（down payment），如果他的订单被接盘，那么保险公司就可以在他提交订单之日后为他的庄稼提供保障。在几个月之后，保险公司通知农民不接盘他的订单，当天下午，庄稼毁于冰雹。由于他已经支付了定金，保单一旦被接盘则具有溯及力。而且对他来说，在保险公司迟延许可的情况下，再去别处找保险是很困难的。保险人须担责任的原因是，这里的迟延使保险人可以等下去，直到了解了更多冰雹灾害损毁庄稼的概率再作打算。它选择的接盘模式，可以从农民事实上的诺言中得利，或者将农民暴露于不必要的风险之下。

　　法院承认："要约直到被接盘才能成为合同，这是合同法中广为人知的规则。如果受要约人在合理的时间内不接盘要约，那就可以被视为拒绝。"[104] 但是：

　　难道不是交易的性质要求保险人有义务有所作为吗？……如果保险人有此种义务，但却未能在合理期间内履行此种义务，结果导致申请人遭受了损害，那么将法律关系置于特定类型，就不是重中之重的问题了。如果我们说这是合同性的，即根据情况这里存在一个默示的协议，保险人需要在合理期间内有所行为，或说其负有行为的义务，但保险人有过失地未能履行这个义务；或者说义务源自合意关系，因此性质上是准合同性的责任，这些都不是重中之重的问题了。每一种观点都能在判例中找到支撑。"准合同性质义务"的说法似乎更符合通常法律概念。不过在不同情况下，法律后果或许有所不同；在辩护

---

[102]　*Id.* at 818.

[103]　235 N. W. 403（Wis. 1931）.

[104]　*Id.* at 404.

体系(system of pleading)而非我们所采用的制度中,无疑又会大大不同。但每个案件中回应损害的相应责任却是相同的。[105]

根据阿普尔曼(John Appleman)所言,在此种案件中:

此处的权利主张……并不是基于保险合同。而是基于保险人未能及时履行事实所施加给他的义务而引发的损害。更优的规则是,保险人有义务在合理期间内接受或拒绝申请,如果不合理地迟延为行为,则要承担责任。[106]

尽管法院在 *Kukuska* 一案中如是说,但"法律关系被置于特定的类型"还是重要的。尽管辛格尔顿(Singleton)持反对意见,但这项权利请求确实"基于一项保险合同"。被保险人可以索(recover),而若要如此,则他须满足的条件是合同中有特别的约定。更重要的是,如果保险人担责的原因是其因诱使农民期待其申请有一项及时的对价(如侵权法中一般),那么其责任也应仅为因此所遭受的损害(如侵权法中一般)——比如未能到其他地方申请保险。但即便该农民本来就不可能从其他人处获得雹灾保险,或者其他所有的人都迟延了申请流程,以便像 *Kukuska* 一案中的保险人一样获取相同的不公平利益,该保险公司仍然要承担责任。法院认为要及时审查申请的义务可能基于"合意关系",但默认同意及时为此行为的理由在于,保险公司选择的接盘模式会利用农民事实上的许诺,从而将后者暴露于不必要的风险之下。无论公司是否打算及时审查申请,以及农民是否认为对方已经如此承诺,都不影响前述结论。

将保险人的责任称为"准合同"而不是"合同"(法院在 *Kukuska* 一案便是如此),其实没有什么价值。其受到所提出合同的条款之约束,

78

〔105〕 *Id*. at 405.

〔106〕 12A John Alan Appleman, INSURANCE LAW AND PRACTICE § 7216 (1981),艾森伯格援引并表示了赞同, *supra* note 8, at 138。

就如双方达成合意一般。当事人并不同意但却仍要受合同约束,否则对另一方会太不公平,这并不是孤例。之前我们已经看到,在"诱导消费"广告的案件中,广告商要受到其并未同意的合同约束,目的就是防止不公平(当然这是另一种不公平)。我们后面将会看到,有时即便一方当事人不希望受到约束,无论当事人使用了何种语词,合同仍会具有约束力。比如,当事人保持沉默,其知道另一方相信双方已经达成了一项有约束力的合同,便是如此。再如,即便条款并不是双方当事人所同意的,但法律因为此种条款具有公平性而将其纳入合同,那么当事人同样要受约束。在前文所述情况下,他们受约束的原因,是因为不受约束的话会不公平。但没有理由要将他们的责任称为"准合同性的"。

迟延接盘

一个类似的问题来自受要约人未能及时接盘要约。受要约人可能并没意识到接盘是迟延的,或者是希望要约人不会在意。困难在于,虽然"在意"但没有马上说出来的要约人,后来可能会利用受要约人的开销来投机,亦即在合同变得不利之时坚持说对方已经超时了。

根据传统进路,如果受要约人未能及时接盘,则要约失效。受要约人已经无要约可接。这时受要约人所称的"接盘"已经是新要约,要约人可以接盘或者拒绝。这是《第二次重述》的立场,关于接盘迟延的条文,评论解释道:

> 附更改条款之条件的"打算接盘"(purported acceptance)一般具有反要约的效力。在这种情况下,原要约人一般不会令原受要约人将沉默理解为反要约的接盘。更重要的是,即便接盘不需要回复,"打算接盘"一般也不足以作为"以沉默来接盘的要约"的同意展示。原要约人不可能"放弃"其拒绝的权利,不可能放弃根据其选择而将反要约视为接盘的权利。

我们可以看到这种进路的困难,以下分而论之:第一种情况是,受要约人合理地相信自己已经及时接盘了;第二种情况是,受要约人知道或者应当知道要约迟延了。

如果要约没有确定其被接盘的时间,那么其在合理期间内被接盘都是有效的。受要约人可以合理地相信接盘及时(即便事实并非如此)。《第二次重述》拒绝了法院的如下进路,即未能通知受要约人接盘迟延的要约人,等于放弃了拒绝的权利。在 *Phillips v. Moor* 一案以及缅因州的早期判例中,这一规则常被援引,法院指出:

> 的确,一项能够约束创设人的要约,必须在合理期间内被接盘;但如果接受要约的一方使作出要约的一方知晓了接盘,并且前者可以公平地认为是在合理期间之内作出的,那么根据诚信的要求,作出要约的一方如果打算因迟延而撤回要约,那么就要令对方及时知道这一意图。否则,他就要被认为是放弃了"因迟延而拒绝对方接盘"的权利。[107]

80

如果我们审视了 *Phillips* 一案的诸多事实,就会看到《第二次重述》进路的困难,以下示例对该事实作出了展示:

> 甲邀请乙作出一个要约,内容是购买甲农场中的干草。乙在星期五检查了干草,向甲寄出了一个要约,第二天要约被收到了。在下一周的周四,甲给乙寄出了接盘,第二天该接盘也被收到了。乙随后雇佣了第三方来拖拉干草。这就有了一项合同。[108]

《第二次重述》解释道:"原要约人未拒绝接盘,其后续准备履行可以作为证据,即接盘是在合理期间内作出的。"[109]

《第二次重述》的示例省略了 *Phillips* 一案的事实,即"周日早上干

---

[107]　71 Me. 78, 80 (1880).

[108]　Restatement (Second) of Contracts § 70 illus. 2 (Am. Law Inst. 1981).

[109]　*Id.* at cmt. b.

098 | 第二部分 可执行力

草在谷仓里被烧光了"。[110] 正是在这个时候,要约人才宣称自己不受合同约束。如果他受约束,那么根据当时的法律,他就需要负担干草被损毁的风险。正如案件所示,如果受要约人的回应是在被认定为合理的期间内,而要约人能够等到让他人知道自己的拒绝,那么这里就有一个时间段,合同会不利的风险就会落在受要约人身上。如果合同变得不利(如干草被烧光了),要约人就可以拒绝,声称接盘到得太晚了。如果没有这件事,要约人就无须提起这个问题。

像《第二次重述》那样,说要约人的沉默仅仅是要约在合理期间内被接受的"证据",这并没有解决这个问题。要约人可以保持沉默,随后为了躲避合同,论辩有更优的证据能证明并非如此。

但如果我们像 Phillips 一案的法院那样,认为通过保持沉默,要约人"放弃"了索要"接盘应当更早到达"的权利,那么就会引发两个不同的问题。首先,说权利被放弃是很奇怪的,因为权利持有人从来没有表达过放弃的意图;其次,权利持有人可能从未想过要放弃这项权利,相反,他想要的只是保持沉默,看看合同是否会不利于己。要约应当具有约束力,这并不是"弃权",而是防止利用受要约人的开销进行投机。

如果要约人设定了接盘的最晚期限,问题看起来就有所不同了,而且受要约人知道或者应当知道接盘是晚到了的。Sabo v. Fasano 一案便是如此。该案中受要约人是卖家,当他接盘晚了时,他主张合同不成立。法院认为,将购买人的沉默解释为一项接盘,"这会令卖家不确定是否存在合同,因为买家不需要放弃一项不及时的接盘",这是不成立的。"对于这一论断,很简单的回答是,卖家所引发的困境只是其迟延接盘所致,他只要对买家进行求询便可以消除这种不确定性了。"[111] 法院所面对的这一案件,是受要约人主张合同不成立,因此上述回答或许可以成立。但假设是要约人主张的呢? 那么受要约人当然可以与他联系,看看对方是否会对迟延的接盘加以拒绝。不过受要

---

[110]　71 Me. at 79.

[111]　201 Cal. Rptr. 270, 273 (Cal, App. 1984).

约人也可能推定,除非自己从要约人那里得到了消息,否则迟延都是无所谓的。要约人可能再一次处于如下地位,即在决定合同是否不利之后,来判定是否"放弃"自己的拒绝权。

如果要约人保持沉默,一个解决方案就是审查能够证明其意图的其他证据。在 *Beirne v. Alaska Housing Authority* 一案中,[112]法院便是如此。本案的案情是,在反要约过期的 19 天之后,受要约人给第三方写了一封信,解释自己不考虑其他要约了,因为已经与要约人达成了合同。法院认为:"这就是证据,证明(受要约人)并不想坚持(截止期限)……反要约的时间限制条款已经被放弃了。"法院认为,当受要约人在 6 天后接受了要约人的支票时,"合同便成立了"。[113]

这里并不存在"必须遵循"(hard-and-fast)的规则。更现实的做法是看看要约人是否可能会利用受要约人的开销进行投机。如果是这样,那么受要约人本应受约束,但也很清楚的是,由于合同的性质或各种情事,受要约人可能会不受拘束。

接盘何时生效:邮筒规则

正如我们所见,一般而言,要约人会在受要约人接盘之前撤回要约。假设,甲在周一给乙寄了一封信,提出要约将自己的车以 25000 美元的价格卖给对方,乙在周三收到了信。但在周二,甲变了卦,又写了另一封信撤回要约,乙在周四收到了第二封信。但在周三,乙已经给甲写信,说自己接盘了甲的要约,甲周五收到了这封信。那么,双方是否缔结了合同?

根据普通法的"邮筒规则",合同已经成立。接盘在寄出之时便生效,而非收到之时。而撤回则在收到之时方生效,而非寄出之时。根据《第二次重述》:

除非要约有其他约定,否则,

(a)一项以要约所约请的方式和媒介作出的接盘,一旦脱离受要

---

〔112〕　454 P. 2d 262 (Alaska 1969).

〔113〕　*Id.* at 265.

约人的占有,则接盘生效并且完成互相同意之展示,而无论其是否到达要约人处。[114]

解释是:

要约当接盘寄出生效时变为不可撤回,这一规则会在为接盘进行沟通所需的期间内,将许诺带来的风险归于要约人,尽管在这一期间内,要约人并不保证议价已经作成。[115]

兰代尔(Christopher Columbus Langdell)声称,作为一个逻辑问题,没收到接盘,就没有合同。合意要求沟通,沟通则要求双方的参与。如果一方当事人就写了个东西,那么只有另一方读到了才能算沟通。兰代尔指出,某些学者认为普通法规则能更好地服务于双方当事人的利益,但他说,"对这个反驳的正确回答是,这是不搭界的"。[116] 那是概念主义的时代,知道合同、合意以及沟通之含义的人,应当知道正确的答案,没必要去关心合同所服务的目的是什么。

某些学者设计了一个七扭八歪的解释:接盘在寄出的那一刻就被要约人收到了。[117] 据此,通过寄送要约的邮件,要约人已经指定了特定的邮局作为接收接盘的代理人。但要约人才不会这样考虑问题。

在这里,概念主义的进路又一次需要让位于对规范目的的质询。邮筒规则的目的在于保护受要约人。在我们的例子中,受要约人得以免于如下可能性,即要约人已经变卦并寄出了撤回的通知,但受要约人没有收到。受要约人知道,即便发生上述情况,合同仍然可以在其寄出接盘时成立。

---

[114]　RESTATEMENT (SECOND) OF CONTRACTS § 63 (Am. Law Inst. 1981).

[115]　*Id*. at § 41 cmt. f

[116]　Christopher Columbus Langdell, Summary of the Law of Contacts 20-21 (2d ed. 1880).

[117]　Criticized by Restatement (Second) of Contracts § 63 cmt. a (Am. Law Inst. 1981).

更难的问题在于,为什么受要约人应受保护? 根据《第二次重述》:"接盘发出即生效,对这一规则更好的解释是,受要约人在判定是否接盘时需要可靠的基础。"[118] 如果受要约人法律地位的变化需要确保其已有合同,那么确实如此。但即便履行日期远在未来,或者要约人必须先履行,邮筒规则同样可以被适用。

一个更好的解释就是,邮筒规则最小化了事实上许诺的不公平性。当合同通过信函缔结,一方当事人必须等待对方的回信。必须等待的一方,就必须受到事实上的约束,但另一方则不是如此。从别人那里得到更好的交易,这就是一物二卖(买)的风险。根据邮筒规则,要约人必须等等看要约是否已被接盘。如果接盘只有在收到之时方有效力,那么受要约人就必须等待,看要约人是否会在接盘到达之前撤回要约。

通过将负担置于要约人,不公平性就被最小化了。因为一方当事人可以选择是否去当一名要约人。以我们的例子而论,如果甲期望他能够获得其他要约,并且希望能随心地接受,他就可以给乙写信,告知他会乐于接受一份 25000 美元的要约。如果乙回信告知自己可以以这个价格买车,那么乙就是要约人。甲遂可以随心接受更好的要约,直到他寄出了对要约的接盘。如果乙不想承担如下风险,即错失在等待期间能以更低价格购买类似汽车的机会,她就可以回信建议甲以此价格做成一个要约。一方当事人愿意接受风险,风险就最终会由他/她承担。

邮筒规则还解决了另一个问题:发出接盘的受要约人能不能在接盘到达要约人之前撤回接盘? 假设在周一,甲给乙邮寄了一份要约,乙在周三收到。随后,乙在周三寄出了接盘,甲在周五收到。不过在周四乙变了卦,她亲自联系了甲(以电话或者门缝里放信的方式),告知自己不想买车了,并且甲可以无视即将收到(之前发出的)接盘。如果法院适用邮筒规则,那么合同在周三接盘寄出之时就已经成立,她不能撤回自己的接盘。

---

[118]　*Id.*

有人或许会认为,应当允许乙撤回,因为乙的"变卦"有利于乙且未损害甲。但根据《第二次重述》,邮筒规则同样适用于这样的局面:"试图通过另行沟通(overtaking communicaiton)撤回接盘的做法……是无效的,即便撤回是在接盘被收到之前到达者,亦然。"[119] 理由仍是我们刚刚所提及的:将一方当事人受约束而另一方不受约束的不公平性最小化。如果不适用邮筒规则,那么会有一个时间段,乙可以决定是否存在一项有约束力的合同,但甲却做不到。《第二次重述》解释道:"在对一项可撤回的要约寄送了一项接盘之后,在信件到达所需的期间内,受要约人不应利用要约人的开销而投机。"[120]

这个原理解释了为什么受要约人在寄出接盘,而接盘未到的期间不能接受更优的要约。但它并没有解释,为什么受要约人不可对"其将收到之物是否比将付出之物更值钱"之事变卦。或许最好的解决方案还是具体而论。如果受要约人撤回是为了接受更好的要约,那么受要约人就应当受约束;但如果她仅仅是改变了心意,那么就不应当再受约束。

第三种情况是,受要约人寄出了一份接盘,但接盘未能到达要约人。[用我们之前的范例]乙在周三写了一份接盘,但在邮寄过程中丢失了。根据邮筒规则,乙的接盘已经寄送便生效,因此她和甲都受约束。《第二次重述》规定,此时合同成立,"无论[接盘]是否到达要约人处。"[121]

根据《第二次重述》,尽管与前述案件相比,"邮筒规则在此种案件中的便宜性较不明确",但其仍然"胜在简洁性与明晰性"。不过,如果约定合理期间内未到达要约人的接盘失效,这也同样简洁且明晰。有学者建议,要约人应当受约束,因为他知道自己寄出的要约无人答复,因此去问一下受要约人是怎么了,这比受要约人去问"接盘是否收到"

---

[119]　*Id.* cmt. c.

[120]　*Id.*

[121]　*Id.* at § 63.

更具可能性。〔122〕 或许如此吧。不过另一个理由可能是,风险必须由一方当事人来承担,这应当归于要约人。他能够决定自己是否去当要约人,而对方却不能决定自己是否当受要约人。

"单方"合同

正如我们所见,如果一方当事人受约束而另一方不受,那么通常这是不公平的。不受约束的人可以以他方的开销来投机,如四处探寻更好的交易,或者在市场价格上抢占先机。但受约束的一方就做不到。

不过,有时候让一方受约束而另一方不受约束也是公平的——在当事人怀疑其中一方是否能成功履行的时候,这种做法可能就是公平的。比如抢劫案的受害者希望雇佣一个侦探来找回被偷走的珠宝。侦探是否能成功呢? 这是不确定的。珠宝的所有权人可不愿意为侦探找珠宝所消耗的时间而付钱,因为如果侦探没找到珠宝,那么这钱就打了水漂。而侦探可能会找不到珠宝,因此也不想承诺马到成功。要想解决这个问题,就需要在合同中令一方当事人受约束,而另一方不受约束。如果侦探找到了珠宝,那么所有权人必须付钱,但侦探可以自主决定付出何种努力以及何时退出。

自 19 世纪以来,普通法法律人将此种安排描述为一项"单方合同"。在诸如买卖这种"双方合同"中,一方当事人作出承诺,换取的是另一方当事人的承诺。但在"单方合同"中,要约人承诺的对价并不是受要约人的承诺,而是一个实际履行。要约只能通过实际履行而被接盘,而不是通过一项承诺。受要约人并没有作出承诺,且其若不履行也并不会被认定有责任。要约人若是履行了,那么他就有权利获得要约人所承诺的钱款。这就是普通法法律人针对"单边许诺为何符合对价规则"的解释。

这里的困难在于,看起来承诺人可以在受诺人履行之前随时撤回。这个结果的不公平性常常可以通过如下假设案件加以示范:承诺

85

---

〔122〕 Eisenberg, *supra* note 8, at 451.

人对另一方提出要约,如果后者成功地爬上悬崖或者穿过大桥,就能获得一份奖励。就在受诺人到了崖顶或桥对岸之前,承诺人大喊:"我撤回我的要约。"一位法学者[后来"披麻戴孝"(in sackcloth and a-shes)地表示了忏悔]就声称此时要约人可以这么做。[123]

《第一次重述》的起草者用大智慧避开了这样的结果。他们指出在单方合同中,只要另一方开始履行,那么要约就变成不可撤回。这一规则体现在《第一次重述》(以及《第二次重述》)的第 45 条。最初的逻辑是,承诺人已经默示地作出了另一项承诺,即不会撤回第一项承诺(即最初的要约)。这另一项承诺本身就是单方合同的一项要约,受诺人在开始履行的时候(如开始爬山或开始横穿大桥之时)便接受了。[124] 通过推定当事人可以作出他们可能从未想过的默示要约和接盘,对价规则得以被满足。

但这里还是有一个困难。在受诺人尚未开始履行,但为了准备履行有所耗费之际,承诺人仍然可以撤回承诺。这看起来还是不公平的。因此,《第二次重述》的起草人秉持着大智慧,保留了第 45 条,并且添加了第 87 条第 2 项。该条规定:如果受要约人为履行进行了实质性的准备,那么要约人不得撤回。如果受诺人得到金钱的要约,要他攀爬北美墙(North Amerca Wall,优胜美地国家公园的著名悬崖),然后他坐飞机来到加利福尼亚准备攀岩但尚未开始,那么要约人不能在此时撤回要约。

第 87 条第 2 项之下关于实质性信赖的规则,不能与第 90 条之下关于承诺性信赖的规则加以混淆。第 90 条关注的是何时一项承诺具有可执行性:如果违背了这一条,承诺人会对有信赖的受诺人承担责任。而第 87 条第 2 项的规则关注的是何时要约是不可撤回的。如果受诺人为承诺作出了实质性的准备,那么承诺人就不能撤回承诺。否则未完成履行的受诺人则会一无所获。

---

〔123〕 Maurice Wormser, *The True Conception of Unilateral Contracts*, 26 Yale L. J. 136 (1916).

〔124〕 Eisenberg, *supra* note 8, at 468.

这些条文的起草者心中所想的，便是诸如承诺爬山或穿桥这样的承诺。他们的解决方案在诸如"悬赏侦探寻找丢失宝石"的情况下便不太灵光。一个很常见的情况是，对不动产经纪人承诺了一份酬金，前提是后者能以特定的价格将不动产卖出去。判断受要约人开始履行的时间点，又困难似乎也没有意义。这个时间点是侦探开始调查或者经纪人开始列录(list)出售之时吗？还是侦探找到了第一个线索或者经纪人找到了第一个来看房客户之时？抑或侦探开始确定自己能找到珠宝或者经纪人确定能卖出房子之时？又或珠宝被找到/或房屋被卖出之时？另外，在这些案件中，实质性的信赖是通过受诺人耗费的时间与金钱加以衡量吗？还是通过根据成功的概率来审视开销的合理性而加以衡量？抑或通过开销所增进成功概率的程度加以衡量？

《第二次重述》的方案在另一种常见的情况下也不太灵，这就是当事人提出支付的要约乃是针对特定结果的完成，即针对一般民众提供悬赏承诺。比如，所有权人可能在报纸上打一个广告，出价 1000 美元，悬赏能够找回珠宝的相关信息。银行协会可能会悬赏能抓住银行劫匪的人。承诺人可以通过发布另一项广告来撤回这一要约，为了实现这一效果，可以发在同一家杂志上，或者发在发行量类似的杂志上。[125] 不过，问题是撤销权。如果我们相信《第二次重述》的规则，那么若某个或某些民众因信赖广告而作出了实质性的准备，承诺人就不能撤回要约。这就会有一个奇怪的结果，而且也没有法律权威来支持它。

如果没有对价规则，这些困难的解决都能走不同的路径，而且效果还更好。我们不需要塑造关于单方合同的规则，即履行被认为是要约的接盘。我们可以说要约无须对价也有约束力。其是否可撤销，则取决于可撤销的要约是否能像将不可撤销要约一样有效地实现要约人的目标。如果某个特定的侦探被悬赏去寻找被偷的珠宝，或者某个经纪人被授予独家列录房屋的权利，要约的目的就在于征召这位侦探或者这位经纪人的特殊努力。如果要约人能够随心所欲地撤回，那么

87

---

〔125〕　E. Allan Farnsworth, CONTRACTS 160-61 (3d ed. , 1999).

这些努力就不太可能被作出来。如果找珠宝的要约是向民众发出,或者列录房屋不是独家的,那么作出应答的任何人都会知道,其他人也许也在作出,而且如果其他人抢先完成了,那么自己的努力可能就会是一场空。要约人可能并不期待任何人作出特殊的努力。要约被作出来,仅仅是希望有人碰巧知晓珠宝的所在,或者期望经纪人们能不花一文就把房屋纳入一本同时也在列录其他房屋的销售册。如果此时要约可撤销,要约人的意图仍可被满足。为了采纳这一进路,我们必须抛弃单方合同的规则而重新来过。能这么做最好了。

四、开放或不确定的条款

(一)数量

一份合同可以不确定一方当事人希望买卖的货物数量。在"按需供货合同"(requirements contract)中,数量是部分或者全部由买家决定;而在"产品全售合同"(output contract)中则是由卖家决定。这些合同的可执行性问题恰好反映出,传统对价规则不仅有碍公平,而且作为工具也太过粗糙。[126]

如果买卖的数量全部由一方当事人决定,那么这一协议就未能满足对价规则的技术要件。有决定权的一方可以不买、不卖或者去其他人那里买(卖)。早先的判例认为,如果卖家同意"想买多少"[127]或者"愿意买多少"[128]就买多少,那么这里就没有对价。如果当事人同意,

---

〔126〕　大陆法系并没有对价规则,但常常会拒绝执行过于不公平的按需供货合同。James Gordley, ed., THE ENFORCEABILITY OF PROMISES IN EUROPEAN CONTRACT LAW 193-218 (2001).

〔127〕　Wickham & Burton Coal Co. v. Farmer's Lumber Co., 179 N.W. 417, 419 (Iowa 1920).

〔128〕　*Cold Blast Transp. Co. v. Kansas City Bolt & Nut Co.*, 114 F. 77, 81 (8th Cir. 1902).

按照互相所需[129]、所要求[130] 或者同意"独家经营从卖家订购的货物",[131]那么这里就有对价。

一般认为,对价规则与公平并不搭界。但多个法院都指出,如果买家的选择不取决于其业务需要多少,而是取决于市场价格是否涨过了合同价格,这就导致了不公平。在 *New York Central Ironworks Co. v. United States Radiator Co.* 一案中,买家同意购买"1899 年全年度所需的全部散热器"。这就有对价。不过法院解释,买家并没有(权利)去:

88

基于合同来以任意数量订购货物。此种合同中,双方都有义务以合理的方式加以执行。诚信与公平交易的义务是相互的,这是默认于每个合同中都有的特质。原告不能利用合同在涨价市场中进行投机,因为这就是对其所取得之权利的明显滥用。[132]

有时,为了防止不公平,对价规则会被扭曲。在 *Crane v. C. Crane & Co.* 一案中,[133]买家同意购买"1897 年全年所需的全部码头橡木,用以在芝加哥市场上进行交易"。法院拒绝支持这一合同。从技术层面上讲,这里本应是有对价的,因为买家同意不去别人处购买。但正如法院指出,买家是"纯正的木材中间商"。他们的业务就是在有利可图之时进行买卖。这样一来,如果合同被支持,那么他们就会:

占据一种优势的地位:如果码头橡木价格上涨,他们就会借此增加利润率,或许可以成为出价更高的竞价人,还会增加订购量;反之如果价格低于利润的范围,那么订单就会被全部终止。[134]

---

[129]　*Brawley v. U. S.* , 96 U.S. 168 (1877).

[130]　*Minnesota Lumber Co. v. Whitebreast Coal Co.* , 43 N.E. 774 (Ill. 1895).

[131]　*New York Cent. Ironworks Co. v. United States Radiator Co.* , 66 N.E. 967, 968 (N.Y. 1903).

[132]　*Id.*

[133]　105 F. 869 (7th Cir. 1901).

[134]　*Id.* at 872.

在 *American Cotton-Oil v. Kirk* 一案中,[135] 买家同意购买 10000 桶棉花籽油,货物会"每周按(买家)想要的数量"加以交付。[136] 从技术层面上讲,由于买家有义务购买 10000 桶油,而无论他们要将订单周期拉到多长,这里都是有对价的。但法院拒绝执行这一合同。的确,

89 正如法院所指出,借助合同的条款,买家可以"在订购时把数量定成要 100 年才能完成交货"。[137] 这样一来:

> 如果油的市场价跌破合同价,那么根据双方对合同条款的主张 (contention),原告可以去其他地方以更低的价格购买棉花籽油,而一直待到合同价格低于市场价格再回来求诸合同。而这里并没有提及要多长时间。[138]

因此,通过要求当事人须"诚信"为行为,[139] 通过解释合同而将数量限制在一方当事人所需的范围内,以及通过将对价规则加以扭曲,法院阻止了一方当事人利用另一方的开销进行投机的不公平行为。甚至早在 19 世纪和 20 世纪早期,法院便如此为之,但当时的法院本不会考虑合同中的公平性。

《统一商法典》用一个条款更换掉了对价规则,这一条直接关涉买卖量的合理性以及当事人的诚信。根据第 2-306 条,在产品全售合同或按需供货合同中,数量必须是"基于诚信所定的包销量或供货量,除非与如下情况相比不存在不合理的不相匹配:或者为与任何约定预估(stated estimate)相比;或者在不存在约定预估的情况下与正常情况相比;再或与其他可比较的先前产出量、可被偿付或者所求的需求量相比"。我们

---

[135] 68 F. 791 (7th Cir. 1895).

[136] *Id.* at 791-92.

[137] *Id.* at 792.

[138] *Id.* at 872.

[139] 还有 *New York Central Ironworks Co. v. United States Radiator Co.*,前文已述,参见 Brawley v. U. S., 96 U. S. 168 (1877).

会在讨论"诚信"主题时再分析这一条款能否解决前述问题。

（二）价格

如果双方当事人将价格问题留待未来再行决定，那么只要双方一致同意了决定的方式，这里面就有对价了。他们可能同意价格由仲裁人设定；[140] 或者同意设定价格的某项标准：比如价格的变化取决于批发价格索引中的变化。

有时当事人会提及此种标准，但约定价格会由双方磋商或协商。如果双方无法达成协议，法院就会以如下某种方式来挫败他们的意图：或者认定双方不受约束，或者以双方提及的某一标准作为参考来设定价格——无视双方未能对此达成一致的事实。如果法院采取后一种方式，或许会与双方的意图更相吻合。在这些情况下，当事人是希望被约束的。如果法院设定了价格，这价格或许并非当事人一致所想，但与一方当事人可以躲开合同相比，"法院定价"会更近乎当事人所愿。

在 Toys, Inc. v. F. M. Burlington Co. 一案中，[141] 一项租约要被更新，而双方约定租金要"根据届时商场中通行价格重新协商"。类似的，在 Oglebay Norton Co. v. Armco, Inc. 一案中，[142] 每季度运输的铁矿，以铁矿运输领头船只所确认的"一般净合同价格"为准。合同约定，如果此种价格不存在，"那么当事人可以互相协议价格……参考同类运输中领头的独立船舶经营人（independent vessel operator）所确定的合同价格"。在这两个案件中，尽管当事人无法达成一致，但法院都执行了合同。

如果当事人决定价格留待基于共同协议，但并未提及任何标准，这就要更困难些。比如，当事人以固定租金将地产出租，租期5年，而

90

---

〔140〕　166 *Mamaroneck Ave. Corp. v.* 151 *E. Post Rd. Corp.*, 575 N. E. 2d 104（N. Y. 1991）.

〔141〕　582 A. 2d 123（Vt. 1990）.

〔142〕　556 N. E. 2d 515（Ohio, 1990）.

在租约中约定"租约届时另行更新 5 年期限,租金由当事人共同协商"。到了第一个 5 年期限届满时,当事人无法就租金达成一致。法院对此各有选择。有的法院以自己确定的租金来执行合同,[143] 这就挫败了当事人希望租金能基于协商一致的意图;有的法院是认定更新条约不可执行,这又挫败了当事人希望拥有更新之选择权的意图。[144]

相较于这种全有全无的规则,另一种进路则是探寻当事人将租金留待共同协议确定的原因。如果他们希望更新选择权具有约束力,那么他们就不可能打算让某方当事人随心确定租金,然后自己拒绝,直到租金能够接受。他到时可以找个原因拒绝更新租金,或者干脆提一个极高租金的要求。通过审视原租约制定的情况,法院可以试着确定当事人心中能够证成更高或更低租金的要素。这些要素可以包含经济层面的考量,比如一般租金的水平。但它们不应当包含某些与租金数额无关的非经济要素,比如,承租人希望把房产留给侄子或者商业伙伴。它们也不包含出租人获取更高租金的能力,因为承租人会不得不搬家从而面临实质性的成本。它们也不包含租赁地产非因一般市场状况原因,而是由于承租人的努力带来的盈利状况提升(如今出租人想将其归为己有)。比如,如果承租人开发了很火的餐馆,房东不应当通过假装要求抬高租金的方式而分享利润。

如果存在这些因素,那么当价格在经济要素的视角下是公平的(如租金保持在一般水平),一方当事人就不能拒绝更新的要约。如果不存在这些要素,那么看起来,一方当事人就有权利推翻要约,即便该要约看起来是公平的。双方当事人未就公平租金或法院(仲裁人)所确定的租金达成一致。如果是出于在约定"租约可以协商一致的租金加以更新"时能预想到的原因而拒绝了一项看起来很公平的要约,那么当事人是有权利这么做的。

---

〔143〕 *Moolemaar v. Co-Build Companies, Inc.*, 354 F. Supp. 980 (D. Va. 1973).

〔144〕 *Joseph Martin, Jr., Delicatessen, Inc. v. Schumacher*, 417 N. E. 2d 541 (N. Y. 1981); *Walter v. Keith*, 382 S. W. 2d 198 (Ken. App. 1964); *Deadwood Elks Lodge No. 508 v. Albert*, 319 N. W. 2d 823 (S. D. 1982).

如果合同约定一方当事人可以自主确定价格,那么法院就会采取这样的进路。合同之所以如此约定,是因为当事人希望价格确定于某些信息,而这些信息他们现在还不掌握,一方当事人相信另一方当事人会基于这些信息作出公正的决断。如果是这样,那么当事人所信赖的自由裁定,就是这一信息或者这些情况会如何影响价格的判断。但是,他必须将决断基于这一信息或这些情况,而不是基于当事人在将决断交由自己裁定之时未能考虑的因素。在 *Community Design Corp. v. Antonell* 一案中,[145] 被告的总经理作出许诺,如果某些特定的画作在圣诞节之前能完成,那么画完的雇员就有奖金可拿。本案中奖金的数额之不确定,不太可能源自"能不能发奖金尚且悬而未决",法院认为不确定性是因为事先不知道会有多少雇员能分享奖金。但法院认为被告不发奖金违背了合同。

同样的进路也出现在 *Baer v. Chase* 一案中。[146] Chase 是电视剧《黑道家族》(The Sopranos)的制片人、编剧以及导演,该剧的内容是关于有组织犯罪。Baer 对他提供了帮助,把他介绍给执法部门的官员,而这些官员以自己的经历提供了信息、素材和故事。在简易判决(summary judgment)的一项动议中,Chase 承认了 Baer 的主张,即双方有过一项口头约定,"如果这个剧火了",Chase 就会"以与 Baer 服务的实际价值(true value)相称的方式"来提供补偿。这里的决断权就归于 Chase,因为 Baer 帮忙的价值尚不为人所知。结果 Chase 拒绝给钱,法院支持了 Chase,理由是合同的条款是不确定的。探寻 Chase 不付钱是不是因为他认为 Baer 的帮忙毫无价值,这或许是个更好的问题,因为在这种情况下他的判断就应当获得尊重(即便这个判断是错误的);或者像前述 *Community Design* 一案那样,他就是不想为自己的所得付钱。

92

(三) 履行

如果当事人决定将合同的履行留待未来加以确定,那么只要双方

---

[145]　459 So. 2d 343 (Fl. App. 1984).
[146]　392 F. 3d 609 (3rd Cir. 2004).

一致同意履行将如何被加以决定,合同就已经成立了。比如,当事人可以同意小狗崽的买家可以从幼崽里挑选一只。

有时当事人会将事项留待未来磋商,或者留待未来达成一致,但约定以某项标准为参考。如果当事人未能达成一致,那么就像前述"价格"的情况一样,法院通过参考此项标准而判定实际履行合同,与允许一方当事人脱逃合同相比,会更贴近于当事人的意图。在 *Lee v. Joseph E. Seagram & Sons*, *Inc.* 一案中,[147] 在购买酒类批发分销权时,Seagram 同意为卖家在另一座城市提供一项 Seagram 的分销权,"价格基本上等于"双方从出售权益中所获得的本金。法院执行了这个合同。

当事人如果没有指明标准,那么解决方案要想不违反当事人的意图似乎就是无解的。拒绝执行协议会违背当事人希望受约束的意图。但法院如果指定(specify)条款,就会违背当事人的另一项意图:条款需要由当事人自己指明!

至于不确定的价格条款,法院常常会拒绝执行此种协议。不过更好的解决方案是,探寻嗣后的履行为什么没有事先以更明确的方式指明。在 *Pyeatte v. Pyeatte* 一案中,[148] 原告与自己的丈夫达成一致,她让丈夫去读 3 年法学院,等结束之后,丈夫再让她去拿硕士学位。原告同意了,然后他俩离婚了,丈夫拒绝为妻子的硕士学位付钱。法院拒绝执行这一协议,理由是"要想有约束力,一项协议必须是明确和特定的,这样当事人的责任可以被准确地确定下来"。关于原告在哪里或者何时会入学以及学费的数额,当事人并没有达成一致。法院本应询问的是,为什么这些条款没有事先确定下来。看起来,原因并不是丈夫希望自己的诺言取决于学费的数额或者妻子入学的学校,而是妻子当时就没想好去哪里读书。丈夫反悔也不是由于他惊异于学费的数额,他就是不想守诺付钱而已。

在 *Academy Chicago Publishers v. Cheever* 一案中,[149] 被告是一位

<hr>

〔147〕　552 F. 2d 447 (2d Cir. 1977).
〔148〕　661 P. 2d 196 (Ariz. 1983).
〔149〕　578 N. E. 2d 981 (Ill. 1991).

著作颇丰之作家的遗孀,她同意将"作品的手稿"交给原告,其中包含她丈夫尚未出版之小说的合集,而原告同意将其出版。法院拒绝执行合同,理由是合同未能指明由谁决定这里包含了哪些小说、多少小说或者多少页。法院本该问的是,为什么当事人将这些事项留待以后决定。原因在于奇弗夫人(Mrs. Cheever)不知道自己能找到多少未出版的小说,而不是因为她不知道出版能有多少钱,因此希望拥有选择寻找其他出版社的权利,若是未能找到再将原告加以锁定。结果她找到了60篇小说,发现如果做平装书会卖到225500美元,远远高于她要从原告处所获的价金。[150] 她想摆脱合同的理由无关是否会找到值得出版的足够数量的小说,也无关是否找到了太多的小说而超出了出版成本。如果执行合同,法院固然会尊重当事人希望受约束的意图,但同时却会无视他们将出版的数量留待以后解决的原因。

五、未曾预见的艰困(Unanticipated hardship)

(一)情势变更(impracticability) *规则

如果在合同缔结之时,合同对一方当事人设定了风险,但该方却并没有因承担该风险而获得补偿,那么就会基于 unconscionability 规则

---

〔150〕 Peter Kurth, book review〔reviewing ANITA MILLER, UNCOLLECTING CHEEVER, THE FAMILY OF JOHN CHEEVER V. ACADEMY CHICAGO PUBLISHER, SALON (Nov. 25, 1998), 援引自 Lon L. Fuller, Melvin Aron Eisenberg, & Mark P. Gergen, BASIC CONTRACT LAW CONCISE EDITION 432 (10th ed. 2018)〕.

*《元照英美法词典》将 impracticability 译为"不可行性"。在《布莱克法律词典》中,impracticability 的含义是:某种事实或者情况免除了当事人履行某行为的义务(特别是指合同义务),因为这会导致极度和非常不合理的困难(尽管仍然有履行的可能)。括号里的原文是"though possible",因此"不可行性"是不准确的,impracticability 强调的是"不现实",指特别困难或昂贵的情况,而不是"不可行"。这也不同于我们常用的"履行不能",因为德国法上的"不能"强调实际的不可能,包括事实不能与法律不能(禁止),用履行不能来翻译 impracticability 也不够准确(《第二次重述》中文版采用的就是"履行不能"的译法)。根据《布莱克英文词典》和作者的论述,笔者选择用我们更熟悉、也更贴合的"情势变更"来翻译这一词。——译者注

而授予救济。在合同缔结之后，情势的变化可能会导致一方当事人履行费用更加高昂。这一方当事人可能不会因为承担了风险而获得补偿，因为在合同缔结之时没想到会有此种风险。如果是这样，那么就会基于情势变更规则而授予救济。在这两种情况下，执行合同都会因相同的原因而不公平：这会给未能考虑承担这一风险的当事人施加风险。

94

情势变更规则所处理的情况是，情势发生变化导致合同变得不公平。我们将会看到，合同目的落空规则所处理的情况是，情势发生变化导致履行不可欲（unwanted）。《第二次重述》第十一章一并规定了"履行的情势变革与目的落空"。正如《第二次重述》中所看到的，这两项规则都为"有变化和未预见的情势"授予了救济。不过，二者乃是基于不同的原则。在合同目的落空中，情势的变化导致履行对接受履行一方的目的而言是不合适的。这个改变影响了交易的自愿性。我们会在后面展开讨论。而在情势变更中，情势的变化导致一方当事人的履行更加昂贵。如果按原来的约定执行合同，会令其承担风险，而当事人并未因承担此风险而获得补偿。

根据《第二次重述》与《统一商法典》，是否授予情势变更的救济，取决于事件的"不会发生"是否为"合同缔结时的基本预设（assumption）"。[151] 这个规则并无助益。因为"基本预设"的意思并不清楚。根据《第二次重述》的"官方评论"，当事人不需要有意识地预设任何事情："当事人可能有此种'基本预设'，尽管他们并没有意识到备选方案。"[152] 更重要的是，一个"预设"可能对缔约的决定而言很关键，但仍然不是"基本[的]"。"市场条件以及当事人的资金条件一般都不是此种预设。"[153] 这样我们就面对了一个很奇怪的规则：当事人必须

---

[151] U. C. C. § 2-615(a)（Am. Law Inst. & Unif. L. Comm'n 1977）; RESTATEMENT (SECOND) OF CONTRACTS § 261 (Am. Law Inst. 1981).

[152] Restatement (Second) of Contracts § 152, cmt. b (Am. Law Inst. 1981). 第152条规范的是错误，但根据《第二次重述》，在规范这一规则的条款中，"基本预设"的含义与其在规范情势变化的规则中同义。

[153] Id.

作出了一项预设，无论其是否有意识地预设了什么；而这个预设必须是基础性的，无论其是否具有重要意义。看起来，起草者并不是很确定这个规则应该是什么样的，但也没想出来更好的。

情势变更规则在履行成本剧增的情况下会授予救济。这里的成本剧增，可能是由于事实上变得更难了，或者市场价格发生了变化。我们接下来会依次讨论。

因为事实上的困难增加而引发的艰困

在经典的加利福尼亚案例 *Mineral Park Land Co. v. Howard* 一案中，[154] 原告和被告需要修建一座桥梁，被告同意从原告的土地上获取所需的全部砂石与泥土。结果大量的砂石和泥土都沉积在水下，超过了通常开掘量的 10—12 倍。法院认为被告不受约束。

尽管授予救济看起来与当事人缔结此类合同的特定目的相冲突，但这个结果是公平的。合同是固定价格，而不是成本加利（cost plus）。在固定价格的合同中，当事人同意按照事先设定的价格履行。如果履行的成本低于价格，当事人会有利润；反之则会遭受损失。在成本加利合同中，履行一方所收到的是履行所需成本加上额外的款项（通常是成本的一个百分比）。通过选择某一种（而非另一种）合同，当事人就分配了"履行可能会比预期更昂贵"的风险。如果价格能够根据风险进行调整，那么每一种合同都会像公平赌约一样公平。

在成本加利合同中，无须特殊的情势变更规则来保护成本提升的一方当事人。他们没有受到损害，而且可能已经获利。情势变更规则保护的是固定价格合同中的当事人。那么问题来了：对固定价格合同的当事人而言，因为履行成本超过了预期就授予救济，这怎么会是公平的？这似乎本来就是当事人获得补偿而要承担的风险呀！

如果我们考虑一下，当事人为什么要缔结固定价格合同而不是成本加利合同，答案便浮现出来了。如果必须有一方当事人承担风险，当事人会将其置于能以最低成本承担的一方身上。正如前文所言，一

95

---

[154]　156 P. 458（Cal. 1916）.

方当事人能更轻易地承担风险有三个原因:最能预见风险、最能控制风险以及最能通过类似交易分散风险。

这样一来,缔结固定价格合同的理由,就不是履行的一方当事人能更好地承担全部风险。毋宁说他们能更好地承担某些特定风险:他能控制和分散以及通过其他工作来更好地预见风险。因此,当此种风险是其未有承担的,那么法律就理应授予救济。正如怀特(Skelly Wright)在 *Transatlantic Financing Corp. v. United States* 一案[155]中所言,要想得到救济,"必须发生了某些意外事件——即无法预知的事件",而且"无法预知事件的风险必须未经协议或者习惯加以分配"。"意外事件发生的风险已经被分配了的证据,会由协议明示或从中默示所得。"在本案中,托运人缔结了固定价格合同,希望运载满舱小麦,从德克萨斯的加尔维斯顿(Galveston)运到伊朗。结果由于政治危机导致苏伊士运河封闭,航路必须绕过非洲,从而导致成本激增。由于当事人都无法控制此种事件,怀特认为托运人能更轻易地预见并且以保险来冲抵此种事件。尽管运河的国有化"并不必然意味着运河被堵塞","但周遭环境确实显示……应当让 Transatlantic 承担反常的风险":[156]

如果说有什么的话,那么期待船舶的业主经营人(owner-operator)投保来对抗战争危险是更合理的。他们处在更好的位置上,能通过以其他航线加以履行来计算成本(因而可以预估所需要的保费),而且对特别影响其服务需求以及成本的国际争端具有无可置疑的敏感度。[157]

因为市场价格的变化而引发的艰困

某种履行变得成本更高,可能不是因为事实上履行更困难,而是

---

[155]　363 F. 2d 312 (D. C. Cir. 1966).

[156]　*Id.* at 318-19.

[157]　*Id.* at 319.

由于市场价格发生了变化。关于此时是否应当授予救济，一直争论不休。

美国法院并未如此为之。对《统一商法典》的一份官方评论暗示它应当如此：[158]

单纯的成本提升并不会免除履行，除非这种提升是源自某些未预见的事件，而这些事件改变了履行的内在本质。市场自身的增长与崩溃都不能证成履行的免除，因为这些正好是以固定价格作出的商业合同所希望涵盖的商业风险类型。但严重的原材料短缺或者因偶然事件（如战争、禁运、当地农作物歉收、主供应源未经预见的倒闭等）导致供应短缺，这些或导致市场成本的增加，或综合起来导致卖家无法获得保证履行所必需的供给，正好在本条文所考量的范围之内。

上述评论绝非妄言的理由之一在于，本评论的作者是卢埃林，他有瑞士的法律学位，而且通晓德国法。如果是通晓德国法之人，那么看到这条评论，就一定会想到德国法中的早期判例，德国最高法院的民事庭对市场价格发生严重且未能预计的变化授予了救济。在一个案件中，第一次世界大战的爆发导致蒸汽［机］的价格激增。[159] 在另一个案件中，德国在1918年的崩溃导致铁丝价格激增。[160] 卢埃林的朋友里森费尔德（Stefan Riesenfeld）喜欢重温二人的讨论，有次他问卢埃林在起草第二条的时候是否用上了德国法，卢埃林的回答是："当然了，但我没留下任何证据。"[161] 在第二次世界大战末期起草美国示范成文法（却要利用即将战败的德国法律），卢埃林的预防措施也是情有可原的。

97

在美国，关于救济是否应当授予的争论，大多数都聚焦于 *Westing-*

---

〔158〕　U. C. C. § 2-615, cmt. 4（Am. Law Inst. & Unif. L. Comm'n 1977）.

〔159〕　RG Sept. 21, 1920, RGZ 100, 129.

〔160〕　RG Nov. 29, 1921 RGZ 103, 177.

〔161〕　这是里森费尔德在伯克利的时候，给本章的第一作者（当时我们是同事）讲了好几次的故事，1978-99。

house 诉讼案。[162]　本案中,Westinghouse 同意以固定的价格持续提供铀来作为原子能发电机的燃料。但随后由于阿拉伯石油危机,铀的价格高上了天。这个案件在上诉之前实现了和解。

正如对第 2-615 条的评论所建议,当市场价格中的变化"正是以固定价格签订的商业合同所希望涵盖的商业风险类型"之时,就不应当授予救济。不过,如果说此种合同的签订是为了分配源自市场价格之变化所引发的风险,则是不能成立的推论。

当一方当事人出售自己已经拥有的货物,当事人分配的风险无法与货物的所有权相分离。不过在通用售卖(generic sale)中,卖家有义务交付的不是特定货物,而是满足特定说明(description)的任何货物,诸如铜线或铀。卖家一般来说既不拥有货物,也不生产货物。卖家会在未来需要特定类型的货物,如果价格上涨则会受损。正如乔斯科(Paul Joskow)所指出的,卖家针对风险给买家投保。[163]　合同就是一种以买卖合同形式体现的保险,其针对的就是价格的变化。

不过我们不能推论(就像乔斯科所想的那样)卖家就要承担价格上涨的风险,无论上涨得多么夸张。[164]　在传统保单中,保险人能够赔偿损失的量不能超过被保险人所遭受的损失量。正如前文所指出,如果当事人是风险厌恶型的,那么就不存在所有权人与保险公司都能接受的额外保险的价格。在通用售卖中,如果货物的市场价格有充分的变化,那么市场与合同价格的差异可能会超过买家可能遭受的任何损失,这样一来,就会超过买家本来有意愿投保的一切损失。恢复原状应当被限定于我们在通常保险合同中所说的"保险利益":卖家可能通过在公开市场上购买货物自用而遭受的损失数量。如果价格上涨到了一个节点,买家可以通过在公开市场上再次销售(而不是自用)挣得

98

---

[162]　一般性的讨论,参见 Paul L. Joskow, *Commercial Impossibility*, *the Uranium Market and the Westinghouse Case*, 6 J. Leg. Stud. 119 (1977)。

[163]　*Id.* at 162.

[164]　*Id.*

更多,那么就不应该索回超额部分。[165]

(二)既存义务(preexisting duty)规则

根据传统规则,对既存义务的履行不能作为一项承诺的对价。无论这个承诺是对政府官员、第三方还是合同的另一方作出,皆如此。已经负有义务的受诺人并没有放弃任何法律权利。

现代进路则是区分这三种情况。如果是对政府官员的承诺,那么传统进路所要针对纠正的罪恶是腐败。如果发生了一起宝石盗窃案,受害人对警察许诺,如果警察能找到丢失的宝石就给1000美金,那么可能的危险是,警察会更热情地服务富人而不是穷人。正如《第二次重述》所指出的:"对公众而言,并不存在可用的直接制裁(sanction)来强制履行义务,而明示或以默示威胁不会履行,这种危险会同时影响公共利益与私人利益。"此种承诺"故此是不能执行的,因其违背公共政策"。[166] 如果是这样,那么我们就不需要对价规则了。

在由第三方作出承诺的情况下,是没有需要纠正的罪恶的。如果银行协会承诺给抓住银行劫匪的人10000美金,而某个银行的保安做到了,但他是在履行对银行的合同义务,那么执行这个承诺既不会损害协会,也不会损害保安和银行。《第二次重述》的结论是,尽管有传统规则,但这个承诺应该是可执行的,因为"这里不可能存在经济胁迫或不公正的压力",因此"法律的倾向已经是单纯地认定履行合同义务也可以是对价"。[167]

第三种情况是,作出的承诺是为了另一方当事人已经承诺了的履行。根据《第二次重述》,拒绝执行此种承诺的目的是防止不公平。"一位肆无忌惮的承诺人可能会以违约相威胁,目的是取得额外利

---

[165] James Gordley, FOUNDATIONS OF PRIVATE LAW PROPERTY, TORT, CONTRACT, UNJUST ENRICHMENT 350-51 (2006).

[166] RESTATEMENT (SECOND) OF CONTRACTS § 73 cmt. b (Am. Law Inst. & Unif. L. Comm'n 1977).

[167] *Id.* at cmt. d.

益。"[168] 比如在 *Lingenfelder v. Wainwright Brewing Co* 一案中,[169] 一名建筑商要求啤酒厂要想完工就得多给钱。另一方当事人没办法去换人同时还能保证及时完工。[170] 当双方缔约之时,他们都放弃了获得更高价格的机会,目的是防止接受一个较不划算的价格。在一般情况下,为履行索要高于之前同意的价格,这会剥夺另一方对此的担保。本案的建筑商之所为是不公平的,正如某人在赌注中反悔一样。

不过,传统的对价规则对于防止不公平而言,是一个很粗糙的手段。对原初条款的变更可能是公平的,因为情况已经发生了变化。正如我们所见,在我们讨论情势变更规则时,有时候一项履行会因为缔约时未能预见的情况而变得更加昂贵。履行一方当事人并未因承担这一风险而获得补偿。如果是这样,修改价格就不是不公平的。困难常常在于风险是否可预期。

《第二次重述》第 89 条第(a)项规定,"如果鉴于在合同缔结之时的承诺人未预期的情况,变更是公正且衡平的",那么变更义务的承诺就是有约束力的。在这种情况下,判断风险是否是未预见的就会更容易。如果承诺人认为合同的价格补偿了受诺人对风险的承担,那么除非受诺人通过威胁毁约来施加压力,否则他不太可能会多付钱。

一个范例是 *Angel v. Murray* 一案[171]的结果。某垃圾清理人签订合同,负责收集全镇的垃圾,换得一份固定的年薪。但未有预料的是,一个开发商在镇子上开发了一块新的居住地块,大大地增加了垃圾清理人的开销。城镇承诺支付额外数额的钱款作为对其额外开销的补偿,法院执行了这个承诺。再一次,由于对价规则对保证公平是一个粗糙的工具,《第二次重述》和类似 *Murray* 一案的法院对其进行了修正,以便能直接将公平纳入考量。

---

[168] *Id.* at cmt. c.

[169] 15 S. W. 844 (Mo. 1891).

[170] 大陆法系并没有对价规则,但如果一项承诺是为一项履行而作出,内容是比原初合意所付的要多,他们会常常拒绝执行这一不公平的承诺。Gordley, *supra* note 126, at 219-38.

[171] 322 A. 2d 630 (R. I. 1974).

第六章
自愿交易

一、"主观说"与"客观说"

在 19 世纪之前,激发了合同法理论的核心观念是,交易合同是自愿性的交换正义行为。[1] 交易正是给出之物等于收取之物。[2] 当每一方更爱收取之物胜于其所付出之物,这就是自愿的。正如亚里士多德所言,做鞋的不会找做鞋的换东西,而是去找盖房子的。[3] 对于美国法上很多特点,最好的解释便是将其视为"推进交易对等"的各种方式。至于其他特点,最好的解释则是将其视为确保"合同自愿缔结"的各种方式。

关于一方当事人错误地签订了合同,那么他是不是自愿为行为呢?对这个问题有着长期的争论。罗马法学家乌尔比安认为:"很明显,在买卖合同中必须有同意。因此,如果对买卖的事实或者价格存在不合意(dissent),那么买卖就是无效的。"[4] 当铜被当成金子卖,或者醋被当成酒卖,就不存在合意。[5] 正如辛普森(Brian Simpson)所指出,在 19 世纪之前,关于错误对合意的效力,法院所言甚少。[6] 在

───────────

〔1〕 本章基于与蒋昊共同撰写的论文,*Contract as Voluntary Commutative Justice*, Mich. St. L Rev. 725 (2020)。

〔2〕 Aristotle, Nicomachean Ethics V. ii 1130b-1131a; V. i 1131b-1132b.

〔3〕 *Id.* at V. v 1133a.

〔4〕 Dig. 18. 1. 9. pr.

〔5〕 *Id.*

〔6〕 W. B. Simpson, *Innovation in Nineteenth Century Contract Law*, 91 L. Q. Rev. 247, 265-69 (1975). 关于 19 世纪到底说得有多少,参见 James Gordley, THE PHILO-SOPHICAL ORIGINS OF MODERN CONTRACT DOCTRINE 144-45 (1991)。

19 世纪,普通法的法律人从民法中借来了规则,即错误会使合意无效
(mistake vitiates consent)。[7]

　　乌尔比安指出,当铜被当成金子卖,或者醋被当成酒卖,之所以缺
少合意,理由是二者在实质(substantia)或本质(ousia)上是不同
的。[8] "实质"在希腊哲学中有很多含义,但很清楚的是,乌尔比安心
101　中并无确定的哲学意义。[9] 他摸到了一个词,模糊地显示种类不同,
并且能解释诸如以铜卖金的这类情况,就够了。

　　在 19 世纪,有些普通法的法院借来了这些术语。它们说合同的
有效性取决于是否存在实质上的错误。[10] 波洛克爵士认为,这个解
释令人疑惑。他相信德国法学家萨维尼已经找到了正确的解决方
案。[11] 根据萨维尼[12](以及波洛克[13])的观点,错误的内部及其自
身并不会影响合同的有效性。不过根据定义,合同的成立乃源自双方
(多方)当事人的意思表示。每一方的意思表示必须与对方一致,而且
与当事人希望表示出来的意思表示相一致。如果不一致,如一方当事
人表示了并不是其所意欲的东西,或者一方当事人的表示与另一方不
一致,那么就会有救济。[14] 无疑,不一致就是源自某种类型的错误。
但授予救济的理由并不是错误本身。而是缺乏合同成立在定义上所

---

　　[7]　Gordley, *supra* note 6, at 146.

　　[8]　Dig. 18. 1. 9. pr.

　　[9]　他在提起本质或实质的时候,都是替换着来的。他说当醋被当作酒来卖的时
候,本质是否相同取决于酒是否被按照醋来精制,或者是否酸了变成了醋。没有希腊哲学
家会这样使用本质或实质的概念。

　　[10]　*Sherwood v. Walker*, 33 N. W. 919, 923 (Mich. 1887).

　　[11]　Frederick Pollock, PRINCIPLES OF CONTRACT AT LAW AND IN EQUITY, BE-
ING A TREATISE ON THE GENERAL PRINCIPLES CONCERNING THE VALIDITY OF
AGREEMENTS, WITH A SPECIAL VIEW TO THE COMPARISON OF LAW AND EQUITY,
AND WITH REFERENCES TO THE INDIAN CONTRACT ACT, AND OCCASIONALLY TO
ROMAN, AMERICAN, AND CONTINENTAL LAW (1st ed. 1876) 357.

　　[12]　3 Friedrich Carl von Savigny, SYSTEM DES HEUTIGEN RÖMISCHEN RECHT §
114 (1840).

　　[13]　Pollock, *supra* note 11, at 356 n. a, 357, 358.

　　[14]　Savigny, *supra* note 12, at § 135, 363-64.

必需的一个要素。

如果当事人说了不同的东西,这种情况看起来就很简单。即一方当事人的意思表示与另一方不一致。对波洛克而言(萨维尼亦如此),这里不存在合同。[15] 但我们后面会看到,这种情况不像看起来那么简单。

如果当事人说的是相同的东西,但意味着两种不同的性质客体,这种情况看起来也不难。由于"心意不通",因而合同不成立。[16] 波洛克的示例就是 *Raffles v. Wichelhaus* 一案:[17] "一项关于 125 捆苏拉特棉的买卖,现在棉花从孟买运了过来,通过一艘叫作'盖世号'的船(Peerless)。""被告所说的是从孟买 11 月开出来的'盖世号',而原告要约交付的棉花并不在那一艘船上,而是在另一艘也叫作'盖世号'的船上,后一艘船在 12 月才到孟买。"[18]

困难的情况是,当事人说的是一样的东西,心里所想的东西在物理上也是相同的,但对某种品质却出现了错误。一个例子就是乌尔比安所举的"铜当金子卖"。根据萨维尼的观点,此买卖无效的原因是,一个物品的某些性能是与其特性捆绑的。这就是那些能使得某物"根据在实际商业(actual commerce)中的主导性概念"而被类分为特定类型物品的性能。[19] 如果当事人说要买个东西,却错误地相信其具有某种性能,那么合同就没有成立,因为当事人不想买(没特定性能的)东西。[20] 波洛克援引了萨维尼,指出这种特性必须是"根据一般交易习惯与用语,错误地认为本该有的品质,但实际却是欠缺的,这所导致的差异构成了另一种类型的物品"。[21]

102

---

〔15〕 Pollock, *supra* note 11, at 3-4, 371.

〔16〕 *Id*. at 373.

〔17〕 2 H. & C. 906; 33 L. J. Ex. 160.

〔18〕 Frederick Pollock, Principles of Contract: Being a Treatise on the General Principles Concerning the Validity of Agreements in the Law of England 429 (4th ed. 1885).

〔19〕 Savigny, *supra* note 12, at § 137.

〔20〕 *Id*.

〔21〕 Pollock, *supra* note 11, at 393. 注释 b 援引了萨维尼, 3 Savigny, *supra* note 12, at § 137。

通过这种方式,某种特性是"本质的",是因为"有"或者"没有"就会构成不同类型的东西,这种观念又匍匐回来,进入了那些关于错误的法律之中。某些 19 世纪的德国法学家提出了反对,认为萨维尼的方案与他自己的原则相冲突。[22] 如果一项特性的重要性对一方当事人而言是无所谓的,那么根据"商业上主导性概念"的重要性就同样应是无所谓的。[23]*

波洛克可能有他自己的疑惑。无论如何,他也提出了两项解决方案,但这两项方案不仅不同,而且还相互冲突。

在一项方案中,救济的授予不是因为缺乏合意,而是因为错误关系到协议得以签订的一项推定。"这里确实存在一个共同的意图,但其乃是基于双方当事人对关涉协议的某些本质性事实的一项推定。"[24]

在另一项方案中,错误必须是互相的。"错误(error)必须是双方当事人共同具有的。"[25]根据波洛克的观点,在乌尔比安所举的例子

---

〔22〕 Ernst Bekker, *Zur Lehre von der Willenserklärung*: *Einfluss von Zwang und Irrthum*, 3 Kritische Vierteljahresschrift für Gesetzgebung und Rechtswissenschaft 180, 188-89 (1861) (回顾了 A. Schliemann, *Die Lehre vom Zwange*); Achill Renaud, *Zur Lehre von Einflusse des Irrthums in der Sache auf die Gültigkeit der Kaufverträge mit Rücksicht auf v. Savigny*: *Der error in substantia*, 28 ARCHIV FÜR DIE CIVILISTISCHE PRAXIS 247, 247-54 (1846); M. Hesse, *Ein Revision der Lehre von Irrthum*, 15 IHERINGS JAHRBÜCHER FÜR DIE DOGMATIK DES HEUTIGEN RÖMISCHEN UND DEUTSCHEN PRIVATRECHTS 62, 101 (1877).

〔23〕 尽管这里存在困难,但温德沙伊德接受了萨维尼的解决方案。原因是,他承认自己想不到其他的方式来解释关于卖铜为金的罗马法文本。1 Bernhard Windscheid, Lehrbuch des Pandektenrechts § 76a (7th ed. 1871). 一个版本进入了《德国民法典》第 119 条第 2 项:"关于在交易中被认为重要的人的资格或物的特性的错误,也视为表示内容的错误。"

* 本注释中《德国民法典》的条文,直接使用了陈卫佐先生的中译文。应当注意,此处的"重要"一词在英译本中,便是作者在上文所讨论的"本质"一词(essential)。——译者注

〔24〕 Pollock, *supra* note 11, at 373.

〔25〕 *Id.* at 373, 393. 这个结论在如下案件中得到了支持,*Smith v. Hughes* L. R. 6 Q. B. 597, 603, cited id. at 395 n. b。

中，"买家想买、卖家想卖的就是金器"。[26] "必须显示出，该物品事实上既不是卖家宣称卖的东西，也不是买家打算买的东西。如果买家认为自己买的是金子，那么单凭买家自己的错误，在本案中买卖并不会无效。"[27] 援引了萨维尼之后，[28] 他承认"这里所采取的精细区分在大陆民法上似乎并不存在……究竟是因买方的疏忽、不知（passive knowledge）抑或实际的欺诈，结果都是一样：买卖在任何情况下都是整体无效"。[29] 的确，根据萨维尼的论理，无论错误是否为双方共有，都不重要。只要一方当事人不想受约束，那么就不存在共同合意。

　　波洛克的方案仍然伴随着我们。这些方案中的难题，包括理解上和协调上的难题，也就都一并同行。威利斯顿接受了这些方案，尽管他是合同的"客观说"拥趸；而相比之下，波洛克和萨维尼则被认为是持"主观说"或意志理论。在客观说的理论下，合同被定位为法律对当事人的言行所施加的一套义务，无论当事人的意图如何。

　　"客观说"的急先锋是霍姆斯，威利斯顿对其大加推崇。霍姆斯不像他的朋友波洛克，他不认为能通过合意的缺失来解释对错误的救济。霍姆斯指出："一般认为，在此种案件中合同的失效（failure）源自如下事实，即实际主观上的类型差异，以及当事人的意图所导向的类型差异。"[30] 他声称救济的真正原因在于，当事人的言行指向了不同的东西，或者指向的东西压根不存在。在这些情况下，威利斯顿赞同地表示："表面上的行为虽然有合意，但如果发现了实际所意指的[不一样]，那么这并不能真正地指明合意存在。"[31] 霍姆斯的示例是一个虚拟的案件："有一堆鲭鱼桶，甲同意买，乙同意卖，……但这些桶里实际装的是盐。"霍姆斯指出这个合同是无效的，因为言语是相互冲突

---

〔26〕　Pollock. *supra* note 11, at 393.

〔27〕　*Id.* at 394-95.

〔28〕　*Id.* 395 note b, citing 3 Savigny, *supra* note 12, at 293.

〔29〕　*Id.*

〔30〕　O. W. Holmes, The Common Law 310 (1880).

〔31〕　Samuel Williston & George J. Thompson, TREATISE ON THE LAW OF CONTRACTS § 20 (rev. ed. 1938).

的:"这些桶"装的不是"鲭鱼",而是"咸盐"。[32] 如果当事人说"这些桶",错误地相信装的是鱼,但却并没说出来,那么怎么办? 法院肯定仍会施予救济。霍姆斯说了那句他不止一次说过的话:"法律的独特性乃是基于经验,而不是逻辑。"[33] * 换句话说,霍姆斯的区分(独特性)就不是逻辑的。

104　在威利斯顿的论文中,以及在《第一次重述》中(其作为报告人),威利斯顿继受了客观说。"当事人心理上的合意并不是合同成立的必要要件。"[34]《第二次重述》接受了这个理论,其将承诺定义为"意图的展示"(manifestation of assent)。[35] ** "'意图的展示'一词,在阐释行为时采用了外在或客观的标准,它意味着意图的外在表达与未经显露的意图得以被区分。"[36]

不过,他并没有采纳霍姆斯对错误之救济的解释,而是继受了波洛克所提出的两种备选方案。在论文中威利斯顿认为,如果错误是相互的(mutual),而当事人是关于"基础性预设"的错误,那么合同就是无效的。[37] 这些方案进入了《第一次重述》,然后由此进入了《第二次重述》。根据《第一次重述》,若要授予救济,错误必须是"相互的",

---

　　[32]　Holmes, *supra* note 30, at 310-11.

　　[33]　*Id.*

　　*　这句名言的原文是:"The distinctions of the law are founded on experience, not on logic."熟知的译法当然是:"法律的生命不是逻辑,而是经验。"(如冉昊、姚中秋在《普通法》中译本的翻译,中国政法大学出版社 2006 年版。)将 distinction 译为"生命"是一个很传神的译法,但笔者在此选择了更谨慎的译法,这当然是出于更贴近原文的考虑,且正文后一句中的"Holmes's distinction"也是一个非常精彩的双关,既是在说霍姆斯与传统学说之间的区分,同时也是暗指霍姆斯本人的理论特质,还呼应了霍姆斯的名言,我希望能在翻译中展现出这一点。——译者注

　　[34]　RESTATEMENT (FIRST) OF CONTRACTS § 71 cmt. a (Am. Law Inst. 1932).类似地,"合同中对承诺的内心同意,以及合同应当具有约束力的真实或显露的意图,都不是本质性的"。Id. at § 20.

　　[35]　RESTATEMENT (SECOND) OF CONTRACTS § 2 (Am. Law Inst. 1981).

　　**　这一短语在中译本中被翻译成"意思表示"。考虑到我国民法中"意思表示"属于译自德国法的特殊概念,此处笔者用了"意图的展示"来加以区分。——译者注

　　[36]　*Id.* at cmt. b.

　　[37]　Williston & Thompson, *supra* note 31, at § 1544.

而当事人必须是对"其所设想的事实"有错误,而这事实"是其进入交易的基础"。[38] 根据《第二次重述》,错误必须是"相互的",而且其必须关涉到"合同缔结的基础性预设"。[39]

威利斯顿并没有将这些方案与自己的客观说加以协调,而是主张即便合同在普通法上不是无效的,在衡平法上也会因错误而无效。客观说解释了合同为什么不会因错误而在普通法上无效。但威利斯顿认为,合同在衡平法上可能无效的原因是另一个问题,而客观说本身对此并无讨论。[40] 他因此提升了无效与可撤销(voidable)、普通法救济与衡平法救济的技术性区分,将其作为客观说结论的辩护理由。

为什么当且仅当错误是相互的,救济才能被授予,这一点始终不甚明了。如果如波洛克所言,合同需要相互合意,那么一方的同意就是不够的。如果如威利斯顿所想,合同不需要合意,那么就不清楚为什么相互错误是重要的。

同样不清楚的是,什么叫做基础性预设。正如我们所见,根据《第二次重述》的官方评论,"当事人可能已有此种'基础性预设',即便双方并没有意识到其他替代内容"。更重要的是,即便一个预设对一方当事人非常关键,它也不一定就是基础性的:比如,"市场条件以及当事人的财力状况"。[41] 因此即便双方没有有意识地预设什么东西,当事人也可能将合同立基于一项基础性的预设;反之预设即便是关键的,其也可能不是基础性的。

105

---

[38]　RESTATEMENT (FIRST) OF CONTRACTS § 502 (Am. Law Inst. 1932).

[39]　RESTATEMENT (SECOND) OF CONTRACTS § 152 (1) (Am. Law Inst. 1981).

[40]　Williston & Thompson, *supra* note 31, at § 20; 参见 Holmes *supra* note 30, at 315。

[41]　RESTATEMENT (SECOND) OF CONTRACTS § 152 cmt. b (Am. Law Inst. 1981).

二、错误与合同目的落空

合同能使当事人取得某物件,而该物的价值(该方认为)高于对方所接受之物件。错误规则与合同目的落空规则则是关注未能实现这一点的当事人能否获得救济。如果原因是在合同缔结之时发生了错误,那么救济可能就是为了错误而授予。如果原因是情势发生了变化,那么救济可能就是为了合同目的的落空而授予。在这一方面上讲,这两项规则彼此互有关联,一如 unconscionability 规则与情势变更规则一般。我们已经看到,unconscionability 规则关注合同在缔结之时是否在经济上有所不公,而情势变更规则则是关注合同缔结后是否如此。

如果当事人不再希望进行交易,那么无论是由于错误还是情势的变化,都意味着合同已不能满足一方当事人缔约的目的。当事人受制于合同的唯一原因,就在于拒绝执行合同可能对另一方是不公平的。这里的“不公平”遵循的便是前文所述的意义。当事人因承担风险而获得了补偿,随后却能躲避合同责任,这是不公平的。我们已经看到,交易合同之所以具有可执行性,正是为了防止一方当事人能如此所为。

允许“失望”的一方当事人避开合同,这一做法是否公平,一般取决于在判例中一种默示的区分(尽管法院并没有明确地在此划下界线):一项履行是不适合一般性卖家的目的,抑或仅仅是不适合特定的买家的目的。如果是第一种情况,那么给予卖家以救济就是不公平的;如果是第二种情况,那就是公平的。

在交易合同中,典型的情况是,每一方当事人都放弃了从其他人处获得更优要约的机会,目的是防止从其他人处拿到更劣要约的风险。对方当事人是否愿意交易货物或服务,以及他们又会支付些什么,取决于该货物或服务所适配的目的。如果因为一项错误,它们不再适配于其他买家的目的,那么卖家就没有放弃“其他人会愿意付更优厚价格”的机会。这一合同就不该被执行,因为它分配了这种风险。当且仅当当事人在尝试分配一种特定的另种风险——即涉案货物或服务会用于何种目的的风险——执行该合同才是公平的。相反,如果货物或服务仅仅不适配于特定的某个买家的目的,但并非不适配一般的买家,那么授予救济一般来说就是不公平的。

106

(一) 履行不适配一般买家的目的

某种货物或服务不适配一般买家的目的,原因之一便是其并非要被用在此处。在这种情况下,法院会授予救济。比如,合同是出售土地,"合同唯一的目的是要使被上诉人种植加州西蒙得木(jojoba)",但当地却缺乏足够水源,该合同因错误而被撤销。[42] 结果相同的一个案件是,合同是出售土地,当事人相信该块土地适合作为建设用地,但法律上的限制使得买家无法进行建造。[43] 在另一个结果相同的案件中,合同是出售稀有硬币,但收藏者会对其感兴趣的前提当然是这是"真币",结果却是赝品。[44] 类似的,在 *Griffith v. Brymer* 一案中,被告以相当高的价格租下了一层公寓,目的是观看爱德华七世的加冕游行,结果因为国王龙体欠安,游行被取消。这个合同同样因为错误而被撤销。[45]

在 *Griffith* 一案中,当事人的缔约是在"国王要做手术"之决定的一个小时后,这手术使得加冕游行不可能了。而在 *Krell v. Henry* 一案中,当事人是在取消游行之前签订了类似合同。[46] 法院依据合同目的落空而授予了救济。在一个经典的纽约州判例——*Alfred Marks Realty Co. v. Hotel Hermitage Co.* 一案——之中,被告同意为在 1914 年 9 月份召开的国际帆艇赛而印制的节目单上放置一个广告。[47] 由于第

---

[42]　*Renner v. Kehl*, 722 P. 2d 262, 265 (Ariz. 1986).

[43]　*Rancourt v. Verba*, 678 A. 2d 886, 886-87 (Vt. 1996); Gartner v. Eikill, 319 N. W. 2d 397, 398, 400 (Minn. 1982).

[44]　*Beachcomber Coins, Inc. v. Boskett*, 400 A. 2d 78, 78-79 (N. J. App. Div. 1979).

[45]　(1903) 19 T. L. R. 434 (KB Div.).

[46]　*Krell v. Henry* (1903) 2 KB 740.

[47]　156 N. Y. S. 179, 179-80 (N. Y. App. Div. 1915).

一次世界大战爆发,比赛取消了,这个广告也就没用了。法院也是根据合同目的落空而授予了救济。

货物或服务可能不适配买家目的的第二个理由是,尽管它们可以用,但只有这些目的之买家一旦知道真相则不会购买,因为它们对其他目的来说价值更高。如果合同被执行,那么买家就可以把它们再卖出去。除非当事人不确定涉案货物或者服务的用途,否则就不会缔结合同来分配风险。当事人缔结合同,正是为了避免接受较劣价格的风险。在这种案件中,法院也授予了救济。比如著名的 *Sherwood v. Walker* 一案,一头族谱显赫的奶牛,如果能繁殖会价值颇高,却以较低的价格被卖了出去,因为被认为是无生殖能力。[48] 多数意见认为,买家是想杀了奶牛取肉。在买卖发生之时,奶牛已经怀孕。当然屠宰该牛是有可能的,但没人会买一头丰产珍品奶牛是为了杀掉吃肉。法院据以错误而授予了救济。

当事人误认为珠宝、古董、艺术品或乐器是真品的时候,情况也是一样的。从物理性质上讲,如果你买了一枚戒指、一把椅子、一幅墙画或者一架钢琴,那么无论戒指是不是真金白银的、椅子是不是谢拉顿的(Sheraton)、画是不是伦勃朗的以及钢琴是不是施坦威的,当事人都可以戴上戒指、坐上椅子、挂上画作或者弹弹钢琴。但如果当事人的目的可以为仿品所满足,那么就不会花真品的钱。因此,如果小提琴是以斯特拉迪瓦里、瓜奈里以及伯纳德来售卖的,但结果却是赝品,那么法院就会给与救济。[49]

与此相对,如果当事人不确定涉案货物或服务所用之目的,那么执行合同在经济上就是合理的。尽管存在此种风险,当事人却仍然缔结合同,那么法院不会基于错误而授予救济。[50] *Sherwood* 一案就是

---

〔48〕 33 N. W. 919, 923 (Mich. 1887).

〔49〕 *Smith v. Zimbalist*, 38 P. 2d 170, 171 (Cal. App. 1934); *Bentley v. Slavik*, 663 F. Supp. 736, 742 (S. D. Ill. 1987).

〔50〕 RESTATEMENT (SECOND) OF CONTRACTS § 154(b) (Am. Law Inst. 1981) [在如下情形中,一方当事人就承担了错误的风险……(b)在合同缔结之时,他知道自己对此错误有关的事实知识有限,但认为这有限的知识就足够了].

此种案件,根据少数意见,买家理解奶牛可能是不能生育的,但他想买来看看能不能繁殖。[51] 如果是这样,那么这个交易就应当获得支持。类似的,如果土地被出售,而一块不知成分的岩石被发现是未切割的钻石,或者被出售的保险柜后来发现包含了现金,那么结果也应当是一样的。[52] 当事人买了两幅画,但不知道是哪位画家的作品,而且选择不去鉴定;鉴定家对老式帕克 A-1 猎枪的真伪性表示了质疑,但当事人当然达成了买卖,在这些案件中,法院都拒绝了救济。[53] 另外的一个案件中,对于一幅画作,批评家普遍相信是比尔施塔特(Albert Bierstadt)的作品,但后来发现是凯伊(John Ross Key)的作品*,法院也拒绝了救济。[54] 买卖的当事人应当认识到,即便广为接受的艺术批评家将画作归于某位画家,这仍然具有内在的不确定性。买卖艺术品的当事人应当承担这个风险。

当货物与一般买家的意图不相适配的时候,更可能的情况是双方都搞错了。这样一来,《第二次重述》的条文要求错误必须是相互的,据此会得出相同的结果。但错误是否是相互的,这其实并不重要。重要的是允许买家此时逃避合同对卖家是不公平的。

108

(二) 履行不适配特定买家的目的

如果货物或服务仅仅是不适配特定买家的目的,那么卖家就可以将其卖于没有特定目的的其他买家。如果买家可以撤回,那么卖家损失的是合同所提供的保证(guarantee),即不会从其他买家处获得较劣

---

[51]　33 N.W. at 924 (Sherwood, J., dissenting).

[52]　*Lewanee Cnty. Bd. of Health v. Messerly*, 331 N.W. 2d 203, 210 (Mich. 1982); *Wood v. Boynton*, 25 N.W. 42, 44 (Wis. 1885); *City of Everett v. Estate of Sumstad*, 631 P. 2d 366, 368 (Wash. 1981).

[53]　*Estate of Nelson v. Rice*, 12 P. 3d 238, 241 (Ariz. Ct. App. 2000); *Cydrus v. Houser*, No. 98CA2425, 1999 Ohio App. LEXIS 5746, at *9 (Ohio Ct. App. Nov. 29, 1999).

*　与前者相比不太知名的画家。——译者注

[54]　*Firestone & Parson, Inc. v. Union League of Phila.*, 672 F. Supp. 819, 821 (E. D. Pa. 1987).

的价格。如果卖家已经保证了(vouch)货物对买家特定目的的适配性,那么授予救济就是公平的。卖家这么做,可能是为了将买家诱进合同以便避免等待更优要约的风险。如果卖家为承担"买家发现货物不适配"的风险支付了更多钱款,那么,授予救济同样是公平的。除此之外,如果买家可以逃避合同,那么对卖家就是不公平的。

因此,当货物或服务可以适配一般买家的目标,但无法适配特殊买家,那么基于错误而授予救济的要求常常被否决,也就很正常了。当卖家出售一台老式衣橱,买家发现它太大了,和其他家具不配套因此无法使用;[55]以及卖家出售一台挖泥机,这台机器的设计是用来铺设管线的,结果买家后来发现如果不加以改进就无法用来清除河泥,[56]法院都支持了合同。在挖泥机的案件中,法院拒绝救济的原因是,原告"自己错误地预设,这挖泥机无须改进便可以用来满足他所想的用途"。[57]

目的落空规则亦是如此。当一位美国买家从加拿大卖家手中购买羊皮,买家的计划是运到美国以后转售,结果由于进口规则变严导致羊肉无法航运。法院否定了救济,指出"世界其他地方都可以让买家自由选择……作为航运的目的地"。[58] 货物不能满足此位买家的目的,但可以满足其他人。在这种案件中,授予救济会剥夺卖家本应享有的利益,即与"货物可以适配其目的"的买家进行交易,因为这些买家并没有特殊的目的需求。

不过,有时候卖家缔约并不是为了规避"不得不以较低价格将相同履行售与他人"的风险。在这种情况下,即便只是单一买家而非一般买家的目的落空,法院也会授予目的落空的救济。在 *La Cumbre Golf & Country Club v. Santa Barbara Hotel* 一案中,一家酒店(公司)与一家高尔夫乡村俱乐部达成合同,允许酒店的客人在俱乐部的高尔夫

109

[55] *Valiulis v. L'Atelier Wholesale Antiques*, 519 So. 2d 312, 313 (La. Ct. App. 1988).

[56] *Anderson Bros. v. O'Meara*, 306 F. 2d 672, 673 (5th Cir. 1962).

[57] *Id.* at 306 F. 2d at 675.

[58] *Swift Canadian Co. v. Banet*, 224 F. 2d 36, 38 (3d Cir. 1955).

球场打球。[59] 酒店还没付钱就失火了,就再也没有客人了。酒店无须进行支付。在 Chase Precast Corp. v. John J. Paonessa Co. 一案中,马萨诸塞州与一家建筑公司签订合同,要其将道路上的草地安全岛更换为混凝土路障。[60] 承包人雇佣了一位分包人来生产路障,结果一些愤怒的居民进行了抗议,此后这一工程被取消了。承包人已经为全部路障付了款,而分包人也已经制作完成。法院认定其无须为合同之下仍待生产的路障所损失的利润付钱。高尔夫俱乐部或承包人所出售的履行,都并非那种后来可以重售给可能支付更低价格的其他人[的履行]。因此,对二人授予救济是公平的。

（三）关于附带事项(collateral matter) 的错误

其他错误则并非关涉履行所适配的目的,而是关涉其价值。它们会影响当事人一致同意的价格。

某些错误关涉市场条件。我们在讨论 unconscionability 规则的时候曾有所考察。在 Laidlaw v. Organ 一案中,一方当事人在周日一早了解到《根特条约》已经签订,这会终结 1812 年战争。[61] 在日出之后,他给被告打了电话,与其磋商购买了 111 桶烟草。我们已经看到,法院正确地否认了救济。正如法院指出的,当事人"通过起个大早,通过过人的敏锐与机警",耗费了时间与努力,"得到了商品价格会被调整的信息"。[62] 此类努力使得现有市场价格能够准确地反映其将于未来发生变化的概率。与此相反,即便是 unconscionability 规则于 20 世纪晚期被接受之前,某地发现了油田而地价攀升,精明商人所购买的采矿权超过了合同价值的 30 倍,而对方还是一个 64 岁的老人、残疾、在一个 200 英亩的山区农场里离群索居,不太了解新闻,法院也授予了救济。在该案件中,买家的时间和努力并没有花在寻找信息之

---

[59]　271 P. 476, 476 (Cal. 1928).

[60]　566 N. E. 2d 603, 605 (Mass. 1991).

[61]　15 U. S. 178, 182-83 (1817).

[62]　*Id.* at 193.

上,而是花在了寻找消息不通(之人)身上。

其他错误则关涉影响其价值的履行之特性。我们会在讨论瑕疵担保(warranty)的时候再展开讨论。如果货物被担保不存在瑕疵,那么我们将会看到,妥当的救济取决于卖家若在价格上提供了一个适当的折扣,当事人是否会接受履行。如果不接受,那么合同就不应当具有约束力;如果接受了,那么尽管存在瑕疵,买家仍然应当接受货物,并且接受折扣。这个方案可以防止买家以卖家的开销进行投机,即在货物的市场价格下跌时以瑕疵为借口否认合同。但这并不是法律的规定。《统一商法典》采纳了"完全履行规则"(perfect tender rule),其允许买家一俟对方未遵循合同之载明(specifications)便可以拒绝接受。我们将会看到,这一条文颇受批评,而且应该被批评。

当事人误解了货物的特性,该特性对一般买家而言会影响其价格,此时若货物按照之前的价格定价,则救济(规则)应当是相同的。没有理由禁止卖家从错误中获益。而对买家来说,如果市场价格下跌,那么他也没有理由利用错误作为借口来否认合同。

三、虚假陈述(Misrepresentation)与欺诈

(一)无心(innocent)的虚假陈述

如果一项虚假陈述是无心之失,那么双方当事人均存在错误。如果错误影响了货物或服务对买家意图的适配性,那么合同就是无效的。即便意图属于特定购买人而非一般购买人,虚假陈述的作出也会被认为是要诱使购买人缔约。其他的错误关涉履行的性质,而这又影响了履行的价值,如前文所述,对此将在讨论瑕疵担保之时加以展开。我们将会看到,当且仅当在如下情境之下——即就算卖家提出了一个合适的价格折扣,买家也不会同意——合同才是无效的。否则买家就应当接受有瑕疵的货物并且接受这个折扣。这并不是《统一商法典》的规则,但我们将会看到,《统一商法典》的做法是不正确的。

这样一来,既然我们有了错误的规则与瑕疵担保规则,就没有理

由再弄一个无心虚假陈述的规则了。这个规则是历史意外的不幸后果。

根据传统规则,如果一项无心的虚假陈述是"实质性的",那么合同就不是无效而是可撤销的。《第二次重述》规定:"如果一方当事人意图的展示,是被对方的一项欺诈性或者实质性虚假陈述所诱使,而接受人对此虚假陈述的信赖是正当的,那么合同可为接受人所撤销。"[63]

这个规则发轫于英国的衡平法院,而有时也会为普通法法院所适用。波洛克指出:

> 这个规则乃是由合同法的判决和格言(dicta)所给出,其可以被表述为……当事人被一项对方作出的、与事实相悖的陈述所诱入合同,其对该陈述的相信并无合理基础,但事实上他确实相信了——那么合同……可以根据此方当事人的选择而撤销。[64]

波洛克并不认同这一规则,他将其描述为一种应当被拒斥的"理论"。

他相信,对虚假陈述之救济的更好的解释,或是由于合同的条件未成就而授予救济,或是由于承诺被违背而授予救济。[65] 这个理论"已经或多或少地被普通法法院在处理类似情况时明确地暗示"。[66] 他援引了史蒂芬法官所言(尽管是在禁反言或刑事责任的案件中):

> 每项陈述在作出时为虚假,或因事件而成伪之时,其必须被作为……合同的一项条款,因此根据周遭情况,其虚假性或者导致合同

---

[63] RESTATEMENT (SECOND) OF CONTRACTS § 164 (1) (Am. Law Inst. 1981).

[64] Frederick Pollock, PRINCIPLES OF CONTRACT: BEING A TREATISE ON THE GENERAL PRINCIPLES CONCERNING THE VALIDITY OF AGREEMENTS IN THE LAW OF ENGLAND 483 (4th ed. 1885).

[65] *Id.* at 485.

[66] *Id.* at 483.

可撤销,或者导致作出陈述的当事人要担责——或为损害赔偿,或者一项判令(decree),他或他的代表(理)要使此项陈述实有效力。[67]

虚假陈述可能是一项条件,如果其未被成就则合同不具有约束力。或者可能是一项承诺:

> 我们说一个人要对自己诚信之陈述的真实性负责,意思是他具有法律上的义务确保陈述能被证实,或者在未能证实的情况下作出补偿。那么,这一义务所自何来? 其性质又是什么? 如果陈述是关于一项事实,其作出乃是作为使他人缔结合同的一项诱因,那么义务的实质就不过是作出陈述的当事人要保证陈述为真。在这种情况下,难道他的保证不是合同的一项条款吗? 如果不是,那为什么会拘束他呢?……
>
> 如果……陈述是关于未来履行之事,那么就必须是一方当事人对意图的表示,除非其仅是一种意见的表达。但对他人所做的意图表示以便令该人采取行动,这就是一项承诺。[68]

一项瑕疵担保是一项承诺,如果违背了,那么出卖人就要承担损害赔偿责任。它也可以是一项条件,如果未成就则买家不受约束。这个区分被保留在英国 1893 年的《良货销售法》(Sale of Goods Act of 1893)中。[69]

与此相反,在美国,1906 年的《统一销售法》和《统一商法典》都将对瑕疵担保的背离视为未成就条件:买家对是否拒绝接受和付款享有选择权。这就是众所周知的"完全履行规则"。但我们已经看到,《第二次重述》采纳了波洛克所称的"另一种理论":虚假陈述本身就是授予救济的基础,其使得"为背离事实之陈述所诱入的当事人,可据其选

---

〔67〕　*Alderson v Madderson*, 5 Ex. D. 293 cited by Pollock, *supra* note 64, at 484.

〔68〕　*Id.* at 482.

〔69〕　SALE OF GOODS ACT, 1893, 56 & 57 Vict. Ch. 71, §§ 11(i)(a) & 11(i)(b).

112

择权而撤销合同"。这样一来,如果卖家错误地描述了物品,那么就会出现规范的竞合:买家可以因虚假陈述而避开合同,或者因瑕疵担保之违背而拒绝接收货物。

尽管这些救济会有竞合,但它们却不尽相同。根据完全履行规则,如果货物有任一方面不符合卖家在合同中的约定,那么卖家就可以拒绝接收货物。我们将会看到,这一规则也包含一些相当特定的例外情况。《第二次重述》所采纳的规则允许买家仅在虚假陈述是"实质性"的情况下避开合同。[70] 比如:

甲试着诱使乙签订合同,以1000美元每英亩的价格购买土地。他告诉乙这一地块包含了100英亩。甲在此犯了错误,不知道土地仅仅为90英亩。由于陈述并不是欺诈性的虚假陈述,因此当且仅当虚假陈述是实质性的,乙才可以撤销合同。[71]

但如果是货物销售而非土地销售,《统一商法典》就会允许买家拒绝,比如尽管石油仍然可用,但其硫黄含量略低于合同的要求,买家仍然可以拒绝石油的交付。[72]

根据《第二次重述》:"如果一项虚假陈述可能诱使通情达理的人表明其同意,或者作出虚假陈述的人知道其可能诱使接受一方如此,那么它就是实质性的。"[73] "如果一项虚假陈述实质性地促成(contribute)了表明自己同意的决定,那么它就诱使了一方当事人对意图的展示。"[74] 看起来,一切可能影响另一方当事人决定的东西,都会实质

113

〔70〕 RESTATEMENT (SECOND) OF CONTRACTS § 164(1) (Am. Law Inst. 1981).

〔71〕 *Id.* at § 164(1) illus. 2.

〔72〕 See, T. W. Oil, Inc. v. Consolidated Edison Co., 443 N. E. 2d 932 (N. Y. 1982).

〔73〕 RESTATEMENT (SECOND) OF CONTRACTS § 162(2) (Am. Law Inst. 1981).

〔74〕 *Id.* at §.167

138 | 第二部分　可执行力

性地对其有所促成。"并不需要……达到如此程度,即一方当事人若
没有依赖这种断言就不会如此行为。"[75]或许起草者们是希望能将关
于虚假陈述的条文与"完全履行规则"达到更深层的和谐:即便是看起
来不重要的差异也事关重大。不过,他们说,即便得知真相的当事人
还是会作出此种决断,虚假陈述仍然可能构成实质性的促成,这就同
时违背了逻辑和语言。他们还冒险将完全履行规则拓展至除买卖合
同之外所有的履行与表述"不符"的合同。更重要的是,即便规则可以
完美重合,我们仍然会有两套规则,而波洛克认为此二者就"救济应当
如何被解释"的问题体现了两种不同的理论。我们只是应用了它们,
但没有整合它们。

不过,波洛克自己也没有解释要如何将他的理论与错误规则相整
合。一俟救济因相互错误而被授予,双方当事人便会相信履行具有
某种(事实上不具有的)特性。一般都是卖家"表明"履行具有这一特
性。在罗马的范例中,即是铜当成金子卖。据推测卖家便是这么做
的。波洛克自己将此作为基于错误而授予救济的范例。但在讨论虚
假陈述时,他主张救济之所以被授予,是因为一项陈述有时就是一项
条件。再一次,两项规则又在争夺地盘了。

的确,19世纪的法院认为合同可因虚假陈述而撤销,但若根据错
误则很容易被认定为无效。"如果一方将地产出卖给另一方,后者急
切地希望拥有在上面进行运动的权利,但结果因为地产属于其他人而
无法享有此种权利",衡平法上就会认定该合同无效。[76]类似的还
有,流转土地的数量发生了变化,这变化虽然不大,但对整体的享用却
非常重要。[77]被出售的租约受制于一些对可从事行业的限制,但购
买人仅被告知了其中少部分限制,普通法上认为这是可撤销的。法院
认定这里存在一项"错误陈述(misdescription),尽管并非出自欺诈"。
购买人有权撤销,因为"可以合理地推知,要不是存在此种错误陈述,

---

〔75〕　*Id.* at cmt. a.

〔76〕　*Earl of Durham v. Legard*, 34 Beav. 611.

〔77〕　*Arnold v. Arnold*(C. A.)14 Ch. D. 270.

购买人根本不可能缔结合同"。"在这种情况下,购买人可能会被认为根本没有买到合同中所约定的东西。"在这些案件中,法院也可以同样因相互错误而授予救济,并且以相同的方式作出解释。不过如果是当事人仅因错误而得到了救济,那么再说其错误一定是虚假陈述的结果,就没有任何意义了。

　　为什么对类似的事实状况要有两种规则来加以规范? 这个谜题至今未有结论。《第二次重述》追随着《第一次重述》,规定当"相互"错误关涉"合同作出的一项基本预设",那么此时合同就是无效的。[78] 正如我们所见,其也规定了如果一方当事人依赖对方"实质性"的虚假陈述,那么其就可以撤销合同。当虚假陈述是无心作出而被另一方所信赖,那么就存在相互错误。那么此时合同是因错误而无效,但当且仅当错误是基础性预设之一;还是在虚假陈述的情况下应一方选择而可撤销,前提是属于实质性虚假陈述? 这不应该取决于"相互错误是否源自无心的虚假陈述"。

　　如果合同是货物的销售,我们已经看到,类似的事实情况可以为三种不同的规则所规范:虚假陈述、错误和瑕疵担保。在合同法中,无心之虚假陈述的责任与侵权法中对欺诈的严格责任并行。如多布斯、哈顿和博迪克所指出的,"大多数为虚假陈述施加了严格责任的案件都是两种特殊且有限的案件":"原告起诉要求撤销或者撤销加有限损害赔偿",以及"陈述被阐释为一项瑕疵担保"。[79] 有时"当原告起诉是为了撤销或撤销加有限的损害赔偿",则"无心虚假陈述就是相互错误的特殊类型"。[80] 但无论使用何种规则,结果应都是相同的。根据相互错误规则,哪一方当事人通过无心之虚假陈述而引发了错误并无关系,虚假陈述所相对的一方当事人可以主张合同无效(而不是可撤销)。根据虚假陈述规则,只要虚假陈述的事实是实质性的,当事人就

----

〔78〕　RESTATEMENT (SECOND) OF CONTRACTS § 152 (1) (Am. Law Inst. 1981). 参见 Restatement (First) of Contracts § 502 (Am. Law Inst. 1932).

〔79〕　Dan B. Dobbs, Paul T. Hayden, & Ellen M. Bublick, Hornbook on Torts 1127 (2d ed. 2016).

〔80〕　Id. at 1128.

115 可以使合同无效(被撤销)。正如多布斯、哈顿和博迪克所看到,此种规则"至少会在理论上使原告可以仅因对价格或成本的错误陈述(这些陈述本可借助小型损害赔偿加以救济)便可能通过撤销来推翻全部合同"。[81] 相同的问题也在"完全履行规则"中有所体现:交付之货物若与约定之货物有所参差,这[一规则]会使买家有权拒绝接收货物和拒绝付款。

我们已经讨论了何时应当因错误而授予救济的问题。如果错误影响了为一般买家之履行的适配性,那么合同就是无效的。如果错误仅仅影响了特定卖家之目的的适配性,那么当且仅当卖家为了将买家诱进合同而声称货物适配其特定目的,合同才是无效的。否则,卖家就会面临如下风险:他必须与其他人达成较劣的交易,而之前的合同恰恰是保护其免受此种风险。这正是多布斯、哈顿和博迪克在讨论虚假陈述规则时所指出的问题。如果我们的分析是正确的,那么错误是否是源自虚假陈述的问题,就仅在刚刚提到的情况下才有意义:卖家为了将买家诱进合同而声称货物适配其特定目的。

当我们考虑瑕疵担保时,和其他很多学者一样,我们会讨论为什么完全履行规则应当被废弃。在其他合同中,只要对方有实质性的履行,当事人就不能避开交易,这也应当适用于货物买卖。我们将会看到,实际履行规则与错误规则基于相同的考量。正如错误规则一样,它也是要防止一方当事人通过否认合同来避开风险,即放弃更有利之合同的风险,但这风险恰恰是其缔约之时所要承担的。

(二)欺诈

《第二次重述》规定,因"对方欺诈性或者实质性的陈述",合同可撤销。[82] 欺诈很重要的原因仅在于,"非欺诈的虚假陈述若非实质性的,其不会使合同未可撤销;但在欺诈性虚假陈述的情况下,实质性的

---

〔81〕　*Id.* at 1128-29.

〔82〕　RESTATEMENT (SECOND) OF CONTRACTS § 164 (1) (Am. Law Inst. 1981).

要求就不是关键"。[83]

起草者并不是通过考虑"欺诈何时重要"的问题才得出这一结论的。对非欺诈性虚假陈述的救济已经延伸到了这一节点,但欺诈何时会使其有所不同,目前还不明确。《第一次重述》的起草者也面临了相同的困难。其规定:"无心虚假陈述与欺诈性虚假陈述在产生这一结果的效力上存在双重差异。"一个差异在于"对无心虚假陈述而言,如果后续事实与陈述一致,那么就不会产生无心虚假陈述的效力"。但欺诈则不会如此。[84] 另一项差异在于,"无心虚假陈述所诱发错误的实质性是很关键的,但如果由欺诈所诱发的错误导致了所预期的后果,实质性就不是关键问题"。[85]

116

《第二次重述》明智地拒绝了第一项区分,[86]它指出如果事实成了欺诈的受害人所信之局面,"一般就不可能有损害"。[87] 它接受了第二项区分,但改变了"实质性"的定义。根据《第一次重述》,所谓陈述具有"实质性",是指"虚假陈述可能影响通情达理者的行为"。[88]根据《第二次重述》,所谓"实质性",是指"可能诱使通情达理者表明其同意,或者虚假陈述人知道这可能会诱使接受人为此行为"。[89] 如果是这样,那么即便虚假陈述不太可能诱使通情达理者同意,以及欺诈方不认为会如此,虚假陈述具有欺诈性这一事实也是重要的。换句话说,即便其未能预见到欺诈性的虚假陈述会诱使对方同意,当事人仍然要为欺诈性的虚假陈述承担责任。

---

〔83〕　*Id*. at § 164 cmt. b.

〔84〕　RESTATEMENT（FIRST）OF CONTRACTS § 476 cmt. b（Am. Law Inst. 1932）.

〔85〕　*Id*.

〔86〕　RESTATEMENT（SECOND）OF CONTRACTS § 165（Am. Law Inst. 1981）. "这一条……已经被扩展……涵盖了欺诈性虚假陈述与无心虚假陈述。" *Id*. Reporter's Note.

〔87〕　*Id*. at cmt. a.

〔88〕　RESTATEMENT（FIRST）OF CONTRACTS § 470(2)（Am. Law Inst. 1932）.

〔89〕　RESTATEMENT（SECOND）OF CONTRACTS § 162（2）（Am. Law Inst. 1981）.

　　尽管起草人是通过另一条路径得出了这个听起来很奇怪的规则，但其实这是一项更为普遍之原则的应用：当事人要为一项错误行为所致的不可预见的后果承担责任。这个原则已为侵权法所承认。[90] 有些法院已经将其用来解释如下情况：假设甲向乙射击，尽管甲已经仔细地查看四周以便确定没有目击者，结果仍然射到了自己没看见的丙，甲是要承担责任的。其他法院则故作神秘地提到了"转移故意"（transferred intent）。类似的，一方当事人作出欺诈性的虚假陈述，诱使另一方同意，其不能要求双方遵守合同，尽管他们也不太可能会这样。

　　我们会在讨论 *Hadley v. Baxendale* 一案的规则时再次遇见这个原则。该规则明确规定，违约方仅就其在合同缔结时可预见的损害担责。这个规则是由法国法学家波蒂埃塑造的，但在此他为欺诈（*dol*）设计了一个例外。一方当事人有意且不正当地违背了合同，则同样要为未能预见的损害担责。[91] 普通法的法院并没有正式地采纳这个例外，但我们将会看到，这可以解释为什么法院有时会为违约方或许不可能预见的损害而授予赔偿。

　　欺诈应当受到重视的另一个原因，在于侵权法已经认可的一项原则；受害人的过失不是故意侵权的一项抗辩。如果甲射击乙并伤害了他，甲不能说因为乙没有足够快地闪开所以是乙的错。这个原则一般用不上，因为在无心虚假陈述的情况下，"当事人相信自己是被告知的"，是否有过错无关紧要。正如《第二次重述》规定："缔约之前没有知晓或者发现事实，虚假陈述相对人对此的过错并不会证成其信赖，除非其构成了行为未能依诚信与公平交易的合理标准。"[92]

　　尽管如此，追随着传统规则，《第二次重述》要求当事人对虚假陈

　　[90] James Gordley, *Responsibility in Crime, Tort, and Contract for the Unforeseeable Consequences of an Intentional Wrong: A Once and Future Rule?* In The Law of Obligations Essays in Celebration of John Fleming 175 (P. Cane & J. Stapleton eds. , 1998).

　　[91] Robert Pothier, TRAITÉ DES OBLIGATIONS no. 166, in 2 OEUVRES DE POTHIER 497 (Bugnet ed. , 2d ed. 1861).

　　[92] RESTATEMENT (SECOND) OF CONTRACTS § 172 (Am. Law Inst. 1981).

述的信赖是"有正当理由的"（justified），这就使得过错的问题又潜匿回来了。根据《第二次重述》："如果一方当事人对同意的展示，或是诱于另一方的欺诈性虚假陈述，或是诱于另一方的实质性虚假陈述，而虚假陈述相对人有理由信赖虚假陈述，那么合同就可由虚假陈述相对人撤销。"[93]《重述》观察到：

　　这一规则的适用中最重要也是最麻烦的，在于与观点的主张（assertion）、法律事项的主张、意图的主张以及过错之间的关联。在其他情况下，需要证成的要件一般都会被满足，除非虚假陈述相关的事实对交易较不重要，或者是作出虚假陈述一方的确认不会被预期是认真的。[94]

根据《第二次重述》，当事人对虚假陈述的相信是否有过错，这并不重要。虚假陈述是事实问题还是法律问题，也不重要。[95] 不过，在对待观点与意图之主张的问题上，过错的问题却是若隐若现。

　　当一个人声称自己有确定的观点，无论这观点是否正确，他或许都是在讲真话。不过，另一方相信这是真的，决定（比如）不去调查其真实性，这却可能会有过错。与此相反，一方当事人作伪地主张自己有确定的观点，却是在欺诈。在这种情况下，另一方当事人有没有过错，就不重要了。

　　《第二次重述》规定，一方当事人意图的陈述并不是一种主张，而在通行的商业习俗之中，另一方当事人并非理应相信此陈述。尽管如此，如果一方明知对方可能相信了这一陈述，这就是在欺诈。那么另一方是否因轻信而有过错，就不重要了。

　　一方当事人订立了一项债务，就被推定有意对其加以履行。若是

118

---

〔93〕　*Id.* at § 164（1）.

〔94〕　*Id.* at § 164 cmt. d

〔95〕　*Id.* at § 170（"如果一项肯定是法律问题，那么适用于其他肯定的相同规则（们）就会决定虚假陈述相对人信赖虚假陈述究竟合理与否"）。

无意于此,便是在欺诈。同样的,另一方当事人在受欺诈之时是否有过错,是不重要的。

　　最后,一方当事人对合同的条款进行欺诈性的,就应当按照被对方所理解的方式受约束,即便另一方未能阅读或者理解合同,亦如此。当一方当事人通过重新起草合同来误导对方之时,第七巡回法院指出:

　　　　被告因未能阅读新的文件而被免责。诚然,根据一般规则,一方会对自己签署的文件承担责任,即便未曾阅读者亦然。但如果未读合同并不是单纯地源自粗心大意,而是由希望执行该合同一方的诡计、花招或者骗局所诱致的,那么前述一般规则就不会被适用。[96]

在这个案件中,原告"以[被告的]代理人不会预料到会有改动的方式,小心地重新打印了免责部分。未阅读几乎一定源自[原告的]狡计,因此,其并不会阻却[被告]挑战欺诈性免责之有效性"。[97]

　　在这种案件中,当事人会按欺诈一方所陈述的条款而受约束。这样一来,正如《第二次重述》的规定:"如果一方当事人对意图的展示是因另一方关于书面文件的内容或效力的欺诈性虚假陈述所诱使,……那么法院……可以修订该文件,按其主张来表明协议的条款。"[98]但很不幸的是,它加了如下说法,即法院可以如此的前提是"虚假陈述相对方有理由信赖该虚假陈述"。这就等于说在虚假陈述的相对方之信赖若有过错,其不会获得救济。[99] 受害人的过失不应当成为故意不当行为(人)的抗辩。

119　　　《第二次重述》认定,即便当事人对语词的意义有所歧见,一方当

---

　　〔96〕　*Hand v. Dayton-Hudson*, 775 F. 2d 757, 759-60 (6th Cir. 1985), citing *Komraus Plumbing & Heating, Inc. v. Cadillac Sands Motel, Inc.*, 195 N. W. 2d 865 (Mich, 1972), citing *in turn International Transportation Ass'n v. Bylenga*, 236 N. W. 771 (Mich. 1931).

　　〔97〕　775 F. 2d at 760.

　　〔98〕　RESTATEMENT (SECOND) OF CONTRACTS § 166 (Am. Law Inst. 1981).

　　〔99〕　*Id.* at § 166(a).

事人"不知道第一方当事人(the first party)所赋予的不同意义,而其他人知道第一方当事人所赋予的意义",合同仍然会成立。[100] 我们会考虑这么做的原因,到时候还会回头讨论此处的规则。一方当事人的欺诈,可以通过谎言,但也可能通过隐瞒真相。[101] 因此即便第一方当事人将合同的语词赋予不同的意义是有过错的,这也是不重要的。

四、胁迫

胁迫的基本规则在《第二次重述》中如下:"如果一方当事人对同意的表示是诱自另一方不妥当的威胁,这使得受害人没有其他合理选择,那么受害人可以撤销该合同。"[102] 我们会考虑的是,何时威胁是不妥当的,在何种情况下当事人是没有其他的合理选择,以及何时一项威胁会被认定为诱使了另一方的同意。我们将会看到,有时合同应当是可撤销的,而有时条款应当被调整,这样才算公平。

(一)威胁的不妥当性(impropriety)

构成胁迫的威胁必须是不妥当的。正如《第二次重述》观察到的:

为缔结合同的一般要约通常会包含另一方默示的威胁,即除非要约人的条款被另一方(受要约人)所接受,否则合同并不成立。这种威胁是交易过程中已被接受的一部分。威胁并不构成胁迫,除非其构成了对这一过程的滥用而不妥当。[103]

这些评论是正确的,但也是有误导性的。

120

---

〔100〕　*Id.* at § 201(2)(a).

〔101〕　隐瞒真相的,比如粉刷墙壁以遮掩白蚁的迹象。*De Joseph v. Zambelli*, 139 A. 2d 644 (Pa. 1958)。

〔102〕　RESTATEMENT (SECOND) OF CONTRACTS § 175 (1) (Am. Law Inst. 1981).

〔103〕　*Id.* at § 176 cmt. a.

　　如果一项威胁使得缔结合同的当事人的意图落空,那么这个威胁就是对交易合同过程的滥用。我们已经说过,当事人进行交易的目的,是为了每一方所获得之物的价值高于其所付出之物,同时不会是另一方利用这一方的开销而得利。一项合同被描述为"非自愿的",就是指一方当事人所取得的东西价值上低于其所付出的东西。我们已经说过,如果交易以自己的开销而令对方得利,那么这在经济上就是不公平的。对一方当事人而言,其威胁"除非其条款被对方接受,否则合同就不成立",这不仅是"交易过程中已被接受的一部分",更是交易合同服务于这一目的的必要条件(*sine qua non*)。

　　如果一方当事人缔约取得某物,而另一方有权利许可或者撤回,那么交易就不是不自愿的。如果一方当事人缔约取得某物,而另一方当事人不享有作为或不作为的权利,那么这就是不自愿的。

　　正如我们所说,合同的目的是保证一方当事人取得之物的价值高于其所付出之物,而且不会令一方当事人以对方的开销而得利。如果一方当事人取得的某种物品价值低于其所付出的,那么我们就将此合同称为"不自愿的"。我们已经指出,如果交易令一方当事人以对方的开销而得利,那么这个合同在经济上就是不公平的。当威胁使得某项交易变得不是自愿的,或者变得经济上不公平,那么这个威胁就是不妥当的。

　　威胁进行犯罪或者侵权就是不妥当的。[104][105] * 作出威胁的当事人,并没有出售某种对方并不享有权利的东西。强盗说"给钱就饶你一命",他并没有出售某种自己有权利的东西。同理,在肾脏出售是违法行为的法域,要约卖肾的人也没有出售某种自己有权利的东西。

　　威胁提起无根据的诉讼,也是不妥当的。[106] 提起此种诉讼是对民事程序的滥用。

────────────

　　[104]　*Id.* at § 176(1)(a).

　　[105]　*Id.* at § 176(1)(a).

　　* 此处原文出现了几段内容重复的情况,译文已删除重复段落,注释一并删除。为了保证后文注释序号与正文的连续性和对应性,特此多写一个注释补位。——译者注

　　[106]　*Id.* at § 176(1)(c).

以刑事程序相威胁是不妥当的。[107] 作出这个威胁的当事人可能有权利去给有权机关提供信息，后者会导致刑事指控。但此种权利的意图在于抓捕和惩罚罪犯。这并不是用来进行敲诈勒索的。

121

在 *Mayerson v. Washington Mfg. Co.* 一案中，[108] 原告被告知如果不同意对其雇佣合同的一系列修改，那么"他就会被解雇"，并且在"这一行业作为一个麻烦人而被排挤"。这个威胁就是不妥当的。作为这些修改的回报，原告所接受的保证是他不会被排挤，但被告对此是没有权利出售的。[109]

在 *Laemmar v. J. Walter Thompson Co.* 一案中，[110] 原告[们]购买了受雇公司的股票，但带有一个选择权，即在他们因任何原因而被解雇之时，公司都有权回购股票。公司的职官(officer)让原告们将股票卖回公司或卖给他们，换取 3 年后可支付的利息为 6.5% 的公司本票。原告们照做了，因为他们被告知不然就会被解雇。据推测，股票对原告而言要比其接受的公司本票贵重得多。这个威胁也是不妥当的，因其导致当事人接受的履行价值要比为此而作出的履行价值低很多。原告们是临时雇员(at will employee)，法院推定公司是有权解雇这些人的。法院正确地得出结论："威胁提出一项自己有权提出的诉讼，这是可以构成胁迫的。"正如我们将要看到的，辞退临时工的权利必须与被授予的意图相一致。[111] 但授予的意图并不是为了卖给原告来换取股票的。

根据《第二次重述》，此处的救济是"如果一方当事人同意的展示诱自一项不妥当的威胁……合同可因受害人而被撤销"。[112] 如果(比如在)*Laemmar* 一案中，由于威胁而受害人接受的履行价值低于自己

---

〔107〕 *Id.* at § 176(1)(b).

〔108〕 58 F. R. D. 377 (E. D. Penn. 1972).

〔109〕 确实，如果他一无所获，他的承诺就会欠缺对价。如果排挤原告构成了诽谤，那么威胁也会因此而不妥当。

〔110〕 435 F. 2d 680 (7th Cir. 1970).

〔111〕 See p. 000

〔112〕 RESTATEMENT(SECOND) OF CONTRACTS § 175(1)(Am. LawInst. 1981).

的履行,那么合同就应该是可撤销的。不过也有可能的是,即便没有威胁,受害人也会作成合同。这样一来,他们就应有确认这一合同的权利。令人遗憾的是,他们可能会用这种选择权利用他人的开销来投机。这种做法的范围是受到如下规则限制的:他们必须在威胁被祛除之后马上选择确认合同。[113] 不过,如果他们这么做构成了利用他人的开销而投机,那么对方也只能怪自己了,因为威胁是不妥当的!

在其他案件中,威胁的不妥当,源自其被用来获取不公平的条款。如果没有威胁,"受害人"也会缔约,但是要根据公平的条款,那么救济就应当有所不同。受害人所拥有解除合同的选择权,应当不超过在合同显失公平之时的权利范围,但其应当有权变更合同条款。

的确,经济胁迫规则的确立,是在 unconscionability 规则被全面接受之前。既然有了这一规则,就没有必要认可一个独立的经济胁迫规则了。

在 1947 年,道森在《经济胁迫:一种远景的视角》(Economic Duress—An Essay in Perspective)的名文中,描述了经济胁迫可获救济的诸多情况:

> 判决中的直接冲突,却又是基于实质上相同的事实,这使得塑造一种获得广泛接受的普遍主张亦为不可能。不过看起来很清楚的是,很多判决已经相当偏离了传统教义所设计的限制,而且还有愈演愈烈之势。最可主张的是,变革已经明显地朝向了对一个一般性结论的接受:在不存在政策或管理可行性(administrative feasibility)之特定制衡因素的情况下,任何在交易中因不平衡的议价权力而获取的过度收益(excessive gain),都需要加以返还。无论这种不平衡是因经济的必要性(economic necessity)、心智或体魄的残疾或者知识或经验的极不匹配,皆然。[114]

---

〔113〕 E. AllanFarnsworth, CONTRACTS 272 (3ded. N. Y. 1999).

〔114〕 John P. Dawson, *Economic Duress—An Essay in Perspective*, 45 Mich. L. Rev. 253, 289 (1947). 这一段援引自 *Capps v. Georgia Pac. Corp.*, 453 P. 2d 935, 938 (Or. 1969),《第二次重述》赞许了这一段,将旧路驳为"与现代趋势相悖,而且与这一条的一般原则不相吻合"。Restatement (Second) of Contracts § 175 cmt. b (Am. Law Inst. 1981).

　　道森所提及的考量因素,正是基于 unconscionability 而授予救济时的那些考量因素。"过度收益"一般被称为"实质性 unconscionability";另一个是弱势一方保护自己之能力的"不匹配",诸如"经济的必要性(economic necessity)、心智或体魄的残疾或者知识或经验",一般被称为"过程性 unconscionability"。正如我们所见,需要救济的是过度收益。弱势一方的弱点便是优势一方能够取得过度收益的原因。也正是因此,导致当事人缔约的威胁会基于不公平的条款。一方当事人的威胁与另一方的孱弱,应当仅仅作为证据而具有相关性——在疑难案件中证明条款确实不公平。

　　不过,根据《第二次重述》,如果条款不公平,那么威胁就可以被认定为不妥当,因为其导致弱势一方接受了这些条款;但如果条款是公平的,那么威胁就不会是不妥当的了。作为回应"经济胁迫"或"商业强制"(business compulsion)的"发展理念",其规定"当不妥当性包含了威胁与所导致的不公平",那么此处的威胁就是"不妥当的"。如果能够显示交易是基于公平条款的,那么威胁就不是不妥当的。[115] 这个公式确实描述了某些法院的经济胁迫规则,但问题在于是否真的需要这样的一个规则。

　　在马萨诸塞州的 *International Underwater Contractors*, *Inc.* *v.* *New England Tel. and Tel. Co.* 一案中,[116] 原告是承包人,完成了一些合同中不包含的额外作业,因为被告保证会付钱。原告主张 811816.73 美元,但后来放弃了这一主张,换回 575000 美元的报酬。因为原告声称"由于[被告]未能……遵守承诺","银行拒绝扩展信用,现金头寸(cash position)透支了"。如果不接收被告的要约,"就没办法熬过债权人的要求了"。[117] 法院认为"这些主张……如果是真的,就会构成胁迫"。它们"引发的问题是……原告是否由于此种困难而被迫接受

123

----

〔115〕　RESTATEMENT (SECOND) OF CONTRACTS § 176 cmt. a.

〔116〕　393 N. E. 2d 968 (Mass. App. 1979).

〔117〕　*Id.* at 971.

一项协议,而这项协议的数额小到失衡,原本是不会接受的"。[118]

在 *Cabot Corp. v. AVX Corp.* 一案中,[119] 马萨诸塞州的最高法院援引了 *International Underwater Contractors* 一案,[120] 但认为原告并没有受到胁迫。原告的主张是,被告要求高额价格,否则就威胁撤回对原告业务至关重要的稀缺产品。法院指出被告是可以索要高价的,因为"稀有的钽产品在世界范围内都是短缺的,当时又面临着客户对其生产电容的迅速增长的需求"。[121] "只要没有法律认可的限制,当事人就可以自由追求市场能容忍的一切交易。"[122]

在第一个案件中,如果被告威胁不会支付多于自己所欠的东西,法院就不会提出反对。在第二个案件中,被告威胁的是除非原告支付市场价格,否则就不交易,法院对此并无反对。可见威胁是否构成胁迫,取决于所提供的条款是否公平。

124

在 1885 年的 *West Virginia Transportation Co. v. Sweetzer* 一案中,西弗吉尼亚最高法院允许托运人索还多付的运费,指出:

> 当托运人为运输业务必须频繁使用这一条铁路才能正常开展,那么……应铁路公司的要求而多付运费,就应当认定是受到了一系列心理上的胁迫。[123]

在 1989 年的 *Machinery Hauling, Inc. v. Steel of West Virginia* 一案中,[124] 同一法院援引了 *West Virginia Transportation Co.* 一案,但认为被告签订了协议为自己的作业付款不属于经济胁迫。被告的说法是:"我要是不签,原告就不再卖给我起重机了,那我的公司就完蛋了。"法

---

[118]　*Id.*

[119]　448 Mass. 629, 863 N. E. 2d 503 (2007).

[120]　*Id.* at 511.

[121]　*Id.* at 512.

[122]　*Id.*

[123]　*West Virginia Transp. Co. v. Sweetzer*, 25 W. Va. 434, 461 (1885).

[124]　384 S. E. 2d 139 (W. Va. 1989).

院否认了被告认为"协议显失公平"的主张,认为条款并不是单边的。

在第一个案件中,如果铁路威胁的是,除非客户支付了公平的费用,否则就要撤回服务,那么法院就不会提出反对。在第二个案件中,协议是基于公平的条款,法院没有提出反对。

《第二次重述》指出:"为缔结合同的一般要约通常会包含另一方默示的威胁,即除非要约人的条款被另一方(受要约人)所接受,否则合同并不成立。"[125] 在这些案件中,威胁是拒绝理赔、拒绝提供服务或者拒绝出售货物。案件的结果导向的问题是,所提出的这些条款是否公平。如果重要的地方在于不公平性而不在于威胁的特质,那么除非一方当事人基于合同条款不公平而拒绝与另一方缔约,否则就存在胁迫。但在这种情况下,就很难区分经济胁迫规则与 unconscionability 规则的范围。

《第二次重述》的起草者希望避免一个如此宽泛的经济胁迫概念。它们指出,除非是因条款不公正,否则单纯拒绝缔约的威胁并非不适当。它们只会在如下三种情况下为不适当:

如果威胁所导致的交易并非基于公平条款,以及在如下情形(威胁是不适当的):

(a)威胁行为会损害接受威胁的相对方,而且不会对作出威胁者有显著的收益;

(b)在诱使同意之展示的问题上,威胁的效力因威胁方的在先不公平交易而被显著地增强;

(c)所威胁的原本也是为不合法目的而使用权力。[126]

关于第一条规则,认为"非因不公平条款而拒绝缔结合同的威胁"为不妥当的前提是有利一方几无所获,反之若是其所获颇丰,威胁就妥当了,这非常奇怪。《第二次重述》对第二条规则的释例是:"甲基于

125

[125]　Restatement (Second) of Contracts § 176 cmt. a (Am. Law Inst. 1981).
[126]　*Id.* at § 176(2).

之前的情形而将物品卖给乙,故意误导乙,让乙认为他会按照一般价格供货,从而导致乙推迟了去他处购买,最终只能从甲这里购买。"随后甲拒绝出售,除非乙支付"明显高于之前价格的款项"。[127] 甲可能会构成的是欺诈。即便如此,那么如果 *West Virginia Transportation Co.* 一案的判决是正确的,那么其是否误导了乙,就不重要了。甲利用了自己是乙唯一可能的供应商这个事实而索取不公平的价格,这就足够了。

根据第三条规则,"如果威胁所导致的交易并非基于公平条款,以及……所威胁的原本也是为不合法的目的而使用强力,威胁是不适当的"。[128] 如果寻求不公平条款是不合法的,那么只要一方当事人威胁对方,除非接受不公平的条款,否则不缔约,那么就存在胁迫。在关于这一条的示例中,正如 *West Virginia Transportation Co.* 一案,一方当事人利用了自己是唯一供货商的事实而索取不公平的价格:

> 甲是一个城市的水务公司,其希望诱使乙(开发商)缔结合同,目的是延伸给水干管到甲的开发地,但价格远高于同类地区的工程。甲威胁除非乙缔结合同,否则就不会给乙延伸管网。乙没有其他合理的选择,只好缔约。由于该威胁构成了为不法目的而使用甲"不供水的权力",因此乙可以撤销该合同。[129]

就算知道了其他人会付的更多,也没有人会同意支付不合理的价钱。正如前文所说,支付价格高于市场的价格,这或者由于是无法利用市场,或者是不知道市场价格。这些情况下,当事人便可以基于 unconscionability 规则索取救济。问题再一次出现了:认定一个独立的经济胁迫规则到底什么用? 更好的做法是,将这个规则视为一个台阶,
126 法律通过它得以认识到,其有权将 unconscionability 作为提供救济的一

---

[127] *Id*. at § 176 illus. 13.

[128] *Id*. at § 176(2)(c).

[129] *Id*. at § 176 illus. 16.

项基础。

(二)缺乏合理的替代选择

在罗马法中,要想构成胁迫,威胁必须是能够动摇"极其坚强之人"(*homo constantissimus*)。[130] 齐默尔曼指出,这个规则可能激发自罗马对坚韧(fortitude)的赞颂。[131] 布莱克斯通援引布拉克顿而继受了这一规则。[132]

正如范斯沃思所指出,在 19 世纪,标准变成了威胁是否足以凌驾于意志之上。[133] 理由便是合同的意志理论之勃兴。合同被定义为当事人的一项意志的表示,而胁迫则是干预了这种表示。[134] 这并不是一个很好的解释。当事人同意付钱而避免某种危险,他其实是在权衡利弊。无论这危险是来自海上的风暴(来自亚里士多德)[135]、危及生命的医疗条件还是拿着枪支的劫匪,当事人都是在选择。更重要的是,如果没有明确当事人应会拒绝的某种标准,探寻当事人的意志是否被凌驾,这是没有意义的。

《第二次重述》规定,威胁必须是"让受害人没有合理的替代选择"。这个标准是正确的。当事人缔约就是为了每一方能够获取到比自己所付出的价值更高之物。受威胁一方的当事人同样将避免威胁后果的价值纳入了考量。尽管没有受到威胁就不会缔约,但当事人因为没有替代选择而接受了(威胁的结果),这就是两害相权取其轻。

"没有替代选择"的要件防止了受威胁的当事人利用他人的开销进行投机的结果。它防止了如下局面:一方当事人(无论有没有威胁)

---

[130] Dig. 4. 2. 6.

[131] Reinhard Zimmermann, THE LAW OF OBLIGATIONS ROMAN FOUNDATIONS OF THE CIVILIAN TRADITION 653 (1990).

[132] 2 William Blackstone, COMMENTARIES ON THE LAWS OF ENGLAND 131 (1766).

[133] Farnsworth, *supra* note 112, at 265.

[134] James Gordley, PHILOSOPHICAL ORIGINS OF MODERN CONTRACT DOCTRINE 183-84 (1991).

[135] NICOMACHEAN ETHICS III. i. 5.

总是会缔约,但由于后来发现不划算,于是就从合同中(以胁迫为由)加以脱逃。

有时,如果一方当事人行使了威胁,那么另一方的替代选择就是拒绝接受威胁而起诉。这么做是否为合理的替代选择,取决于起诉的一方当事人是否会因违约的后果而获得妥当的补偿。在 *Austin Instrument Co. v. Loral Corp.* 一案中,[136] 次承包人威胁自己会违约,于是原告只好付了比合同价款更多的钱。法院正确地认定,"对次承包人的违约提起诉讼"并不是一个合理的替代选择。如果原告没有接受威胁,那么他就会对海军构成合同违约。违约可能导致原告在未来丧失很多业务,而原告对此无法证实。

(三) 因果关系

威胁必须诱使了一方当事人缔约。正如范斯沃思指出的:"这里的要件就是一种因果关系。"同样的陈述也出现在《第二次重述》第175 条的评论中。[137] 不过我们已经看到,关键在于被诱使缔约的一方当事人并没有合理的替代选择。

> 对第 175 条的评论混淆了如下问题:
> 要想构成胁迫,不妥当的威胁必须诱使了合同的缔结。第 167 条陈述了关于虚假陈述中的因果关系,这一规则也适用于相似的胁迫案件。……如果胁迫实质性地推动了一方当事人表示同意的决断,那么就可以说其同意的展示是诱自胁迫……标准是主观性的,而问题在于,威胁是不是确实地诱使了主张为"胁迫受害人"之当事人的同意。对某个人足以诱使同意的威胁,对另一人可能就不够了。所有的相关情况都必须被加以考虑,包括年龄、背景以及当事人关系等事项。天性孱弱或懦弱的人是需要保护的人,而勇敢者就可以自保。胆怯和无

---

〔136〕 272 N. E. 2d 533 (N. Y. 1971).

〔137〕 RESTATEMENT (SECOND) OF CONTRACTS § 175 cmt. b (Am. Law Inst. 1981)(如果威胁诱使了同意,而被威胁的一方没有合理的替代选择,那么这就足够了)。

经验的人会特别受制于威胁,而且不能凭借肆无忌惮者的一面之辞,便可免除其基于受害人的"弱"(infirmities)而强加于人的责任。

根据评论 c,第 167 条中胁迫的规范标准,乃是起草出来处理虚假陈述的。这对我们没什么帮助。它规定:"一项虚假陈述如果实质性地促成一方当事人决定展示自己的同意,那么它才算是诱使了一方当事人对同意的展示。"[138] "[一方当事人]若未信赖此断言便不会为此行为……并非必要。"[139] 说一项虚假陈述或一项威胁"实质性地促成"一项决断,但后者是一方当事人本就会做出的行为,这不仅令人迷惑,甚至是无意义的。更重要的是,在胁迫的情况下,威胁所实质性推动决断的当事人是没有合理的替代方案的。如果有合理的替代方案,当事人就不会获得救济。

评论 c 提到了关于被威胁当事人的无经验或者胆怯(timidity),但第 167 条与这些考量因素是何关系,我们不得而知。将这些因素纳入考量,看起来可能是对罗马观念的复苏,因为后者(如齐默尔曼所言)认为不应当对性格不坚强之人授予救济。而正如《第二次重述》所建议,相比勇者,我们应当更愿意对胆怯之人授予救济。对胆怯者来说,他们被威胁的后果看起来更严重,因此他们也会对防止威胁投入更多。由于他们失去的会更多,因此在他们看来,如果被迫接受,那么更可能是因为他们眼中没有可替代的选择。相比之下,即便没有威胁,勇者也会更容易同意。或许这就是罗马法规则的真正理由:威胁必须能影响最坚定的人(才能构成胁迫)。如果所有的罗马人都被推定是坚定的,那么在较轻威胁面前缔约的罗马人就总是可能会缔约。如果没有威胁也会缔约,那么当事人就不应当被允许逃避合同。

无论如何,这些因素关涉受威胁的一方当事人是否相信反抗威胁是一个合理的替代选择。其不需要"威胁诱使当事人缔约"这样一个单独的要件。

---

[138] *Id*. at § 167.

[139] *Id*. at cmt. a.

五、合同之履行为通情达理者皆所不欲

有时当事人会很愚蠢地误判其所接受之物对自己的价值。根据我们的观点,除了一些非常特殊的案件,此种合同仍然应当被执行。

不过,当一方当事人知道对方不会获益,那么合同有时会构成显失公平。根据《第二次重述》的评论:

> 在交易过程中会促成 unconscionability 之成立的要素包括如下:强势一方相信弱势一方没有理由会全面履行合同;强势一方知道弱势一方不能从合同中收取实质性的利益。[140]

129

《统一消费者信贷法典》(The Uniform Consumer Credit Code)则规定:当"在买卖之时……卖方知道……消费者不能从出售或出租的货物或服务中获得实质性的收益",那么就会因"unconscionability"而授予救济。[141]

关于何时会授予救济,《统一消费者信贷法典》给了两个示例。[142]第一个是,有两个穷人,共有同一间公寓和同一块地毯,但上门销售员却将真空吸尘器卖给两位一人一台;另一个是,有一个西班牙劳工,是个单身汉而且只说西班牙语,但上门销售员却卖给他了一本英语的百科全书。

根据《统一消费者信贷法典》的另一条,当"卖家、出借人、出租人进入交易之时相信,消费者或者债务人实无可能全部清偿债务",那么合同就有可能被认定为显失公平。[143] 当出借人知道借贷人必须将较少收入的一大部分支付出去,那么此时的抵押贷款就会违背这两项条

---

[140]　*Id*. at § 208 cmt. d.

[141]　Uniform. Consumer Credit Code § 5. 108(4)(b) (Unif. L. Comm'n 1974).

[142]　*Id*. at § 5. 108(4)(b) cmt. 4.

[143]　*Id*. at § 5. 108(4)(a).

款。法院对此授予了救济。[144] 在 2008 年的市场崩溃之后，很多私屋房主主张抵押公司引诱他们进行自己无法承担的贷款。在 *Commonwealth v. Fremont Investment and Loan* 一案中，马萨诸塞州的首席检察官提起了诉讼，主张若干次级贷款（subprime loan）在《消费者保护法》（Consumer Protection Act）的意义上是"不公平的"，因为利率会在 3 年内跃至消费者收入的 50%。[145] 出借人辩称这些借款"在作出之时是合乎预期且合理的"，他们是可以再融资的，因为"在贷款起始期间（introductory loan term），房价仍然会上涨"。[146] 马萨诸塞州最高法院指出："对借用人来说，[出借人]可以基于如此没有根据的乐观主义而组建贷款，是不合理也不公平的。"[147]

我们可以支持法院授予救济的做法。不过，如果当事人缔结合同之时，认为履行要比自己所付出的更有价值，那么他们就对履行或价格并无错误。他们只是很愚蠢地作出了同意。

在这种案件中，授予救济是很危险的。出卖人可不想和一个嗣后会说"自己犯蠢"的人做买卖。法院可能会将自己关于"当事人对履行价值的应有判断"施加在当事人身上。这和法院因不公平条款而授予救济是全然不同的：因为每个人都喜欢更优的价格。

很明显，两个穷人共享一条地毯，不需要两台真空吸尘器来清洁。但讲西班牙语的劳工单身汉是否就明显用不上那本（英语）百科全书呢？如果是这样，那么法院等于既是在告诉他："这个百科全书不是给你用的。你凭什么认为你能学好英文来读它呢？"因此在前述 *Hughes*、*Williams* 和 *Fremont* 三个案件中的借贷人就会违约了。不过，授予救济就等于在说"无论拥有自己的家对你来说是多有价值，如果流年不利，

130

---

[144] *Hughes v. Abell*, 867 F. Supp. 2d 76, 82 (D. C. Cir. 2012)（解释了借贷人的月供"构成了其月收入 3511.83 美元的 46%"）；还可以参见 *Williams v. First Gov't Mortg. & Invs.*, 225 F. 3d 738, 743 (D. C. Cir. 2000)（指出借贷人拥有一个 7 人家庭，"大致可处分的开销是 1200 美元一个月，一半还多都要给 First Government 来还 686 美元的月供"）。

[145] 897 N. E. 2d 548, 550-51 (Mass. 2008).

[146] *Id.* at 558.

[147] *Id.*

那么试着保留它都是愚蠢的"。所有的投资人有时候都会经历"没有根据的乐观主义"。同样的还有四年制大学的学生们,据估计 40%的大学生都无法在 6 年内毕业,"即便是在毕业 10 年后,30%的大学生还是去就业而放弃了大学学位"。[148] 那么法院难道就该说,"以你选择的方式投资自己的基金太危险了",或者"大学不适合你。我们不认为你会从中获益"? 在某些情况下——比如涉药物(毒品)的法律——确实可以用"只能按照其他人认为是最好的方式为行为"的权利来替代一个人的选择权利。但要是把这作为合同法的一般原则,那就是侵犯了相当可贵的自由,即个人为自己的抉择承担责任的自由,无论这抉择是明智的还是愚蠢的。[149]

六、冒犯性的附加条款(Offensive auxiliary terms)

当事人缔结交易合同,以便获得的物品价值超过自己付出的物品。为了让合同满足这个目标,每一方当事人必须理解自己要得到什么,以及要付出什么。

一般来说,当事人理解合同的履行条款——价格以及标的——就足够了。一般来说,其是否理解附加条款并不重要。重要的是这些条款是否公平。不过,有时候一项附加条款对一方当事人会太过冒犯,以至于会影响到付出或收获之物的价值。

对因冒犯性而不想要(unwanted)之条款加以规范的法律极不成熟。除 unconscionability 之外,没有一般性的规则能授予救济。而 unconscionability 规则又少有适用。

某些情况是由特别的成文法加以处理的。比如,某些冒犯性的行为会违反成文法对基于性别或种族之歧视的禁止。当事人不能将违

---

〔148〕 Douglas Belkin, *Making the College Bet Pay Off*, Wall St. J. , Dec. 11, 2018, at A3.

〔149〕 参见 James Gordley, *Morality and Contract*: *The Question of Paternalism*, 48 Wm. & Mary L. Rev. 1733, 1758 (2007).

反这些条文的条款纳入合同之中。困难的地方在于,(有时)一项冒犯性的条款可能不会违反某部成文法。

其他的情况可能是违反公共政策。这里的困难在于,这一进路仅仅会针对那种同时冒犯个人尊严与道德准则和公共政策的情况而授予保护。正如伊利诺伊最高法院指出的:"公共政策关涉何为正确与公正,以及何者会对一州之公民造成整体影响。它会见于州宪法与成文法,如果没有,那么就会见于州内的司法判决。"[150] "公共事务主题之事务"不同于"纯粹个人事务"。[151] 对个人的道德感与尊严感的冒犯可能是纯粹个人性的,而不会对一州之公民造成整体影响。

在典型情况下,违反公共政策会体现于如下情境,即合同一方因另一方拒绝违背成文法而对其施加惩戒,而该成文法之颁行是为了其他人的利益;或者要求一方当事人放弃利益,而已有成文法来维护一方当事人在此之利益。比如,要求雇员作伪证,[152] 从事价格固定(price-fixing)行为,[153] 篡改国家委托的污染控制报告,[154] 执行无执照的医疗程序,[155] 违反消费者保护法,[156] 或者隐瞒违背了成文法所禁止的盗窃行为,[157] 等等。违背公共政策当然可能会触犯守法公民的道德标准,或许同时也会触犯其尊严感,但这只是因为其道德标准要求其守法,因而会遵守那些关涉其他人福利的成文法。要求当事人放弃旨在保护其福利的法律的利益,这也是违背公共政策的。比如,

---

[150] *Palmateer v. Int'l Harvester Co.*, 421 N. E. 2d 876, 878 (Ill. 1981).

[151] *Id.* at 878.

[152] *Petermann v. Int'l Brotherhood of Teamsters, Chauffeurs, Warehousemen & Helpers of Am.*, Local 396, 344 P. 2d 25, 27 (Cal. Ct. App. 1959).

[153] *Tameny v. Atl. Richfield Co.*, 610 P. 2d 1330, 1331, 1334 (Cal. 1980).

[154] *Trombetta v. Detroit, Toledo & Ironton R. R.*, 265 N. W. 2d 385, 388 (Mich. Ct. App. 1978).

[155] *O' Sullivan v. Mallon*, 390 A. 2d 149, 149-50 (N. J. Super. Ct. 1978).

[156] *Harless v. First Nat'l Bank*, 246 S. E. 2d 270, 276 (W. Va. 1978).

[157] *Vermillion v. AAA Pro Moving & Storage*, 704 P. 2d 1360, 1361 (Ariz. Ct. App. 1985).

雇主不能禁止工人参加公会,或者禁止工人主张补偿。[158] 在这些案件中,要说工人的道德标准与尊严感被触犯了,也只是因为他们会认为,这些法律是保护工人自己的,规避它们是不道德的甚至有奴性的。*

　　否则,合同的一方当事人就必定会声称,一项冒犯性的条款也会违背成文法或司法判决所表达出来的公共政策。[159] 有些当事人胜诉了,但亚利桑那州的 *Wagenseller v. Scottsdale Memorial Hospital* 一案展现了这里的困难。[160] 在本案中,一位女子医院的雇员主张,自己拒绝参加戏仿歌曲《月亮河》的小品,这小品里有一段是大家一起对着观众露出屁股("mooning")的内容,结果冒犯了自己的女性主管而被解雇。法院认为,要求该女子暴露臀部是对公共政策的违背,因为州成文法禁止下流的暴露,这"确立了一个明确的政策,即公开场合暴露某人的肛门或生殖器是与公共的道德标准相违背的"。[161]

　　不过基于这个理由,限制雇主解雇雇员的合同性权利,就要基于立法者对于何种行为会构成犯罪的决断了。法院给了自己一些转圜余地,它说即便雇主没有违背成文法,但若其违背了成文法背后的政策,结果还是一样的。[162] 但就算是这种灵活度,也在后续亚利桑那州的法律中被移除了,其规定违背公共政策必须是违背成文法。[163]

　　假设在亚利桑那并没有禁止下流裸露的法律;假设这个小品要求

---

〔158〕 *Glenn v. Clearman's Golden Cock Inn*, 13 Cal. Rptr. 769, 771 (Ct. App. 1961); *Frampton v. Cent. Ind. Gas Co.*, 297 N. E. 2d 425, 427 (Ind. 1973).

＊ 亦即这与个人的道德感关系不大。——译者注

〔159〕 *Wagenseller v. Scottsdale Mem'l Hosp.*, 710 P. 2d 1025, 1031 (Ariz. 1985).

〔160〕 *Id.* at 1035[主张"所有旁观者都是窥淫狂(voyeurs),不会被冒犯"。]

〔161〕 *Id.*

〔162〕 *Id.*

〔163〕 Ariz. Rev. Stat. Ann. § 23-1501(A)(3) (2018)["针对雇主终止雇佣,雇员仅可在如下情形之一种或多种发生之际提出反对……(b)雇主违背了本州的成文法而终止了与雇员的雇佣关系。"]根据亚利桑那州的法院,"法院(在 *Wagenseller* 一案中)指示是法院而不是立法有权认定公共政策。立法者颁布 A. R. S. § 23-1501,明确是在反对这一指示"。*Galati v. Am. W. Airlines, Inc.*, 69 P. 3d 1011, 1013 n. 2 (Ariz. Ct. App. 2003).

原告脱衣服,脱到法律认为着装的最低程度但没有违法;又假设原告被告知到公司海滩聚会要穿比基尼或者两件套泳装,而原告拒绝了,但其他女性雇员并未拒绝:立法并未将此种行为认定为犯罪,因此此类行为只会被认定为是受到了贬低或道德上的冒犯,但雇主不应当有合同上的权利来要求雇员为此类行为。更重要的是,正如比基尼的范例所示,某个雇员的尊严感与道德感可能被侵犯,但其他人未必如此。

一个更好的进路是直截了当地面对问题:对个人尊严或道德标准的侵犯(incursions),何时仅因此便可提供救济? 在这种案件中,法院可能会因为条款显失公平而提供救济,尽管其不是经济上的不公平。区分如下情况的案件对我们是有助益的:一是对这些标准的侵犯有利于另一方的利益;一是对一方的侵犯对另一方并无利益(如 *Wagenseller* 一案)。

如果合同的条款有利于另一方当事人的利益,那么对认定条款有冒犯性的一方当事人而言,如果其在缔结合同之时能够知晓,那么除非没有其他合理的可替代选择,否则就不应当获得救济。《第二次重述》规定了一个妥当的一般性原则:"当另一方当事人有理由相信,如果知道了书面文件包含一项特定的条款,表示同意的当事人就不会表示同意,那么该条款就不是协议中的一部分。"[164] 相反,表示同意的一方当事人有理由相信另一方当事人不知道特定的条款是冒犯性的,其应当询问该合同是否包含这一条款。

假设一位女性受雇于珠宝店,签订了一项合同,同意遵守保安程序。假设其中一项程序要求其穿过金属探测仪,而这会拍摄其裸体照片,该照片会由女性雇员检查。

很少有女性会反对,在自己受雇之前雇主应当提醒自己注意这一程序。如果该照片被男性与女性的雇员看到,那么很多女性就会抗议,认为雇主应当被要求提醒未来的雇员对这一条款加以注意。

一个进一步的范例是,斯蒂芬·库里是金州勇士队的明星球员,

133

---

[164] RESTATEMENT (SECOND) OF CONTRACTS § 211 (3) (Am. Law Inst. 1981).

而勇士队是 2017 年 NBA 的总冠军得主。库里拒绝拜访白宫，也不想与特朗普总统见面，理由是政治分歧。假设库里与勇士队的雇佣协议中要求其拜访白宫并面见总统，假设这个条款被埋在其他条款之中，除非被特别指出，否则球员不太可能了解。如果 NBA 的冠军球队访问白宫是惯例（无论是哪一届总统在位），因而职业篮球运动员（如库里）或者理应了解这一条款，或者应当知道去询问自己是否会受此约束。如果这不是惯例，那么如果雇主知道库里可能会拒绝，那么就应当告知库里他是要去拜访白宫的。

知晓冒犯性条款的当事人，可能终究没有合理的替代选择而只能同意。这可能是紧急情况。比如一位怀孕的女性在凌晨 4 点钟无预期地羊水破裂，其冲到最近的医院进行剖宫产手术。该女性签订了一项协议，协议允许医院拍摄整个手术过程，并将其以教育的目的展示给医学院的学生。由于很多女性都会拒绝这一点，因此医院应当提醒其注意。不过即便有了提醒，该条款也不应当有约束力。理由不仅仅是该女性认为这是冒犯性且无替代选择的，而且是医院可以妥当地通过拍摄不反对这一做法的女性的生育过程来进行医疗教育。

假设一位雇员被通知受雇，但他需要符合着装要求（dress code），该要求是由管理委员会所确定并定期调整的。假设此人是犹太人，而委员会禁止该人穿戴圆顶小帽（yarmulke）。如果该工作是服务业，要求雇员佩戴统一帽饰与顾客日常接触，那么该条款就是服务于雇主的利益，后者应当可以要求雇员像其他人一样穿戴。[165] 如果雇主有理由相信雇员会反对，那么雇员就应当被事先通知这一要求。如果禁止其穿戴圆顶小帽对雇主的业务并无助益，那么雇主就不应当对此加以禁止。

Pierce v. Ortho Pharmaceutical Corp 一案[166]忽视了这一区分。原

---

〔165〕 最高法院在 *Goldman v. Weinberger* 一案（475 U. S. 503（1986））中提出了类似的区分，认为一位服务于空军的拉比被禁止穿戴圆顶小帽，这并不违背保证宗教自由的第一修正案。法院认为，这个条款并不是专横的（arbitrary），因为"根据空军深思熟虑的专业考量……个人统一标准制服的传统着装，能够鼓励将个人偏好与身份认同服从于团体的整体使命"。*Id.* 508.

〔166〕 417 A. 2d 505, 513（N. J. 1980）.

告皮尔斯医生(Dr. Grace Pierce)是"开发洛派丁胺(loperamide)项目组唯一的医生,洛派丁胺是一种液体药剂,用来治疗婴儿、儿童以及老年人的腹泻。所提出的配方里包含糖精(saccharin)"。[167] "项目组同意这个配方对儿童是不合适的。"[168]皮尔斯医生拒绝继续在这一项目组工作,以此作为对公司市场部门之指令的回复,因为后者要求继续研发这种药剂。尽管公司邀请皮尔斯医生选择去其他项目组工作,她仍然辞职了,理由是新的分配构成了降职(demotion),而且她已经被告知,由于"不能与营销人员搞好关系"因而永远不会被晋升。[169] 法院准许了公司提请简易判决的动议。

　　根据我们的进路,这个动议应当被否决,皮尔斯医生如果能够证明公司将其分配到其他项目,而并未损害其利益、未对其降职,或未削减其职权或晋升的空间,那么她就应当胜诉。但法院却否决了皮尔斯医生的控诉,理由是其并未被要求违反成文法,其相信(如参与项目则是在)践踏自己的希波克拉底誓言的信念是无关紧要的。解雇她并不与"公共政策的明确要求相违背"。[170]

　　假设一位秘书工作在法律公司,其持赞成堕胎权的观点。该秘书拒绝机打一份攻击堕胎合法性的简报,或者强烈反对堕胎的观点持有者拒绝机打一份捍卫堕胎合法性的简报。由于公司可以很轻松地找其他不被冒犯的秘书来完成这个工作,那么它就应当如此,而不应当辞退拒绝如此的秘书。

　　以上我们讨论的,是一方当事人认为条款具有冒犯性,而该条款对另一方当事人有利。但有些条款并非如此。要求遵守此种条款的做法是专横的。在这种情况下,条款不应具有约束力,无论发现其具有冒犯性的另一方当事人是否能有预见,皆是如此。

　　一个范例便是 *Wagenseller* 一案。让员工暴露臀部并不会有利于

135

[167]　*Id*. at 506-07.

[168]　*Id*. at 507.

[169]　*Id*.

[170]　*Id*. at 513-14.

医院。另一个例子是,假设员工被要求参加公司年度聚会,而当时CEO以一种不必要的冒犯口吻进行了讲话。比如,CEO总会说粗鲁的种族或性别笑话。认为这些笑话很冒犯的人不应该被要求参会。即便这些不参加的人并非被嘲弄的种族或性别,因而无法基于其种族或性别来主张歧视,结果也是一样的。

这些条款不应当被执行,因为合同所要求的履行是令人所不欲的。尽管它们是附属条款,其所要求的履行也应当得到雇员有意识的理解和接受。相反如我们所见,如果条款在经济上是公平的,那么即便一方当事人并未意识到这些条款,其也应当是有约束力的。

136

第七章

缔约之许诺(Commitment)

一、前合同之磋商

在一项公平交易中,当事人每一方都为其所承担的风险获得了补偿。合同必须在履行之前便具有约束力,以便令当事人分配这些风险。而合同要想有约束力,每一方当事人就必须作出许诺。

一方当事人在作出许诺之前是不会被约束的。当未许诺的当事人在合同前的磋商中被认定担责,这一定是出于其他的原因。当事人可能是有了不当得利,或者不当利用了对方披露的信息,或者有虚假陈述,或者违背了另一项有效力的合同。

在磋商进行过程中,一方当事人可能会有不当得利。一个范例是 *Hill v. Waxberg* 一案。[1] 希尔(Hill)请求瓦克斯伯格(Waxberg)(他是一位承包人)筹备在土地上进行建筑物的建造事宜。双方的理解是,如果联邦住宅管理局(FHA)融资了这个项目,那么希尔就会授予瓦克斯伯格一份建造合同。后者投入了大量精力,最终取得了联邦住宅管理局的融资,但希尔和瓦克斯伯格未能达成一致,于是希尔雇佣了另一位承包人。但瓦克斯伯格还是从希尔那里索还了"所获取之利益的价值"。

类似的案件还有 *Precision Testing Laboratories*, *Inc.* *v.* *Kenyon Corp.* 一案。[2] 埃利斯(Ellis)和肯扬(Kenyon)磋商一份合同,内容是研发汽车的排放系统。埃利斯提供了劳务和技术支持,将肯扬的测试

---

〔1〕 237 F. 2d 936 (9th Cir. 1956), 援引自 E. Allan Farnsworth, Contracts 199-200 (3d ed. 1999)。

〔2〕 644 F. Supp. 1327 (S. D. N. Y. 1986).

汽车推至可认证的级别(certification level)。尽管最终没有达成合同，但埃利斯还是索还了其对肯扬所履行服务的价值。

在前合同的磋商中，一方当事人可能会不当使用对方披露的信息。尽管其并未因此使用而获益，但另一方却可能因此而受损。比如在 *New England Insulation Co. v. General Dynamics Corp.* 一案中，[3]通用公司投标并承诺不会泄露其所取得的工程信息，但被指控将信息作为回扣的一部分泄露给了竞争的投标人。尽管通用公司被认定违背了"不泄露"的承诺，但无论其是否曾作出过这一承诺，只要其不当利用了信息而造成了损害，而此信息之取得乃是源自相关的协定，那么其就应当对此承担责任。

一方当事人可能会对虚假陈述或欺诈担责。如果其对另一方进行了欺骗——比如关于签订最终合同的目的——那么他就可能要承担责任。在 *Markov v. ABC Transfer & Storage Co.* 一案中，[4]承租人反复催促出租人延长租约，向其解释自己的业务与主要客户都取决于此。出租人保证会更新租约，但同时却在协商将其出售给第三方。出租人希望保持更新租约的可能性，以作为出售未果的退路。法院正确地认定，如果一方当事人作出了一项承诺但却不想守诺，那么就要为虚假陈述其意图而承担责任。

一方当事人可能会在磋商新合同之时因违背一项既存的合同而担责。比如，在 *Dixon v. Wells Fargo* 一案中，[5]迪克森(Dixon)一家拥有一幢房屋，而富国银行(Wells Fargo)对此持有一项抵押。双方当事人正在协商修改条款，银行告诉迪克森一家，他们应该对现有抵押的付款进行违约，以此作为取得新抵押的一个步骤。结果在迪克森一家照做之后，银行拒绝签订新的抵押合同，反而根据旧的抵押合同，以迪克森一家违约为由开始了终止回赎权的程序(foreclosure proceeding)。法院认定银行不可如此，指出由于"银行利用了对方的违约状态而启动终止回赎权程序"，因此基于承诺性信赖规则而须担责，但并

---

〔3〕　522 N. E. 2d 997 (Mass. App. 1988).

〔4〕　457 P. 2d 535 (Wash. 1969).

〔5〕　798 F. Supp. 2d 336 (D. Mass. 2011).

未指明银行所违背的是哪项承诺。更准确的说法是,无论银行是否作出了承诺,无论新的抵押是否正在磋商,银行都不能终止旧抵押的回赎权,因为其已经放弃了旧抵押中付款必须及时的条件。

二、许诺"会秉承诚信来磋商"

在 *Teachers Ins. & Annuity Ass'n of America v. Tribune Co.* 一案中,勒维尔(Level)法官的意见常被援引,后者区分了当事人在签订正式合同之前可能达成的两种协议。[6] 一种是,当事人同意了合同的全部条款,没有其他需要磋商的问题了。正式合同的意图在于将协议的条款加以确定化(memorialize)。这种协议是有执行力的。

138

在第二种类型中,当事人许诺的是"主要条款",而且同意秉承诚信来磋商剩余部分。此时除非双方出于诚信加以讨论却仍未能就剩余条款达成一致,否则双方的合同是有约束力的。

当事人是否缔结了第一种类型的协议,传统被认为是意图问题。正如恩布里(Embry)法官在 1894 年所言:

很清楚,这个问题毕竟主要是意图的问题。如果当事人希望被认定打算在正式签订书面文件之前成交合同,或者其向另一方当事人表达了此种意图,那么尽管书面文件仍付阙如,其仍然会被实际制定的合同所约束。反过来,如果此种当事人并没有成交合同的意图,也没有将此种意图表示出来,而是要等到书面文件完整表达并以签名为证,那么在签名确定之前,他都不会受到约束。[7]

在 *Teachers* 一案中,当事人双方清楚地表明了自己的意图。尽管是以双方都能满意的最终文件的制成与执行为条件,并且"包含'通常与习惯上的'事实陈述(representations)、担保、成交条件、其他约定以

---

〔6〕 *Teachers Ins. & Annuity Ass'n of America v. Tribune Co.*, 670 F. Supp. 491 (S. D. N. Y. 1987) (Leval, D. J.)。

〔7〕 *Mississippi & Dominion Steamship Co., v. Swift*, 86 Me. 248, 258 (1894)。

及违约事件",但他们的预备协议是"对双方都有约束力的协议"。[8]

一般来说,当事人不会清楚地表明其是否打算令一份备忘录具有法律上的约束力。此间原因不见得是当事人的粗心,也不见得是每一方都希望另一方相信备忘录有约束力以便自己能悖约。在磋商的情境中,一方当事人提起此事是很尴尬的。如果一方建议备忘录不应有约束力,另一方当事人可能会怀疑其诚意;如果一方当事人建议其应有约束力,另一方当事人则会怀疑这是个圈套。

一种情形是当事人彼此同意不会与其他人磋商。如果只有一方当事人尊重这一协议,那么这种安排就是不公平的,一如合同中存在不公平的选择权。一方当事人可能会利用另一方的开销进行投机。一个示例便是代表性的 *Channel Home Centers v. Grossman* 一案。[9] 在本案中,当事人们签订了一份意向书(letter of intent),其中 Channel 将从 Grossman 的购物中心获得一份租约,并且支付指定的租金。双方都不应和其他人磋商。Grossman 需要"将购物中心从租赁市场中退出,仅对以上所提及的租约加以磋商至成交"。Channel Home Centers 遵守了许诺,但 Grossman 却试图找一个对自己更好的交易。在成功之后,Grossman 违背了磋商。如果其未成功,他则会要求 Channel Homes 遵守协议。法院正确地认为,该协议具有可执行力。否则,Grossman 就可能会利用如下局面:Channel Homes 认为自己已经许诺了,但 Grossman 却不这么想。

这种局面并不同于如下情况:当事人并没有同意只与对方协商,双方只是设定了一个最后期限,从而使得任何一方难以与其他人进行磋商。在 *Cochran v. Norkunas* 一案中,房屋的所有人与有意的买主签署了一项手写的意向书,确定了价格、首付和融资,并且约定马里兰不动产经纪标准合同会在 28 小时内送达卖家,其条款会有特定的修正。法院认为,很清楚当事人不希望自己的预约协议具有约束力。但实际上,很清楚的是最终合同很快会被作成,大概是因为每一方都不想给

---

[8] 670 F. Supp. at 494.

[9] 795 F. 2d 291 (3d Cir. 1986).

对方更多的时间来考虑和接受其他要约。但预约协议并没有提到当事人在这个"短期"内能做什么。

第二种情况是，一方当事人可能会有支出，因其预见到最终合同会成立。如果不明确此处没有许诺，那么这种安排可能就是不公平的。一个示例便是 *Budget Marketing，Inc. v. Centronics Corp.* 一案。[10] BMI 签订了一份意向书，包含收购 Centronics 的条款。意向书中写明："这不应当被视为有约束力的协议"。Centronics 主张 BMI 后来承诺其会继续交易。随后 Centronics 开始扩张经营，雇佣交易人、进行赊购（arranged for credit）并且购买了要员保险（key man insurance）。法院认定尽管意向书不具有约束力，但后来的承诺却是有约束力的。对于后来的承诺是否取代了之前的承诺的问题，此处若有疑惑，则要遵循不利于知道"其他人支出了开销，此亏空只有在最终合同成立才能被补回"之一方当事人的进路。

在第一种情况下，当事人们签订预约协议，是因为他们希望锁定有利的交易，都不要对方去和其他人磋商。而在第二种情况下，他们签订预约协议是想让一方当事人有动机在"最终协议会被作成"的预期下有所开销。或许，辨明预约协议的意图是否要锁定有利交易（如第一种情况下），抑或是要鼓励一方当事人有所开销（如第二种情况，或者两种皆可），这会很困难。

一个示例是 *Arcadian Phosphates，Inc. v. Arcadian Corp* 一案。[11]本案中当事人们签署了一项谅解备忘录，描述了要购买的设备、价金以及一项选择权，后者使得 Arcadian 可以收购 API 公司 20% 的股份。双方同意"通力合作，审慎工作，以便加快成交，促成此笔买卖业务。"[12]随后价格变化，磷酸盐业务利润增加，于是 Arcadian 拒绝继续。法院认为，该备忘录不可被推定为一项许诺，因为其约定"有约束力的买卖协议会在 1986 年 12 月 31 日成立"。"根据证据，Arcadian 知道并且认同了 API 的支出与相关合同，但当磷酸盐业务有了'泼天'利

140

〔10〕 927 F. 2d 421（8th Cir. 1991）（适用了爱奥瓦州的法律）。

〔11〕 884 F. 2d 69（2nd Cir. 1989）。

〔12〕 *Id.* at 70-71.

润，Arcadian 便忽然主张 API 的控股权"，因此 API 可以因承诺性信赖而主张信赖利益的损害赔偿，基于此，法院判决发回重审。这个判决看起来是自相矛盾的。如果备忘录不是打算作为一项许诺，那么就很难看出其为何能支撑承诺性信赖的主张，因为该承诺性信赖是基于知晓 API 会因信赖而有所行为，而非基于某些额外的承诺。如果该承诺是有意作为一项许诺，那么看起来 Arcadian 就不能食言。不过，如果不去探寻当事人们自己是否希望作出许诺，而是探求其作出了何种许诺的话，那么判决就有道理了。如果法院是正确的，那么本案的当事人们就不是希望锁定有利的交易，而是希望保证 Arcadian 若有开销，则即便最终协议未能达成，这笔开销也能够得到补偿。

在第三种情况下，一方当事人为某事，即便最终合同不会成立，此事也会有利于另一方，但其所为而未获补偿乃是预期会有最终合同。除非事前明确此处没有许诺，而这些开销的补偿也不会支付，否则这种做法就可能是不公平的。一个范例是 *Brown v. Cara* 一案。[13] 本案的当事人们签订了一项"谅解备忘录"，其中申明双方的意图是"很快缔结正式合同"，并且其承诺在不动产业务中"通力合作"。卡拉（Cara）提供土地，而布朗（Brown）则是负责建造，费用为 175000 美元。但这一业务要想可行，则其所希望开发的土地必须被重新规划。为了取得重新规划，开发商必须在最终合同之前起草计划并且召开听证

141　会。重新规划增加了卡拉土地的价值。如果备忘录不具有约束力，那么他就会利用土地的增值去找他人寻求更好的交易，但这些土地的增值却是来自布朗的努力。法院认定卡拉要受约束。

另一个范例则是前文提到的 *Channel Home Centers v. Grossman* 一案，[14] 正如法院所强调的，Channel 执行了备忘录，因此 Grossman 才能

142　将其出示给出借人而获得融资。

---

〔13〕　420 F.3d 148 (2d Cir. 2005).

〔14〕　795 F.2d 291 (3d Cir. 1986).

第八章
由第三方加以执行*

一、问题

　　关于"何时一项为第三人利益的承诺是可执行的"这一问题的现代探讨,是古代探讨的一种延续。在罗马法上,此种承诺是不可执行的。这个规则是为了要式口约(*stipulatio*)所建立的,因为我们已经看到,在要式口约中,一方当事人问"你是否如此这般承诺?",对方回答"我的确承诺"。给第三人某物,或为第三方做某事的要式承诺是不可执行的。因此就有了"任何人不得为他人缔约"的罗马法规则(*alteri stipulari nemo potest*)。[1]

　　罗马法学家将这一规则推广适用于全部合同。[2] 不过也有例外。如果受诺人在承诺人的履行中有利益,那么合同就是有效的。比如,当承诺人的履行是要对第三人负担责任(则承诺有效力)。[3] 不过并不能就此得出如下结论:第三人此时便可执行这个承诺。在后古典法中,如果一方当事人对另一方进行赠与,而附带条款要求受赠人必须将礼物转给第三方,此时第三方可起诉而执行该协议。[4]

　　由此看来,罗马法的文本规定了一个原则,同时设定了若干绕开这个原则的路径。不过正如齐默尔曼所指出的,"但'任何人不得为他

---

　　* 指执行合同(enforcement)。——译者注

　　〔1〕 Dig. 45. 1. 38. 7.

　　〔2〕 *Id.* 50. 17. 73. 4.

　　〔3〕 *Id.* 45. 1. 38. 20. See Reinhard Zimmermann, THE LAW OF OBLIGATIONS RO-MAN FOUNDATIONS OF THE CIVILIAN TRADITION 35-37 (1999), 35-37.

　　〔4〕 Zimmermann, *supra* note 3, at 39-40.

人缔约'的原则受到了自然法学派的正面攻击,引领者便是格劳秀斯"。格劳秀斯曾说过:

> 如果一项承诺对我作出(让我把东西给其他人),那么无论我是否有利益——这是罗马法引入的一项(令契约有约束力的)考量——看起来根据自然法,我都有权利加以接受;如果第三方也接受了,那么(要求履行的)权利就转给了他。[5]

143

这个结论在格氏讨论"承诺为何可执行"的观点之下是合理的。我们已经看到,他相信一种现代法学家所称的"移转理论"。承诺人受约束不仅是因为他希望自己的承诺有约束力,也是因为他还希望授予受诺人来执行的权利。说承诺人不能授予第三人来执行的权利,这是无稽之谈。正如前文所述,格劳秀斯的移转理论是不完整的。他没有解释为什么承诺人可以选择让第三方拥有执行的权利。

尽管如此,对一位意志论者(如萨维尼)来说,"良好且准确的理论"要求对此种结论必须"断然拒绝"。[6] 合同或协议(Vertrag)是通过多方意思表示而形成的,而意思表示指向诸方法律关系的变更。[7] 根据定义,其并不能变更一方当事人与其他人的法律关系。波洛克也是以相同的方式来定义"协议"的,在一个脚注里他提道:"所说的协议,便是萨维尼所使用的 Vertrag,我们这一段基本上原文遵循了萨氏的分析[8]。"[9] 在对萨维尼理论的释义过程中,他指出"当事人的意

---

〔5〕　Hugo Grotius, DE IURE BELLI AC PACIS LIBRI TRES II. xi. 18. 1 (1688).

〔6〕　2 Friedrich Carl von Savigny, DAS OBLIGATIONENRECHT ALS THEIL DES HEUTIGEN RÖMISCHEN RECHTS 84 (Berlin, 1851-53).

〔7〕　3 Friedrich Carl von Savigny, SYSTEM DES HEUTIGEN RÖMISCHEN RECHT § 104 (1840).

〔8〕　Citing 3 id. at § 140.

〔9〕　Frederick Pollock, Principles of Contract at Law and in Equity, Being a Treatise on the General Principles Concerning the Validity of Agreements, with a Special View to the Comparison of Law and Equity, and with References to the Indian Contract Act, and Occasionally to Roman, American, and Continental Law 1 note a (1876).

图"是被"指向法律后果,而……这些后果必须是诸如移转权利或者对当事人自己设定义务"。[10] 他援引了萨维尼而解释道:

> 原初和最简单的合同类型,便是特定人之间的协议。当事人因其被刻画为个体而被确定……而成为协议中所创设的债务当事人的一方,则是在第一种情况下实际缔结协议的人,而且只能是这些人。[11]

波洛克的定义要比萨维尼的更务实。波氏知道"在某种程度上,现代的发展……已经改变了合同的这种主要类型"。[12] 因此这个规则是有例外的:

> 没有第三方能够因合同本身而有权利要求合同之下任何义务的履行。
>
> 例外情况:包含在财产授予(settlement)中的条款,或者是婚姻中为了此项婚姻所生之子女的利益的条款……是可以被因此而享有利益之当事人所执行的。[13]

144

尽管如此,波洛克的规则和萨维尼是一样的,而前文这一段所引的例外情况也是寥若晨星。

威利斯顿在其对波洛克论文的注释本中,对这些段落并无讨论。[14] 不过在其自己的论文中,他更强调对目的的现实关涉,为此不惜牺牲形式逻辑。他采纳了利益第三方的受赠人与债权人的界

---

〔10〕 *Id*. at 2.

〔11〕 *Id*. at 170, 援引了 Savigny, *supra* note 6, at § 53 (id. 170 note a)。

〔12〕 *Id*.

〔13〕 *Id*. at 172.

〔14〕 Frederick Pollock, Principles of Contract at Law and in Equity 220-22, 233 (附录与注释, Gustavus H. Wald & Samuel Williston, 3rd American ed. from 7th English ed. 1906)。

分，[15]而这一界分乃是反形式主义的巨擘科宾在两年前的一篇论文中所提出的宏大构想。

在受益型受赠人的情况中，科宾指出："受赠人保障利益第三方之承诺的意图，是为了对此第三方授予一项慷慨的利益。"与此相反：

> 当第三方当事人是受诺人的债权人，或者可以对其要求某种特定的履行，此时受诺人与承诺人缔约的目的，可能是诱使后者偿债，或者免除对第三方的权利主张。在这些情况下，履行会同时直接利益于第三方（债权人、或者说是原告）和受诺人。[16]

这两种情况下的受益人可以直接起诉来执行承诺。

科宾由此回答了格劳秀斯未予回答的问题。为什么承诺人会选择给予第三方来执行承诺的权利？科宾确定了承诺人可能有的两种目的。格劳秀斯或许也会同意。正如我们所见，格劳秀斯和其他那些在意志论勃兴之前的法学家一样，都确定了当事人缔约的两种目的，这也是法律可能会执行合同的两种目的。当事人可能希望慷慨地授予另一方以一项利益，或者希望收取利益来作为自己之授予的回报。在受赠型受益第三人（donee beneficiary）的情况下，目的就是授予第三方一项慷慨的利益。在债权人型受益第三人（creditor beneficiary）的情况下，承诺人收到的是来自受诺人处的利益，以作为一项承诺的回报，这项承诺就是通过满足第三人的权利主张来给受诺人以利益。在每种情况下，将执行承诺权利授予第三人的理由，就类似在双方关系中授予受诺人以执行承诺之权利的理由一样。

145

---

〔15〕 Samuel Williston, The Law of Contracts 683-84, 685-86 (1920).

〔16〕 Arthur L. Corbin, Contracts for the Benefit of Third Persons, 27 Yale L. J. 1008, 1011 (1918).

二、慷慨地授予的利益

所谓"受赠型受益第三人"的一个典型范例是 *Seaver v. Ransom* 一案,[17]这是纽约州上诉法院在 1918 年判决的"关键案件"。[18] 比曼法官(Judge Beaman)曾为自己即将去世的妻子起草了一份遗嘱,遗嘱中将妻子拥有的一幢房屋留给(法官)自己终身居住,在自己去世之后则用于慈善。后来妻子希望修改遗嘱,将房屋留给自己的侄女玛丽安(Marion),但她担心自己活不到丈夫另写一份遗嘱之时。比曼承诺妻子,如果她签署了自己起草的遗嘱,他就会在自己的遗嘱中给侄女留出足够的财产来抹平差额。但在自己死前,法官并没有这么做。玛丽安起诉,主张索还比曼法官所承诺会留给自己的数额,而这个承诺便是对其妻子(玛丽安的姨母)所作出的。

我们将会看到,为什么第三方在此情境中应当获得返还,以及为什么将其类分为"受赠型"其实是混乱的源头。

如果执行承诺能更好地使得受诺人将一项利益慷慨地授予第三方,那么只要没有人期望此方当事人会以另一方的开销获利,那么就应当允许第三方当事人如此。此种合同是公平且自愿的。

(一) 典型的情境

在 *Seaver v. Ransom* 一案中,受诺人希望自己的侄女得到一笔钱,数额和其房屋的价值相同。她将一份利益移转给了承诺人,换来的是对方承诺对侄女支付这笔数额的钱款。允许侄女执行这个合同,会更好地助其实现这一目的。如果侄女不能执行承诺,那么受诺人的目标就会被挫败。受诺人(或者在本案中是指其遗产)无法获得违约的损害赔偿,因为其并没有受到财物上的损害。她(或遗产)可以索还,但

---

〔17〕　120 N. E. 639(N. Y. 1918)。

〔18〕　Melvin A. Eisenberg, FOUNDATIONAL PRINCIPLES OF CONTRACT LAW 748 (2018)。

其目标将无法实现。这个目标就是将利益授予其侄女。更重要的是，如果她（或遗产）无法索还，承诺人会就其留给侄女的数额而有（不当）得利。

146   将侄女称为"受赠型受益第三人"，只要这是指受诺人缔约以便"慷慨地"将利益授予第三人——或者用《第一次重述》与《第二次重述》的用语，只要其指受诺人缔约是为了对第三人进行一项"赠与"（gift），那么就不会导致混乱。

《第一次重述》的混淆，乃是由于其人为地将"受赠型受益第三人"的定义加以扩展，包含了"承诺人不希望慷慨地授予利益"的其他情况。我们后面将会看到它是如何做的，以及其为何如此。

《第二次重述》的混淆，是由于其规定若要索还（recover），第三方必须是"目标受益人"（intended beneficiary）。根据第 302 条第 1 款 b 项的规定：如果"情境显示受诺人打算（intend）将承诺之履行的利益给予受益人"，那么此第三方就是"目标受益人"。[19] 如果情境如此，那么"赠与承诺……的受赠人一般被称为'受赠型受益第三人'，其可以索还"。[20]

艾森伯格对此提出了反对，他认为如果对"如何辨别受诺人意图"的问题不加解释，那么受诺人的"意图标准"就空洞无物。[21] 根据《第二次重述》，我们必须探寻"赠与的承诺"是否涉及了承诺人和受诺人意图的展示，其在合同的设定下是否足以令受益人具有合理且可能的信赖。[22] 正如艾森伯格所指出的，"据推测"，《重述》"并不要求实际的信赖"。因此，这个标准就是"信赖如果发生了，其是否本当是合理的"。此处全部的用语"就是从一个极为空洞的意图标准，转向了

---

〔19〕 RESTATEMENT (SECOND) OF CONTRACTS § 302(1)(b) (Am. Law Inst. 1981).

〔20〕 *Id.* at § 302 cmt. c.

〔21〕 Eisenberg, *supra* note 17, at 752-53.

〔22〕 RESTATEMENT (SECOND) OF CONTRACTS § 302 cmt. d (Am. Law Inst. 1981).

一个巨空洞的假定的信赖标准".[23] 更重要的是,这个标准原则上也不可能是正确的。对赠与承诺的受益人而言,其加以信赖是否合理取决于(1)受益人是否相信,受诺人可能会变卦并解除与承诺人的合同;以及(2)如果受诺人不会这样,那么承诺人是否对受益人有责任。但无论看起来受诺人变卦的可能性有多高,只要他没有变卦,那么受益人就应能索还。更重要的是,如果受诺人没有变卦,那么受益人能否从承诺人处索还,恰恰是这个标准理应回答的问题。

根据艾森伯格的论述,"如果……根据周遭情境来审视合同所展现的内容,允许第三方受益人执行合同,对完成缔约当事人的目标而言是必要或重要的手段,那么就应认定其有权执行合同".[24] 因此我们就不会讶异,艾森伯格对"为何受赠型受益第三人应当有权索还"的解释和我们不谋而合。在 *Seaver v. Ransom* 一案中,允许侄女"执行合同就是完成合同当事人目标的重要手段"。本案中妻子的遗产无法索还预期利益损害赔偿,即便可以"以不当得利而索还……此种诉讼也无法完成缔约当事人的目标",因为其索回的是妻子(的遗产)而不是侄女。如果遗产无法索还,那么承诺人就会"不当得利".[25]

艾森伯格的分析与我们的分析堪称等效。这并不只是在此一案件中,更在我们将讨论的其他案件中。一般来说,我们只要展示为什么这符合我们自己的进路,就足够了。

(二)即将成为受遗赠者之人(Would-be legatee)

假设甲雇佣了律师乙,让后者做成一份遗嘱,指明丙作为受遗赠人。这个遗嘱是无效的。与前述典型情境相对,甲授予乙的利益是回报将利益授予丙的服务,如果乙尽力工作,那么这利益(或可期冀)要比丙所收获的利益小得多。

这种区别应该是无关紧要的。在典型情境中,如果乙遵守了自己

---

[23] Eisenberg, *supra* note 17, at 755.

[24] *Id*.

[25] *Id*. at 759-80.

的承诺,那么甲就能更好地以自己的开销来将利益授予丙。如果乙没有守住承诺,那么他就要对丙承担责任,责任的数额要多于甲所付(给乙)的,但丙并没有因其开销而有所得利。如果乙索要的是通常费用,那么其中会包含一笔额外费用,用来抵充自己可能会犯错并因失职诉讼(action of malpractice)承担后果的责任。甲会支付的费用中就包含了这一笔额外费用,但正如艾森伯格指出,很难设想会有这种情况,即甲会少付钱,这样乙若是弄砸了也不用担责。[26]

受遗赠人是否可以针对律师索还,这个问题在《第三次侵权法重述:经济损失之责任》中被作为一个侵权法的问题进行了分析。其总体规定如下:"行为人没有一般的义务来避免无意施加于他人的经济损失。"《重述》论定了7种特例,但都与本文无关。随后其认定,原告可以在其他情境中就"其余责任"(residual duty)的悖约而索还,包括如下示例(与本文讨论相关的):

148

> 律师为某个客户准备了一份遗嘱。律师过失地认为,遗嘱生效只须公证,不需要证人。在客户去世之后,遗嘱被认定为无效,因为客户的签字缺乏足够的证人。这样一来,客户的女儿原本是可以因遗嘱继承全部财产的,但现在只能因无遗嘱继承获得1/8的财产。于是女儿起诉了律师。[27]

原告是可以因"其余责任"而提出权利诉求,这与如下判断的一般理由相关,即通常不承认无意施加于他人的经济损失会构成责任。[28] 一个理由是"不确定性和不相称性之责任"的风险。"某个单纯过失的言论,导致数以千计的人因信赖此言论而遭受经济损失,这些损失又会对那些信赖第一轮受害人的人造成额外的损失,如此这般。"另一个则

---

[26] *Id.* at 762.

[27] RESTATEMENT (THIRD) OF TORTS: LIABILITY FOR ECONOMIC HARM, § 1 illus. 1 (Am. Law Inst. 2020).

[28] *Id.* at cmt. e.

是"经济损失的风险特别倾向适合根据合同加以分配"。根据《第三次侵权法重述》,这些原则解释了为什么示例1(指律师未找证人的示例)中的女儿应可索还:"客户已经去世,律师无法因合同而就自己的过失受到足够的追咎,而律师的责任范围也不存在明确性和相称性的困难。"[29]

但这些理由并没有解释律师为什么就应担责。如果它们都很重要,那么无论客户是否付钱要他对其他人授予利益,那么因其技能之缺憾而导致其他人遭受了经济损失,律师都要承担责任。假设律师非常了解这个家族,可能本该预见到如果遗嘱无效,那么生活在房屋之下的若干家庭成员,或者如果房屋已经挂牌出售,那么则是房屋的不动产经纪人或潜在的买家,这些人都会遭受损失。律师本该预见到这些损失,而这些损失本该如(本案中)女儿的损失一样得到控制。不过,(本案中)女儿的父亲并没有为这些人的利益而付钱给律师来写遗嘱。如果律师对女儿的损失担责,那么父亲就实现了自己的目标,而律师是收取了酬金的,这酬金不仅是包含其服务的价值,也包含了失职责任的风险。因此,女儿应可作为第三方受益人而索还。

(三)为普通公民(private citizen)之利益的政府合同

在其他情境中,政府可能希望对普通公民的某一群体授予利益。其与私主体签订了合同,承诺会授予此种利益。那么如果这一承诺被违背,那么只要(1)政府的目的是对每一成员均授予利益,(2)允许成员索还有助于该目的的实现,以及(3)除去政府希望授予利益之公民,无他人会以旁人开销而得利,那么就应当允许群体的成员作为第三方受益人而索还。

公民应可索还的典型案例是 *Zigas v. Superior Court* 一案。[30] 本案中,联邦住房和城市发展部(HUD)与 Zigas 和其他开发商一起签订合同,为低收入人群建造住房。HUD 给开发商的抵押进行担保,这样

---

[29] *Id.* at note to illus. 1.

[30] 174 Cal. Rptr. 806 (Ct. App. 1981).

后者就能以更低廉的价格借贷。开发商则同意其租金不会超过规定的租金计划。结果 Zigas 的租金超额，租户起诉其违背了与 HUD 的合同，并且索还了损害赔偿。

这个结果是正确的。允许租户索还，能更好地实现政府为其提供低收入住房的目标。正如艾森伯格所指出的，政府也可以自己起诉，但"其也可以选择将有限的诉讼费用用在更高优先级的事项上"。[31]如果政府选择不去打官司，而租户却不能起诉，那么开发商就会有所得利：其保留了来自政府的收益，却没有为租户提供应有的东西。

与此相反，在如下三种情况下，从此种合同中获益的公民不能索还。其一是，政府与私人实体（诸如开发商或护理人）签订合同，为满足条件的某一类公民提供利益，但并没有约定此类公民的每一个人都能获益。假设 Zigas 建造的房屋数量比要求的少了些，因此能住进去的低收入者也少了些。如果合同被遵守了，满足条件的公民本有更好的机会被选成受益人，但他们不能据此索还。

这种情况很像在私主体之间的情况，即尽管合同没有保证利益，仅仅是保证了取得利益的机会，原告仍可索还。如果合同被违背，那么原告就可以就机会的丧失索还。一个范例便是 *Van Gulik v. Resource Development Council for Alaska* 一案。[32] 彩票发行人以违背规则的方式抽中了获奖彩票，剥夺了原告赢得 10000 美元的 50% 的机会。法院认定了原告的权利，其可以要求 5000 美元，或者重新抽取自己的和另一张彩票。区别在于，政府的目的是提供特定类型的利益，诸如更好的居住、更好的卫生或防止儿童虐待，并不是为这些利益提供相当的现金。让有资格享受利益却并未被选到的当事人索还，并不会有助于实现这个目的。对第三人的责任要想推进政府的目标，就只能对合同的违约设定现金的惩罚，但除非政府选择如此，否则不能设想其会通过这种手段来实现自己的目标。

在另一种情况下，私人实体会缔约为公民提供利益，由政府付款，

---

［31］　Eisenberg, *supra* note 17, at 774.

［32］　695 P. 2d 1071（Alaska, 1985）.

但只会为其实际授予的利益付款。一个范例便是 *Martinez v. Socoma Companies* 一案。[33] 政府给若干生产商付钱，后者同意对特定数量的、被政府认定为弱势群体(disadvantaged)者进行培训，并且以最低工资来雇佣这些人(期限至少 1 年)。如果未能如此，生产商则要根据比例，将未能创造的每个工作岗位却收到的款项加以返还。Socoma 没能依约创造工作岗位，有 2017 位被认定为弱势群体但却未得到雇佣的人提起了诉讼。法院正确地认定，其不能够作为第三方受益人而索还。

一个理由前文已述。合同并没有令 Socoma 公司有义务为全部 2017 名原告提供工作。因此每个人都是因为受雇机会的丧失而起诉。正如艾森伯格所指出的，这里还有第二个理由："生产商可能会受制于一种双重责任：他们可能既要支付返还损害赔偿(对政府返款)，同时还要负担期待利益损害赔偿(预期丧失的工资)。"[34] 他们不是利用他人的开销得利了，而是失利了。

但在另一种情况下，政府与私人实体缔约由后者为公民提供利益，而政府按比例就此利益对实体付款。不过，如果实体违背了合同，其后果对某些受益人而言要比对其他人严重得多。一个范例便是知名的 *Moch v. Rennselaer Water Co* 一案。[35] 自来水厂与市政签约，以 42.5 美元的单价为每个消防栓提供水源。由于其未依约对消防栓提供足够的水量，原告的仓库失火损毁。纽约州上诉法院正确地认定，原告不能作为第三方受益人索还。《第二次重述》认同了这个结果。[36]

根据卡多佐法官的观点，仓库所有人不能索还的理由，在于此种责任会对自来水公司构成"压倒性的负担"(crushing burden)。也就是说，考虑到合同仅令其享有"微弱的回报"，若要定责，则会超出当事人

[33]　521 P. 2d 841 (Cal. 1974).

[34]　Eisenberg, *supra* note 17, at 774.

[35]　159 N. E. 896 (N. Y. 1928).

[36]　RESTATEMENT (SECOND) OF CONTRACTS § 313 illus. 2 (Am. Law Inst. 1988)(基于 Moch 一案).

151 的考量。[37] 当然,如果自来水公司是像保险公司那样,每个消防栓索要得更多,而在消防栓失灵造成损害时也付款更多,责任就不是压倒性的了。但这里有两个原因使其无法如此。首先,正如卡多佐所指出的,"如果全市都沦陷",那么公司就要担责了。[38] 保险公司有广阔的市场,其可将飓风和地震造成巨灾的风险加以分散。地方公司则不能因地方灾祸而分散风险。第二,自来水公司对每个消防栓索要特定数额款项,财产因火灾而受损的数量则各不相同。Moch 一案中的原告拥有一间仓库,其损失自然比(一般)房屋所有人要大。自来水公司可以就损失投保,但其不能就损失严重的程度按比例担责。

基于相同的原因,第三方也不能在《第二次重述》中所描述的情形下索还。示例 1 是针对《第二次重述》的同一条文:

> 乙和美国政府缔约,通过特定的路线运送邮件。丙是一名公众成员,因为乙未能履行合同而受损。乙对丙并无合同义务。[39]

这个结果是正确的。乙会给所有的人寄送包裹,但如果信件未送到,丙的损失会更大。

如果乙与私人公司签订合同寄送包裹,随后其(而不是第三方)遭受了诸如利润丧失的间接损害(consequential damage),法院就不会基于损害"不可预见"而否认索还。这就是经典的 Hadley v. Baxendale 一案之结果。[40] 由于发货人迟延交付机轴(mill shaft),导致磨坊休业,磨坊主针对收益提出索还,但法院并未认可。后面我们将会看到,对这个结果最好的解释不是可预期性,而是此处所言的逻辑。磨坊主因发货人迟延而遭受的损失,要远比发货人之大多数顾客所遭受的损失更加严重。但其未就机轴的及时送达而付过更多钱。

---

[37] 159 N. E. at 897-98.

[38] *Id.*

[39] RESTATEMENT (SECOND) OF CONTRACTS § 313 illus. 1 (Am. Law Inst. 1988).

[40] 9 Exch. 341, 156 Eng. Rep. 145 (1854).

三、为交易其他利益而授予的利益

所谓"债权人型受益人"（creditor beneficiary）的典型案件便是 *Lawrence v. Fox* 一案,[41] 该案的判决来自 1859 年的纽约州上诉法院。在本案中,霍利（Holly）欠了劳伦斯（Lawrence）300 美元。他把 300 美元贷给了福克斯（Fox）,换取了后者会还这笔钱的承诺。结果福克斯食言而未能对劳伦斯付钱。劳伦斯最后从福克斯手中索还了这笔钱。

我们将会看到,为什么第三方当事人应可在此种情境下索还,以及将其类分为"债权人型"受益人为什么导致了混乱。

（一）三方的交易:最简单的情况

在双方交易中,每一方当事人缔约都是为了对另一方授予利益,以此换取另一方所收取之物。我们已经看到,如果没有一方会因另一方的开销而有所得利,那么这就是公平的;而如果每一方当事人都认为自己收到之物要比付出之物价值更高,那么这就是自愿的。在此二情况下,合同应可被执行。

在三方交易中,每一方当事人缔约是为了授予另一方利益,但目的是从第三方当事人处收取利益。比如,甲将利益授予乙,而乙将利益授予了丙,丙又会将利益授予甲。在三方交易中,和双方交易一样,如果没有当事人因他人的开销而得利,而且每一方当事人都认为自己收到之物要比付出之物价值更高,那么授予利益的承诺就应当被执行。

这些理由非常明了。不过引发混乱的情况,是在第三方既不是一般意义上的受赠人型受益人,也不是债权人型受赠人之时。

这个问题在《第一次重述》里的示例便得以展现,《第二次重述》再次使用了它,虽然字词有所变化。我们在此援引《第二次重述》:

---

〔41〕　20 N. Y. 268（1859）.

152

甲公司与乙保险公司缔约,内容是如果甲公司生产汽车的未来买家在出售的 1 年之后,因汽车燃烧或被盗抢而遭受损失,那么乙就要进行赔付。随后甲把汽车卖给了丙,并且告知了这一项保险。这样丙就是目的受益人。[42]

本例中,丙并不是无偿地收取利益。对于甲所提供的保险责任范围,丙其实是对乙支付了保费的。而且,他也不是一个债权人型受益人,因为乙并没有承诺会对甲欠丙的债务进行支付。但两次《重述》都同意其应可索还。

153 为了解释这个结果,《第一次重述》刻意地扩展了"受赠人型受益人"的定义。第 133 条第 1 款第(a)项规定,所谓受赠人型受益人,是指:

根据周遭环境,承诺的条款显示出,受诺人获取全部或者部分承诺的履行之目的,是对受益人进行赠与,或者授予其可以针对承诺人主张某些履行的权利,而这些履行并非源自被认为或被判定为受诺人对受益人的应有义务。

正如艾森伯格所言,这个条款其实非常"尴尬",因为"'受赠人型受益人'这个术语是用来描述受赠人的,受诺人是要对其作出赠与,但执行合同的受益人并非真正的受赠人"。[43] 而且,它对我们也助益颇少。这一条款等于是说,一俟受诺人希望此方当事人可以执行承诺,第三方当事人就可以算作一位"受赠人型受益人"。于是艾森伯格问道:"怎能是一个法院来决定相关的意图是否存在? 因此,第一次《重

---

[42] RESTATEMENT SECOND § 302 Illustration 11 (Am. Law Inst. 1988). 这很像《第一次重述》第 133 条的示例 3 (Am. Law Inst. 1932)("甲公司与乙保险公司缔约,内容是如果甲公司生产机动车的未来买家在出售的 1 年之后,因汽车燃烧或被盗抢而遭受损失,那么乙就要进行赔付。随后甲把汽车卖给了丙,丙为甲所给付的汽车付了款,甲同时告知了保险已经生效。这样丙就是受赠人型受益人。")

[43] Eisenberg, *supra* note 17, at 750.

述》的一般规则极度空洞。"[44]

《第二次重述》也发现这个范例令人费解。《第二次重述》并没有假装汽车的买家是一个"受赠人型受益人"。它允许"在周遭情境显示受诺人打算将所承诺之履行的利益给予受益人"之时,其可以作为一个"目标受益人"而索还。[45] 艾森伯格指出(如我们一样),这个文本对于意图的关注太过严苛,而如果不提供关于承诺人的意图能被如何关涉的证据,"意图标准"就是极度空洞。[46]

但正如我们所见,第三方受益人在三方交易中应可索还的理由是非常明了的。其与当事人在双方交易中应可索还的理由相同。

(二) 债权人型受益人

在债权人型受益人的典型范例中,甲将利益授予给乙,乙承诺去完成甲对丙的既存义务。在典型判例 *Lawrence v. Fox* 一案中,[47] 霍利欠劳伦斯 300 美元,霍利贷了 300 美金给福克斯,福克斯承诺对劳伦斯支付 300 美元。在前述的三方交易中,甲将利益授予给乙,乙承诺将利益给丙,而丙又将利益授予给甲。这里唯一的区别是,丙作为债权人型的受益人,他已经令甲受益了,甲支付给乙,让后者将利益授予给丙,而这个利益本来就是甲应当给予(丙)的。

基于相同的原因,债权人型的受益人也应当被准许索还。每一方当事人都放弃了某物以得到某价值更高之物,而没有一方当事人会因他人的开销而得利。由于乙从甲处受到了利益,如果他不守承诺,那么就会因丙或甲的开销而获利。正如艾森伯格所指出:"如果受诺人不能简单地受诉——比如因为他脱离了管辖权或者变得无能力(incapacitated)……此时如果……债权人型受益人又无法起诉承诺人,那么

154

---

[44]　*Id.* at 752.

[45]　RESTATEMENT (SECOND) OF CONTRACTS § 302 (1)(b) (Am. Law Inst. 1988).

[46]　Eisenberg, *supra* note 17, at 755.

[47]　20 N. Y. 268 (1859).

承诺人通常就会有不当得利。"〔48〕

(三)因对第三人提供的信息而引发的责任

假设甲和乙会计公司签订了合同,内容是为其他主体的利益就甲的财务状况提供报告。乙过失地提供了不正确的信息而违约。出贷人或投资人受到了损害。我们将会看到,公司是否有责任,取决于此种安排是否是前述的三方交易类型,其中三方当事人便是甲、乙以及出贷人或投资人。

在 Ultra-Mares Corporation v. Touch 一案中,会计在准备资产负债表时有过失,而"他们知道这个表会被展示给银行、债权人、持股人、购买人以及出卖人"。但索还的主张未被承认。〔49〕 卡多佐指出:"如果此处存在过失责任,那么某种轻率的疏忽或失误,未能探求到虚假账目之下的盗窃或作伪,就会使会计在不确定的时间中,对不确定的类型承担不确定数量的责任。"〔50〕 这个案件及其论理常常被援引为侵权法的一项规则,即"陌生人——即不处在相关关系(privity)或邻近相关关系中的人——因过失导致的纯粹经济损失之损害,一般不会承担责任。"也就是说,"因过失导致原告遭受纯粹经济损失,但并未导致其他人的人身或财产遭受实际损害……陌生人"(一般不承担责任)。〔51〕 在本案中,资产负债表被出示给的一方当事人就被认定为"陌生人"。

不过,如果资产报告是特供出贷人和投资人的使用,那么他们会获得索还。在 White v. Guarente 一案中,〔52〕一家会计公司过失地准备了为有限合伙人的报告,其被认定为有责任。法院将其与 Ultramares 一案进行了区分,指出后一案件"涉及的是……'不确定的人之类型,

---

〔48〕 Eisenberg, *supra* note 17, at 761.

〔49〕 174 N. E 441 (N. Y. 1934).

〔50〕 *Id.* at 444.

〔51〕 Dan B. Dobbs, Paul T. Hayden, & Ellen M. Bublick, HORNBOOK ON TORTS 1068-69, 1071-72 (2d ed. 2016), 援引了 Ultramares v. Touch 1072 n.82。

〔52〕 372 N. E. 2d 315 (N. Y. 1977).

后者可能是在现在或未来会因信赖审计而与公司交易"。但在本案中，会计的服务并非关联于非特定或未确定的人之类型，而是已知的一群"握持确定权利之人"。在 *Credit Alliance Corp. v. Andersen & Co* 一案中，[53]法院判定了两个类同案件(companion case)*。这两个案件的出贷人都希望认定会计有责任，原因是在准备财务报表之时有过失，而出贷人信赖了这些报表。在第一个案件(*Credit Alliance*)中，法院驳回了起诉，因为尽管出贷人史密斯(Smith)信赖了报表，但会计却并不是"被雇来准备史密斯所想之借贷的报告"。在第二个案件(*European American Bank & Trust v. Staubs & Kaye*)中，法院却反其道而行之，因为会计公司"明知审计其客户的意图和目标主要是(甚至可以说就是)……要向出贷人(EAB)提供其所要求的财务信息。"

正如我们所见，卡多佐在否定 *Moch v. Rennselaer* 一案的索还时，提到了对一大类人设置责任的"压倒性负担"。仓库所有人的房屋被火灾烧毁，其不能因未能保持消防栓水压的水务公司违背了与市政的合同便对其索还。在这里我们看到，真正重要的不仅是潜在的责任过巨，而是不同人的损害可能差异过大，但更易受损之人并未比其他人有更多的付出。水务公司对每个消防栓都索要了相同的费用，这样一来，如果仓库所有人能作为水务公司和市政之间合同的第三方受益人，他就可能会获得一份收益，但同时却对此并无支出，而水务公司就会承担其并未受过补偿的风险。

基于相同的原因，*White* 一案中的有限合伙人与 *European Bank & Trust* 一案中报表所呈的出贷人，就应可作为第三方的受益人而索还。客户给会计付了钱，要其为出贷人或投资人的利益准备信息，那么如果出贷人或投资人出贷或投资了，此时就会对客户作出补偿。这是一个三方交易，而在三方交易中(与两方交易一样)，只要无人会因他人开销而得利，而且每方当事人都认为自己将要取得之物的价值高于其

---

〔53〕　483 N. E. 2d 110 (N. Y. 1985).

* 指上诉法院联合的多个案件，由于关涉同一个或多个法律问题而在上诉中被一同判决的案件。——译者注

将付出之物,那么授予利益的承诺就应当具有可执行性。在这两个案件中,如果会计因其过失而担责,他们可以通过向客户索要更高的费用而获得补偿,而客户们又可以在财务信息所呈送的出贷人或投资人处获得补偿。即便财务信息良好,其是否就会出贷或投资,这的确是不确定的,但客户相信良好的财务信息而带来获取贷款或投资的机会,是值得付给会计酬金的。他认为这个机会的价值高于其所付的酬金数额。从事前来看,没人因其他人的开销而得利。

156

(四)关涉三方或多方的双方交易合同

我们已经讨论了三方交易的案件。即甲将利益授予乙,而乙又将利益授予丙,丙再会授予利益于甲。我们现在要转向另一种案件,即一系列双方交易中,甲授予利益于乙,目的是换取利益,而乙随后可以将利益授予丙而换取利益。如果甲违约,乙可能就无法履行,导致丙利益受损。

提供劳务、零件(parts)或原材料一方的责任

当甲要提供劳务、零件或原材料时,如果甲违约导致乙不能履行而引发丙受损,一般规则是丙不能令甲作为第三方受益人而索还。艾森伯格提出了一个虚构的案件:

铸模工(Diemaker)和马夏尔(Martial)签订合同,为后者提供模具制作玩具士兵,结果铸模工未能提供,马夏尔被迫让工厂闲置。结果导致其违背了与艾克赛斯(Access,玩具分销商)签订的玩具士兵的买卖合同,而艾克塞斯将其再售给零售商玩具反斗城(Toys 'R We)的计划也泡了汤。为了这些玩具士兵,马夏尔从卡乐(Color)购买了特殊的油漆,雇佣了专业的按小时计价的工人。由于铸模工违约,马夏尔不得不取消了油漆的订单,也不再雇佣工人了。[54]

---

〔54〕 Eisenberg, *supra* note 17, at 751.

　　艾森伯格正确地指出,铸模工仅应当对马夏尔担责。这个结果再一次遵循了"若无补偿,则当事人不应当承担风险"的归责原则。在铸模工对马夏尔索要的价款中,并没有额外的一笔款项来补偿如下风险,即"第三方可能遭受损失而引发责任"的风险。

　　艾森伯格认为,对第三方的责任会与"缔约当事人——即马夏尔和铸模工——的利益"相冲突。不过他以下的论述也是相似的:

　　如果基于违约,铸模工(Diemaker)就要同时承担对马夏尔(Martial)和第三方的责任,那么铸模工肯定会对马夏尔要求更高的价格。但是马夏尔几乎是一定不会同意的,因为这会导致获取很少(甚至没有)相应的收益。[55]

157

　　的确,对铸模工愿意付的钱,马夏尔无法获取相应的收益。唯一的可能收益,便是如果马夏尔对艾克塞斯要承担责任,那么马夏尔会收到补偿。关于马夏尔是否要对艾克塞斯最后的收益承担责任,我们将在后面讨论。假设这里有责任,马夏尔仍然会不愿意为其对艾克塞斯承担责任的风险而付钱给铸模工,因为马夏尔要比铸模工能更好地承担这个风险。这里的风险是,玩具士兵能不能卖得出去,以及能卖多少钱。铸模工可以为了很多用途来制作铸模,而在未能交付铸模的情况下,其并不会基于自己可能损失的利润而对不同的顾客收取不同的价金。使用铸模制作玩具士兵的公司利润,会与使用铸模制造珠宝或精密仪器的公司利润大不相同。无论如何,马夏尔或艾克塞斯都要比铸模工能更好地评估这些收益。这样一来,不管马夏尔提供给铸模工什么价格,后者都不会愿意接受。

　　假设马夏尔已经与工人和卡乐缔结合同,而在铸模工违约之时,马夏尔被迫违约。那么,对于承担对工人与卡乐之损失责任的风险而言,马夏尔也处在比铸模工更优的位置。马夏尔不会付钱让铸模工去做这些的。因此根据相同的论证,这些人(指卡乐和工人)也不应作为

────────────

〔55〕　*Id.* at 752.

第三方受益人而向铸模工索还。

转售（sell for resale）者的责任

在此我们已经考虑了，为什么受铸模工违约影响的其他当事人，不能就其利益的损失而从铸模工处返还。不过，假定艾克塞斯已经缔结了将玩具士兵卖给反斗城的合同，继而因为马夏尔的违约而违约，那么，玩具反斗城能不能作为其与马夏尔合同的第三方受益人，而从马夏尔处获得索还？

答案是不能，但原因却不同。我们将会看到，当事人违约未交货、而货物是为转售，其要对买家就其利润而担责。正如马夏尔一样，艾克塞斯也是为了转售，是故玩具反斗城可以就自己利润的损失而从艾克塞斯那里索还。不过，玩具反斗城不能如此。其需要如此的唯一原因是马歇尔破产了。这里的问题就在于，何人处在承担破产风险的最优位置？回答一定是选择与他人做买卖、承担当事人破产而导致其损失风险的一方当事人。即便马夏尔和玩具反斗城对前者的经济地位有同等的了解，如果马夏尔因违约而破产，那么每一方也能更好地评估此时的损失，能更好地知晓最小化甚至规避此种风险的机会——比如通过调整与马夏尔的付款条款，或者寻找另一个分销商或供应商。每一方也能更好地决断要索要多少款项，以便涵盖马夏尔破产的风险。

建筑合同中的责任

所有权人对分包人的诉讼

看起来，所有权人不能对分包人索还，理由就和在刚刚的虚拟案件中，艾克塞斯不能对铸模工索还一样。铸模工违约而不能提供铸模为马夏尔生产玩具工人，结果导致马歇尔对艾克塞斯违约。类似的情况是，负责水管铺设的分包人对总承包人违约，而导致后者在翻新或修建房屋的合同中对所有权人违约。

有的法院认为，所有权人是第三方受益人，而有的法院则反对这一点,还有的法院允许因过失而索还。[56] 根据艾森伯格的观点,所有权人不可主张索还。按照他的观察,一般而言,如果分包人违约,除非总承包人能够补正分包人的问题从而避免违约,否则要由总承包人对所有权人承担责任。[57] 而其能否补正,又取决于承包人与分包人和其他承包人可以雇佣之人的关系。因此,对于承担"分包人可能违约"的风险而言,承包人要比所有权人处在更好的位置;而根据我们的观点,这才是真正重要的东西。

艾森伯格所考虑的情况,则是分包人的工作不完整或有缺陷而可被补正。如果所有权人就遭受的损失而起诉——比如,因为分包人迟延完工而违约——那么如我们所见,所有权人根本不可能就这些损害赔偿索还。我们也看到了,如果损害赔偿过分高昂,那么分包人(而不是总承包人)是能最好地承担这一风险的人。在这种情况下,法院已经否认了索还,理由是损害赔偿是不可预见或不确定的,即便其实际上不是这样亦然。在所有权人能够从总承包人处索还此种损害赔偿的情况中,所有权人仍然不能从分包人处索还。预估所有权人会从合同违约中所受损害,以及据此风险调整出价,对于这些问题,提供管道铺设的分包人的位置要比总承包人差很多。这就像之前说的案件,对于预估马夏尔不能生产玩具工人所导致的损失,铸模工的位置也要差很多。

不过艾森伯格设定了一项例外。假定分包人的工作有瑕疵,而该瑕疵在所有权人对总承包人付了全款后才被发现,而此时总承包人已经破产了。总承包人的破产管理人可能会认为不值得对分包人起诉,因为这很麻烦,或者因为索还不会有结果。根据艾森伯格的观点,此时如果总承包人与分包人的合同通过约定违约金条款或排除间接损害之责任的方式限定了损害赔偿,那么所有权人可借矫正正义索还。[58]

---

〔56〕 *Id*. at 768-89.

〔57〕 *Id*. at 769.

〔58〕 *Id*. at 769-70.

159

本该重要的是,为承担其作业会有缺陷之风险,分包人是否得到了付款。据推测应是这样的。尽管在预估其违约会给所有权人造成损失(比如迟延完工)的问题上,分包人并非最优选,但在预见作业之缺陷的风险,以及通过(其签订的)其他合同(比如管道合同)将补正缺陷的风险加以分散等问题上,分包人却是最优之人。因此正如艾森伯格所言,如果其收了钱来承担风险,但却否认其责任,这就是以其他人的开销之不当得利。

多份主合同(multi-prime contracts)

在前述虚拟案件中,马夏尔与铸模工缔约获取铸模,然后与卡乐缔约获取颜料,这样自己就可以制造玩具士兵。铸模工的违约并没有影响卡乐履行合同的能力,反之卡乐的违约也不影响铸模工的能力。与此相反,当所有权人要建造工程,他没有雇佣总承包人,而是就不同的部分雇佣了不同的主承包人,那么常常发生的情况是,一位承包人的违约导致另一位承包人违约,或者导致后者要避免违约就得多花钱。那么问题来了:(在这种情况下)第二位承包人能否作为第三方受益人——即第一位承包人与所有权人之间合同的第三人——来起诉第一位(违约的)承包人呢?

在这种情况下,大多数法院都允许第二位承包人向第一位索还。艾森伯格认同这一做法。[59] 他指出如果第一位承包人违约,那么第二位承包人就可能为了避免自己违约而产生更多的成本。所有权人是不能从第一位承包人处索还这额外成本的,因为其并未因第一位承包人的违约而受损。因此第二位承包人就应当作为所有权人之合同的第三方受益人,向第一位承包人索还。

正如艾森伯格所指出,如果第一位次承包人受制于对第二位之责任的风险,那么他就可以要求更高的价格。不过,如果第二位次承包人不会承担因第一位之违约而诱发额外成本的风险,那么他就该少要点钱。[60] 再一次,风险应当落在能以最低成本承担的一方之上,而且

160

〔59〕　*Id.* at 767.

〔60〕　*Id.* at 767-78.

应当因其承担了风险而获得补偿。艾森伯格的分析解释了基于这一进路第二位承包人就应当担责的原因。

不过也有一些情况,第二位承包人会处在更好的位置来承载诱发这些额外成本的风险。这就是第一位承包人的迟延会导致第二位承包人蒙受成本的激增。第二位承包人可以通过更灵活的计划,或者与可能的次承包人缔结合同来预防这些风险,这就使其处在更好的位置上。如果第一位承包人违约,另一位承包人所增加的成本可能会因前者所承担的工作不同而有所差异。另一方违约而导致第二位承包人承担的成本,可能会和一方对另一方要完成的工作非常类似。比如,假设第一位承包人要修补工厂的屋顶,第二位承包人要在工厂中安装设备。由于前者迟延,后者就必须让某些贵重的设备闲置,而这些设备可能会被降雨所损坏。由第二位承包人进行预期和控制,这样的成本会更低。而且,当另一位承包人的违约会延迟安装,这也是第二位承包人可能碰到的风险。反之贵重机器被闲置的风险,在第一位承包人其他的修补屋顶合同中可不常见。在这些情况下,第二位承包人不应索还。

次承包人针对主承包人之保证人的诉讼

建筑合同的另一个独特性在于,所有权人经常会要求总承包人从保证人处取得一份履行(或付款)保证书(performance or payment bond)。履行保证书保证合同会被履行;而付款保证书则保证次承包人会被付款。这样问题就出现了:如果总承包人破产了,次承包人能否针对保证人索还?

作为私主体的所有权人,其要求付款保证书是有自利之原因的。如果总承包人破产,那么未获清偿的次承包人在财产上是不存在担保权的(lien)*。相反,次承包人也不能针对政府拥有的财产设定担保权,但政府却常常要求提供付款保证书。有法院认定,次承包人仅在

---

* lien 一般被翻译为"留置权",但明显不符文意。按照学者的研究,lien 的本义是担保的一种上位概念(孙新强:《大陆法对英美法商 LIEN 制度的误解以及 LIEN 的本意探源》,载《比较法研究》2009 年第 1 期),因此笔者将其译为"担保权"。——译者注

161 公共合同中方可索还。它们探寻的问题是,在要求付款保证书的时候,所有权人的意图是否是让次承包人可以索还? 在公共合同中一定是的,[理由是]次承包人不能针对政府财产设定担保权。在私人合同中,所有权人的意图就仅仅是防止次承包人取得担保权。[61]

艾森伯格的观点是,无论是公共合同还是私人合同,次承包人都应当可以索还。为什么此种规则有利于政府的自身利益,他提出了一个很好的理由。

必有人要承担"承包人不会给次承包人付款的风险":或者是次承包人自己,或者是保证人。看起来保证人承担会更加便易。对保证人而言,其更可能了解总承包人的经济状况,而且其可以将总承包人破产的风险分散到大量的总承包人身上,次承包人做不到这一点。这样一来,所有权人通过索要付款保证书,就可以少付钱;这少的部分要低于相比因担忧无款可获而要提升的价格。[62] 如果保证人因承担了此项风险而付出了额外的款项,那么根据我们的进路,其就应当对次承包人承担责任。这个论证对私人合同也一样奏效。[63]

也有可能的是,所有权人要求总承包人取得履行保证书而不是付款保证书,而履行保证并未写明在次承包人未获付款时保证人是否有责任。正如艾森伯格所指出的,在此种情况下,其不应当对次承包人担责。所有权人仅仅要求履行保证书,而非付款保证书,更不是二者兼要。这样一来,所有权人就并没有付款给保证人而要其承担这一

162 风险。[64]

---

〔61〕　*Id.* at 764-65.

〔62〕　*Id.* at 765.

〔63〕　*Id.*

〔64〕　*Id.* at 766.

第三部分　合同的内容

第九章

诸种义务

一、"主观说"与"客观说"

　　正如本书第一部分所述,19 世纪是意志论的时代。合同是根据当事人的意志、同意或承诺而被界定的。当事人通过表示其意愿或作出同意而缔结合同的理念,也并非新事。这个变革就是要认为,当事人的意志是其全部义务的源头。

　　我们已经看到,这样一来的一个问题,就是当事人有时尽管已经同意了某些条款,但仍然不会受到这些条款的约束。因为这些条款不公平。另一个问题则是,有时当事人会受到很多债务的约束,但这些债务并非其实际所欲。当事人合同的用语必须被适用在其从未有意考虑过的情形之中。比如,除非合同有相反的约定,否则买卖、租赁或合伙合同的当事人要受到关于买卖、租赁或合伙的且能被纳入其合同的法律条款的约束。正如威利斯顿所指出,这些债务的源头并不是当事人实际或"主观"的意图,除非我们预设他们在缔约时就知道法律的这些条款会被纳入其合同之中。但"预设人人懂法,加上预设每个人在缔约时都会参照法律,并将法律条文适用为协议的条款,这实属天方夜谭。"[1]

　　对此的一个回应,便是合同的"客观说理论"。当事人的意图是不重要的,合同是法律赋予当事人语词与行为的法律效力,无论其意图是何。霍姆斯发展了这一理论,而威利斯顿接受了它。根据威利斯顿的观点,在阐释合同的用语之时,"总是适当的唯一含义,就是根据法

---

〔1〕　2 Samuel Williston, THE LAW OF CONTRACT § 615 (1920).

律所采纳之标准而判定的语言之含义"。如果合同未有约定,那么当事人的债务就是将法律纳入合同之后的内容,而不管当事人起初是作何打算。

意志理论从未回答霍姆斯和威利斯顿的质疑。弗里德认同一种现代化的意志理论,其认为承诺具有约束力,是因为这样可以增加承诺人的自由。他承认这个理论不能解释法院纳入合同的那些条款。没有人应当"徒劳地尝试将这些案件引入承诺规则"。[2] 如果他是正确的,那么正如其批评者所指出,承诺规则就不能解释大多数合同法。[3] 正如克拉斯韦尔(Richard Craswell)所指出:

借助个体自由的价值来解释承诺的约束力……这种理论对回答承诺为何有约束力的问题是可取的。但……自由同样可以借由任何基础规则(background rule)而获伸张,因此就必须引入其他价值来解释为什么一项规则会凌驾于其他规则。[4]

不过,客观说也不是一种可行的替代。说合同语言的含义取决于"法律所采纳的标准",或者说当事人受约束乃是由法律所施加的债务所决定,这并没有回答如下问题:法律应当采纳何种标准? 又应当施加何种义务? 正如克拉斯韦尔所指出,"为客观说摇旗呐喊,就是单纯确认了一个事实:任何一方当事人的意图既隐秘又主观,不应当被用来作为优选某种规则的理由。但关于何种事实应被选择,它也未置一词"。[5]

---

〔2〕 Charles Fried, CONTRACT AS PROMISE: A THEORY OF CONTRACTUAL OBLIGATION 60-61, 63, 69 (1981).

〔3〕 参见 Melvin A. Eisenberg, *Theory of Contracts*, in THE THEORY OF CONTRACT LAW 206, 279 (Peter Benson ed., 2001)。还可以参见 Conrad Johnson, *The Idea of Autonomy and the Foundations of Contractual Liability*, 2 L. & Phil. 271, 300 (1983)。

〔4〕 Richard Craswell, *Contract Law, Default Rules, and the Philosophy of Promising*, 88 Mich. L. Rev. 489, 528 (1989).

〔5〕 *Id.*

　　巴内特（Randy Barnett）试着在"绝对的主观主义意图概念"〔6〕和客观说之间寻找一条中间地带。他主张一项合同应当被阐释为遵照"当事人所属话语共同体（community of discourse）之常识或惯习理解"。〔7〕 这样能"最好地反映当事人所实际共享的主观理解"，并且"使对当事人所展示之同意的执行更贴近其主观意图"。〔8〕 他指出，"'常识'就意味着大多数人所共享的事物之意义"。〔9〕 不过困难在于，就如何处理其从未想到的偶然情况，当事人可能并没有主观的理解——无论是常识还是其他。如果当事人缔约的意图无法被其他"当事人所属话语共同体的惯习理解"所反映，那么个别化处理对于实现这种意图可能是很重要的。更重要的是，非法律人的"大多数人"对于何种条款会被法律纳入买卖、租赁或合伙等法律关系来处理当事人自己并未想到的事务，也没有清晰的概念。

166

　　这些问题一般的解决方式，看起来既不是"主观说"，也不是"客观说"。法院会探寻当事人若是考虑到了这些已经发生，但其实际却并未考虑到的情况，还会作何打算。他们会作之打算，被称为他们的"假定意图"（hypothetical intent），以区分其实际所想的"真实意图"。正如切尼（David Cherney）所言：

　　法律人会问，如果各方当事人已经明确地注意到了这个事项，那么他们会同意什么？阐释者在此建构了一个"虚拟交易"：他要决断的是，若是此种情况在缔约时直接出现，其本会如何交易来处理此种情况。〔10〕

---

　　〔6〕　Randy E. Barnett, *The Sound of Silence：Default Rules and Contractual Consent*, 78 Va. L. Rev. 821, 898 (1992).

　　〔7〕　Randy E. Barnett, *Conflicting Visions：A Critique of Ian Macneil's Relational Theory of Contract*, 78 Va. L. Rev. 1175, 1176 (1992).

　　〔8〕　*Id.*

　　〔9〕　*Id.* at 880.

　　〔10〕　David Charny, *Hypothetical Bargains：The Normative Structure of Contract Interpretation*, 89 Mich. L. Rev. 1815, 1815-16 (1991).

对意志论者而言,无论当事人"假定"如何打算,这都不重要,因为这里就没有真正的意图。切尼问道:

> 为什么我们会受到那些我们并未明确同意,而仅仅是假定之义务的约束? 个体是否应受到假定合同的约束(正如对照着实际合同),甚或干脆将这些假定合同叫作"合同",对此仍然不甚清楚。[11]

"承诺性债务的自治基础或权利基础"就像弗里德的论证一样,"并没有很容易就能扩展到单纯的假定协议之上"。[12] 对客观说的论者而言,为了解释当事人的意图所带来的合同债务便提出假定意图,更是一种有缺陷的尝试。不过麦克尼尔(Ian Macneil)指出,与客观说一样,主张当事人的债务源自"法律",就像主观说主张其源自当事人的意图一样,都是虚玄不实的:

> 167　人们能在多大程度上同意交易的全部条款——即便是相当单纯和具体的条款? 这种程度所受之限制,很快就推动法律拟制的发展而扩张了"同意"的范围,使其远超当事人实际心中所想。美国法对此最大的发展便是合同的客观说理论。美国传统的合同所立基的,正是客观性的意图之展示,而不是实际的同意。更重要的是,在传统法中,意图之展示包含合同的全部内容,一方(甚至双方)当事人事实上可能并不知道这些内容。[13]

不过这似乎无甚用处。正如埃里克·波斯纳所言:

---

〔11〕　*Id.* at 1817.

〔12〕　*Id.*

〔13〕　Ian R. Macneil, *Contracts : Adjustment of Long-term Economic Relations Under Classical , Neoclassical , and Relational Contract Law* , 72 Nw. U. L. Rev. 854, 883-84 (1978). 麦克尼尔对同意的观点相当诡秘,但正如巴内特所指出,在这一段中,麦克尼尔是暗示实际同意是主观同意。Barnett, *supra* note 7, at 1183.

如果麦克尼尔是对的,法院不能基于文件或其他证据所探寻的最初合同意图来解决合同纠纷,也不能使用此种意图(即便其存在)来引领关系合同(relational contract)存续期间内的行为……还不能通过设想假定交易来填补漏洞——那么法院应该做点什么呢?[14]

接下来,我们首先要审视,在当事人所使用的语词并没有清楚地指明其实际意图之时,法院会如何判定。随后我们要看看在当事人并无考虑的情况下,法院又会如何处理。正如切尼所说,法院经常会探寻当事人若是如此本会如何打算。我们将会看到为什么他们应当这么做。

二、实际意图

对于自己打算缔约的合同之条款,当事人可能心中明了,但其用语可能并不准确。他们所用的条款对自己来说可能很清楚,但对法院则不然。

为了判定当事人心中所想,法院就必须求诸条款的前后背景、交易习惯、当事人之前的交易、之间的磋商,以及一方当事人会令条款不符合自己之意图或公然不利于自己的可信度。根据《第二次重述》,法院可以考虑"一切相关的履行习惯(course of performance)、交易习惯或者交易惯例(usage of trade)"。[15]*它还可以考虑"当事人的主要意图"。[16] 在这里我们只要考虑,这些考量是如何能指明当事人实际内

168

---

〔14〕 Eric A. Posner, *A Theory of Contract Law Under Conditions of Radical Judicial Error*, 94 Nw. U. L. Rev. 749, 751 (2000).

〔15〕 RESTATEMENT (SECOND) OF CONTRACTS § 202(5) (Am. Law Inst. 1981).

＊ 此处《第二次重述》的中译本(徐文彬译,中国政法大学出版社 2022 年版)将其翻译为"履行历史、交易历史",原文用词是"course",本书译者根据《中华人民共和国民法典》官方译本的做法,将其翻译为"习惯"(官方译本对"交易习惯"的翻译就是 course of dealing),特此说明。——译者注

〔16〕 *Id.* at § 202(1).

心所想,以对照其在处理并未实际考虑之情境中的所欲所想。

　　一个考量是条款使用的背景。在 *Davis v. Outboard Marine Corp.* 一案中,[17]法院指出,认为合同使用美元是很"荒唐"的,因为这是一份保险合同,保险人与记名被保险人(named insured)都是"加拿大公司,主要业务也都是在加拿大"。法院就是用了"背景"来找寻当事人的实际意图:当事人不太可能不知道自己所说的是美元还是加拿大元。

　　另一个考量则是当事人之间的交易习惯以及在先交易。在 *Higgins v. California Petroleum & Asphalt Co.* 一案中,[18]沥青开采的合同价格是每"吨"(ton)0.5 美元。这个"吨"可能是一般吨(2000 磅),也可能是毛重吨(2400 磅)。在探寻当事人所打算(即实际意图)之时,法院认同了习惯以及在先交易的证据。当事人不太可能不知道心中想的是哪一种"吨"。

　　在 *Paul W. Abbott, Inc. v. Axel Newman Heating & Plumbing Co.* 一案中,[19]法院考虑了当事人在先的磋商。本案中,建筑合同要求"所有建造于完工房顶之上的雨水管与家用水管"都要能绝缘隔热。问题是绝缘隔热的水管是仅仅为雨水管,还是也包含家用水管。在磋商之际以及在投标之前,承包人曾经询问了工作的范围,并且"被建议……绝缘隔热层要安装在全部家用水管,以及完工房顶上所安装的雨水管之上。"证据显示了当事人实际的意图。当事人不太可能会同意一个工程价格,但却不知道工程的范围。

　　判定当事人实际意图的另一项考量,便是其所试图实现的目标。当事人很可能在心里已经想好了有助于实现这个目标的东西。在 *Udell v. Cohen* 一案中,[20]卖家出售 10000 台单头燃烧加热器(burner heater)和大概 10000 台双头燃烧加热器,"均为完美状态"。但他主张

---

〔17〕　415 N. W. 2d 719 (Minn. App. 1987).

〔18〕　52 P. 1080 (Cal. 1898).

〔19〕　166 N. W. 2d 323 (Minn. 1969).

〔20〕　122 N. Y. S. 2d 552 (S. Ct. 1953) (per curiam).

他只要交付第一种 1756 台和第二种 3074 台即可,因为他手上只有这些才是"完美状态"。不太可能将这些语词放进了合同,其便不必事先清查"完美状态"的机器数量。法院将此条款解释为了一项担保:所有 10000 台都必须处在完美状态。

另一个考量的因素便是条款是否公平。当事人不太可能有意受到明显不利于自己之条款的约束。在 *Hardin v. Dimension Lumber Co.* 一案中,[21] 伐木工购买的是自伐自运的木材,每 1000 尺 1.25 美元。他主张他只需支付 1400 美元而非 4000 美元,因为合同里有个倒霉的条款写着"所涉木材全部的买卖价格是 1400 美元"。紧随其后的是一个条款,要求即便多于其实际砍伐和运输的木材量的 1.25 倍,伐木工也要按此数额付款。可以理解的是,当事人同意的是就算伐木工没砍下多少树,他也会接受 1400 美元的价格。但要说不管伐木工多砍了多少都只给 1400 美元,卖家是不可能同意的。

将这些因素纳入考量的一个障碍,就是广为接受的"字面含义"(plain meaning)规则。根据这一规则,如果语词有字面含义,法院就不应当考虑合同之外的任何证据来审视当事人是否会在其他意义上使用这些语词。在我们刚刚讨论的案件中,如果法院采纳了字面含义规则,那么首先要考虑的,便是可有"字面含义"来表述诸如"美元""吨""已经完工的屋顶上安装的全部雨水管和家用水管"以及"10000 台加热器""全部完美状态"。如果有,其就会忽略背景、习惯、在先交易以及在先磋商等。这样一来,法院不会去探寻是否有能更适合当事人意图的其他意义,也不会去避免明显不利于一方当事人利益的结果。对于判定当事人实际打算何为,这个规则就是一项障碍。后面我们将会看到,对于判定当事人假定如何打算,它也是一项障碍。

三、假定意图(Hypothetical intent)

正如前文所言,当发生了某种各方当事人并未实际料到的情形,

---

[21] 13 P. 2d 602(Or. 1932).

法院会去探寻其"假定意图"。如果他们考虑到了这种情况,那么他们会有何打算? 这个进路是正确的,尽管存在前述之反对。

判定当事人假定意图为何,法院必须探寻他们在缔约之时打算完成何种目标。随后它们需要探寻何种方式最能有效地实现这个目标。用学术一点的话语来说,这个区分就是意在表明当事人"实为的"(actual)打算和当事人"其实的"(virtually)的打算。

在一般用语中,我们会在意图的这两种意义上反复横跳。如果一个人告诉他的旅行社给自己定下一班直飞丹佛的票,然后旅行社就定了联合航空 296 号航班到丹佛(起飞时间 2:00),如果这就是下一趟直飞航班,那么旅行社就完成了客户所打算的事情。这个客户并没有实为地打算乘坐联合航空 296 号航班,但他"其实"或者说"假定"就是这么想的。希望下一班直飞丹佛的客户必定想要 296 号航班。

切尼指出,法院在如下两种情况中会认为有必要凌驾于当事人的实际意图:合同中的"模糊"用语必须被适用于"其并未有意识预想的……偶然情况",以及"存在某人情况,但合同的用语并未写明"。[22] 接下来我们依次论之。

(一)模糊的用语

尽管各方当事人可能已经完全理解其合同的某项条款是如何适用于某种情境之中,但仍然有可能发生某事,后者与当事人心中所想在某些方面类似,但其他方面却有不同。若是新情况并非完全不同于当事人所想,那么对其合同的用语的解读就必须能包含之。所谓"相关",是指与当事人当时所使用的条款所试图实现的目标相关。

比如 *Kirke La Shelle Co. v. Paul Armstrong Co.* 一案,[23] 本案关系到一部剧《妙手空空儿》(*Alias Jimmy Valentine*)。一方当事人有权许可另一方当事人享有本剧的"改编权"(dramatic right)——改编为电影的独家权利——"或该剧在纽约市进行制片,'巡演'或者'库存'

---

〔22〕　*Id.* at 816.
〔23〕　188 N. E. 163 (N. Y. 1933).

（in stock）均可"。[24] 在合同签署之后，有声电影被发明出来了。法院正确地认定，"改编电影权"并不适用于有声电影。因为当时还没发明出来，当事人就不可能使用这一词来包含有声电影。而且当事人的意图也不是通过排除有声电影而使其仅包含默片。

在一个英国案件中，[25] 一位广告代理商签订合同，要一架飞机在9个月内拖着横幅飞行，横幅上写着"Eat Batchelor's Peas"。由于疏忽，该飞机在休战纪念日（Armistice Day）中仍然飞行，当时人群正在悼念仪式上默哀两分钟。该代理商被认定要就 Batchelor 公司的公共形象受损而担责。合同的用语并没有区分这9个月中休战纪念日和其他时间的飞行。当事人并未有意地考虑是否应在休战纪念日飞行，但在提供广告的合同中，这种区分是很重要的。

在判定当事人的假定意图和实为意图上，"字面含义"规则都是一个障碍。根据这一规则，如果语词有"字面含义"，法院就不应当考虑当事人所意的其他证据。这个规则认为语词的含义就是对特定当事人意图的抽象。但这么做可能会引发错误的结果，因为某个区分可能对其意图而言很重要，但在当事人一般性地使用某个词的时候却认为并不重要。

一个示例便是 *Highly v. Phillips* 一案。[26] 原告将一块地上的全部"泥土"（dirt）以 500 美元的价格出售，被告从其中搬出了 10000 吨高质量沙土（sand），其可以用来制造混凝土，市场价是 0.25 美元 1吨。法院本该探寻，当事人是否有意考虑过这块地上会包含沙土？如果是这样，那么买家就有权拥有之；如果不然，那么当事人就没有想过要买卖沙土。这个问题对当事人的意图来说是很重要的，因为沙土比泥土贵很多。但法院却适用了字面含义规则：如果未显示当事人是在不同含义上使用语词，那么语词就必须按照一般含义来理解。[27] 法

171

---

〔24〕　*Id*. at 165.
〔25〕　*Aerial Advertising Co. v. Batchelor's Peas*，［1938］2 All E. R. 788（K. B. 1938）.
〔26〕　5 A. 2d 824（Md. 1939）.
〔27〕　*Id*. at 829.

院援引了一堆词典(包括 *New Standard Dictionary*, *Webster's New International Dictionary*, *the New Century Dictionary*, *the Winston Universal Reference Library*),然后得出结论:"按照权威解释,'泥土'和'尘土'(earth)一般可平义互换;二者均指'松土',以与'硬石头'区分。"[28] 因此,当事人缔约说的"泥土"就包含了"沙土"。这个分析的一个问题在于,所有词典确实显示一般话语中常会区分"泥土""尘土"与"硬石头",但其并没有显示通常会不会区分"泥土"和"沙土"。而且,即便这很不寻常,我们也能得出结论,对日常目的来说区分泥土和沙土一般不重要;但在出卖泥土或沙土的时候,这就很重要了。

在 *Lawrence v. Cain* 一案中,[29] 事情是一项约据(covenant)被违背了,内容是不得通过拍摄"学校照"(school photograph)来比赛,但当事人却拍了大学毕业典礼的照片。法院本该探寻,当事人禁止学校照的理由,是否也适用于大学校园。如果这个区分对其意图而言无关紧要,那么就应该包含大学的照片。但法院却使用了字面含义规则。"'学校'一词一般的用法,是指本地学校法人,不包含通常指学院或大学的高等学府。"[30] 因此,约据就不包含后者。的确,区分"学校"和"学院或大学",对很多目的来说都很有用,因此一般的用法会加以区分。但真正重要的是,就本案当事人的出发点而言,这个区分是否有用。

亦有人为字面含义规则辩护,这就是前述合同"客观说"之拥趸。他们相信即便是当事人的实为意图也是不重要的,合同被他们定义为与当事人所使用之语词相关的各种后果,而无论其对当事人的意义。根据勒尼德·汉德法官的说法:

> 法律对承诺人之语词所设置的意义,是否是承诺人实为之打算,这并无差别。整个英国主教院(House of Bishops)都认为,就算某人打

---

[28] *Id*. at 827-28.

[29] 245 N. E. 2d 663 (Ind. App. 1969).

[30] *Id*. at 666.

算的是别的东西，这对其债务也不会有任何影响，这一点可慰吾人……因此可以得出结论，承诺人就其使用的语词而宣布其含义，无论其可作为认可(admission)而能有多么正式，这都没有任何关系。的确，如果双方当事人分别宣告，其意义与日常含义有所不同，而每个宣告都类似，这也毫无关系……当法院要指定其语词的意义，其必须忽略这些宣告，因为它们只关系到缔结合同之时的心理状态，与债务没有任何关系。[31]

正如我们所见，客观说并没有解释，为什么法律会按自己的做法为合同(的语词)来确定意义。这样一来，即便认可当事人会受约束，且此约束并非源自其所打算，而是由于其用语的法律效力，客观说也没有解释为什么法律效果应当取决于语词的字面含义。而且，它也没有解释为什么当事人应当受到其从未打算的后果之约束。

　　一个理由可能是一方当事人被误导了。也就是说，一方当事人将合同中条款按"字面含义"理解，但另一方当事人所想却是他者。这是另一个问题，即当一方当事人的实为之意图与另一方相冲突时，法院应当何为。对此我们后面会再讨论。此处的问题是，当事人的实为意图相同，但出现了其并未有意考虑的情况，那应该如何呢？

　　埃里克·波斯纳指出，尽管"按字面执行同样会产生错误，……至少这个错误是可预见的"。[32] 但在我们考察的情况下，字面含义规则所产生的错误对缔约当事人来说可是无法预见的。问题在于面对他们没有考虑的情况时，他们不可能考虑对合同进行遵循字面含义的解读可能造成何种错误，而且如果他们考虑了，他们本来就可以自己解决问题了。

　　字面含义规则的某些批评家走得太远，他们主张语词唯一的含义，就是一方当事人在使用语词的特定情境下所附着的含义。法官科

173

----

〔31〕 *Eustis Mining Co. v. Beer*, *Sondheimer & Co.*, 239 F. 976, 984-85 (S. D. N. Y. 1917).

〔32〕 Posner, *supra* note 14, at 752.

津斯基(Alex Kozinski)批评了法官特雷诺(Roger Traynor)，认为后者便是如此。特雷诺在 *Pacific Gas & Electric Co. v. G. W. Thomas Drayage and Rigging Co.* 一案中指出：

> 语词……并没有绝对和确定的指示物(referent)……特定语词或一群语词的含义，会"根据使用者、倾听者或阅读者的语言教育与经验，因言语背景、周遭情境以及意图"而多种多样。"……除了这些要素，语词没有含义，更没有客观含义或真实含义。"[33]

字面含义规则是"对语词的内在含义与内在力量(inherent potency)之原初信仰的残余"。[34]

根据科津斯基(Kozinski)的观点：

> (*Pacific Gas* 一案)削弱了我们法律体系的基础。通过册封"语词不适合表达概念"的观念，*Pacific Gas* 一案暗中破坏了如下基本原则，即语言对公共行为和私人行为提供了有意义的限制。如果我们不愿说，面对面交易的当事人能够提出约束自己的语词，那么我们怎能因某人违背了成文法就将其送进监狱？成文法包含的正是缺乏"绝对和确定指示物"的语词！法院又如何执行裁定(decree)？因为裁定写的都不是能理解的话语，而只是以反映了"法官的言语背景"的行话编码而成！如果"完美的言语表达"不可能，那么低级法院未能执行高等法院的指令，还会是犯错吗？所有以理性化和原则化的方式发展法律的尝试，都注定会作为"对语词的内在含义与内在力量之原初信仰的残余"而失败吗？[35]

---

　〔33〕　442 P. 2d 641, 644-45（Cal. 1968），citing Arthur Corbin, *The Interpretation of Words and the Parol Evidence Rule*, 50 Cornell L. Q. 161, 197（1965）.

　〔34〕　442 P. 2d at 643-44.

　〔35〕　*Trident Center v. Connecticut General Life Ins. Co.*, 847 F. 2d. 564, 569（9th Cir. 1988）.

特雷诺是正确的。语词的意义确实取决于演说者用其来传达的东西,而且这个意义也确实取决于背景。不过,在缔约的背景下,当事人希望将其含义传达给第三方(如一位法官),就像(在科津斯基的例子中)刑法的立法者希望将含义传达给那些服从和执行刑法的人,而高级法院希望将自己的含义传达给下级法院。其有这么做的能力并非以"语词的内在含义与内在力量"为前提。因为缔约的当事人希望将自己的含义传达给其他人,因此他们会使用其相信其他人(如法官)能够理解的语言。正因如此,他们使用的语言就是对他们想要的东西的最好证明,比任何外在证据都更有力。

但这仅仅是其意图的证据。由于合同的语词写出来是要被其他人所理解的,因此很可能其看起来所说便是其所想。字面含义规则的问题在于,有的时候并非如此。

根据科津斯基的观点,字面含义规则的优势在于,其可以防止法院基于外在证据而对当事人之所想作出错误的判决。

根据 *Pacific Gas* 一案,合同是如何撰写的并不重要,其整合得如何完整、磋商得如何仔细,其在法院之前如何诚实地陈述事项,这全都不重要:合同不能借由口头证据(parol evidence)便不受攻讦。如果一方想主张双方当事人打算某事,但协议规定却是另一件事,法院就必须考虑可能会模棱两可的外在证据。如果这些证据引发了不确定的问题,但之前并无此事,那么合同的用语就要被取代,当事人的意图必须优于有偏见的见证人所提出的自私证言——这些证人的记忆因时间经过而模糊,且因其冲突的利益而歪曲。[36]

当然,法官应当更加倚重明晰写出、完整整合、认真磋商的合同用语,而少依靠自利之证人的证言,他们的记忆模糊,又因自利而歪曲。在这种情况下,法官应当得出结论,即当事人所说即所想;但在其他情况下,他们就应当看得更深一些。

175

---

〔36〕 *Id.* at 569.

（二）省略的条款

在省略条款的情况下，正如模糊不清的用语之情况，法律应当探究当事人的假定意图。如果他们考虑到了这种偶然情况，那么他们本来会选择何种条款？这种做法之证成一如前述。当事人本会选择的条款，就是最适合实现其意图的条款，即在其缔结合同之时实际打算实现的意图。带有此种意图的当事人，应当希望受此种条款约束。

合同的条款会在各方当事人之间分配风险和负担。正如经济学家所言（以及本书第一部分所述），能事先构想风险的当事人，会将风险置于最能轻易地加以承担的一方当事人身上。随后他们会调整价格，以便弥补此方承担的风险。我们在本书第一部分看过，如果合同中的一个条款并未将风险置于最能轻易承担之人，那么这就是一个信号，即此方当事人并未因承担风险而获得补偿。那么该合同就是显失公平的，法院应当授予救济。

如果当事人并未考虑风险，那么其合同就不会包含处理该风险的条款，法院就应当提供一个条款，将风险归于能以最低成本加以承担的一方。这样的话，当事人可能并未因承担风险而获得补偿，因为他们就没有考虑过这一点。即便如此，风险应当落在（其成真的话）损失会更小的一方当事人。这就是当事人本该希望风险落下的地方。

更重要的是，最能承担风险的一方当事人，可能会因承担风险而获得补偿，即便当事人并未考虑过特定的风险。正如本书第一部分所述，之所以一方当事人能最好地承担风险，理由之一便是其能最好地预见风险。如果一方当事人能最好地预见风险，那么风险对他而言也就更低。这里的原因基本类似于能偷看别人牌的人，玩牌的风险会更低。能最好地预见风险的一方当事人，会将风险纳入其在设定价格之时能够预见的其他风险——尽管在合同缔结之时这些风险并没有均获补偿。

能最好地控制风险的一方当事人，就能更轻易地承担风险。一方当事人因控制风险而引发的成本，会与其他成本一起体现在合同价格之上——尽管当事人可能并未考虑到某一项成本。

一方当事人若能在类似的交易中反复面临风险,那么他就能更轻易地承担风险,因为他可以自保(self-insure)或购买保险来抗衡风险。这所引发的成本会体现在合同价格之中——即便当事人在缔约之时并未考虑到这种风险,亦然。

本书剩余的大部分内容,都会关涉哪一方当事人能最轻易地承担某项风险。这个考量是理解很多条款的关键——比如确定当事人必须履行之程度的担保(warranty)。义务的范围应取决于每一方当事人能够最好地承担何种风险。如果当事人未能履行而要担责,这是理解其责任的关键。未能履行的后果,应当由能更轻易地承担风险的一方当事人所承担。这两个问题是不可分割的。

以经济效率为据来解释法律的学者,同样相信当合同无约定之时,能最轻易地承担风险的当事人就应当承担风险。正如埃里克·波斯纳所言:

> 合同事前价值的最大化……一般意味着以如下方式来分配之物,即将偶然事件之风险归于能以最低价格来承担的一方当事人,并且授予当事人合适的动机进行违约、投资和从事相关行为。[37]

不同之处在于,经济学家关心的是效率。他们能够解释的是,为什么将风险置于能最轻易地加以承担之人在事前来看是有效率的。但正如我们所见,他们不能解释的是,为什么要法院事后这么做是有效率的。一俟到了事后,风险已经具体化,损失已经发生,那么问题就是由谁承担。除非当事人预计到了损失,因而一方会有激励以其他方式为行为从而将当事人所支出的总体成本最小化,否则将风险置于任何一方都不会影响效率。就其本身而言,一方当事人事后变得更富或更穷,这个事实都无关紧要。

有人认为,将风险事后置于能最轻易地就加以承担之人是有效率的,因为这会节省缔约成本。从事前来看,双方当事人会将风险置于

---

〔37〕　Posner, *supra* note 14, at 756.

这一方,因此如果其担心法院事后不这么做,那么就会在事前花时间磋商并起草自己的条款。根据戈茨(Charles Goetz)和斯考特(Robert Scott)的观点,"填补型"(gap filling)规则"有一个重要的用途,就是节省大多数交易人签订特制协议(tailor-made arrangement)的成本"。[38] 斯考特将这一进路总结为:

> 一个策略……就是实现事前效率。这个策略被设计出来是为了保护(甚至推进)服务于未来当事人的成套的合约信号(contractual signal)之效用。……如果是这样,那么法律应当采纳的规则,就是当交易成本足够低,以至于磋商人可以特制其自己的规则时,数量最多的当事人会采纳的那些规则。映射出大多数当事人在低交易成本时会采纳的法律规则,会节省这些当事人的时间、成本以及磋商合同条款时内在的错误,并且使其不会成为书面形式。[39]

177

查尼(Charny)反对这一点,认为"从后果主义者的视角看,规则如果是按交易者'本会同意'来推定债务,这一般会减少交易成本,而不会增加"。[40] 尽管如此,根据经济分析,当某项风险是如此重要,当事人会耗费额外的缔约成本来事先处理,那么这只会有效率的增益。如果风险及其后果足够遥远,他们是不会这么做的。在这种情况下,从效率的观点看,法院如何在事后来分配风险就无关紧要了。更重要的是,如果经济分析是正确的,那么尽管法院的判决会令大量的金钱岌岌可危,但真正重要的是如下可能性,即当事人会在未来的案件中产生不必要的拟约成本(drafting cost)。从经济分析的角度,要想相信真正重要的就是避免这种成本,唯一的理由便是这是很重要的。这种解

---

[38]　Charles J. Goetz & Robert E. Scott, *Principles of Relational Contracts*, 67 Va. L. Rev. 1089, 1090 (1981).

[39]　Robert E. Scott, *The Case for Formalism in Relational Contract*, 94 Nw. U. L. Rev. 847, 850 (2000).

[40]　David Charny, *Hypothetical Bargains: The Normative Structure of Contract Interpretation*, 89 Mich. L. Rev. 1815, 1817 (1991).

释或许只能令那些深谙经济分析进路的人信服。

根据《第二次重述》,当合同无约定时,法院不仅要考虑当事人的假定意图,更要考虑所适用的某项条款是否公平。这默示的含义是,这些进路是可替换的,而且彼此之间也存在着冲突。

有时,据说要探寻的便是当事人在面对问题时本会达成一致的条款……如果问题发生了就会适用某项特别条款,这种可能性或许是在"判定各种情形之下何种条款为合理者"的因素。但如果事实上不存在协议,法院就应当适用一种与公平和政策与公共标准相符的条款,而不是去分析某种假定的交易进程之模式。[41]

这一段文字,误解了法院在探寻"当事人在面对问题时本会达成一致的条款"的方式。当事人本会将风险置于能最轻易地加以承担之人身上。询问何方当事人可以如此,并不是对一项"假定交易进程"之后果的预估。如果承担了风险的当事人得到了补偿,或者风险置于损失最低的一方,那么条款就是公平的,而不是因为是其反映了"公共的标准"。无论如何,《第二次重述》诉诸"公共标准",类似于巴内特诉诸"大多数人的常识"。但无论是公共还是大多数人,对于当事人并未考虑的风险应当如何公平分配的问题,都知之甚少。

格哈特(Peter Gerhart)同意法院应当适用公平的条款。他正确地看到当"履行之债"未被当事人"言及"时,"目标……就是保全每一方当事人在交易中所议价之收益与负担的事前平衡,保全事前的交易均等"。但是,对于何种条款能够保全这种事前均等,以及为什么当事人会想要采纳这样的条款,他却有一个不同的观念。根据格哈特的想法,这种均等创自并受到"通盘考察(other-regarding)或价值平衡之推理"的保护,而在这些推理中,每一方当事人"会认同双方的私人计划,

178

---

〔41〕 RESTATEMENT (SECOND) OF CONTRACTS § 204 cmt. d (Am. Law Inst. 1981).

但却并不知道哪一项私人计划会更适于价值的调和"。[42] "通盘考察之人能如此,是通过无知之幕背后的思维过程,即保证对冲突价值的评定能够不偏不倚。"[43] "在通盘考察之人作出承诺时,其行为的核心概念就是无知之幕。"[44]

对格哈特(以及罗尔斯)来说,"无知之幕"是一个隐喻,意味着公平的解决方案是不偏不倚的:所有人的考量都等同视之。不过问题在于,何种条款才是不偏不倚的? 要想找到答案,不是靠探寻当事人在无知之幕背后会有何作为,而是探寻何人能以最低成本承担风险。即便当事人并未特别地考虑到公平,他们也会按此方式来设置风险。若如此,他们仍可得到一个公平的结果,而不需要是"通盘考虑者",也不需要在无知之幕背后。

四、诚信履行之义务

(一)规则及其目的

根据《第二次重述》:"每个合同在其履行与执行中,都对每一方当事人设定了一项义务,即保持诚信和公平交易。"[45] 实际上在每个州179 内,合同都被推定为包含了诚信与公平交易的默示约据。

这一默示义务的用意,与被纳入合同中的其他条款之用意相同。提供此种条款,乃是为了实现当事人缔约之目标的最优手段。

不过在这一点上,认定当事人有义务以善意为行为,与前述其他条款略有不同。就前述条款而言,其是当事人若事先考虑了某个问题,便本会自己约定此种条款。但诚信规则适用中最大的难题在于,其会适用在当事人不可能事先考量之时。

---

〔42〕　Peter M. Gerhart, CONTRACT LAW AND SOCIAL MORALITY 69 (2021).

〔43〕　*Id.*

〔44〕　*Id.* at 65.

〔45〕　RESTATEMENT (SECOND) OF CONTRACTS § 205 (Am. Law Inst. 1981).

一种情况是,当事人不可能希望事先约定合同的全部条款,因为他们希望其债务能更灵活。为了这种灵活性,当事人希望将判断"合同的某些条款应为如何"之裁量权,授予合同的一方当事人来嗣后定夺。

在另一种情况下,为了实现缔约的利益,当事人必须合作,而合作的方式无法事先加以约定。如果想合作成功,事先将每一方必须为或不为之事都加以描述,这是不可能的。

提供灵活性和促成合作,诚信履行义务如何服务这两项目标,我们接下来就加以考察。

提供灵活性

通过将裁量权利授予一方当事人而使得许诺更加灵活,这里存在两种方法。可以要求一方当事人在行使裁量权时,其根据的标准是其最优判断(并非机械呆板式)。一个例子便是生产量合同或订购量合同(output or requirement contract),其中一方当事人决定购买或出售的数量,而标准则是以此方当事人的生产量或者需求为准。

另一种方式则是允许当事人行使裁量权而无须考诸任何标准。一个范例便是当事人拥有一项选择权,但仅在其有利之时方可行使。我们依次论之。

根据某种标准行使裁量权

在 *Feld v. Levy & Sons* 一案中,[46] 被告同意将其生产的全部面包屑加以出售。合同可以被解除,但需要提前 6 个月通知。卖家发现生产面包屑"不划算",而买家却拒绝在合同价格之外再多付每磅 1 便士的钱,于是卖家关闭了生产线,将原材料卖给了一位动物饲料生产商。

当出售的是固定数量的货物,但要在固定价格上生产,此时卖家会承担两项风险。其一是他如果等下去了,可能会以更好的价格卖给其他人;其二则是货物生产会导致其花费超过预期的成本。如果其不希望承担这两种风险,他的合同就不应当是产品全售合同,而应是一

180

---

[46] 335 N. E. 2d 320 (N. Y. 2009).

项选择权合同。如果他仅仅不希望承担第二种风险,那么他就应当选择缔约为成本外加费用(cost-plus)而非固定价格。在 Feld 一案中,出卖人试图规避的风险,是以固定价格出售之卖家一般会承担的风险,而且他承担这一风险也获得了补偿。法院正确地认定,他没有为诚信之行为。格哈特看到,如果卖家"降低了面包屑的价格以便换来无须通知即可解除合同的自由",那么他是可以胜诉的。[47] 但如果是这样,作为降低价格的回报,他本该缔结一个选择权合同,而非产品全售合同;或缔结成本外加费用的合同而非固定价格合同。[48]

在产品全售合同或有限制条款的合同中(而非选择权),卖家和买家必须根据某个标准来行使裁量权。这一做法要早于《统一商法典》。[49] 按照《统一商法典》的规则,提供的数量或订购的数量必须是:

此种实际的产量或者需求必须以诚信为定,不可与预估量存在不合理比例的偏离;若不存在预估量,则不可不合理比例地偏离正常量;再者不可不合理比例地偏离其他可比较的、供清偿的在先产出量或可供货在先需求量。[50]

不过在产品全售合同或订购量合同中,一项标准是必须有的。无论是供货还是订货,数量与预估或正常的生产量或订购量未发生过分偏离的当事人,仍然是以诚信为之。

在 Feld v. Levy & Sons 一案中,[51] 被告同意出售自己生产的全部面包屑。正如法院指出,面包屑是"一种制成品,首先从陈面包或外观

---

[47]　Gerhart, *supra* note 42, at 140-41.

[48]　而且,基于刚刚所述的原因,他也不太可能这么做了。如果是这样,格哈特指出:"卖家可能就有证据证明此种效力。"*Id.* at 141. 这个证据本是确实可信的。

[49]　*Brawley v. United States*, 96 U. S. 168 (1877); *New York Central Ironworks Co. v. United States Radiator Co.* , 66 N. E. 967, 968 (N. Y. 1903).

[50]　U. C. C. § 2-306 (Am. Law Inst. & Unif. L. Comm'n 1977).

[51]　335 N. E. 2d 320 (N. Y. 2009).

不完美的面包开始,然后去掉标证,由两台磨粉机进行加工,第二台磨粉机磨后的颗粒更细,放入烤箱的滚筒中烘烤,最后将成品装袋"。[52]这样一来,标准就不是其"正常产出或……在先产出",而是适合生产面包屑的陈面包和外观不完美面包的数量。

在 New York Central Ironworks Co. v. United States Radiator Co. 一案中,[53]尽管买家要求 100000"放射英尺"(feet of radiation),但其之前所要的大多数是 48000 英尺。但法院仍然支持了这一合同。"在合同执行之后,关于放射物的价格出现了巨大增长",但并没有证据证明,买家增加了购买量不是出于需求,而是要占价格上涨的便宜。[54]因此,尽管买家可能需求增加,而因其产品价格上涨,生产更多自然就更有利可图。他确实从市场价格变化中获利了,但他并不是仅因市场价格变化才多加订购的。

尽管存在一个标准,但失衡地偏离了"约定预估"(stated estimate)的产量或需求之当事人,仍然有可能是以诚信为之。在早期案件 Brawley v. United States 中,[55]原告同意为达科塔领地内的彭比纳堡(Fort Pembina)提供 880 捆橡木,"大致是这么多,具体由助理指挥官(post-commander)根据需求判定"。结果助理指挥官认为只需要 40 捆。法院认定"880"仅仅是对"可能数量的一个预估",陆军可以只要 40 捆。[56] 无论是预估还是判定最终需要捆数,"只要行为是诚信的",那么买家就可以按需索取。[57]

当事人也有可能不是按照某种标准来决定数量,而是按照价格。因此在生产量或需求合同中,偏离这一标准的当事人便是不诚信的。

管控定价的标准或者诚信行为的义务,这些都不需要在合同中列

---

[52] *Id*. At 321.

[53] 66 N. E. 967, 968 (N. Y. 1903).

[54] *Id*. at 968.

[55] 96 U. S. 168 (1877).

[56] *Id*. at 771.

[57] *Id*. at 172.

明。在 *Best v. United States National Bank of Oregon* 一案中，[58]一位存款人声称银行滥用权限，因在存款不足（insufficient funds）的情况下提取支票时，银行收取了远超其"成本+合理利润"的费用。法院认为，如果存款人"合理地预见了银行的存款不足费用（NSF fee）的定价……是包含着银行存款不足支票流程的成本加上企业成本津贴（allowance for overhead costs）再加上银行日常支票账户服务的利润率"，那么银行的行为就不守诚信。[59]

182　关于诚信义务是否仅能因不诚实之行为而被违背，亦即是否要明知所为非诚信才能违背这一义务，仍然聚讼纷纭。[60]　正如萨默斯（Robert Summers）所言，"很多理论家都尝试过对不诚信（bad faith）加以概念化……一定程度上会使用必要或者单纯的'意图要素'，诸如'恶劣动机'"。[61]　某些法院已经认定，如果必须根据一项标准来行使裁量权，那么这个（主观）要素就不是必需的。对另一方来说，重要的是这个标准是否没有被遵守，而不是其为什么没被遵守。

一个范例就是 *Best* 一案。重要的是银行所收取的酬金，高于其根据存款人期待其会遵守的标准。法院指出：

银行一方坚称自己在设定存款不足费用的时候乃是诚信为之，但这……并不是必然足够的……无疑，合同的当事人都会预期另一方当

----

[58]　739 P. 2d 554 (Or. 1987).

[59]　*Id.* at 555-56.

[60]　比如，Thomas A. Diamond & Howard Foss, *Proposed Standards for Evaluating When the Covenant of Good Faith and Fair Dealing Has Been Violated: A Framework for Resolving the Mystery*, 47 Hastings L. J. 585, 602, 614. (1996)[区分了两种类型的不诚信："商业不合理"（commercial unreasonableness），这不需要"不诚实"；以及"不诚实"或"通过欺诈或隐瞒的方式导致合同性的损害"]；Teri J. Dobbins, *Losing Faith: Extracting the Implied Covenant of Good Faith from (Some) Contracts*, 84 Or. L. Rev. 227, 270 (2005)（认为"动机是不相关的"）；《第二次重述》(1978)第 205 条 cmt. d(1978)（"履行中的托词和借口也会违背诚信义务，即便当事人相信其行为是可以被证成的"）。

[61]　Robert S. Summers, *The General Duty of Good Faith—Its Recognition and Conceptualization*, 67 Cornell L. Rev. 810, 820 (1982).

事人会诚信履行合同,如果相关事宜是商业企业的履行,那么一般会
期待其会遵循商业上合理的方式。但当事人的合理预期无须受此
局限。[62]

在 *Best* 一案中,被告担责的原因,是故意地偏离了妥当的标准,但
并不是不诚实地如此。如果此种偏离不是故意而是过失,被告同样会
担责。在 *Miller v. Othello Packers, Inc.* 一案中,[63]一方当事人同意种
植和培育利马豆(lima bean),而另一方则进行收割和冷冻加工。费用
取决于吨位与等级,由加工一方在豆子长成之后决定。加工方进行了
取样、评级和记录,但其所为严重过失,导致这些数字不能被用来判定
对种植者的补偿数额。加工者被判定遵循收割时作物的市场价格。
华盛顿最高法院认定,加工者违背了诚信与公平交易的默示约据。[64]

不受制于某种标准的裁量权

有时,当事人行使裁量权并无标准或准则所依据。不过,给当事
人提供裁量权是为了某个目的,而诚信则要求行使裁量权的行使必须
符合这个目的。

一个范例就是选择权。在 *Market Street Associates v. Frey* 一案 183
中,[65]选择权的目的是分配关于财产的未来价值和改善融资的各种
风险。波斯纳法官正确地认定,选择权不能被用来占对方"即时未能
注意到合同条款"的便宜。J. C. Penney 公司将财产卖给了 General
Electric Pension Trust,并且将其回租,附带一项以两倍于购买价格回购
的选择权。当且仅当 J. C. Penney 要求 Trust 考虑对基地的改善进行
再次融资,而双方无法达成一致,方可行使该选择权。J. C. Penney 将
租约转让给了 Market Street Associates。后者的普通合伙人联系了
Trust,询问关于对基地改善进行融资的事情。但他没有提及选择权,

---

[62] 739 P. 2d at 558.

[63] 410 P. 2d 33 (Wash. 1966).

[64] *Id.* at 34.

[65] 941 F. 2d 588 (7th Cir. 1991) (Posner, J.).

而在 Trust 指出自己不感兴趣的时候，他便希望行使该选择权。波斯纳认为，此时"合同当事人在考虑其合同权利的时候出现疏忽"，当事人"故意地利用了这一疏忽"。[66] 正如格哈特指出，重要的是这一选择权的意图。"其功能乃是对开发商磋商时不诚信的行为施加成本"，而不是要"让人记起来此处会有失权条款（forfeiture provision）"。[67]

正如前文所述，当事人拥有一项裁量权但其行使并无条件的另一种情况，便是合同包含一项"主观性"的满足条件。当事人如果确实未得到满足，自然是以诚信为之。当关系到审美或商业判断之时，此种条件很常见。画家同意给客户画像，只有客户满意了才会付钱。在 *Mattei v. Hopper* 一案中，[68] 开发商同意买一块地作为购物中心，但前提是他必须对其能与第三方签订的租约感到满意。在 *Western Hills v. Pfau* 一案中，[69] 购买人同意购买土地，但取决于其"与麦克明维尔市（City of McMinnville）关于规划开发之磋商的能力（ability）可否令双方当事人满意"。在这些案件中，标准都是当事人单方的满足，而不是通情达理者本会满足。且标准也不是合同是否有利（advantageous）。否则合同本可授予当事人一项选择权。客户不能为了光顾不同的画家就食言，开发商也不能为了购买另一块更便宜但同样合适的土地便食言。裁量权的行使必须遵守合同所赋予的目的。

当事人必须真心满意，这个条件不必明示。在 *Locke v. Warner Brothers, Inc.* 一案中，[70] 对洛克（Locke）关于电影制作的提议，华纳（Warner）公司享有优先购买权（first refusal），并且有权裁量是否接受。原告主张"这个……交易是一个虚假的幌子，华纳公司从未打算与其制作电影，而华纳公司缔结合同的唯一动机"就是帮克林特·伊斯特伍德（Clint Eastwood，著名影星和导演）一个忙，好让伊斯特伍德与

---

[66]　Market Street Associates v. Frey, 941 F. 2d 588, 594 (7th Cir. 1991).

[67]　Gerhart, *supra* note 42, at 142.

[68]　330 P. 2d 625 (Cal. 1958).

[69]　508 P. 2d 201 (Or. 1973).

[70]　66 Cal. Rptr. 2d 921 (Cal. App. 1997).

Locke 的官司能达成和解。[71] 法院认定尽管华纳公司享有"主观性创作决定的权利,这个权利并不能在合理性层面被审查(reviewable)",但其"不满意(必须)是善意或真实的"。[72] 多宾斯(Dobbins)批评了法院,认为其是"将'满意'的要求纳入合同,但这并不包含在合同本身的用语之内"。[73] 不过,华纳还是有裁量权的,就主观性的满足条件而言,问题在于其行使其裁量权是否符合其由(合同)赋予的意图。无疑,洛克面临着"提议被驳回"的风险,但如果华纳公司连想都不用想,那么这个条款就没意义了。

在另一种情况下,合同赋予当事人以裁量权,无须指定当事人必须遵循的标准便可决断价格。问题再一次是裁量权的形式是否符合了合同所授予的目的。在 Wilson v. Amerada Hess Corp. 一案中,[74] Hess 通过独立的特许权销售商以及自己经营的"合作"(cooperative)交易商出售汽油,售价则是"由 Hess 决定"。[75] 原告主张"Hess 公司明知地设定的价格……导致交易商无法承担经营开销,也无法获取利润"。[76] 原告说之所以这么做,是为了将独立经销商挤走,这样 Hess 公司就可以用自己的合作站来取而代之。法院正确地认定,如果是这样,那么 Hess 的行为就是不诚信的。授予 Hess 公司以裁量权来决断价格,并不是为了将(独立经销商)驱出市场。独立经销商并没有因为承担了 Hess 如此行使裁量权的风险而受到补偿。

在 Amoco Oil Co. v. Ervin 一案中,[77] 合同允许 Amoco 设定价格以及租赁,向经销商—承租人收取的租金根据其设定的公式计算,以此算出来的租金要比维修车间(service bay)的价值高两倍。法院认定 Amoco 行为非善意。"经销商有理由期待……Amoco 不会将任何计算

---

[71] *Id*. at 922.

[72] *Id*. at 925.

[73] Dobbins, *supra note* 60, at 248.

[74] 773 A. 2d 1121 (N. J. 2001).

[75] *Id*. at 34. *Id*. at 34.

[76] *Id*. at 1125.

[77] 908 P. 2d 493 (Colo. 1995).

要素进行重复收费",而且"他们若是知道了这一点,也就不会签署协
185　议了"。[78]

　　一种反复出现的情况是,一个条款允许某方当事人随意解除合
同。再一次,当事人的行为是否以善意为之,取决于其所行使的权利
是否符合合同所授予的目的。

　　在一项雇佣合同中,一般认为公司与雇员[79]或其他代理人[80]解
除合同,以图避免支付后者本应有权获得的佣金或股票期权[81],这都
是非诚信的。正如《第二次代理权重述》[Restatement (Second) of A-
gency]正确地规定:

　　　　如果本人对代理人作出了一个可撤回(销)(revocable)的补偿要
　　约,内容是其要完成特定的结果,此时若本人为了避免付款,撤回(销)
　　了要约,随后因代理人在先的努力而使结果得以实现,那么代理人有
　　权利获得允诺的价款额。[82]

雇员若能成功完成工作便可获得额外薪酬,但雇主却行使裁量权而剥
夺此笔薪酬,那么其便是不善意的。这本来就是其补偿的一部分。雇
员并没有承担"若能成功,雇主却可将这一笔钱全部拿走"的风险。

　　类似的,特许权人、许可人或者批发经销商(wholesale distributor)
也不能使用解除条款来私占另一方当事人从事业务的增值。法院有
时会适用这一规则,即便其并无自知。不过他们反而会依据当事人合
同的措辞。在 Atlantic Richfield Co. v. Razumic 一案中,[83]特许权人拒
绝更新特许权,因为其希望由其他人来代替现有的特许经营人。如果
这样,其就会占得特许权的价值。宾夕法尼亚最高法院否定了此举。

---

　〔78〕　*Id.* at 499.
　〔79〕　*Fortune v. Nat'l Cash Register Co.* , 364 N. E. 2d 1251 (Mass. 1977).
　〔80〕　*RLM Assocs. v. Carter Mfg. Corp.* , 248 N. E. 2d 646 (Mass. 1969).
　〔81〕　*Lemmon v. Cedar Point, Inc.* , 406 F. 2d 94 (6th Cir. 1969).
　〔82〕　RESTATEMENT (SECOND) OF AGENCY § 454 (Am. Law Inst. 1958).
　〔83〕　390 A. 2d 736 (Pa. 1978).

在 *Amoco Oil Co. v. Burns* 一案中,[84]特许权人希望终止特许权,并将已经租给特许经营人的财产卖掉。这不会私占特许经营人的业务,但却会使其减少损失。同一法院认定可以解除。之所以有所差别,是因为法院认为 *Amoco* 一案"和 *Razumic* 一案不同,任意解除权预留在了当事人的书面协议之中"。[85] 事实上并非如此。*Razumic* 一案的合同并不包含更新(特许权)的条款。

这一规则也限制了房东对租赁转让(assignment)或分租(sublease)加以拒绝的权利。根据加利福尼亚最高法院的说法,现代规则是房东若要拒绝,则必须是"善意合理的拒绝"。[86] 根据《第二次财产法重述》:

> 租户对其在租赁财产上利益的流转,必须获得房东的同意,这个限制是有效的,但房东对租客进行流转不能无理由地不同意,除非租赁协议中自由磋商的条款授予了房东以保留(withhold)同意的绝对权利。[87]

正如加利福尼亚最高法院指出,"为了索取高于原合同的租金"而拒绝同意,这不符合"诚信和合理的标准"。[88]

再一次,问题是房东拥有同意权之目的所在。一般来说,租赁对风险的分配和买卖是一样的:出租人避免的风险是,如果其等下去或者租期短些,那么租赁的市场价格可能会跌;而承租人避免的风险则是此时市场价格会涨。比如,承租人希望在租期终止之前搬出去,是

---

〔84〕　437 A. 2d 381 (Pa. 1981).

〔85〕　*Id*. at 383.

〔86〕　*Kendall v. Ernest Pestana*, *Inc.*, 709 P. 2d 837, 842 (Cal. 1985), 援引了 *Cohen v. Ratinoff*, 195 Cal. Rptr. 84 (Cal. App. 1983)。

〔87〕　RESTATEMENT (SECOND) OF PROPERTY, § 15.2 (2) (Am. Law Inst. 1977).

〔88〕　*Kendall v. Ernest Pestana*, *Inc.*, 709 P. 2d 837, 842 (Cal. 1985), quoting *Schweiso v. Williams*, 198 Cal. Rptr. 238 (Cal. App. 1984).

因为其他人的经营可能会更有利润,就算财产的租赁价值下跌仍然可以按照原初契约加以支付。反之(若租赁价值上涨)亦然。

促进合作

在其他情况下,之所以涉及诚信的问题,是因为当事人必须合作,但合作的方式又无法轻易地加以事先确定。此处是否存在义务,取决于当事人(是否)因为承担了风险和负担而获得了补偿。如果一方当事人的合作不会承担额外的风险或负担,而不合作会使得另一方当事人负担风险或负担,而该方当事人却并未因此获得补偿,那么前一方就负有合作的义务。比如,一方当事人未能合作可能会剥夺另一方当事人获得补偿,而后者之所以缔约正是为了取得这一补偿。正如格哈特指出,有时"一方当事人会代表对方接受某些负担,目的是为对方提供某些回报,而这些回报正是对方交易的目的"。"债务的一部分就是为了保持事前的均势。"[89]

积极的合作义务

有时,合作要求某种积极行为,如果没有合作,另一方当事人就无法履行,[90]或者无法满足条件。[91] 如果所有权人在承包人重新装修之前必须清空厨房橱柜;或者必须在承包人工作之前获得许可,那么所有权人就必须作出诚信之努力。

诚信之努力,并不必然要等同于"最大努力"。在 *Beraha v. Baxter Health Care Corp.* 一案中,[92]法院认定,对活检针头有权利的受许可人,并不负有尽最大努力来开发市场的义务,尽管许可人的收益是以百分比计算,而这取决于受许可人的努力是否成功。"特别是……当发明者授予专利技术的许可,但该技术的应用尚不得而知,受许可人会尽最大努力来开发技术的许诺,是一项实质性的许诺,不应当被自

---

〔89〕 Gerhart, *supra* note 42, at 139.

〔90〕 比如, *Designer Direct*, *Inc.* *v.* *DeForest Redevelopment Authority*, 313 F. 3d 1036 (7th Cir. 2002)(未能采取措施使承包人的履行具有可能性,构成了诚信欠缺)。

〔91〕 *Simon v. Etgen*, 107 N. E. 1066 (N. Y. 1915)(当建筑物要在付款之前被出售是应当完成的条件时,诚信就要求该出售卖要在合理期间之内)。

〔92〕 956 F. 2d 1436 (7th Cir. 1992).

动推定。"[93]但被告负有义务"在开发和营销 Beraha 针之时,合理行
使其裁量权"。如果在其"商业判断"中,开发活检针是不明智的,那么
"即便其压根不予开发",其同样已为诚信行为。"[94]

　　消极的合作义务

　　与此相反,有时一方当事人的合作义务是不作为而非作为。其不
得阻碍他人获得利益,而正是此利益诱使后者缔约。之所以有诚信的
问题,是因为很难在事先确定当事人不应为的所有行为。

　　很不幸的是,很多法院都认为诚信行为之义务只能以默示的形式
存在于合同中所列明的义务或条件中。但所有消极的合作义务都不
可能被事先列明。当事人不得阻碍对方获得利益的机会,而此机会既
为双方所预见,同时又诱使另一方缔约,要想说清楚不得为哪些行为,
几乎是做不到的。

　　一方当事人所预期的收益,可能是该方当事人在合同之下应所收
获之补偿的一部分。或者可能会有额外的收益(如与其他人进行更优
议价的机会)。我们接下来会依次论之。

188

　　在 *Seidenberg v. Summit Bank* 一案中,[95]原告所预期的收益,是
其应收之补偿的一部分。作为将股份出售给瑞丰银行(Summit Bank)
的回报,原告会保留其作为高管的地位,并且负责瑞丰取得的其他保
险业务的日常运营。原告声称瑞丰的阻碍行为显示"其从未打算开始
如此",而且"(瑞丰)从一开始就没有许诺与(原告)开发业务,只是希
望取得这份业务,然后找他们自己的经纪人来运营或培育。"[96]法院
认定,如果是这样,那么被告之行为就是非诚信的。在本案中,法院从
合同的一项明示条款中推出了善意行为之义务:"瑞丰和(原告)应当
通力合作,以规划联合市场项目。"[97]

　　有时一方当事人要接受的补偿,取决于另一方当事人从前者提供

---

[93]　*Id.* at 1442-43.

[94]　*Id.* at 1445.

[95]　791 A. 2d 1068 (N. J. Super. , 2002).

[96]　*Id.* at 1073.

[97]　*Id.* at 1072.

的货物或服务中所使用或获得利润的程度。在 *Ryder Truck Rental*, *Inc. v. Central Packing Co.* 一案中,[98] 运输冷冻货物的卡车拖车租金,取决于卡车驾驶的里程。不存在最低租金,也不要求拖车行驶的最小公里数。承租人的受让人并没有使用这些车,法院认定其因"干扰其他人从交易中获益"而为不诚信之行为。[99] 法院是正确的。出租人根据里程来收钱而承担的风险,便是承租人找到后备车队而对出租人不用付款。

　　法院本可简单地探寻当事人承担何种风险,不过很不幸,它没有这么做,而是觉得应当从租约的一项明示条款中推断出诚信义务。租约规定:承租人会"在一般和日常的业务中……使用和操作机动车设备"。[100] 这个条款与不用拖车没有任何关系,因为起草人没想到会有"不用车"这个问题。法院却是硬拗了这一条款,从而得出了正确的结果,并主张并没有"推断出一项额外的约据来扩张"一项"看起来很完备的"协议之条款。[101] 这个论证很危险,其所暗示的是如果租约没有提到"使用",那么结果可能就不一样了。

　　这种论证脉络在 *Mutual Life Insurance Co. of New York v. Tailored Woman, Inc.* 一案中引发了错误的结果。[102] 本案中,原告将面向第五大道建筑物的三层楼租给了被告(一家女装商场),换取"在租赁建筑物之上、之内以及由此"而进行的全部买卖业务的 4% 收益。6 年后,原告将第 5 层的部分以固定租金租给了被告,被告安装了电梯,借此将这一部分与其他楼层贯通,并将皮草部分(出售最贵重的服装)搬至5 楼。法院声称自己接受"古老的良好规则,即每个合同之中都内含一个公平交易的约据"。[103] 但法院却支持了被告,因其认为自己必须要在原初租约中的"在租赁建筑物之上、之内以及由此"的用词中梳理

189

---

[98]　341 F. 2d 321 (10th Cir. 1965).

[99]　*Id.* at 323.

[100]　*Id.* at 322.

[101]　*Id.* at 323.

[102]　128 N. E. 2d 401 (N. Y. 1955).

[103]　*Id.* at 403.

出答案。这些用词是在皮草部门搬家之前使用的,但法院却没有探寻被告为什么要给皮草部门搬家。如果理由不是为了增加销量,而只是为了降低租金,那么就应当认定其行为乃是悖信。出租人所面临的风险是"被告会将最昂贵的货物从尚未承租的楼层加以出售"但原租约的租金并没有增长来补偿这个风险。

有时,一方当事人被剥夺的利益并不是合同中所补偿的部分。该利益是合同约定的、与其他人进行有利润之议价的机会,这也会反映在合同价格之中。剥夺当事人的此项机会,也是非诚信之行为。

一个范例便是 *Sanders v. FedEx Ground Package Sys. , Inc.* 一案。[104] 联邦快递(FedEx)雇佣了桑德斯(Sanders)作为独立承包人,负责沿着特定线路进行上门取货和寄送。桑德斯声称,联邦快递告诉他,他在可行的时候可以通过购买其他承包人的路线而扩张业务。但联邦快递阻碍了其努力,而且并非因其运营路线的资质。下级法院得出了错误的结论,而其论理正是沿着前述脉络进行:"诚信与公平经营的默示约据,必须与合同的特定条文或条款相联系。"[105] 在上诉中,这一判决被撤销。诚信的默示约据"禁止一方当事人阻碍另一方收益,无论这收益是明示还是默示。"[106] 联邦快递已经向桑德斯收取了费用,数额就包含了后者预期会从购买额外路线中获得的收益。联邦快递必须遵照合同中所允诺的数额,不能额外剥夺其可获得之收益。

在 *Olympus Hills Shopping Center, Ltd. v. Smith's Food & Drug Centers, Inc.* 一案中,[107] 购物中心的承租人使出租人关于使用建筑物的预期落空,而正是这一预期使得承租人取得了较为优厚的条款。建筑物被租赁为零售店,可以经营一切"合法的零售业务,只要与另一家主租户(major tenant)的业务不相冲突或竞争即可"。承租人在附近开了一家零售店,将承租的地方用来开设超市(box store),而购物中心声称

190

---

〔104〕　188 P. 3d 1200（N. M. 2008）.

〔105〕　*Id*. at 1203-04.

〔106〕　*Id*. at 1203.

〔107〕　889 P. 2d 445（Utah 1994）.

这是一个"幌子,是用来不妥当地'冰封'奥林帕斯山(Olympus Hills)的空间,迫使顾客去新地点"。法院正确地指出,承租人违背了购物中心所有人"合理合法的预期"。[108] 承租人"最低租金低于购物中心运营成本的收支平衡点(break-even point)",因其属于"中心的关键租户(anchor tenant),产生了显著的顾客流,对购物中心的财务健康和运营都至关重要"。[109]

不过在十年之后,针对类似的事实,同一法院却得出了相反的结论。之所以如此,正是因其沿用了前文所批评的论证脉络。法院试图从合同的用语中提取答案,而这用语根本不是用来解决(涉案的)问题的。在 *Oakwood Village, L. L. C. v. Albertsons, Inc.* 一案中,[110] 购物中心将空间租给了承租人开超市,并且保证这会是中心的唯一一家超市。其希望承租人"成为中心的关键租户"。[111] 结果"在察觉到了街道对面一家新的购物中心的更优机会之后,其……向南搬了一个街区,成了另一家购物中心(Marketplace)的关键租户"。在其搬迁之后,"原地点日渐消沉……但其继续为空闲的建筑物付月租金"。在审理的过程中,其律师承认是"有意地保持原建筑物空闲,以便限制与其新商店的竞争"。[112] 很难设想购物中心会为租金的增加而承担如此作为之风险。但法院认为承租人有权利为"狗占食槽"(dog in the manger)*之行为。[113] 其指出诚信规则"不能被解读为创建了新的、独立的权利或义务,而当事人对此事先并未同意"。[114] 法院将该案与 *Olympus Hills Shopping Center* 一案加以区分,理由是(后者的)"租约包含了一项持续经营与对经营性质进行限制的明示约据"。[115] 这就是

---

[108] *Id*. at 452.

[109] *Id*.

[110] 104 P. 3d 1226 (Utah 2004).

[111] *Id*. at 1229.

[112] *Id*. at 1230.

* "占着茅坑不拉屎"之意——译者注

[113] *Id*. at 1241.

[114] *Id*. at 1240.

[115] *Id*. at 1241.

用一种很奇怪的方式来定性 *Olympus Hills Shopping Center* 一案中的那一项条款,即承租人可以经营一切"合法的零售业务,只要与另一家主租户(major tenant)的业务不相冲突或竞争即可"。再一次,这种论证脉络导向了错误的结果。

191

(二)诚信的其他概念

学者对诚信的含义一直难以达成一致。萨默斯声称这个概念不能正面地定义,而只能从反面加以定义,他将其称为"排除器"(excluder)。根据其他学者,这个规则是有害的,因其与合同解释的标准方法相冲突。有人认为它是不必要的,因为它只是一种总结;而其他人则认为这一规则保障了公平,但这些人对公正的定义却是根据利他主义而界定的。还有人认为这个规则提高了经济效率。我们的进路会有所不同,但我们将会看到,其捕捉了上述不同进路中正确的要素。

作为"排除器"的诚信

在一篇影响颇深的论文中,萨默斯主张"诚信"不可定义。"诚信是一个'排除器'。这个词本身没有一般的含义,而是用来在大范围上排除不诚信的各种形式。"[116] 根据《第二次重述》报告人布劳彻(Robert Braucher)的观点,萨默斯的进路影响了《第二次重述》。后者就没有界定诚实信用,其规定:"每项合同在其履行与执行之中,都为每一方设定了一项诚信与公平交易的义务。"[117] 根据布劳彻所言:

当然,这一条的问题在于,其非常一般化,非常抽象化,非常需要特定化,而特定化却又做不到。评论中的这一构想——很多构想——都受惠于萨默斯教授。[118]

---

[116] Robert S. Summers, *"Good Faith" in General Contract Law and the Sales Provision of the Uniform Commercial Code*, 54 Va. L. Rev. 195, 201 (1968).

[117] RESTATEMENT (SECOND) OF CONTRACTS § 205 (Am. Law Inst. 1981).

[118] 47 ALI Proceedings 489 (1970).

他指的主要就是对"诚信之含义"的评论：

> "诚信"一词被用在各种背景之下，而背景不同，其含义也有所不同。对合同的履行或执行之诚信，强调对共同协定之目的的守信，以及与另一方当事人合理预期保持一致；其排除了各种被定性为涉及"不诚信"之行为类型，因为这些行为违反了正派、公平或合理的共同标准。违背诚信义务之合适的救济，也会因周遭情境而有所歧异。

192

这个评论并没有将"诚信"称为"排除器"，也没有说定义诚信是不可能的。不过，他也没有提供"特定化"，而根据布劳彻的说法，这个条文"非常需要"（特定化）。至于理由，大概就是因为布劳彻同意萨默斯的观点：（特定化）"做不到"。

"诚信"一词没有统一的含义，因为其被用在各种情境之下。一个定义肯定不能适合全部，但这并不能说明这个概念是不可定义的。在后续的论文中，萨默斯列举了这些情境。它们关涉到对价规则（"变出一个伪装的纠纷以便……为和解方案确立一个基础"），合同条款变更的公平性（"利用他人贫困的状况来保证一个有利的变更"），关于如何解释合同用语的一般问题["确定对合同用语的过分或者'奸诈'的阐释或解释（construction）"]，以及关于条件和救济的诸多问题（"有意仅以实质性履行为补偿"；为保证履行提出令人烦恼的要求；不当拒绝接受履行；以及"有意地不去减轻损害"）。[119] * 在这些背景之下，"诚信"都有着不同的含义。在我们前述的两种情境中便是如此：诚信义务是为了提供灵活性或者保证合作。对诚信的描述都无法符合这些情境。但是，我们已经描述了其在这两种情境中的含义。

和其他法律概念一样，诚信的定义也应当参照法律之目的。19 世

---

[119] Robert S. Summers, The General Duty of Good Faith—Its Recognition and Conceptualization, 67 Cornell L. Rev. 810, 812-13 (1982).

*应当说明，萨默斯论文的原文中所列举的，是"不诚信"的情况。——译者注

纪的概念主义者已经批评了"下定义却不参考目的"的做法。[120] 我们已经根据基于准许灵活性和推进合作之目的，对诚信义务作出了解释。萨默斯描述了六种"不同的概念化方法"，其中之一便是将其作为一种排除器的概念。他认为诚信必须如此，因为其概念不能通过其他五种方法而获得。不过，困难的源头在于这六种方法都没有根据目的来定义概念。

第一种"概念化方法"是在 19 世纪很常见的做法：

1. 通过正式定义的做法：比如，借助使用词语或短语的必要条件和充分条件。[121]

在萨默斯的进路中，正确的地方在于"法律概念不能通过这种方法加以定义"。如果可以，那么 19 世纪法学家的梦想就应当实现了。即出现了新案件，只要简单地探寻使用条款的充分条件和必要条件就够了。

萨默斯随后描述了四种方法，即定义概念却不需给出"正式定义"：

2. 通过对语词或短语进行同义释义（包括反义释义）（para-phrase）。

3. 通过范式样本（paradigmatic sample），说明使用语词或短语所需者为何。

4. 主要通过独有或典型的例证来说明语词或短语的适用。

5. 通过说明语词或短语不同用法中贯穿的家族相似性。[122]

正如萨默斯所看到，这些方法都不能为诚信提供一个合适且有用

---

[120]　James Gordley, The Jurists A Critical History 276-77（2013）.

[121]　Summers, *supra* note 119, at 817.

[122]　*Id*. at 818.

的定义。他是正确的。

通过释义或同义词来解释概念(方法2)回避了如下问题:如何定义这个同义词,或者如何定义释义中的概念? 通过范式样板(方法3)或典型例证(方法4)的做法,则回避了是什么使得样板具有示范性或例证具有代表性的问题。

使用家族相似性的想法(方法5),正如萨默斯所看到的,乃是源自维特根斯坦在阐释"游戏"(game)一词时的做法。[123] 如果父母让小孩保姆(babysitter)教自己孩子一个游戏,而保姆教小孩去用厨刀决斗,那么父母就会说:"这可不是我说的那种游戏。"这个例子意在展示,当事人要想说明游戏是什么,就要以(所谓的)"游戏"不同范例之间的相似性来加以展示。但其实际展示的是,语词只能根据其目的来加以理解。父母说的"游戏",其心里是有一个目的的:分散孩子的注意力。当意图不同——比如在竞技体育或者博弈游戏中——何者能构成"游戏"就不一样了。

由于以上五种方法都不太适合定义诚信,萨默斯的结论就是必须使用第六种方法。

194　　**6. 通过"排除器"的分析方式。**[124]

这个概念源自约翰·奥斯汀,[125] 萨默斯将其用在了一个相当不同的问题之上。奥斯汀希望解决的是一个笛卡尔式的疑惑:我怎么能知道我当成现实的一切东西不是一场幻觉或者一个梦呢? 奥斯汀的回答便是,"现实"这个词是一个排除器:对它的定义是从反面进行的,即并非虚假(诸如一场梦或一场幻觉)之事。笛卡尔哲学所挑战的亚里士多德式的观点则是相反的,现实是人类理性的第一原则,是意志

---

〔123〕　Ludwig Wittgenstein, PHILOSOPHICAL INVESTIGATIONS (G. Anscombe trans., 1958), cited id. at n.33.

〔124〕　Summers, *supra* note 120, at 818.

〔125〕　John Austin, SENSE AND SENSIBILIA 70-71 (G. Warnock ed., 1962), quoted id. at 819.

先于一切事物所捕捉的第一项东西,也是理性可以就"何谓现实"而作出的一切结论的基础。

尽管如此,如果一方当事人知道排除何者,那么奥斯汀的进路是唯一有帮助的。如果知道什么是梦或幻觉,那么他就可以说"现实不是这个"。对"诚信"作为排除器的功能,一方可以通过"不诚信"来了解何谓诚信。但他是怎么知道的呢? 或许是通过《第二次重述》所建议的方式:"'诚信'……违背了正派、公平或合理的共同标准。"但如果是这样,那么为什么还要说诚信是排除器呢? 为什么不将其定义为符合"正派、公平或合理的共同标准"? 如果这个定义太模糊,那么我们怎么知道"不诚信"是什么意思呢? 萨默斯在解释"不诚信"的时候,他的方式是给出了一系列的范例,主张诚信的定义都不能解释这些范例。但这看起来就像是通过典型范例进行的"概念化",而对于这种方法他却又说不能被用来理解"诚信"的含义。那么,为什么又能被用来理解"不诚信"呢?

诚信:作为对解释之基础规则的违反

根据多宾斯的观点,"在很多合同中,诚信的默示约据都不能够从围绕现时的混乱中幸免,而且也不值得这么做"。[126] 这是基于根据当事人的预期而建构其义务。但"当二者不相吻合之时,当事人的协议应当优于其预期"。[127] "当事人可能并不共享相同的预期,一方当事人可能并不了解另一方的预期。"[128]

这里正确的地方在于,当事人负有的义务应当基于其预期。但造成混淆的原因是,多宾斯对"预期"的使用太宽松了。当事人的义务应当基于其预期,但这是要考虑到每一方会接受的履行以及其所承担的风险和负担。其他的预期则无关紧要。因承担风险而获得补偿的一方当事人可能会预期胜诉。

195

---

[126] Dobbins, *supra* note 60, at 231-32.

[127] *Id.* at 230.

[128] *Id.*

诚信:作为对解释之基础规则的概括(recapitulation)

与此相对,费恩曼(Jay Feinman)主张"诚信就是合同法基本原则的另一种体现,这就是保护合理预期"。[129] 类似的,根据杜布罗夫(Harold Dubrof)的观点,"如果的确涉及合同解释问题的案件能遵循此种方式,而不求诸诚信的问题,"……那么"定义诚信"的困难就"会被消除了"。[130] 合同的阐释应当与"当事人实际的意图和预期相一致,尽管其可能没有被完美地表达出来。"[131]

这一进路正确的地方在于,正如我们所见,诚信规则所立基的原则,与解释规范当事人未曾预期之情况的其他条款为何会被纳入合同所立基的原则是相同的。不过我们也看到了,在当事人不能事先为解决某问题提供一项条款,但仍然希望提供灵活性与推进合作之时,这个规则亦可适用。在这种情况下,问题需要另一种不同的规则来加以解决。

诚信:作为利他主义

其他学者确实认为,这一规则就是基于对其他当事人之公平。但他们对公平的构想太过一般化,导致其与关涉另一方当事人的利益或福利几无区别,而这种关涉没有限制。

根据斯考特的观点,当出现"协议或风险分配的罅隙之时",有学者相信"法院应当通过事后创设公平的合同条款来填充这些罅隙"。[132] 为此,它们应当"设定一项衡平性的调整,将调整之时出现的所有关系性和背景性的因素纳入考量"。[133] 而这些因素都有哪些,看起来并无限制。根据斯考特的观点,"这是关于关系合同(relational

---

〔129〕 Jay M. Feinman, *Good Faith and Reasonable Expectations*, 67 Ark. L. Rev. 525, 526 (2014).

〔130〕 Harold Dubroff, *The Implied Covenant of Good Faith in Contract Interpretation and Gap-Filling: Reviling a Revered Relic*, 80 St. John's L. Rev. 559, 563-64 (2006).

〔131〕 *Id.* at 569.

〔132〕 Robert E. Scott, *The Case for Formalism in Relational Contract*, 94 Nw. U. L. Rev. 847, 851 (2000).

〔133〕 *Id.* at 850.

contract)的法与社会学派最常建议的解决方案"。[134] 他援引了麦克尼尔(Ian Macneil)和斯派德尔(Richard Speidel)的作品。

196

麦克尼尔发展出了一种关于合同法的"关系理论"。"每个交易都内含了诸多复杂的关系","对一切交易的有效分析,都必须认识到和考虑到其所包含的、可能显著影响交易的关系中的一切实质因素"。[135] 这些关系是流动的。当事人不能通过在其缔约之时探寻其意图(无论是真实意图还是假定意图)来判定当事人的债务。正如埃里克·波斯纳所言,借助这一进路,"当事人……不能预期法院会基于最初的合同来执行合同债务,因为最初的合同并没有约定很多年之后所发生的事件"。[136]

确实,每个合同就像每项犯罪、侵权以及每一项私权的行使一样,都体现于各种情境之下,其中也包括与其他人的各种关系。缺了这些,合同就无法获得完整的理解。但很难将这种洞见转化为一种理论。麦克尼尔自己也指出:

> 当我在这条路上走下去的时候……我也没有想到能发展出一套理论。相反,我就是想探索并且理解现实,那种当事人在交易世界中有所作为的现实。[137]

那么,理解"当事人在交易世界中有所作为的现实",这里的法律含义是什么? 麦克尼尔劝告了那些寻找此种含义的人:

> 看到了我这条提醒,但仍然坚持将我对关系合同法的描述转为"法律应当是什么"的对策,特别是对于某些关系合同法之普遍适用的

---

〔134〕　*Id.*

〔135〕　Ian R. Macneil, *Relational Contract Theory: Challenges and Queries*, 94 Nw. U. L. Rev. 877, 881(2000).

〔136〕　Posner, *supra* note 14, at 751.

〔137〕　Macneil, *supra* note 135, at 879.

对策的人,我与他们势不两立。[138]

　　根据斯派德尔的观点,这里的含义就是诚信规则应当被赋予更广的范围。他推荐了《国际商事合同通则》(UNIDROIT Principles of International Commercial Contracts)中处理因情势变更而导致无法履行(impracticability)之问题的一项条款。[139]　其规定一方当事人可以要求对方进行磋商,如果磋商破裂,则法院应当"调整合同"。[140]　斯派德尔建议,如果某事项在当事人缔约之时未能解决,美国法院应当扩张善意规则来设定类似的要求。[141]　不过,这些磋商应当是基于当事人的预期,即当磋商破裂之时法院会如何"调整合同"。至于法院应当如何做,斯派德尔说的也不比麦克尼尔清楚多少。

　　戈茨和斯考特解释道:"如果根据法定规则对基本风险的分配,未能符合特定当事人的目的,那么交易人就可以自由地去磋商替代性的风险分配。"[142]不过,在"关系"合同中,"未来的偶然事件特别错综复杂或者不确定,强迫缔约当事人在缔约之时耗心费力地对风险进行最优分配,这是不现实的。"[143]问题再一次凸显了:法院这时应做什么呢?

　　根据假说,由于法院不能去指望依靠缔约之时当事人分配风险的方法,其必须求诸事后看起来公平的方案。这里的含义是,法院有权

---

　　〔138〕 *Id.* at 899. 他认可了如下评论:"尽管我说势不两立,但在我的作品中,通过观察,我认可了关于关系合同法的两类对策。"第一种,他说,"是关于我对良善生活之认知的个人感悟",*Id.* at 900. 其担心的是"现代生活过度的官僚化"。*Id.* at 900. n.81. 另一种则是"一种一般性的观念,认为关系合同法通常应当追踪关系行为,以及该行为所适用之关系中所形成的规范"。*Id.* at 900.

　　〔139〕 *Id.* at 841.

　　〔140〕 UNIDROIT Principles of International Commercial Contracts § 6.2.3(1).

　　〔141〕 Richard E. Speidel, *The Characteristics and Challenges of Relational Contracts*, 94 Nw. U. L. Rev. 823, 840-41 (2000).

　　〔142〕 Charles J. Goetz & Robert E. Scott, *Principles of Relational Contracts*, 67 Va. L. Rev. 1089, 1090 (1981).

　　〔143〕 *Id.*

做公平之事,但"公平"所包含的公平标准却付之阙如。或许其暗示了这里不应当有赢家或输家,或许至少没人会受太糟糕的损害。多宾斯对此提出了反对,认为如果法院施加了"一个法院相信是公平的结果,……那么诚信的默示约据,会使得每一方当事人都要确保对方能够对交易结果满意"。[144] 斯考特说,如果结果太过严苛,那么对一方当事人来说就会被视为是不公平的。[145]

对法院会如此的担心萦绕着关于诚信规则的讨论。布劳彻作为《第二次重述》的报告人,对于关于诚信之条文指出:"有人曾询问过我,这一条……是不是试着……将《登山宝训》(Sermon on the Mount)写进了《合同法重述》?"[146] *

正如波斯纳法官所指出,"就算你签了合同,如果对方在履行其交易之时出了麻烦,这也并不是要你必须对他秉承助人为乐的精神(altruist)而宽缓合同"。[147] 这个意见来自第七巡回法院在 *Kham & Nate's Shoes No. 2, Inc. v. First Bank of Whiting* 一案中的判决。[148] 对于本案,下级法院认为银行在终止信用额度(line of credit)之时行为失当。"其完全了解债务人的困境,以及后者对信用额度的依赖,同时也无视对债务人和其债权人的后果。"[149]第七巡回法院撤销了判决,伊斯特布鲁克法官(Judge Easterbrook)指出,"债务人和银行签了合同,明确表示允许银行停止进一步的预付款",[150]"尽管银行决定让债务人自行寻找其他信贷,但银行并没有为债务人创造资金需求"。[151]

198

---

[144]　Dobbins, *supra* note 60, at 232.

[145]　Scott, *supra* note 132, at 851.

[146]　47 ALI PROCEEDINGS 489-91 (1970).

　*　此处《登山宝训》的说法,指基督徒的各种克己容人的道德规范,最广为人知的莫过于"有人打你的右脸,连左脸也转过来由他打;……要拿你的里衣,连外衣也由他拿去"。——译者注

[147]　*Market Street Associates v. Frey*, 941 F.2d 588, 594 (7th Cir. 1991).

[148]　908 F.2d 1351 (7th Cir. 1990).

[149]　*Id*. at 1354.

[150]　*Id*. at 1357.

[151]　*Id*. at 1358.

"'诚信'是一个简称,以此来引指不会以缔约之时未曾料想之行为来获取投机利益的默示允诺。"[152]其"并没有默示一项'良善'履行的一般性义务"。[153]

类似的,在 *Martin v. Hamilton State Bank* 一案中,[154]银行为被告提供了 270 万美元贷款。后者未能进行几期清偿,银行起诉索还贷款。被告主张银行未为善意行为,因为双方没有就"债务可被重组"的计划达成一致。[155] 法院认定无论其动机为何,银行的做法都难谓不妥,因为借出了钱,就有权让对方还钱。

这一进路的正确之处在于,其认识到在对诚信的解释中,"公平"扮演了关键的角色。但公平并不意味着事后达到某种双方都交口称赞的结果。公平意味着事后的结果符合当事人事前对风险的分配。

诚信:作为效率

有学者将诚信规则以效率加以阐释,此处亦有正确之处:他们看到了事前考虑分配风险的重要性。根据伯顿(Steven Burton)的观点,"如果一方裁量决定重新捕获之前根据合同所放弃的机会(opportunities forgone upon contracting)——行使裁量权的一方当事人拒绝支付所预期的履行成本之时,不诚信之履行便恰好发生。"[156]

杜布罗夫对此提出了反对,他认为对诚信的这种描述太宽泛了。任何违背合同都算得上是对所放弃机会的重新捕获:

> 很明显,进入合同的当事人,就会放弃其以特定或不特定的方式为其行为的机会。双务合同的性质,恰恰就是创设交易权利的债务。因此,如果我承诺给我邻居修剪草坪,换来她承诺付我 10 美元,我就是放弃了机会,即让我可以不去给她剪草坪的机会。

---

[152]　*Id.* at 1357.

[153]　*Id.*

[154]　723 S. E. 2d 726 (Ga. Ct. App. 2012).

[155]　*Id.* at 334-35.

[156]　Steven J. Burton, *Breach of Contract and the Common Law Duty to Perform in Good Faith*, 94 Harv. L. Rev. 369, 373 (1980).

　　的确如此。但区别在于,要想决断我是否因违背了"给邻居修剪草坪"的承诺而构成了违约,我们不需要去考虑当事人放弃了何种机会。但在决断我是否因违背了诚信行为之义务而违约之时,就必须考虑这个问题了。在邻居草坪的案件中,每一方都放弃了机会。邻居放弃的是以少于 10 美元修剪草坪的机会,而我则是放弃了以更多的钱去修剪(其他人的)草坪之机会。可以通过探寻我是否剪了草,以及他是否付了钱来决断是否存在违约。有时,为了决断是否存在违约,必须去探寻何种机会被放弃了。在这些案件中,法院才会提到"诚信"。

　　伯顿理论进路的正确要素在于,试图重新捕获放弃的机会,确实是对诚信的违背。不同之处在于,他(和其他经济分析的拥趸)试图以效率来解释诚信,而不是公平。根据伯顿的观点,要求一方当事人为诚信行为,能够:

　　通过降低缔约成本而促进经济效率。交易成本包括为选择合同当事人而搜集信息的成本,磋商和起草合同的成本以及承担关乎未来的风险。通过允许当事人信赖法律而不是蒙受这些风险,诚信履行规则减少了上述三种成本。[157]

　　在 *Market Street Associates v. Frey* 一案中,[158] 波斯纳法官援引了伯顿的论述,采取了相同的进路:

　　诚信规则的作用,在于禁止机会主义行为,而在互相依赖的合作关系中,如果缺乏此规则,则易催生此种行为。"诚信"是一种简称,引指的是不会以某种在缔约之时未曾料想的方式(因而这也未曾被当事 200

〔157〕　*Id.* at 393.
〔158〕　941 F. 2d 588 (7th Cir. 1991).

人加以明确解决）获取机会主义利益。[159]

……

合同法的最高目的，便是在当事人在缔约之时若充分了解未来，且磋商的成本和将条款加入合同的成本为零的情况下，为当事人提供其本来会明示约定之事。[160]

和伯顿一样，波斯纳并没有说取得机会主义的利益是不公平的。他说的是：

这种获取利益……就像盗窃……并没有社会产品（social product），和盗窃一样，它也诱发了相当大的防御开销，后者的形式包括精心制作的免责声明（disclaimers），或者对预期合同当事人的可信性进行调查，就像为了防止盗窃而花钱弄锁一样。[161]

经济分析关心的是何为有效率的，而非何为公平的。对一项交易而言，至少有一方当事人变好了，而没有人变糟了，那么这项交易就是有效率的。偷窃当然使得一方当事人变糟了，因此它是不效率的。它"没有社会产品"。的确，因为"为了防止盗窃而花钱弄锁"，这当然是不效率的。而对获得机会主义利益而言，因其"诱发了相当大的防御开销，后者的形式包括精心制作的免责声明，或者对预期合同当事人的可信性进行调查"，因此也是不效率的。其增加了"选择合同当事人而搜集信息的成本，磋商和起草合同的成本"。[162]

不过这是全部吗？假设一方当事人获取了机会主义利益，但其方法却令人无法预料，导致其不会增加这些成本呢？当事人不应当为非

---

〔159〕　援引了 *Kham & Nate's Shoes No. 2, Inc. v. First Bank of Whiting*, 908 F. 2d 1351, 1357 (7th Cir. 1990)。

〔160〕　941 F. 2d at 595-66.

〔161〕　*Id.* at 594.

〔162〕　Burton, *supra* note 156, at 393.

诚信行为,理由真的是为了防止其他人过分投资于防御措施吗?考虑一下波斯纳对盗窃的类比。大多数人会说盗窃是不公平的,或者就此而言,从合同的另一方获取机会主义利益是不公平的。我怀疑,只有经济分析的门徒才会认为,真正的问题是对花在锁上或磋商和起草上的钱进行优化。

201

　　这是对诚信行为之义务的一种特别贫乏的解释。正如我们看到,这个规则是在如下情境中被推断出来的,即合同的起草无须成本,而合适的条款又无法事先提供。如果一方当事人有裁量权使得合同的条款更灵活,那么就不可能事先确定这种裁量权应当被如何行使。为了收取合同所获得的利益,确定每一方当事人应为的每一件事,或者确定其不应对合同另一方所为的每一件事,这是不可能的,缔约者就不可能缔约成功。说默示诚信行为义务的原因,是为"未来当事人"节省掉合同条款磋商本来就要消耗的时间、成本以及错误,甚至使其无须以书面约定,这是不正确。[163]

202

---

〔163〕　Scott, *supra* note 39, at 850.

第十章

诸种条件

一、条件不成就(non-fulfillment)的传统进路

《第二次重述》如是说：

一项条件是一个事件，此事件不确定会不会发生，但定会在合同履行变为应为(due)之前而发生，除非其不发生是免于归咎的(excused)。[1]

未能履行义务者，会承担合同的违约责任。与此相反，如果条件未成就，那么当事人就没有履行的义务。

(一)完美成就(perfect fulfillment)规则

根据标准规则，一项条件必须确切地或"完美地"成就。[2] 与义务不同，条件并不受到实质履行规则的规范。

无可置疑的是，有些条件必须完美地成就。但要说所有的条件都适用这一规则，或者说条件就可以一般性地适用这一规则，那是不正确的。

这个规则是19世纪和20世纪早期概念主义者的遗产。根据定义，如果一项条件未成就，那么某方当事人就无履行义务。因此其必须完美地成就。否则，就是不顾当事人对自己所愿之表述。根据威利

---

[1] RESTATEMENT (SECOND) OF CONTRACTS § 224 (Am. Law Inst. 1981).

[2] RESTATEMENT (SECOND) OF CONTRACTS § 227 (Am. Law Inst. 1981).

斯顿所言：

　　由于一项明示条件……的有效性取决于当事人对意图的展示，因此其具有和承诺相同的神圣性。尽管法院会对条件的严苛性表示惋惜（正如其会对承诺的严苛性表示惋惜一样），但一般来说，法院必须执行当事人的意图，除非这么做会违反公共政策。[3]

203

　　完美成就规则的一个示例，来自纽约上诉法院在 1928 年的 *Jungmann & Co. v. Atterbury Bros.* 一案[4]中的判决，这也是该法院历史上最为卓越的时期之一。该判决意见撰自雷曼法官（Judge Lehman），卡多佐、庞德、安德鲁斯（Andrews）、凯洛格（Kellogg）以及奥布莱恩（O'Brien）法官都表示了同意。本案中，当事人签订了一项"书面合同，售卖 30 吨酪蛋白"。合同约定："货物发出之后，装船通知（advice of shipment）通过电报即刻发出。"原告将最初的 15 吨货物装船，但并未通知被告，而被告拒收了航运货物。随后，原告又将剩余的 15 吨货物装船，但未用电报通知，而是发了两封信。被告又拒收了。法院认为，未能通过电报发送通知，是否给被告造成了损害，这是无关紧要的。

　　据说，当蒸汽船马格诺利亚载着 15 吨货物到港之时，被告就得到了通知。那么在到港之后，原告也就可以继续交付全部的 30 吨货物，与按约定"货物发出之后，装船通知（advice of shipment）即刻通过电报发出"相比，被告并没有变得更糟。即便如此，无可否认的事实是：原告有义务根据合同确保被告通过电报收到装船通知。但他没能做到这一点。有可能被告想要的合同是，原告在实际交货之前，要通知被告自己有在确定的时间进行交货的意图。约定的就是另一种形式的通知，而可信的是，能收到电报的装船通知，交货的确定性就大得多。我们不能衡量借由其他通知所收到的利益有多大。原告若想基于合

---

〔3〕　5 Samuel Williston, THE LAW OF CONTRACT § 669 (1920).
〔4〕　249 N. E. 123 (N. Y. 1928).

同而索还,就必须证明其履行了合同在先所要求的全部条件。[5]

法院援引了威利斯顿作为支撑。[6] 正如我们所见,威利斯顿支持合同的客观说。但我们也看到,他主张完美成就的要件,乃是基于法院必须"执行当事人之意志"的原则。为了捍卫自己的客观说理论,他指出了一种拟制,即相信法律纳入合同的条款就是当事人的意志。[7] 但他认为,如果发现了当事人签署的文件,那么严苛交易中的严苛条件也是当事人的意愿。他并没有去探寻为什么当事人会希望仅有一方要被如此严苛的条款所约束。他其实也并不相信如下拟制,即每一方当事人都了解文件包含的全部条款及其法律效力,遑论意志会受这些条款之约束。正如艾森伯格所指出:

大多数人可能都不太了解如下二者的法律界分,即对承诺之实质性的但不完美的履行,与对明示条件之实质性的但不完美的履行;也不了解未能完美成就明示条件的潜在严酷后果。更进一步,因为当事人一般期待使条件得以成就,那么在缔约之时,条件不够完美之成就的后果看起来就更加虚无缥缈。这样的结果是,完整考虑明示条件之运作所带来的成本,可能会被当事人视为一种不必要的高昂支出。[8]

尽管如此,《第二次重述》仍然认为,完美成就的要件是基于合同自由的原则。根据对第227条的官方评论:

债务人义务之条件未发生(non-occurrence),可能会导致债主(obligee)在通过准备活动或履行活动而对交易的预期有了实质性信赖之后,却仍会对此约定的交易丧失权利。本《重述》使用了"失权"

---

〔5〕 *Id.* at 123-24.

〔6〕 Williston, note 3, at §§ 674, 675, *cited id.* 124.

〔7〕 *Id.* at § 615.

〔8〕 Melvin A. Eisenberg, Foundational Principles of Contract Law 717 (2018). 此处原书误写为117。——译者注

一词(forfeiture),意在否认在此种情况下的补偿。根据支持合同自由的政策,在宽泛的限定下,当事人的协议应当得到尊重,尽管有失权的结果,亦如此。[9]

(二) 因不均衡的失权(disproportionate forfeiture)而免责

一条脱逃路线

根据标准规则,此处是有一条脱逃路线的。如果会导致不均衡的失权,那么完美实现规则就不会被适用。根据《第二次重述》第229条:

就条件未成就可能导致不均衡失权的程度内,法院可以免除条件不成就之责,除非其之成就是一致同意之交易的实质性部分。[10]

205

我们不免怀疑,《第二次重述》再一次以19世纪和20世纪早期法学家会接受的方式形塑了一项规则,随后又为此创设了一项例外,这例外与规则之形塑相互冲突,无人能懂。正如我们所见,它对对价规则便是如此。《第二次重述》第79条规定:"如果对价的要件得以满足,那么没有额外关于……交易价值之对等性的要件。"随后第208条为"unconscionability"授予了一项救济。对第229条关于失权规定的官方评论解释道:"这一条与第208条,都是关于显失公平的合同或者条款,都限制了合同的自由。"[11]正如第208条无法解释"显失公平"条款究为何意,第229条也没能解释"不均衡的失权"乃是何意,我们只知道法律可以借此授予救济而无视合同自由原则。而且评论也没有解释这个原则是什么意思,何种原则证成了unconscionability或不均衡的失权,以及这些原则之间是如何相关联的。传统的合同自由理念

---

〔9〕　RESTATEMENT (SECOND) OF CONTRACTS § 227 cmt. b (Am. Law Inst. 1981).

〔10〕　*Id.* at § 229.

〔11〕　*Id.* at § 229 cmt. a.

并没有被拒斥,但据此之推断却不再被接受,而我们也不知道原因是什么。

我们应当重新考虑"条件必须确切地或'完美地'成就"的观念。

"失权"的含义

不过在此之前,我们还应当指出,在"失权"通常的定义方式中存在某种异常。其是指当事人因信赖合同而丧失财产、金钱或者发生开销。根据《第二次重述》的官方评论:

> 债务人义务之条件未发生,这可能会导致债主(obligee)在通过准备活动或履行活动而对交易的预期有了实质性信赖之后,仍然会对此约定的交易丧失权利。本《重述》使用了"失权"一词(forfeiture),意在否认在此种情况下的补偿。[12]

我们已经看到,《第二次重述》使用了"失权"的说法,这与讨论实质性履行之时的含义相同。范斯沃思在论文中解释道,"失权"是用来指"当债主借由(如)履行或准备履行而信赖预期交易"时"信赖利益的丧失"。[13] "正如'失权'一词所示,债主信赖利益的损失,被认为要比其期待利益的损失更为严重。"[14]

不过,就像在实质性履行部分的讨论中所示,如果一方当事人因承担风险而获得了补偿,但此时允许其"逃生",那么另一方当事人就会丧失交易的收益。这可能是更大的损失。这一困难通过如下案件得到了说明,即被称为"完美成就规则的典型代表"[15]的 *Oppenheimer & Co. v. Oppenheim, Appel, Dixon & Co.* 一案。[16] 本案的原告持有纽约一号广场(One New York Plaza)第 33 层的租约,其同意将本层转租

---

[12]　*Id.* at § 227 cmt. b.

[13]　E. Allan Farnsworth, CONTRACTS 533 (4th ed. 2004).

[14]　*Id.* at 533-34.

[15]　Eisenberg, *supra* note 8, at 720.

[16]　660 N. E. 2d 415 (N. Y. 1995).

给被告,被告已经持有了第 29 层的租约,现在希望扩大空间。租约的一个条件是,到 2 月 28 日之前,原告的房东会提供书面同意,允许在29 层与 33 层之间安装通话联络装置系统(telephone communication linkage system)。到了那天,原告没有接到房东的书面同意,但他们通知被告自己已经收到了房东的口头同意。第二天被告告诉原告,转租无效了。房东在 3 个星期后提供了书面同意。陪审员认定了 120 万美元的违约损害赔偿。初审法院撤销了这一裁定,理由是条件必须严格地成就。上诉分庭(Appellate Division)撤销了这一判决,而上诉法院又恢复了初审法院的判决。

根据上诉法院的说法,"原告并没有失权"。[17] 为了诱使原告搬入世界金融中心(World Financial Center),其将来的房东的一方曾经允诺,如果原告未能将其在纽约一号广场中的房地产(premises)转租出去,那么会对其一切损失提供保障。因此"对失权的决定性考量……在本案中并不存在"。[18]

那么 120 万美元呢?据推测,这一笔款项代表了被告同意支付的租金和原告对其房东所应付租金的差值。忽视了这一笔款项,就会违背如下原则:每一方当事人如果已获风险之补偿,那么就应当承担风险。在买卖之中,同意了合同价格,每方当事人就都放弃了获得更优价格的机会,以避免得到更差价格的可能。在租赁之中,每方当事人放弃的是获得更优租金的机会,以避免取得更差租金的可能。在当事人取得了口头同意之后却未能及时获得房东的书面同意,这并不应当使被告能够从交易中脱逃,尽管这笔交易已经不若其预想的那么有利。

207

enXco Development Corp. v. Northern States Power Co. 一案[19]再次得出了一个糟糕的结果,而这个案件还援引了《第二次重述》对"失权"的定义。本案的原告同意为被告建造风能发电项目,被告是一家

---

[17]　*Id.* at 419.

[18]　*Id.*

[19]　758 F. 3d 940 (8th Cir. 2014).

天然气和电力公司。原告"在完工之前都拥有项目的不动产和资产",而被告"本质是以 1500 万美元购买项目的不动产和资产"。[20]

这一项目若想进行,必须取得北达科他州公共服务委员会(North Dakota Public Service Commission)的许可,因此合同等于是以在特定日期取得许可作为条件。结果,一场暴雪推迟了委员会召开的听证会,导致许可在约定时间未能取得;结果只能去另一个城市进行听证,但选定此城市违背了北达科他州的法律,因此委员会拒绝放弃在新听证会召开之前提前 20 天通知的要求。最后许可是作出来了,但合同约定日期早就过了。于是被告解除了合同。

上诉第八巡回法院适用了明尼苏达州的法律,认定被告可以解除,因为此处不存在失权的问题。

在本案中,(原告)没有失去任何东西。他仍然对工程的资产和不动产保持着占有和所有权。(原告)将工程的实物资本用于其他工程,希望能够在未来使用与本工程相关的不动产。因为解除合同,(被告)没有取得任何财产的所有权。因此被告并不是不劳而获。[21]

不过,原告"遭受了数以百万计美元的损失"。[22] 正如法院承认的那样:

合同执行于 2008 年 11 月,解除于 2011 年 4 月。在这期间,风能发电的盈利前景下跌,如果这一项目能够进行,被告本可获得的相当数额的款项,现在都凭空损失了。很明显,这一期间风力涡轮的市场大幅缩水。这导致的结果是,被告有经济动机来躲开这一合同。[23]

---

〔20〕 *Id.* at 942.
〔21〕 *Id.* at 947.
〔22〕 *Id.* at 941.
〔23〕 *Id.* at 943.

买卖的每一方当事人都承担了如下风险,即所购买的货物或者服务可能会比合同的价格更高或者更低。本案中,被告被允许在资产被证明大幅贬值的情况下反悔。这样就使其躲开了对风险的责任,但其为承担这一风险已经获得了补偿。

如果一方当事人不完美地履行了一项义务,那么只要该义务得到了实质性的履行,那么另一方当事人就不应该从交易中逃离出去。其应当就如下数额承担责任:合同价格减去嗣后发生的成本。在条件未能得到完美地成就之时,同样应当适用这一规则。

二、条件的不成就以及条件的目的

条件未成就是否可以使一方当事人解除合同? 这取决于我们前面所描述的自愿原则和公平原则。一方面,没有坚持“完美成就”之权利就不会同意缔约的当事人,应当有权解除;另一方面,本该同意合同的当事人,不应该能从不利合同中脱逃。

按照艾森伯格的说法:

调整规范应当是这样的:明示条件若未能完美成就,当且仅当此不成就是显著的时,而且诸当事人很可能会在其实际发生之情况下同意行使解除之制裁,这样才会激发解除合同的权利。[24]

那么,当事人可能同意之事,就取决于条件的目的了。

(一) 使履行成为可能的条件

在考虑何者可以构成失权之时,我们讨论过了两个案件,即 *Oppenheimer & Co. v. Oppenheim, Appel, Dixon & Co.* 一案[25] 和 *enXco*

---

〔24〕　Eisenberg, *supra* note 8, at 718.

〔25〕　660 N. E. 2d 415 (N. Y. 1995).

Development Corp. v. Northern States Power Co. 一案。[26] 在这两个案件中，履行都是需要获得第三人的许可才行：在 *Oppenheimer* 一案中，第三人是预期转租人的房东；而在 *enXco* 一案中，第三人则是北达科他公共设施委员会（North Dakota Public Utilities Commission）。* 在 *Oppenheimer* 一案中，合同的条件是基于特定时间收到书面许可，但届时只收到了口头许可；而在 *enXco* 一案中，条件是特定的时间获得委员会的许可，结果因为暴风雪未能收到许可，而第一场听证会又出现了程序上的错误，导致委员会不肯放弃提前 20 天为第二场听证会发出通知。

我们可以看到，如果履行为不可能，那么任何一方当事人都不应当受合同的约束。确实，履行不能的规则运行起来就像是条件，其使当事人得以在合同没有明示条款的情况下免除履行的义务。正如我们所见，如果合同是为了完成特定结果，那么未能完成并不是免责的理由。事实上，当事人之所以同意这样的合同，并不是因为他们是承担不履行全部风险的最优人选，而是某些人由于能更好地控制、预测或通过类似交易分散风险，故而能比另一方更好地承担风险。如果风险不是一方因能最优承担而本应承担的，那么履行不能规则就会免除其履行义务。在这两个案件中，履行因未取得许可而不能的风险，没有哪一方能更好地有所预见、控制或者通过类似交易加以分散。这就是当事人要将其作为一项条件的原因。

但是，为什么许可是口头的或者迟延了，一方当事人就应当被免除履行义务呢？理由在于，确定许可要以书面形式呈现，是为了确定房东会被约束；而确定许可要在几个月之后的特定时间作出，是为了将当事人的需求具体化，即提供及时的通知以便其推进。但书面通知之前先做了口头通知，以及因偶然事件导致取得许可的听证会被推迟，双方当事人都没有受到严重损害。就像我们在讨论这些案件之时所说，同意了价格，每方当事人就都放弃了取得更优价格的机会，以期防止价格更差的情况发生。每一方当事人所承担的风险，就是后来以

---

〔26〕 758 F. 3d 940 (8th Cir. 2014).

* 此处应当是"North Dakota Public Service Commission"（NDPSC）之误写。——译者注

合同约定价格的交易会对自己更不利、而对对方更有利。就此种合同的当事人而言,当发生了某项事件,而该事件不会影响交易使其变得有利(或不利)时,其竟会同意一方或者另一方可以反悔,这简直匪夷所思。这就像同意抛硬币,结果硬币显示了人头,就要取消交易一样。如果是(技术性经济学意义上的)风险反感者,那么他就不会去参赌了。

　　在 *Red River Commodities*, *Inc. v. Eidsness* 一案中,[27]法院得出了正确的结论。本案中一位粮商与一位农民联系,希望购买特定数量的向日葵。合同包含了一个条件,即如果承诺的履行变得不可能,那么农民就要通过认证邮件(certified mail)通知粮商。结果农民给了口头通知。法院认定合同是有约束力的,因为这个通知所要达到的目的已经被成就了。

(二)说明或确定一项履行的条件

对履行的说明

　　一项条件可能是在说明另一方应当作出的履行。

　　一个范例便是著名的 *Jacob & Youngs v. Kent* 一案。[28] 建造房屋的"条件"便是承包商使用"Cohoes(牌)的管道而不是 Reading manufacture(牌)的管道"。卡多佐法官代表法院指出,即便承包商用了 Reading(牌)的管道,条件也可以被免责,因为"价值的差异几乎为零"。《第二次重述》使用了 *Jacob* 一案的事实来说明如下原则:当条件"对债务人的重要性"超过了"失权的程度",那么这个条件可被免责。[29]

　　因为条件关涉一方当事人之受领,当其成就并不完美时,结果就不仅仅关乎公平,更关乎意思自治。我们已经看到,这两项考量在适

---

　　[27]　459 N. W. 2d 805 (N. D 1990).

　　[28]　129 N. E. 889 (N. Y. 1921).

　　[29]　RESTATEMENT (SECOND) OF CONTRACTS § 229 cmt. b & illus. 1 (Am. Law Inst. 1981).

用于实质履行规则之时,都非常重要。处理这一类条件的不完美成就,应与未能完美履行保持一致。内里的考量是一样的。一方面,以其绝不会同意的价格,接受部分履行或瑕疵履行,一方当事人不应当负有此种义务;另一方面,允许其从不利的交易中脱逃,理由是履行是部分的或有瑕疵的,这又会不公平。

除此之外,当事人也可以通过将完美履行作为向另一方支付的一项"条件",而从实质性履行规则中脱逃出来。因此,评论者使用 *Jacob & Youngs v. Kent* 一案作为示例,来说明实质性履行规则(我们接下来也会如此),也就不足为奇了。

射幸合同(Aleatory contracts)

所谓射幸合同,是指负担义务一方当事人的履行是要承担一项特定的风险。一项条件可能是在确定此风险。

一个范例便是一项选择权合同:如果选择权人在特定时间作出选择,那么另一方当事人便必须基于特定条款进行交易。选择权人会为这一项许诺付钱。范斯沃思指出,在此种案件中,法院已经认为此种权利必须在此日期加以行使,"任何迟延都是致命的"。[30] 他正确地看到了,理由在于"选择权人已经为一项选择权付了钱,而该选择权在所说的期间内是有益的,在这个期间内,选择权人所付的钱是为了一项机会,即以所有权人的开销来投机市场变化。如果允许选择权人因迟延而延长这一期限,那就不公平了"。[31]

射幸合同的另一个范例是保险合同。有时,保险合同条件所确定的,是某些辅助义务——诸如对某项事故加以通知——需要被履行的日期,但我们会看到这种条件不需要被完美成就。不过,有时候条件会确定保险人所承担的风险。一个范例便是在人寿保险合同中,被保险人必须要先去世,保险人才会担责的条件。不过,当一项条件关涉被保险人所面临的风险,那么它也会确定保险人承担的风险。当条件是被保险人要进行血液测试,那么如果在没测试之前被保险人就死于

〔30〕 Farnsworth, *supra* note 13, at 549.
〔31〕 *Id.*

车祸,保险公司是不用承担责任的。[32]　如果条件是被保险人在两年内不会自杀,那么如果在临34天到两年的时候被保险人自杀了,保险公司也是不承担责任的。[33]

　　某些保单会包含一项条件,即要在保险期限内向保险人作出并报告请求。有人或许会认为,此种条件是辅助性的,类似于在特定日期对事故作出通知。但威斯康星最高法院认为,这确定了保险人所面临的风险。此种条件在专业责任保单(professional liability policies)中很常见,目的是避免"长尾风险敞口"(long-tail exposure),即"在失误发生的时间和请求的时间"之间的时间差所创造的风险。[34]

　　长尾风险敞口,会使得保险公司无法基于承担风险的成本而对保险费作出精确计算。……因为请求—形成—报告型保单对保险公司是有利的,它们很明显会导致被保险人的保费降低。[35]

　　射幸合同中的条件必须完美成就,原因在于其确定了保险人所承担的风险。正如范斯沃思所言,在约定的期限内,"选择权人所付的钱是为了一项机会,即以所有权人的开销来投机市场变化。如果允许选择权人因迟延而延长这一期限,那就不公平了"。[36]　不过,假设在选择权的期限内,双方当事人都看到,选择权的确变得更有价值了,那么无疑行使选择权对选择权人更有利,而对另一方则相应地会更不利。选择权人承担了风险,并且赢了。如果选择权人不小心错过了截止日期,而仍然行使了选择权,那么对另一方来说也并非不公平。因为选择权人并没有使用这额外的时间来利用他人开销而投机。的确,如果另一方通过坚持截止日期而逃脱了不划算的交易,这才是不公平的。截止日期是为了确定每一方当事人所面临的风险,而不是要将成功地

212

　[32]　*Fox v. Catholic Knights Ins. Soc.*, 665 N. W. 2d 181, 188 (Wisc. 2003).

　[33]　*Officer v. Chase Ins. Life & Annuity Co.*, 541 F. 3d 713 (7th Cir. 2008).

　[34]　*Anderson v. Aul*, 62 N. W. 2d 304, 312 (Wisc. 2015).

　[35]　*Id.*

　[36]　Farnsworth, *supra* note 13, at 549.

承担风险之一方的收益取走。

一个范例便是著名的 *Holiday Inns of America, Inc. v. Knight* 一案。[37] 奈特(Knight)授予了假日酒店(Holiday Inns)一项选择权,是以 198663 美元购买特定的不动产。假日酒店被要求首付 10000 美元,然后为了保持选择权有效,在接下来每 4 年的 7 月 1 日额外支付 10000 美元。在 1966 年 6 月 30 日,假日酒店邮寄了一张 10000 美元的支票,奈特在 7 月 2 日收到了,随后他通知对方,因为支付迟延了,所以选择权被终止了。在此时,土地已经有了实质性的增值,明显高于了选择权的价格。

加利福尼亚高级法院认定,奈特不能终止选择权,因为这样会导致失权。"很清楚的是,10000 美元的分期付款,部分是为了当年购买土地的选择权,部分则是为了接下来一年的选择权更新,一共为 5 年。""随着时间经过,原告必须为更新支付越来越多的钱,而如果要求必须严格按时支付,这会构成权利的丧失。"[38]更重要的是,土地之所以增值,部分原因在于假日酒店在邻近土地上耗费巨资开发了住宅和商业中心。

这个结果得到了《第二次重述》的赞许,并被作为第 297 条的示例,其中事实和 *Holiday Inns* 一案相同。不过,《第二次重述》坚持了如下观点:如果在第 5 年末选择权人迟延了 1 天来行使购买财产的选择权,那么条件就会被认为未成就:

如果与示例 4 所示的事实不同,选择权人在接下来的每个 4 年都付了款,但在行使选择权而交付 20 万美元之时,却比截止日 6 月 30 日晚了 1 天,到 7 月 1 日才交付。法院不能就此判定,可以免除在这一天范围内条件的……未成就的后果,因为这会赋予选择权人一项宽于双方同意之范围的选择权。

---

〔37〕 450 P. 2d 42 (Cal. 1969).

〔38〕 *Id.* at 45.

从技术上讲,确实如此,但就实践来看,则并非如此。要说多出来的一天对选择权人有利,或者不利于财产的所有权人,唯一的理由就是在这一天内发生的事会影响选择权是否值得行使。在 *Holiday Inn* 一案中,发生这种事的概率非常低。假设选择权比合约价格(exercise price)高出 1000000 美元,而选择权人错失截止日期一天的比例为万分之一,那么风险厌恶的当事人绝对不会以选择权人是否错失截止日期来进行投注。所有权人不会以高于 100 美元的价格来付给选择权人,而选择权人也不会愿意接受更低的价款。晚了一天行使明显有价值的选择权,一方当事人不会因承担了这种风险而获得补偿。

伴随着《第二次重述》示例(同时也伴随着 *Holiday Inn* 一案)的另一项困难是,由于损失了成本,双方当事人都被认为是失权了。选择权人失去了之前支付的 10000 美元,或许还有因开发邻近财产而带来的价值。假设假日酒店因一天而错失了第一笔更新(选择权的)款项,而其当时也尚未投资开发邻近土地,但却是在奈特的财产双倍增值之后。那么假日酒店可能就承担了风险并且获胜了。正如前文所述,对于其收益的收取和其已经花费的开销的收取,理应得到同等对待。

(三)避免履行成本增加的条件

当事人在缔约时分配的一项风险是,履行耗费的成本可能多于或少于预估。当其约定为固定价格之时,履行一方当事人承担的风险便是成本超支(cost overrun)。而接受履行一方承担的风险,则是此项工作本可更加便宜一些。

范斯沃思指出,一项条件之运行,可遵循与情势变更规则相同的方式。借由后者的保护,当事人可不需履行,且不构成违约,但后果是对方当事人也没有履行义务。[39] 正如我们所见,在固定价格合同中,如果履行比预期的更昂贵,那么一方当事人不会承担全部风险,而是承担那些能被更好地预见、控制或者通过类似交易分散的风险。情势变更规则所保护的当事人,正是未承担风险却要因这些后果而担责之 **214**

---

[39] Farnsworth, *supra* note 13, at 519.

人。而对条件而言，无论是对情势变更规则的细化还是扩展，和情势变更相同的是，无须履行的一方当事人，都不用承担"履行耗费甚巨"的风险。

正如我们所见，在 *Mineral Park Land v. Howard* 一案中，情势变更规则免除了履行的义务。本案中，采砂的成本超过了平常的 10 倍到 20 倍，因为出现了一个之前未预料到的条件：砂土位于水下。同意采砂的一方本可通过一项条件来进一步地限制风险，即他只开采能以每立方 4 美分的价格加以运输的砂土。如果是这样，他就不会被要求开采要耗费 4.1 美分的砂土了。范斯沃思指出，"如果购买人达成交易的条件是银行许可一项 8.15% 的抵押，结果银行许可的是 8.45%，那么条件就并未满足"。[40] 在 *Slack v. Munson* 一案中，[41] 一项买卖的条件是卖家收到一笔 10000 美元的贷款，利息预计是 4.5%；他就无须接受一笔 9000 美元的借贷，加上以更高利息的一笔 1000 美元的第二顺位抵押。*

范斯沃思得出结论，即便偏离并非"事关重大"，条件也必须成就。如果这种偏离导致受到条件保护的一方当事人之履行成本被提高了，那么他就是正确的。这就像双方缔约定了价格，结果买家想少给点、或者卖家希望多要点。条件和价格条款具有相同的效力，其说明了当事人为了所得而要有所付出。

不过，如果条件没有得到完美成就，但受其保护的当事人之履行成本却并无变化，情况就不一样了。范斯沃思援引了 *Luttinger v. Rosen* 一案，[42] 本案中，买卖约定的条件是"银行或其他贷款机构"取得利息为 8.5% 的贷款，而信贷机构提供了一笔利息为 8.75% 的借款。卖方（本案的被告）提出要约，希望通过"一项拨款安排（funding ar-

---

　[40]　*Id.* at 526.

　[41]　61 So. 2d 618 (La. App. 1952).

　*　这个贷款计划是本案中的卖家（被告）提出来的，法院认为这展示了被告的诚信，但原告无须接受（须注意是原告提起解除买卖的诉讼）。——译者注

　[42]　316 A. 2d 757 (Conn. 1972).

rangement)，但具体条款未定"来弥补利息的差额。[43]　法院认为条件并未被成就，因为在 *Luttinger* 一案中，买家并没有"从银行或其他贷款机构"获得利息为 8.5％ 的贷款。卖家的要约将使（买家）变得更糟：他必须承诺对银行和信托支付 8.75％ 的利息，而买家要额外支付 0.5％ 的利息。* 不过，如果卖家（而非贷款机构）同意提供利息为 8.5％ 的全部借款，那么他的状况就不会变糟了。

在 *Antonini v. Thrifty-Nifty Homes* 一案中，[44]一项买卖的条件是根据习惯条款收到 6250 美元的贷款。但银行仅愿意出借 4000 美元。卖家提出要约补齐贷款差额，但其条款要差一些：以 8％ 利率一年半之内偿还。法院认定买家无须接受这一要约。法院指出："双方在缔结约定之时并没有如下想法，即采取各种方式以买卖双方之间全部或部分地贯彻此种买卖融资计划。"[45]但假设卖家提出的要约是，把 6250 美元全款出借，就按其预期从银行所获融资的条款进行呢？

在 *Holst v. Guynn* 一案中，[46]合同的条件是从退伍军人署（Veterans' Administration，以下简称 VA）获得一笔贷款，而 VA 批准的条件是买家的收入无变化。结果买家丢了工作，VA 便否决了贷款申请。卖家主张买家应当另寻它途。法院认为买家无须如此，因为"合同的用语……明确约定，如果买家没有取得 VA 的贷款，定金应退"。但法院也指出，买家未能从其他地方搜寻融资，"在他失业之时，其能否从其他源头获得融资，这令人怀疑"。[47]　假设其从其他地方获得了

---

　〔43〕　*Id.* at 758.

　*　本案详细的案情是这样的，原告（买家）计划购买土地，约定获得一笔利息不超过 8.5％ 的贷款（均为年利率）。然后原告通过自己的代理人，得知本地只有一家信贷机构能借出所需要的 45000 美元，遂以 8.25％ 的利息申请了贷款，但贷款机构要的利息是 8.75％（这就是正文中 0.5％ 这个数字的来源）。原告申请解除合同，但被告提出要约，说自己可以提供贷款来补上利息的差额（但原告买家最终也是要还钱的），所以原告不接受并提起诉讼，被告则认为原告没有尽到合理谨慎的义务。法院支持了原告。——译者注

　〔44〕　76 So. 2d 564 (La. App. 1955).

　〔45〕　*Id.* at 565.

　〔46〕　696 P. 2d 632 (Wyo. 1985).

　〔47〕　*Id.* at 634.

融资,而融资条款和 VA 贷款相同,那么他能不能以"合同的用语明确约定,贷款必须从 VA 处获得"而拒绝合同呢?

在《第二次重述》的示例中,甲将货物卖给乙,条件是"乙必须从丙银行"根据特定条款获得贷款。[48] 如果丙银行回绝了乙,但丁银行(或者卖家自己)提供了相同的条款的借贷,又该如何?

不完美的成就只要没使条件所保护的当事人在财务上变糟糕,那么这种"不完美"就是无关紧要的。否则条件就无法将风险轮转于能够最优承担之人。它反而创设出了一种风险,后者的存在仅仅源自条件的措辞。如果条件的措辞变化了,只要其不要求贷款一定要从某个贷款机构、VA 或丙银行处获得,那么受条件保护的当事人可能还是受同样的保护。如果当事人同意以设定的价格进行买卖,其就是将风险进行了分配,而承担风险之人会因其承担而获补偿。每一方所承担的风险是,自己可能受到更好的要约而躲开更差要约。如果某个事件不会影响每一方当事人的交易价值,那么在经济学技术意义上的风险厌恶者,不会据此决定交易的可执行性,就像他们不会根据抛硬币的结果来做决定一样。

如果不是这样,那么能引发"措辞事件"的就太多了。在 *Anaheim Co. v. Holcombe* 一案中,[49]买家同意以 45000 美元购买一幢房子,条件是取得 25000 美元的贷款。结果买家被储蓄与贷款协会(savings and loan association)拒绝了,此后卖家提出以相同的条款借钱给他。法院认为,他必须接受卖家的融资要约而继续买卖。在 *Bilman v. Hensel* 一案中,[50]买卖的条件是买家能取得一笔 35000 美元的贷款。他通知卖家自己需要额外的 5000 美元才能取得贷款。法院认定,在卖家同意降价 5000 美元以后,买家不得退出。在这两个合同中,条件的措辞稍有不同,而条件也没有得到完美的成就。但这种差异不足以

〔48〕　RESTATEMENT (SECOND) OF CONTRACTS § 224, illus. 1 (Am. Law Inst. 1981).

〔49〕　426 P. 2d 743 (Or. 1967).

〔50〕　391 N. E. 2d 671 (Ind. App. 1979).

影响结果。

　　假设一项条件的未成就确实增加了一方当事人履行的成本,考虑到这可能导致对方解除合同的后果,受到条件保护的一方当事人,仍然可能愿意对这一增加的部分而为对方作出补偿。在 *Varel v. Banc One Capital Partners Inc.* 一案中,[51] 借贷人将股票转让作为担保而换取一笔贷款,后者附带一项优先购买权,针对出借人如果出售的情况。这个交易以数个贷款担保为条件,其中一个在借贷人解散了担保人(为公司)之时失效了。法院认定既然担保人的资产仅值 3000 美元,担保的丧失远远比不上优先购买权的丧失:

　　就违约条款的目的来看,Varel(借贷人)所面临的惩罚是非常极端的。借贷人是 Varel Manufacturing 的创始人,如今已经 82 岁。他一直希望将公司的控制权保留在家庭之中。他辩称没有优先购买权……重获公司的控制权就超出了他的财务掌控。[52]

在得出这个结论时,法院按照应为之进程,根据《第二次重述》的一项官方评论解释了何时一项条件可以因失权而免责。法院必须“将债主失权的程度与如下因素加以衡量,即债务人寻求保护以避免之风险的重要性,以及在防止失权之范围内免责条件之未成就而导致丧失前述保护的程度”。[53] 在 *Varel* 一案中,未成就的负作用(adverse effect)要低于解除合同对另一方所造成的损害。这个进路是正确的。正如我们说过,如果将条件置于一方当事人的风险或者负担要重于置于另一方,那么就应当将其归于能够最轻易地承受的一方当事人。如果归于最不能轻易承受的一方当事人,那么他们肯定不会为此获得补偿。

　　(四)保障履行之期待利益的条件

　　其他条件所削减的风险,便是履行未提供受领人希望收到的利

---

〔51〕　55 F. 3d 1016 (5th Cir. 1995)(适用得克萨斯州的法律)。

〔52〕　*Id.* at 1018.

〔53〕　Restatement (Second) of Contracts § 229 cmt. b (Am. Law Inst. 1981).

益。正如我们所见,在某些情境下,即便没有此种条件,受领人也会受到目的落空规则的保护。范斯沃思曾经指出,条件的运作可以和情势变更规则相同,同样他也指出前者可以和合同目的落空规则相同。它们都是在对规则进行具体化或者扩张化。

一个典型范例便是《第二次重述》中的虚拟案例:

> 甲出于财务上的困难,将一幅价值100万美元的名画出卖给乙。不过他保留了回购的权利,即在8月18日之时或之前,若能重整旗鼓而有保画自用的经济状况,则可以与售价相同的价格回购该画。甲在8月18日交付100万美元,以及他有了保画自用的经济状况,这是两个累积的条件;画作的返还只有在二者均为成就之时,才成应为之义务。[54]

甲从合同中所希望得到的利益,便是若无他策则以100万美元出手该画作。这个条件能够保证其获得利益,如果没有这个条件,那么仅凭目的落空规则不会使其免于卖画:比如,他无预期地继承了一大笔钱,他卖画的目的自然也落空了(但该卖还是得卖)。正如我们所见,只有在一般的卖家或买家意图落空的情况下,前述规则才能适用,而非特定当事人的意图落空。一个典型范例便是加冕案,国王加冕典礼的推迟,会使得任何租赁公寓来俯瞰队列路线者的意图落空。

当然,也有可能是条件未能完美成就。一个范例便是 *Burger King v. Family Dining, Inc.* 一案,[55] 该案被《第二次重述》赞为此种事项的"杰出讨论"。[56] 在本案中,Family Dining 承诺,在合同的每个头十年里,开张或者施工一家新的餐馆。汉堡王(Burger King)则授予每个新餐馆为期一年的独家经营,而且如果所有的餐馆都能及时建成,则授予额外80年的独家经营。所谓独家经营(Exclusivity),是指在给定地

〔54〕　*Id.* at § 224, illus. 5 (1979).
〔55〕　426 F. Supp. 485 (E. D. Penn. 1977).
〔56〕　Restatement (Second) of Contracts § 229 cmt. a (Am. Law Inst. 1981).

区内运行餐馆的排他权利。Family Dining 确实建成了 10 家餐馆,但并不是准时建成的,汉堡王试图撤销其独家经营的权利。法院将"Family Dining 及时建成餐馆"解释为 Family Dining 获得独家经营的一项条件,并承认这项条件并没有成就。不过法院认为,汉堡王不能撤销其权利。这个权利对 Family Dining 的价值,远胜于准确成就该条件对汉堡王的价值:

汉堡王主张,解除其与 Family Dining 的合同,后者并不会丧失其所获得的收益。但这忽视了 Family Dining 在独占区域进行成功的商业投机……的风险以及其所消耗的努力。Family Dining 确实实现了投资的回报,而这回报的部分当然来自预期的持续独家经营……

假设所有 10 家餐馆都及时建成,汉堡王本可预计某种确定的收益水平,而由于迟延则会损失一部分……无论怎样,如果 Family Dining 被强迫丧失独家经营的权利,则其会损失的是某些不可估量的价值,后者基于其在开发这一区域的投资的金钱和时间,其所承担的巨大风险以及根据属地协议(Territorial Agreement)中仍然有 76 年的独家经营时间。这些损失的发生并非源自与之相应的违约行为,因为迟延对汉堡王造成的损害相对温和,而且是可限定的。[57]

对于《第二次重述》关于条件之免责的条文,报告者的报告与之一脉相承,都盛赞了 *Burger King* 一案的意见,因其"对这一条所立基之原则进行了杰出的讨论"。[58] 法院必须"将债主失权的程度与如下因素加以衡量,即债务人寻求保护以避免之风险的重要性,以及在防止失权之程度上免责条件之未成就从而导致丧失前述保护的程度"。[59] 正如我们所见,法院确实应当如此。

219

---

〔57〕　426 F. Supp.　at 494-95.

〔58〕　Restatement (Second) of Contracts § 229 cmt. a (Am. Law Inst. 1981).

〔59〕　Id. at cmt. b.

（五）"便利判断一项义务是否已被履行，或一项履行是否为应给付之义务"的条件

一方当事人可以将一项条件纳入合同，而该条件是让人更简易地判断一项义务是否已被履行，或者一项履行是否为应给付之义务。

为了做到这一点，一项条件可以对一项辅助义务（ancillary duty）*进行具体化。比如，负担履行义务之人，同样负有在合理时间内完成的辅助义务。一项条件可以使得这个义务更加特定化，因此使"义务是否已经完成"的问题更容易为人所辨明。其可以约定履行必须在特定日期之前完成。

《第二次重述》指出，如果迟延轻微，条件就应当被免除。根据关于免除失权之条款的一项示例：

> 甲与乙缔约，对乙的房屋进行修缮，换取乙同意支付 10000 美元，"条件是修缮工作完成于 10 月 1 日"。结果修缮直到 10 月 2 日才结束。法院可能会判定此处存在两个累积条件：修房子，以及在 10 月 1 日修好房子。第二个条件仅差一天未成就的事实，会在因一天的范围（过小而）被免除。[60]

《第二次重述》是正确的。须完美履行的当事人若未能如此，其可以索还已经移转给另一方当事人的利益，但却不能索还已经丧失的利润或发生的成本。这一笔收益可能要比对另一方不完全履行所带来的成本大得多。在《第二次重述》的范例中，如果甲不能索还 10000 美

---

　　* 这一概念有点类似于我们熟悉的"附随义务"，相同之处在于都具有附属性与辅助性，但和源自德国法上的附随义务也有差异：与通知、减损、协助、保密等形态不同，此处的辅助义务更像是使主义务得以完成而推演出来的"题中应有之义"的义务，是将应有之义务分割的后果；而德国法则更多是要求相应的行为加以配合。为了避免出现概念的混淆，译者将其译为"辅助义务"，而区别于附随义务。不过按照英美法的灵活性，就说这是"附随义务"估计也问题不大，译者希望更谨慎一些。——译者注

　　[60]　*Id.* at § 239 illus. 3.

元,其所遭受的损失要比乙因迟延一天所受损失大得多。这样一来,乙不太可能会愿意对甲面临的"晚一天完工"的风险进行补偿。要求完美成就,就会使甲负担一项其无法获得补偿的风险。

的确,如果履行迟延了,接受履行的一方很难证明自己的损害。我们将会看到,解决方案就是当事人在合同之中纳入一项约定违约金(liquidated damages)条款,事先预估这些损害赔偿会有多少。但我们将看到,法院只会执行那些对当事人可能遭受损害进行合理预估的条款。法院不会执行一项惩戒,即在条款中要求违约方负担与此损害无关的赔偿额。就此而论,完美成就要件所设置的负担,就很像一项惩戒条款。经济学的技术意义上的风险厌恶者,既不会同意设置一项惩戒条款,也不会同意设置一项须完美成就的要件。

在判断另一方当事人是否具有履行义务时,一项条件也可以让这种判断更简单。一个范例便是设立时间限制,可以是针对潜在索赔(potential claim)的通知,也可以是提供潜在索赔的相关信息,以便使可能担责之当事人能有更好的机会进行调查。当一个承包人解雇了分包人,在雇佣其他人取而代之之前,其有义务通知保证代理人之履行的保证人。此时便可以设定一项时间限制。同理,公司发现了其代理人违约,其有义务对担保代理人诚信度之保证人提供证据,这也可以设定一个时间限制。另外,被保险人有义务对保险人提供索赔证据,这也可以设定一个时间限制。

这些条款的目的,是通过为一方当事人设置责任来便利对某项索赔请求的调查。如果迟延通知导致了额外的不确定,这就关系到了当事人是否应予给付。如前所述,与另一方当事人因丧失交易利益而所受损害相比,当事人因迟延所受损害可能会很小。不过这很难一概而论。

这样一来,法院对于此种条件之效力聚讼纷纭,也就是很自然的事了。即便是在保险案件中,也有法院坚持要严格遵循(约定)。[61]

---

[61] 值得关注的是,马萨诸塞州最高法院适用了这一规则,但其否定了这一规则,理由是新规则要求损害,这只能面向未来发生效力(should be applied only prospectively)。

其他法院则认为,只有保险人受损害了,条件才会有效力。[62] 还有法院的做法是,如果被保险人在过长的时间内都没有通知,那么就不需要证明受损害之情事。法院曾经指出,在履约保证书(performance bond)条件和忠诚保险(fidelity bond)条件中必须要求严格遵循通知条件的条款,因为在这些案件之中,通知在过长的时间内都没有作出是无关紧要的。[63] 这不可能是一条一般性的规则。法院能做的,就是比较一方当事人丧失进行更好之调查机会的损失,与另一方当事人丧失合同收益的损失。它可以探寻对一方当事人的损失是否足够大,以致因此该方会愿意补偿另一方因未能严格遵守而丧失收益的风险。

(六) 避免诉讼的条件

如果一项义务被违背了,未违约一方可以针对违约方提起诉讼,但如果是条件未成就,他就不能提起诉讼了。当事人可能会希望将一项条件纳入合同,以期避免必须因对方未履行而要对其提起诉讼。

比如,出卖人协议的条件可能是,在合同达成之前,买家要将资金交由第三方托管(escrow)或以其他方式表明有资金可用。[64] 也有可能是在合同签订之前,买家要提供产权保险。[65] 还有可能是卖家要收到一笔买家的违约定金。[66] 在这些案件中,法院都正确地认定,除非条件被成就,否则卖家不用担责。如若不然,结果就是要求未获得给付或者未收到良好产权的卖家去进行诉讼,而此种结果正是这一条件希望避免的。

---

〔62〕 *Clementi v. Nationwide Mut. Fire Ins. Co.*, 16 P. 3d 223 (Colo. 2001).

〔63〕 *Hunt Const. Group, Inc. v. National Wrecking Corp.*, 587 F. 3d 1119 (D. C. Cir. 2009).(履约保证书);*U. S. Shipping Board Merchant Fleet Corporation, to Use of U. S. v. Aetna Casualty & Surety Co.*, 98 F. 2d 238 (D. C. App. 1938)(忠诚保险)。

〔64〕 *Edelman Arts, Inc. v. Art Intern. (UK) Ltd.*, 841 F. Supp. 2d 810 (S. D. N. Y. 2012).

〔65〕 *Merritt Hill Vineyards Inc. v. Windy Heights Vineyard, Inc.*, 460 N. E. 2d 1077 (N. Y. 1984).

〔66〕 *Silver Air v. Aeronautic Development Corp. Ltd.*, 656 F. Supp. 170, 175 (S. D. N. Y. 1987).

其他条件会要求当事人在提起诉讼之前给出请求之通知,这样会令对方有个机会——不仅包括去调查,还包括判断是否要和解以避免诉讼成本。在 *Soltani v. Western & Southern Life Insurance Co.* [67] 一案中,第九巡回法院适用了加利福尼亚的法律,拒绝在一项雇佣合同中执行此种条件。在 *Inman v. Clyde Hall Drilling Co.* 一案中,阿拉斯加最高法院得出了相反的结果。[68] 范斯沃思援引了 *Inman* 一案,将其作为完美遵循规则(perfect compliance rule)的一个范例。不过,两个案件都没有考虑因失权而免责的规则。两个法院都适用了 unconscionability 规则。最终结果之所以不同,原因在于第九巡回法院正确地注意到条款是否有实质上显失公平的问题;而阿拉斯加最高法院则不正确地坚持条款必须在过程上也显失公平。正如我们所见,后者的观点是错误的。过程性 unconscionability,应当仅仅作为实质性 unconscionability 的证据而具有相关性。

在 *Soltani* 一案中,雇佣合同中的一项条款约定:雇员必须在 10 天内给出索赔的通知。法院指出:

> 我们无法证成这 10 天的短期通知条款……对一个公司来说,10 天不足以令其调查索赔的事实基础,不够令其无须诉讼便可尝试和解,不够其考虑可能之诉讼对财务的影响,也不够其采取矫正措施来防止其他的此类索赔。[69]

在 *Inman* 一案中,一位井架工(derrickman)声称自己被不当地解雇了。他的合同中约定,提起任何索赔请求的"前提条件",是在索赔发生后的 30 天内给出通知,此后 6 个月内不得起诉。结果原告在 30 天内提起了诉讼。法院认为"(条件的)目的未被披露",它"可能是想为公司提供及时的机会来更正一项公平索赔的基础",但"无论目标是

---

〔67〕　258 F. 3d 1038(9th Cir. 2001).

〔68〕　369 P. 2d 498(Ala. 1962).

〔69〕　258 F. 3d at 1046.

什么",这个条款"并非不公正,除非审视了如下两方因素之比较,一是雇员若未遵守约定而导致失权的负担,另一则是如果其遵守了约定而对公司的好处".[70] 一般认为(条款公平的)理由在于,雇员理解了这一条款,雇主设置这一条款并非要陷害雇员。简而言之,因为此处不存在过程性 unconscionability 的证据,法院相信其无须检查该条款是否在实质上是不公平的。正如前文所述,关键的东西是实质性不公平,"过程性 unconscionability"如果重要,也只是因为占其他人的便宜越容易,就越有可能取得这个便宜。法院认为"如果不这么判,就明显是忽视了合同明示的条款,然后还说这个条款没意义".[71] 首先,认定条款显失公平,就是法院认为需要解决的问题,一般都是这样;第二,雇主本可以在不影响诉讼的情况下请求驳回雇员的诉讼,以便有时间考虑他的索赔请求。

三、"满意型"条件

满意型条件可以用在很多地方。此类条件若要得到满足,则某人(一方当事人或某第三人)必须满意于合同所设置条件之事件的确发生。

(一)"主观式"的满意型条件

正如前文所言,如果一个满意型条件是"主观式的",那么真实地不满意之当事人就不会受到约束。合同中之所以要包含此种条件,有时是因为只有接受履行的一方真实地满意于履行,此种履行对其才有价值。画家可以同意为客户画像,而后者只有满意了才会付款。当某个合同的目标是一方当事人的喜乐(gratification)、享受或者安全感与安宁感,那么此类条件就会作为一项条款而存在。比如,我同意租一个度假屋,只要在检查之后满意于该房屋的住宿状态;或者雇佣一位

---

[70]　369 P. 2d at 500.
[71]　*Id.* at 501.

保姆,但要在一定试用期后满意于对他的信任。

有时,包含此种条件的理由在于,一方当事人希望在作出许诺之前,能基于更深入的信息来作出判断。在 *Mattei v. Hooper* 一案中,[72]一位开发商同意购买一块土地作为购物中心,但前提是其必须满意于自己能签订的租约。在 *Western Hills v. Pfau* 一案中,[73]购买人同意购买一块土地,但前提是他"与麦克明维尔市(City of McMinnville)关于规划开发之磋商的能力(ability)可令双方当事人满意"。由于此类条件的用途,是以当事人的判断作为许诺作出的条件,因此该条件同样也是"主观式"的。只有当事人真实地满意了,合同才是有约束力的。

(二)"客观式"的满意型条件

应值注意的是,当一方当事人使用满意型条件,用以确保另一方当事人能正确地履行时,那么情况与前述条件则有所不同。比如,合同可能约定,只有接受人或第三方根据合同的特别约定而满意于完工的工作,承包人才能收到款项。这种条件就是"客观式"的,意即在判定履行是否为接受人约定所受领时,依据的是一项标准,而不是接受人个体的满意。问题在于,如果接受人或者第三方不满意,但这种不满意却不合理,那该怎么办呢?

须"满意"的当事人,为应受领履行义务之人

与主观式条件一样,接受履行当事人的不满意也必须是真实的。受领人必须诚实地相信,实际之履行非如应当之履行一般。否则,法院会无顾于此种条件。[74]

但是,受领人的不满意虽然是诚实的,但却有可能是不合理的。

---

[72]　330 P. 2d 625(Cal. 1958).

[73]　508 P. 2d 201(Or. 1973).

[74]　*Grobarchik v. Nasa Mtg. & Inv. Co.*, 186 A. 433(N. J. Sup. 1936). 法院在此是将合同进行了阐释,认为"需要实际满意,而不是合理的满意",这一条件是说该项工作应当"以良好的、精工细作和坚实的方式"加以完成。*Id.* at 434.

比如,要由具有必要资格(requisite qualifications)的某人——比如建筑师或工程师——判定履行符合了合同的特别约定。某人可以从这一证据断定,声称不满意的受领人是不诚实的。但问题在于,如果主张是诚实的,但却是不合理的,那么又该如何?

224

判断这一点,答案取决于另一方是否因承担了"接受人会不合理地不满意"之风险而获得补偿。这是一个不太可能发生的事情。假设接受人解释道:

> 我希望你能理解,你承担"我不付款"的风险,不仅包括我合理地不满意你的履行,也包括我不合理地不满意你的履行。这个额外的风险很巨大,我也没办法在合同中移转给你。因此,我会给你额外的一笔钱来承担这个风险,但顺便说一句,如果我不合理地不满意于你的工作,那么这笔钱你也收不到。

这风险看起来越大,履行义务人就越不可能愿意承担这个风险以换回一笔额外的款项,何况这笔款项还可能不会被支付。

这样一来,即便无法证实当事人的不满意是不真诚的,只要能证明其是不合理的,大多数法院也会拒绝执行条件。根据《第二次重述》:

> 当债务人履行义务的条件,是满意于该义务之相对人的履行或关于其他东西,而判断通情达理者在债务人的位置是否会满意也是可操作的,那么根据更优先的阐释,如果此通情达理者在债务人的位置上便会满意,那么条件便成就了。[75]

根据官方评论,"一般认为,义务的相对人没有承担债务人不合理地不满之风险(即便其是真诚地如此,亦然)"。[76]

为了证实债务人的不满意是不合理的,当然也要求"判断通情达

---

[75]　RESTATEMENT (SECOND) OF CONTRACTS § 228 (Am. Law Inst. 1981).

[76]　*Id.* at cmt. b.

理者在债务人的位置是否会满意是可操作的"。但是,如果债务人不满意是不合理的,那么条件应否被执行的问题是否可操作,就是另一个问题了。正如我们所见,将此种条件纳入一个合同,有时是因为只有受领人真实地满意了,履行才有价值(如客户委托画像的情形)。《第二次重述》的示例含混了这一界分,因其暗示在这些案件中,条件之所以被执行,是因为判定当事人的不满意合不合理很难操作(impracticability)。比如:

> 甲与乙缔结合同,为乙的女儿画像,乙承诺"如果完全满意"会支付5000美元。甲画了像,但乙诚实地申明自己不满意,因而拒绝支付5000美元。乙没有别的原因,就说自己对画不满意,但根据这一领域的专家的看法,画像是一幅杰作。甲不能对乙主张权利,因为对画作适用一项客观的标准是没有可操作性的。[77]

原因不是无法对画作适用客观的标准,而是甲是否为不合理的不满意是不相关的。

类似地:

> 甲与乙缔结合同,乙要在6个月的期间内,参加甲酒店的四人组乐队。合同中有一项条款:"如果乐队无法令甲之合同满意,则要在2周之前进行通知。"当乙不在,导致用吉他来代替乙的弦贝司(string bass)演奏时,甲偶尔会提出质疑。在两个月后,甲通知终止合同,申明自己因乙缺席的原因而不满意。乙不能对甲主张权利,因为对乐队演奏适用客观标准是没有可操作性的。[78]

这里的理由,仍然并非源自无法对乐队演奏适用客观标准。如果甲雇佣乐队在自己的婚礼上表演,那么就很类似于画像的情况:其不满意

---

[77] Id. at illus. 4.

[78] Id. at illus. 5.

是否是不合理的,这并不重要。但如果甲是雇佣乐队到酒店表演,结果也是一样的。雇佣他们是否有利可图,这是商业判断的问题,对此甲有最终发言权,就像在 *Mattei* 一案中对租赁的"质量"一样。

对《第二次重述》而言,问题在于如何阐释含混的条件。如果其含义清楚,那么条件就会得到执行。根据一项官方评论:"如果协议不存在疑问,其所指的就是真诚的满意,那么就要作此阐释,如果债主真诚地不满意,即便其不满意是不合理的,条件也不会被执行。"[79]

不过,如果是我们在讨论显失公平条款中所遇到的情况,那么此类条件仍然不应当被执行,类似的还有当条件应当被免责之时。当事人若未因承担风险而被补偿,那么在风险落地之时就不应当担责。根据《第二次重述》,"一般认为,义务的相对人没有承担债务人不合理地不满意之风险(即便其是真诚地如此,亦然)",[80]那么,为什么我们就能推定,债主不仅要承担风险,而且还要在用语明确的情况下因承担了风险而获得补偿呢? 如果不是这样,那么即便用语明确,该条款也不应当得到执行;反之只要用语明确,没有条款被认定为显失公平,没有条件应被免责,那么条款就应当得到执行。

在 *Morin Building Products*, *Co. v. Baystone Construction*, *Inc.* 一案中,[81]波斯纳法官又提出了一项颇值关注的意见,以此阐明了这个问题。通用汽车公司(General Motors)雇佣了 Baystone 公司来为工厂修建增建部分,而后者雇佣了 Morin 来建造铝质墙。合同约定:

> 所有的工作都要受制于(通用汽车公司所)授权的代理人的认可,后者对关于美感效果的相关事宜具有最终决定权……如果与质量、原材料的合适度或工艺的相关事宜引发了争议,那么关于其可接受度的判定都严格地取决于(通用汽车公司)。[82]

---

[79] *Id.* at cmt. a.

[80] *Id.* at cmt. b.

[81] 717 F. 2d 413 (7th Cir. 1983).

[82] *Id.* at 414.

结果通用汽车公司的授权代理人拒绝了工作,因为"在阳光下从某个锐角角度看,外墙板有点坑洼不平"。[83] 波斯纳法官指出,"美感考量对于功能和成本来说完全是居于次席"。[84] 他注意到:

　　Morin 把自己限定在更高的甚至根本做不到的标准,来完美贴合通用汽车公司代理人所坚持之事,这不太可能……如果 Morin 必须同意此种条件,就会面临相当高的被拒之风险,因此其本来就会要求在合同价金中主张加价来作为补偿。这就会要求通用汽车公司支付额外费用以便获得一项行动自由,而这一点通用公司本来不会认为是非常重要的,因其目标不是享受美感。[85]

　　简而言之,我们有理由相信,Morin 没有因为承担风险而获得补偿。对波斯纳而言,这是不够的。尽管条件的用语看起来很明确,他仍然对当事人"是否有意如此约定来包含此种情形"表示了怀疑。随后他适用了《第二次重述》关于不明确条件的相关规则。

227

　　为了防止这个结论被认为攻击了合同自由的基础,我们再次重复一遍:如果从合同的用语或周遭情况来看,当事人确实希望,通用汽车公司有权利因其代表的个人审美品位未获满足便可拒绝 Morin 的工作,那么这里的拒绝就是妥当的,即便不合理,亦然。但合同却是模棱两可的。[86]

正如前文所言,在讨论 unconscionability 之时,谨慎有加的当事人不会使合同条款出现如下情况,即一方当事人承担了风险却不会为此得到补偿。波斯纳所提出的虚拟情况中,通用汽车和 Morin 真诚地同意了将风

〔83〕 *Id.*
〔84〕 *Id.* at 415.
〔85〕 *Id.* at 416.
〔86〕 *Id.* at 417.

险置于 Morin 之上，而通用汽车公司不会愿意补偿，这是个幻影。认为拒绝执行此种条款的理由与当事人的意图相关——在虚拟情况中，是因为当事人不会同意如此——这是错误的。正确的原因，乃是公平。

须"满意"的当事人，是第三方

纽约法院认为，以第三方之满意为条件的合同，与以当事人一方之满意为条件的合同适用相同的法律。如果第三方当事人是不合理地不满意，即便其是诚实的，条件也不能得到执行。在 *Arc Electric Construction Co. v. George A. Fuller Co.* 一案中，[87] 合同的条件是建筑师满意于工程已经完工。法院认定，如果没有证据证明"履行中存在任何瑕疵可以证成建筑师的不认可"，[88] 那么条件就不需要被成就。法院援引了古老的纽约州判例 *Nolan v. Whitney* 一案，[89] 该案同样是对建造者的付款取决于获得一位建筑师的证明。法院认为，由于"其已经实质性地履行了自己的合同，建筑师就有义务出具证书，其拒绝如此是不合理的"。"在此种情况下，如果建筑师一方不合理地拒绝授予证书，那么就没有必要出具证书了。"[90]

看起来，受领人或第三人对履行不满意是否不合理，这无关紧要。另一方当事人像对其他风险一样，也为承担这一项风险而获得补偿，看起来都不太可能。区别在于，"第三方当事人满意"的条件被置于合同之中，可能是为了避免诉讼的合法意图。当然，相同的目的也可以通过"另一方当事人自己满意"的条件来实现，但这可能不够好。将这个问题留给第三人，会迅速高效，更加准确，避免偏见，而且也会有助于避免因"其不满意是否真诚"之问题而导致诉讼。

对于履行是否如其应然一般的问题，前述条件改变了回答这一问题的程序：其是由第三方回答，而不是由法官或者陪审团。之前我们讨论过某种辅助条款的公平性，即修改程序而借此判定当事人权利的

---

〔87〕　247 N. E. 2d 111 (N. Y. 1969).
〔88〕　*Id.* at 114.
〔89〕　88 N. Y. 648 (1882).
〔90〕　*Id.* at 650.

条款。与另一方当事人相比，此种修改若未增加一方当事人所承载的负担或者风险，那么它就是公平的。一个范例便是某种程序（与诉讼相比）对双方当事人的成本都更低，或者更加准确。如果当事人将问题留待中立且有资质的第三方加以判定，这个程序当然就比诉讼更便宜，而且可能会更准确。与留给一方当事人相比，这里产生偏见的可能性也要更低。

在 *Brant Const. Co., Inc. v. Metropolitan Water Reclamation Dist. of Greater Chicago* 一案中，[91]针对一项"以第三方（满意）为条件不合理"的主张，第七巡回法院支持了判决，指出当事人可能更愿意将判断的权利留给此第三人，而不是留给陪审团。本案中，承包人基于土壤的适合性——后者关系到承包人有义务进行开掘的土方量——质疑一位总工程师的判断。合同约定的条件是："为了防止一切纠纷与诉讼，我们进一步同意……工程师应当在一切情况下，对承包商在执行本合同工程时可能出现的一切关乎工程性质的问题进行判定，此种判定对此双方当事人都是终局性的。"[92]法院否定了对工程师判定的质疑，但其并没有仅仅指向合同的用语，这是可堪赞许的。"当合同明确地将判断土壤适合性的任务分配给了垦区总工程师（reclamation district's chief engineer）时，陪审团可能就不是合适的裁决人了。"[93]

《第二次重述》在一个示例中对这个结果进行了支持：

甲与乙缔约，内容是以 20000 美元的价格修缮乙的建筑物，付款取决于"作为乙之建筑师的丙的满意，并且要其签发证明"。甲进行了修缮，但丙拒绝签发证明，并且解释了自己为何不满意。这一领域的其他专家认为甲的履行是可堪满意的，而对丙的解释不以为然。甲不能针对乙提出权利请求……如果丙真诚地不满意，那么乙就没有付款

229

---

〔91〕　967 F. 2d 244 (7th Cir. 1992).

〔92〕　*Id.* at 247-48.

〔93〕　*Id.* at 248.

给甲的义务,即便丙的不满意并不合理,亦如此。[94]

不过,第三方还是要诚实地不满意。而且更重要的是,根据广为接受的观点,如果当事人不仅仅是错误,而是重大错误(gross mistaken),那么条件就不会被执行。在《第二次重述》的另一个示例中,事实与前一个示例相同,但不同之处是:

> 丙没有对工作进行妥当的审查,并且也没有给出不满意的理由。那么甲就可以针对乙提出 20000 美元的支付请求。按此而言,甲和乙推定丙会进行诚实的判断,但由于没有进行妥当的审查,丙就没有进行这种诚实的判断。由于当事人省略了对这种情况设置实质条款,那么如果丙理应满意,法院会适用一项条款(参见第 204 条)来要求甲对乙进行支付。[95]

《第二次重述》推定丙应当进行妥当的审查,这是正确的。当事人如果是经济学意义上的风险厌恶者,那么就不会同意受制于他人的意见,无论后者会如何作为。如果他不进行妥当的审查,那么他的判断就是随机的,类似于抛硬币。正如我们所见,风险厌恶者是不会赌博的。每一方当事人都不会愿意因为对方承担了此种风险而对其进行补偿。因此,执行此条件就是不公平的。说理由在于当事人未能约定建筑师必须进行妥善审查而"省略了实质条款",且这种省略会通过适用第204 条的规定而被填补,这都很奇怪。第 204 条规定法院会提供"一项合理的条款",而对这一条文的官方评论解释道,合理条款就是"与共同体的公平标准相一致"的条款。[96] 尽管不太明确这里说的是何种"共同体",但只要这一虚拟的共同体相信,一方当事人承担风险但不受补偿是不公平的,那么结果也就是一样的。

230

---

[94]　Restatement (Second) of Contracts § 229 illus. 5 (Am. Law Inst. 1981).

[95]　Id. at illus. 7.

[96]　Id. § 204 cmt. d.

第十一章

表示同意之中的冲突

一、表示与意图之间的冲突

（一）主观说与客观说

19世纪与20世纪早期最大的争议之一,便是关于合同成立的两种理论孰是孰非:主观说与客观说。正如前文所述,对主观说(意志论)的批评者指出,其无法解释为什么当事人会受自己并未构想(当然更不会有所打算)之条款的约束。他们还指出,主观说不能解释为什么错误会诱发救济。

不过根据这些批评者,意志论不能解释的另一个问题是,当事人有时所说非其所欲,为什么其仍然要受约束? 他们的解决方案是"客观说":合同是法律所授予的效力,其针对当事人所做或所说,而无视其所欲。根据威利斯顿的观点,在解释合同用语之时,"一般来说相关的唯一的意义,便是根据法律所采纳的标准进行判断时的用语意义"。

威利斯顿承认:

在大多数情况下,承不承认当事人的合意是合同成立的最关键要素,当事人的语词或行为有没有证实了内心的态度,以及承不承认当事人的语词或行为是合同成立的唯一关键要素,在实践层面上都无甚差异。[1]

---

[1] Samuel Williston & George J. Thompson, TREATISE ON THE LAW OF CONTRACTS 20 (rev. ed. 1938).

不过,根据威利斯顿的观点,合意是不重要的。否则当事人所说与所欲相背离之时,仅会因对其他人之效果而受约束。"结果当然是……除非另一方当事人因信赖错误的表示而改变了自己的位置,否则就没有债务;而且即便(法律)地位发生了此种变化,债务也会基于禁反言而非合同而产生。"[2]误言之当事人之所以担责,仅仅是因为另一方当事人基于信赖而为行为。判例法对这一规则尚无牢靠的支持。[3]

正如我们所见,威利斯顿将其客观说写入了《第一次重述》:"合同的成立不需要当事人的合意。"[4]随后《第二次重述》也接受了这一点。后者将承诺定义为"意图的展示"。[5]"'意图的展示'一词采纳了外在或客观的标准来阐释行为;其意味着意图的外在表达,区别于未披露的意图。"[6]范斯沃思作为《第二次重述》的报告人,在 2004 年写到"客观说"已经胜利。"截至 19 世纪末,客观说优势尽显,今日的法院已经广泛接受了它。"[7]

不过,艾森伯格在 20 年前便看到,《第二次重述》的规则与客观说实有冲突。《第二次重述》"挂着客观说学派的羊头,但却卖了主观合意的狗肉"。[8] 我们将会看到,艾森伯格是正确的。这看起来很奇妙:在主观说与客观说的双方拥趸长期争辩之后,《第二次重述》的创作者抛弃了客观说理论,却不自知。

之所以如此,部分源于威利斯顿在《第一次重述》中采取的解释策略,后者是为了防止客观说与常识和判例法相冲突。第一是前文所述

---

〔2〕　*Id.*

〔3〕　*Id.*

〔4〕　Restatement (First) of Contracts § 71 cmt. a (Am L. Inst. 1932). 类似的,"对合同中承诺的合意,以及合同应当具有法律约束力的真实或明显意图,也都是不重要的。*Id.* at § 20.

〔5〕　RESTATEMENT (SECOND) OF CONTRACTS § 2 (Am. Law Inst. 1981).

〔6〕　*Id.* at cmt. b.

〔7〕　E. Allan Farnsworth, Contracts 117 (4th ed. 2004)

〔8〕　Melvin A. Eisenberg, *The Responsive Model of Contract Law*, 36 Stan. L. Rev. 1107, 1126 (1984).

的,意在回避那些因错误之救济与客观说相冲突的案件。救济在衡平
法院中被授予,因此自然无须根据客观说加以解释。第二则是认可在
如下情形中各方当事人会因一方所打算而受约束,即另一方了解对方
的意图与合同中语词的含义有所歧异。[9] 根据《第一次重述》,"仅"
在"特殊情况下",一方当事人的"意图(才)具有关键意义"。[10] 第三
则是规定如果当事人的语词或行动"不确定或模棱两可",那么其内心
的同意是重要的。如果双方当事人对这些模棱两可的语词或行为之
含义具有相同的认知,那么就会受到这一含义的约束;如果认知不同,
那么除非一方当事人有理由知道另一方对该语词或行为之含义的认
知,否则合同就并未成立。如果其知道对方的认知,那么知道的一方
就会受到另一方当事人所认知之含义的约束。[11] 威利斯顿用一种实
用主义式的方法调整了自己的客观说。他没有解释为什么在语词或
行为模棱两可的时候,内心的同意就重要了。如果坚持客观说,那么
看起来内心的同意就不该算数。

　　在《第二次重述》中,这些例外都变成了规则。而且,"内心意图仅
在语词或行为模棱两可时才会胜出"的要求也被抛弃了。根据第 201
条第(1)款:"当事人对一项承诺、协议或/和条款赋予了相同的意义,
那么就该根据这一意义来进行阐释。"第(2)款、第(3)款规定,"当事
人若赋予了不同的含义",那么合同就不成立,但这里有两项例外:(a)
一方"当事人不知道另一方所赋予的不同意义,且后者知道前者所赋
予的意义;"以及(b)一方当事人"没有理由知道另一方所赋予的意
义,而后者有理由知道前者所赋予的意义"。

　　客观说理论就被默默地放弃了。当双方当事人对其语词赋予了
相同的意义,那么无论语词是否与此含义相应,合同都成立了。除去

---

　　[9] RESTATEMENT (FIRST) OF CONTRACTS § 71(c) (Am. Law Inst. 1932).

　　[10] *Id.* at § 71, cmt. a. 实际上,也有其他情况:根据《重述》,如果一方当事人并不
想要,但却无过失地对合同表示了同意,那么其便不受约束。比如,他签订了对索赔协议
的承诺,但他以为这是一份收据。*Id.* § 70, illus. 1;参见 *id.* at § 20, illus. 4("无意之间"
寄出了要约);Williston & Thompson, *supra* note 1, at § 95a。

　　[11] RESTATEMENT (FIRST) OF CONTRACTS § 71 (Am. Law Inst. 1932).

前述两项例外,无论使用了何种语词,当事人如果赋予了不同的意义,那么合同就没有成立。正如艾森伯格所言,《第二次重述》"明确地推翻了古典合同法的严格客观主义,后者认为当事人的主观意图是无关紧要的,即便双方有合意亦然……客观主义者们就是错了。"[12]

根据艾森伯格的观点,客观说的逝去是理应之事。不过,客观主义者在这一点上是正确的,即内心的同意有时是没有意义的。我们需要重新考虑这里的理由。

(二) 当表达胜过意图

当一方当事人的语词与其意图不相吻合,那么语词可能会因另一方被误导而有意义。正如威利斯顿和艾森伯格所指出,这里的难题在于,看起来被误导的当事人不应能令对方遵守合同,而只应当有权就被误导而导致的损害主张赔偿。正如艾森伯格所指出,"在此种情况下,难题不是责任而是损害。原则上表意者(addressor)被认为要担责,唯一原因在于其粗心地使用了用语,因此问题是其应否就表意受领人的成本而承担侵权法上的责任,或者就表意受领人的期待而承担合同法上的责任"。[13]

艾森伯格关于合同责任的论辩基础,被称为"艾森伯格不确定规则"(Eisenberg Uncertainty Principle):

信赖会变得极难度量,特别是由于其可能包含错失的机会,或是不能考虑其他替代方案。如果一个被告使事实调查员(factfinder)相信其主观意图与其表达的合理意义不同,借此便可避免期待利益损害赔偿,并且将确定任何成本之存在与范围的负担移转给原告承担,那么合同就会变得过度不安全,私人的计划也会受到过度的损害。[14]

---

[12] Lon L. Fuller, Melvin Aron Eisenberg & Mark F. Gergen, Basic Contract Law 347 (9th concise ed. 2013).

[13] Melvin A. Eisenberg, *The Responsive Model of Contract Law*, 36 Stan. L. Rev. 1107, 1120 (1984).

[14] *Id*. at 1121.

如果这个论辩是正确的,如果我们能确定被告的意图以及原告因信赖而支出的成本,那么就不能认定被告要遵守合同。在这种情况下,人们就会期望法院应(与现状相比)更关注确定被告意图和原告成本的困难程度。

一方当事人被有意误导

根据《第二次重述》,当事人对其使用的语词各执一义的时候,那么只有"一方当事人不知道另一方所赋予的不同意义,且后者知道前者所赋予的意义"时,合同才会成立。[15]

合同为什么会有约束力?要想回答这个问题,不一定要求诸合同的客观说理论。我们只需要规范欺诈的两项已确立的原则即可。这两项原则在《第二次重述》中亦可得见。

第一个原则关注的是,不披露信息在何时会构成欺诈。根据《第二次重述》第 159 条:"一项虚假陈述就是不符合事实的断言。"第 161 条规定:

234

不披露自己已知的事实,就等于是一项断言……

(c)当其知道对事实的披露,能使对方对于书面文件的内容或者效力的错误加以修正,而该书面文件可以全部或者部分地证明或体现协议。

假设一方当事人"不知道另一方所认定的不同意义,而后者知晓前者所认定的意义",披露就可以"使另一方当事人对一项书面文件的内容或效力之错误加以修正",不披露则会构成欺诈。

第二项原则关注的是欺诈的效力。欺诈并不使合同无效,而是可撤销(voidable)。如果受欺诈一方愿意,其可以选择执行合同。《第二次重述》第 164 条规定:

---

〔15〕　RESTATEMENT (SECOND) OF CONTRACTS § 201(2)(a)(Am. Law Inst. 1981).

如果一方当事人对同意的展示是诱自对方……一项欺诈性的……虚假陈述，而虚假陈述受领人有理由对其加以信赖，那么虚假陈述受领人可撤销该合同。

这些规则与合同的客观说抑或主观说之精髓均无干系。未披露对书面文件的效力就是欺诈性的，理由与其他不披露的欺诈行为相同。比如，"不动产或动产的出售人不披露质量或者产权中已知的潜在瑕疵，而这些瑕疵的性质很可能会阻却买家以合同约定的价格购买该财产"。[16] 受欺诈的一方当事人如果愿意，也可以要求对方履行合同。

这个规则解释了，即使法院并未提及"欺诈"的说法，某些合同也会被维持。艾森伯格就讨论了这样的一个判例：*Embry v. Hargadine*,*McKittrick Dry Goods Co.* 一案。[17] 本案中雇员的 1 年期雇佣合同届满了，他告诉自己的雇主，如果不再更新 1 年，他就停工去找其他工作。雇员被告知："去吧，你没事，带你的人走，不用担心这个。"法院认定，一个通情达理者都会将雇主的话理解为合同已经更新了，因而合同就成立了，而无论雇主是不是这么想。艾森伯格援引这个案例作为依据来证成如下观点："一个相互认可的主观解释具有决定意义，即便在客观上看并不合理，亦然。"[18] 不过，很可能的是雇主不打算更新合同。[19] 他只是希望让雇员认为合同更新了。雇主应当受约束，是因为他故意地——因此是欺诈性地——让雇员认为合同更新了。

---

〔16〕 参见 *id.* § 161 cmt. d。

〔17〕 105 S. W. 777 (Mo. App. 1907).

〔18〕 Eisenberg, *supra* note 8, at 125.

〔19〕 法院指出：我们认为，尽管根据安伯里（Embry）所提供的证词，因为二者之间所发生的事情，麦克奇德里克（McKittrick）并不打算雇佣安伯里（Embry），但如果麦克奇德里克所说的话会被一个通情达理者认为是雇佣了，而安伯里又是这么理解的，那么这就构成了接下来为期 1 年的有效雇佣合同。（Embry, 105 S. W. at 779）

一方当事人无意中被误导

根据《第二次重述》，当一方当事人"没有理由知晓另一方所确定的意义，而后者有理由知晓前者所确定的意义"，那么合同也会成立。[20] 有理由知道的当事人是无意地误导了对方（尽管这可能是有过失）。

艾森伯格认定，有理由知道的当事人就是有过失的，因为使用了"不小心"（carelessly）一词。[21] 如果是这样，那么基于侵权法的原则，当事人就应当就另一方所遭受的全部损害而担责。那么困难就在于，根据侵权法，责任可能会被限定在一方当事人（比如因信赖承诺）所遭受的损害之内。正如我们所见，艾森伯格试图避免得出那个我们称之为"不确定规则"的结论：证明主观意图和另一方当事人的信赖损失可能是很困难的。如果艾森伯格是正确的，那么在这些事项能被轻易证明之时，法院就不应该授予期待利益的损害赔偿。

不过，当只有一方当事人有理由知道双方当事人对协议的含义认定不同之时，执行合同的原因则有所不同。另一方当事人相信合同已经成立，而前一当事人可以通过证明双方对其用语含义认定不同便可脱离合同，这种证明就使得前一当事人处在一个独特的位置。如果前一当事人选择证明这一点，那么合同就不会有约束力。反之其可能会有约束力。这就使得前一当事人所处的位置是利用另一方的开销而投机。一方当事人承诺将"奶牛"以2000美元的价格卖给另一方，但他其实想说的是"马匹"，这样如果有其他人第二天出价2500美元来买这牛，他就会掩盖真相而逃脱合同；但若2000美元仍是最优的要约，当事人就会三缄其口。

一个范例便是 *Lucy v. Zehmer* 一案，[22]该案经常被援引以支持客观说理论。泽莫（Zehmer）与妻子签署了一份文件，以50000美元的价

---

〔20〕　RESTATEMENT (SECOND) OF CONTRACTS § 201(2)(b) (Am. Law Inst. 1981).

〔21〕　Eisenberg, *supra* note 8, at 120.

〔22〕　84 S. E. 2d 516 (Va. 1954).

格将农场卖给露西(Lucy)。泽莫主张其实全部交易都是个玩笑。但
法院并不相信。而且法院判定,就算他是在开玩笑,"不仅露西相信了
他的说法,而且证据显示泽莫对路西的相信做了担保,即合同是一项
236 严肃的商业交易"。因此法院根据合同的客观说认定其要担责:"当事
人内心的同意并不是合同成立的必备要件。"

其是否应当被认定担责,取决于你相信其故事的版本。在文件签
署之后,露西对泽莫提出了一个 5 美元的要约,来约束之前的交易。
根据露西的证词,泽莫拒绝接受,并且说,"你不用给我钱,你那边拿到
的文件是我们双方都签了字的"。不过,根据泽莫的说法,他那时第一
次认识到露西没有意识到自己是在开玩笑。于是他拒绝了钱,说,"我
的天,这都是醉话,我可不会把农场卖给你"。

在双方于 12 月 20 日见面之后,露西请了律师,来看看自己的产
权是否符合要求。在得知产权没问题之后,露西在 1 月 2 日给泽莫写
了信,要进行交割协议。在 1 月 13 日,泽莫回信说自己没打算卖。如
果露西的证词可信,那么是在这个时候其才得知泽莫主张交易是个玩
笑。如果是这样,那么无论对于导致露西相信交易是严肃的这一事实
是否有过失,泽莫都应当受到约束。理由并不像艾森伯格所言:"可能
包含错失机会"的信赖难以证明。[23] 露西没有错失什么机会,而信赖
利益就是所付的律师款项。泽莫应当受约束的原因是,在 12 月 20 日
到 1 月 13 日之间,露西都认为自己是在受约束;因此泽莫就不应该能
通过证明这是个玩笑而否定交易。否则,他就可以在这个期间随意变
卦,或者去找更好的要约。这足以证成对合同应予执行,即便泽莫对
这种局面并无过失,亦然。

不过,假设泽莫说的是真话,而且在露西给他 5 美元定金的时候,
其已经通知了露西这交易是个玩笑。如果是这样,而露西也相信了
她,就不存在一个时刻,其时露西认为双方的想法已经达成一致,而泽
莫却知道并非如此。假设一方当事人以 2000 美元卖奶牛,另一方接
受了,随后前者忽然说"哦抱歉,我说的是我的马"。如果后者相信了,

---

〔23〕　Eisenberg, *supra* note 8, at 1121.

那么不存在一个时刻,其时后一方当事人认为双方已经就奶牛的买卖达成了一致。如果是这样,那么再让前一方当事人或者泽莫遵守一个其从未打算的合同,就没有理由了。合同法的目的之一,在于使每一方当事人收到的东西在(其所相信的)价值上都高于其所交易出去的东西。如果要他们卖出自己从未打算卖出的东西,这个目的就无法实现了。

237

(三) 当意图胜过表达

机械错误(Mechanical errors)以及所谓的单方错误

当一方当事人错误地陈述或者错误地计算了价格,而其本希望受到约束之时,法院会将其称为"单方错误"。当事人说了或写了一个价格,但其实际想的是另一个。(比如)在准备投标之时,他们错误地加了一栏数字。在这些情况下,由于只有一方当事人犯了错,所以被法院称为"单方错误"。正如艾森伯格所言,最好将其称为机械错误。他指出,"几乎所有被归类为单方错误的情况,都是机械错误的案件"。[24] 其大多数都关涉价格上的错误。

对此法院趋向于如下规则:如果另一方当事人没有因该错误而变得更糟,那么作出机械错误的当事人则不受约束。理应如此。正如我们所见,如果错误关乎之事(价格或标的物)对一方当事人更有价值,那么缔结有约束之合同的目的就无法实现。授予机械错误一项救济,并不能阻碍合同目的。相反,这会推进这一目的,因为"搞错了"的当事人从未决定按这个价格进行销售,而这会使其所付出的东西价值高于其所收到的东西。

法院推进这一规则采取了一个迂回的路径。威利斯顿致力于合同的客观说,后者认为重要的是当事人所表达的,而不是其心中意图。由此出发,当事人若是说了一个价格,那么就应当受其约束,即便其想的是不同的价格,亦然。这个规则被写入了《第一次重述》,威利斯顿

---

〔24〕 Lon L. Fuller & Melvin Aron Eisenberg, BASIC CONTRACT LAW 715 (8th ed. 2006).

乃是报告人。不过这里有一个例外：如果"一方当事人知道对方当事人并不打算按其言语或其他行为所表达的行事"，那么"这种知晓阻却了此种语词或行为的效用"。[25] 这个规则延续到了《第二次重述》。[26]

某些法院采取了这个进路。比如，前妻签订了协议确定了一个数字，但她却是基于一个错误的计算，而其前夫知道这个错误，前妻对此不受约束。[27] 在一个审后和解（post-trial settlement）的要约中，一家公司有过失地通过分割而削减了总量，陪审团认定其有责任，对方律师本该知道这个错误，因此公司不受约束。[28] 一个投标人的投标额与其他人明显不同，对方本该知晓此处存在错误，该投标人不受约束。[29]

238　　　根据威利斯顿的进路，在这些案件中授予救济的原因，在于一方当事人知道另一方犯了错误。但他的进路并未解释为什么这些错误必须关乎机械错误。即便某人知道自己希望雇佣的承包人叫价偏低（underbid），或者知道想买的房子价格偏低，如果错误是判断错误，法院也不会授予救济。威利斯顿的进路没有区分如下两种情况：一是尽管存在判断错误也要执行合同，这符合合同法的目的；二是尽管存在机械错误而仍然要执行合同，这并不符合合同法的目的。《第二次重述》在此也没有区分，其规定如果一方当事人有错误，而"另一方当事人有理由知道这一错误"，那么合同便可撤销。[30]

有些法院如今会在一方当事人犯了机械错误之时授予救济，即便对方当事人不知道亦然，前提是后者没有因错误而受到损害。比如，当一位经销商以 35000 美元购买了一台捷豹汽车，但却错误地出价

---

〔25〕　RESTATEMENT (FIRST) OF CONTRACTS § 71(c) (Am L. Inst. 1932).

〔26〕　RESTATEMENT (SECOND) OF CONTRACTS § 153(b) (Am. Law Inst. 1981).

〔27〕　*Stare v. Tate*, 98 Cal. Rptr. 264 (Cal. App. 1971).

〔28〕　*Sumerel v. Goodyear Tire & Rubber Co.*, 232 P. 3d 128 (Col. App. 2009).

〔29〕　*M. F. Kemper Const. Co. v. City of Los Angeles*, 235 P. 2d 7 (Cal. 1951).

〔30〕　RESTATEMENT (SECOND) OF CONTRACTS § 153 (Am. Law Inst. 1981).

25995 美元出售,而该出价被一位顾客接受,后者并不知道这里有错误,该合同可以被撤销。[31]　再如,一个承包商为代理人准备了一个错误的报价,他向代理人保证其是正确的,后者全盘接受却并不了解这个错误,合同也可以被撤销。[32]

根据《第二次重述》,如果另一方当事人不知道错误,那么在如下情况中是可以授予救济的:

当在合同缔结之时,一方当事人的错误是关于其缔约的基础预设,该错误对约定的交易履行具有实质性的效力,而该效力对当事人不利,那么……合同在如下情况下可被撤销:

(a)错误的效力是,如果执行合同会显失公平。[33]

这个规则再次脱靶。其没有区分机械错误与判断错误——尽管如艾森伯格所指出,实际上在全部"单方错误"的案件中,错误都是机械性的。[34]　更重要的是,这个规则使用的语词,在含义和相关性上都颇值质疑。如果一方当事人在投标的时候错误地添加了一栏数字,那么还问其错误是不是"实质性的""显失公平的",是否关于"基本预设",究竟有何意义? 如果错误是关于价格的,所有三个术语看起来都只能指偏离大到离谱。如果这才是重要的事,那么使用这些语词是很糟糕的,因为它们暗示的是其他东西。

根据《第二次重述》[35]以及刚刚援引的判决,即便有错误的一方在犯错之时有过失,只要以诚信为之且无欺诈之意图,其便可获得救

239

---

〔31〕　*Donovan v. RRL Corp.*, 27 P. 3d 702 (Cal. 2001).

〔32〕　*Elsinore Union School District v. Kastorff*, 353 P. 2d 713 (Cal. 1960).(本案是当事人因错误地因分包商的报价而将自己报价删减,他在最后一刻收到了这个标书,然后急着去参加董事会的会议,后者询问他是否确定价格,被告说是和助手确定的,实际上他没有带着文件来进行核对。——译者注)

〔33〕　RESTATEMENT (SECOND) OF CONTRACTS § 153 (Am. Law Inst. 1981).

〔34〕　Fuller & Eisenberg, *supra* note 24, at 715.

〔35〕　RESTATEMENT (SECOND) OF CONTRACTS § 157 (Am. Law Inst. 1981).

济。当另一方当事人没有因过错而受损害，那么这个结论就是正确的。就像在侵权法中一样，如果他们没有受损，那么另一方当事人的过失就是不重要的。正如在别处所讨论的，这个规则适用于故意不当行为（intentional misconduct）的程度究竟如何，仍然不甚明朗。

另一方当事人是否受损，有时会被阐释得过分严格。只要损害能借助授予信赖利益损害赔偿而得以弥补，那么就应当授予救济。正如艾森伯格所看到的：

有时会说，只有当事人"能在平等的意义上保持现状，即撤销除了丧失交易之外，不会导致对一方当事人的损害"，才会授予单方错误之救济。[36] 如果按此而来，就会使无错误一方在有信赖时也不会授予救济。这样的规则无益于促成预想的目的，类似的表达应该被理解为，只有对方当事人既无信赖，而且也不能因授予信赖利益的损害赔偿而被恢复到合同之前的状态，这样才会授予救济。[37]

合同的变更（reformation）

到目前为止，我们已经讨论了当事人就合同某一条款未达成合意的情况。在其他情况中，当事人可能达成了一致，但他们所说或所写的并非心中所想。在这种情况下，他们确实同意了；而且尽管有"客观说"，他们还是会受到所想（而非所说）的约束。如果当事人同意一份保单，后者约定在被保险人 65 岁以后每年收到 500 美元，但错误地将保单写成了被保险人每月收到 500 美元，最后还是要按每年 500 美元算。[38] 如果当事人同意借款为 25000 美元，结果由于文件代笔人（scrivener）的错误写成了 15000 美元，贷款仍然是 25000 美元。法院会授予一项救济，这被称为"变更"。法院会重写合同，以便与当事人

---

〔36〕　Fuller & Eisenberg, *supra* note 24, at 728.

〔37〕　*Citing James T. Taylor & Son*, *Inc. v. Arlington Independent School District*, 335 S. W. 2d 371 (Tex. 1960).

〔38〕　*Travelers Ins. Co. v. Bailey*, 197 A. 2d 813 (Vt. 1964).

的理解保持一致。[39]

在 *Stare v. Tate* 一案中,法院走得更远。本案中一位女士签署了一份离婚协议,其中的数字基于一种错误的计算,但这有利于其前夫,[40]而前夫知道这里的错误。法院认定,不仅女士不会受到较小数值的约束,而且前夫要受到较大数值的约束,从而许可了变更。由于前夫知道错误但却三缄其口,他被禁反言而不得主张自己本可约定其他数额。法院的判决蕴含了一种诗性正义,但要满足任何一种禁反言——承诺性禁反言、衡平法禁反言以及因既有行为之禁反言(estoppel in päis)——的要件,都必须有相对方法律地位的变更。在这里,女士(前妻)打算的是一个数额,而前夫对此一无所知。由于未改变女士一方的法律地位,没有理由(根据禁反言)令男方受约束。

二、意图表达之间的冲突

(一)要约与承诺之间的冲突:格式之争

为了成立一项合同,当事人必须就履行条款达成一致。这些条款确定了当事人付出与收到的具体东西。在一项买卖中,条款要确定买卖的标的物以及价格。辅属条款(auxiliary term)则决定了细节,分配了风险与负担,这些风险与负担附着在交易之上,而交易则是履行条款所确定的。当事人无须对辅属条款明示同意。如果他们没有表示,那么法律会提供这些条款。

假设一方当事人确定的辅属条款与另一方所确定的不同,那么在当事人与对方交换合同,而每一方都没有签署对方合同之时,常常会有问题。正如我们所见,传统普通法规则认定此时合同不成立。对要约的承诺(接受)必须遵循"镜像"规则。但《统一商法典》第2-207条规定,合同也有可能成立。这个结果是正确的,但本条是一个拙笨的

---

[39] RESTATEMENT (SECOND) OF CONTRACTS § 155 (Am. Law Inst. 1981).

[40] 98 Cal. Rptr. 264 (Cal. App. 1971).

解决方案，导致法院总能想办法绕开它。

　　我们已经看到，如果当事人完全了然附着于交易的风险与负担，他们就会把这些风险和负担置于能以最低成本负担的一方身上，然后对其提供补偿。如果当事人这么做了，那么合同的条款就是公平的。一般来说，当合同明确地分配了风险与负担，那么会推定当事人便是如此。在例外的情况下，当此种条款将风险置于一方当事人，但后者却未因此得到补偿，那么法院就会认定该条款显失公平。

241

　　我们还看到了，如果当事人并未考虑风险，其合同也就不会包含一项处理风险的条款。此时法院就应当提供一项条款，将风险归于能以最低成本承担之一方。因为当事人并未考虑风险，因而此方当事人可能就不会因为承担了风险而获得补偿。即便如此，风险仍然应当归入因此而损失更小之人。这也是当事人本会考虑的风险分配方案。更重要的是，我们已经看到，即便当事人在缔约之时并未考虑特定的风险，一方当事人仍然有可能因已经承担了这个风险而获得了补偿。

　　当一方当事人的辅属条款与另一方的有所龃龉，那么这一条款有可能非常重要，以至于各方都不同意受其约束，除非另一方同意了自己所提出的条款。不过一般来说，尽管有所歧异，但当事人还是希望自己受约束的。那么问题就是，哪一方应当承担此处的负担或风险？答案仍然是，法院要将风险归于能最好地承担的一方，就像当事人对此种条款未达成同意一样。唯一的区别在于，法院会有额外的信息，它可以同时看到各方提出的条款。一方当事人提出了一项条款，这个事实算得上是"哪一方当事人能最优承担风险"的证据。

　　对虽有歧异但仍想缔结合同的当事人来说，普通法上的"镜像规则"会阻却他们的目标。而且也会产生专断的后果。在普通情况下，交易各方会印制确定不同的辅属条款。但在镜像规则之下，与上一文件有所冲突的文件，都会被推定为对之前要约的拒绝而构成新要约。如果一方当事人收到了这种新要约而受其约束，随后举动如合同已经成立一般——比如航运货物或接收货物——那么他们就会被推定为接受了这一新要约。他们被推定接收的是最新的一版，而究竟是哪一方发出的这一版可能是随机的。因此胜者就是"开最后一枪"的人。

卢埃林意识到了镜像规则的问题,草拟了新的条款,后来变成了《统一商法典》第2-207条。其规定:

(1)一份确定且在合理期间内的接盘表达,或者一份在合理期间内发送的书面确认,便可以作为一项接盘,即便其添加了额外条款或者与之前要约并达成一致的条款有所不同的内容,亦然;除非该接盘表明要以同意这些额外或不同条款作为条件。

(2)额外条款会被推定为合同额外添加的提议。在商人(merchant)之间,这些条款会变成合同的部分,除非:

(a)要约明确限定了对要约条款进行接盘;

(b)实质性变更;或者

(c)已经提供了对条款的拒绝通知,或者在收到条款通知之后的合理期间内给出了拒绝通知。

(3)认可了合同存在之双方当事人的行为足以确立合同,尽管当事人的书面文件并未确立合同。在这种情况下,特定合同的条款是由当事人同意之书面文件的条款,与所有其他依据本法所合并组成的增补条款所构成。

卢埃林是个聪明人,所以就很难相信他写了这么一个晦涩难懂的条款。福莱尔(Bruce Frier)和怀特(James White)指出他仅仅关注了一个问题:防止当事人找到了更优交易之后,利用要约和接盘的条款不太匹配来从合同中脱逃。[41] 这个问题在前述条文的第1项被解决了,其规定即便存在不一致,合同也成立了。但随后产生的问题是,合同的条款是什么? 对此,卢埃林的处理就不太聪明了。

根据第1项,合同的形成乃是通过"确定且在合理期间内的接盘表达……即便其添加了附属条款、或者与之前要约并达成一致的条款有所不同的内容"。就一个受要约人的回答来说,如果其显示尽管存

---

[41] Bruce W. Frier & James J. White, THE MODERN LAW OF CONTRACTS 183-84 (3d ed. 2012).

在条款的变化,但受要约人仍然希望接受(要约),那么"这就是一个确定且在合理期间内的接盘表达"。法院已经认定,如果回复包含了不同的履行条款——如待售交通工具的数量——那么合同就不成立。[42] 如果当事人已经就回复中所包含的某个条款进行了磋商,那么合同也不成立,[43]因为如果他们正在磋商,那么在事情确定之前,都不会希望受到约束。否则,就会出现尽管条款变更(哪怕是实质性变更)合同也要成立的局面。

不过,第 1 项看起来允许受要约人再次引入镜像规则。受要约人可以通过约定"自己的接盘表明要以同意这些额外或不同条款作为条件",从而防止要约成为一项合同。假设此后要约人的行为犹如合同存在一样(比如航运货物或者从受要约人处接受航运),那么如果要约人被推定已经接受了受要约人的条款,那么受要约人的地位,便相当于其是在镜像规则下"开最后一枪"的人。受要约人得偿所愿了。我们将会看到,法院已经扭曲了这一条款的用语,目的是防止这种结论。

根据第 2 项,尽管合同已经成立,如果"附加条款"是"实质性的",那么前者就不会成为合同的一部分。有人或许会认为有经济意义的任何条款都是"实质性的"。但根据第 2-207 条的官方评论,要想成为"实质性的"条款,必须"在另一方没有明确意识的情况下纳入会导致意外或艰困"。范例如"一项否定担保标准(如适销性或适合特定目的)的条款……或者一项要求起诉要在某个时间点作出的条款,而该时间实质性地短于习惯或合理期限"。[44] 非实质性的条款范例则包括如下类型的条款:

　　设定以及轻微扩大出卖人因条款中超出其控制的免责的条款;或者……在习惯限制内确定起诉的合理期限的条款;或者……规定预期

---

〔42〕 *Columbia Hyundai*, *Inc.* *v.* *Carll Hyundai*, *Inc.*, 484 S. E. 2d 468 (S. C. 1997).

〔43〕 *Koehring v. Glowacki*, 253 N. W. 2d 64 (Wis. 1977). (当事人磋商买卖是否适用"F. O. B"离岸价"还是"现地现价")。

〔44〕 U. C. C. § 2-207 cmt. 4 (Am. Law Inst. & Unif. L. Comm'n 1977).

发票(overdue invoice)之利益的条款……限定因瑕疵而拒收权利的条款,但该瑕疵位于"有所调整"验收的习惯贸易公差(customary trade tolerances)范围内,或以合理的方式限制救济。[45]

法官波斯纳敏锐地看到,"实质性变更规则是对解释的协助,而不是一个铁板一块的规则"。因此,尽管我们可以从官方评论中推断,实质性的条款会导致意外和艰困,但条款是否为实质性的判断标准,乃是一方当事人能否推定对方会同意。如果是这样,即便一项条款是实质性的,只要受要约人能够证明"要约人事实上会同意变更——无论是(1)明示还是(2)根据交易习惯背景的沉默",其仍可成为合同的一部分。[46]

正如常被看到的那样,第2项的难题在于,其与第2-207条的基本目标有所冲突,这个目标就是脱离镜像规则的专断。我们已经看到,根据镜像规则,规范合同之条款,取决于碰巧是最后发出文件的一方当事人。但这个顺序可能不过是偶然事件。不过,根据第2项的规则,发送的顺序看起来还是重要的。第一份发送的文件如今是一项"要约",第二份则是"接盘"。接盘使合同成立,但如果其添加了"实质性的条款",那么这些条款不会成为合同的组成部分。因此如果当事方发了第一份文件,但(对方的)附加条款不是实质性的,那么前者就得偿所愿了。我们将会看到,法院也扭曲了第2款的用语,目的是避免这个局面。

第3款包含了一项所谓的"淘汰"规则(knock-out rule)。当条款发生了冲突,则它们会被忽略。当事人所受约束的条款,是其约定的且不冲突的条款。这里的罅隙被"所有其他依据本法所合并组成的增补条款"所填充。这一条规则里外不是人。其不取决于第一个发出的文件,也不取决于最后一个。

---

[45] *Id.* at cmt. 5.

[46] *Union Carbide Corp. v. Oscar Mayer Food Corp.*, 947 F. 2d 1333 (7th Cir. 1991).

　　根据第 2-207 条的用语，很难判定何时应当适用这个第 3 款。如果当事人交换的文件有冲突，那么第二份文件可能是"确定且在合理期间内作出的接盘表示"，也可能不是。如果是，那么一项合同就成立了，而且看起来，其间的冲突根据第 2 款得到了解决；如果不是，那么就不存在合同，也就没有冲突了。根据其条款，第 3 款适用于当事人为了行为，双方有合同，但"当事人的书面文件……没有成立一个合同"。这是什么意思？如果一份书面文件是"确定且在合理期间内作出的接盘表示"，那么看起来，第 3 款就没有用武之地。一项合同可能根据第 1 款就成立了，然后条款的冲突则根据第 2 款加以解决。那么看起来，第 3 款的适用只能针对一种情况，即当事人缔结了合同，但该合同是通过行为而不是书面文件的交换，而根据书面文件的表述，合同的条款早已经被作出了。官方评论 6 指出，这就是第 3 款所希望规范的局面：

　　当双方当事人所发送的确认书（confirming form）的条款有冲突，那么每一方当事人必须被推定反对另一方所发送的确认文件……这样，合同就是由如下的条款所组成的：最初被表示同意的条款，确认书中同意的条件以及本法律所提供的条款。

　　这样看起来，第 3 款就仅仅适用于"确认书"，后者是发出来确认一项已经成立的合同的。但是，第 3 款的"淘汰规则"包含了避免镜像规则之专断性的唯一解决方案，而这专断性正是第 2-207 条所希望避免的。由此导致法院扭曲了第 2-207 条其他内容的含义，以便使第 3 款得到适用。这样的结果就是，如今所有路径看起来都指向第 3 款，但根据第 2-207 条的文义，几乎所有的路径本是要偏离第 3 款的。

　　第一个要跨越的障碍，就是第 1 项的文义，其允许受要约人约定"接盘表明要以同意这些额外或不同条款作为条件"。为了规避这一款的适用，有些法院指出："接盘明确表明以同意这些额外或不同条款作为条件，这是不够的，事实上，接盘必须明示以要约人对这些条款的同意为条件。"〔47〕比如,说"完全明白这些条款和条件变成了这一要约的组成部分",〔48〕甚至"这一要约明确地将接盘限制在所陈述的条款之类,任何由卖家额外添加的或者不同的条款,除非有明确的书面同意表示,否则都会被拒绝"〔49〕,这些说法都是不够的。有些法院已经指出,单纯有用语是不足以让接盘附条件的。法院必须进行事实调查,来判定当事人是否真实地希望(即使没有另一方的同意也要)继续。〔50〕

　　不过,假设一位受要约人的文件确实表明,接盘就是以要约人对条款的同意作为条件,但文件接收的顺序仍然很重要,就像在镜像规则之下一样。最后一份文件包含了有条件的接盘。为了避开这个问题,有些法院已经认为,一项附条件接盘的效力,是允许受要约人拒绝受合同约束,除非要约人明示同意受要约人的条款。相反,如果要约人仅仅是继续下去,就像当事人有合同一样,要约人是不会被推定为已经同意。法院会适用第 3 款的淘汰规则。冲突的条款会互相"抵销",当事人所受的约束,仅仅是其同意的文件中的条款以及《统一商法典》的规定。〔51〕

　　第二个要跨越的障碍,则是第 2 款的条款,其规定"额外条款……会成为合同的组成部分,除非……有了实质性的变更"。问题是如何避免适用这一如镜像规则般专断的条款,转而适用第 3 款的淘汰规则。有些法院(并非全部)〔52〕已经指出,第 2 款适用于实质性的条款,而第 3 款则适用于"不同"的条款。他们指出,尽管第 1 款提到了"额外条款或者与之前要约并达成一致的条款有所不同的内容",但第 2

---

〔47〕　*Dorton v. Collins & Aikman Corp.*, 453 F. 2d 1161 (6th Cir. 1972).

〔48〕　*Gardner Zemke Co. v. Dunham Bush, Inc.*, 850 P. 2d 319 (N. M. 1993).

〔49〕　*Brown Machine, Inc. v. Hercules, Inc.*, 770 S. W. 2d 416 (Mo. App. 1989).

〔50〕　*Gardner Zemke*, 850 P. 2d 319.

〔51〕　*Diamond Fruit Growers, Inc. v. Krack Corp.*, 794 F. 2d 1440 (9th Cir. 1986); *C. Itoh & Co. (America), Inc. v. Jordan International Co.*, 552 F. 2d 1228 (7th Cir. 1977).

〔52〕　*Steiner v. Mobil Oil Corp.*, 569 P. 2d 751 (Cal. 1977); *Air Products & Chemicals, Inc. v. Fairbanks Morse, Inc.*, 206 N. W. 2d 414 (Wis. 1973).

款仅仅说了"额外条款"。它们便得出结论,第 2 款仅仅适用于"额外条款"。由于第 2-207 条所说的是对"不同"的条款发生冲突时该如何处理,没提到"额外"(的条款),因此"额外"条款之冲突就应通过第 3 款的淘汰规则加以处理。[53] 这个方案的支持者有时会援引第 6 款评论(前文写过),但我们已经看到,该评论解决的是"确认书",后者据推测是确认双方已经缔结的合同。支持者们无视第 3 款评论,后者明确规定:"额外或不同的条款是否会成为协议的组成部分,取决于分段(2)的条款。"

借助这种解释,第 2 款适用于"附加的"条款,而第 3 款则适用于"不同的"条款。但探寻一项条款是"附加的"或者是"不同的",并无良途可循。我们没法求诸成文法的目的,因为我们已经看到,起草者并没有在此加以区分。我们也没法求诸法院的目的,因为法院的目的就是为了规避第 2 款来适用第 3 款。这个目的只有在条款是"不同的"之时才能达到。根据语言的一般用法,看起来"不同的"条款是指与要约的条款有冲突,而"额外的"条款则关涉要约并未提及的内容。但这个解释会导致悖论。假设接盘中的一项条款与要约中明示的一项条款相冲突,但法律会在合同缺乏双方当事人的合意之时将其纳入合同,看起来这样的条款就是"不同的",结果就是冲突的条款会被第 3 款淘汰,合同会采用法律在当事人无约定之时所提供的规则。这个结果看起来很奇怪,因为一方当事人恰好明确表明了一项条款,而法律本该承认这一项条款的。但假设如果一项文件的默示条款(法律总会将其纳入合同的条款)与另一份文件的明示条款相冲突,那么这会被推定为"不同"。这样一来,当一方当事人之文件中的条款是法律会在缺乏合意之时纳入合同的那种条款,而任何与这种条款的偏离都会被认定为一项不同的条款。那么就永远不可能有额外条款了,而合同的条款总是那些法律在当事人无约定之时的规则。

由于没有好办法,实践中,只要适用第 3 款的淘汰规则是一个公

---

〔53〕　Gardner Zemke. 850 P. 2d 319; *Diatom*, *Inc*. *v*. *Pennwalt Corp*. , 741 F. 2d 1569 (10th Cir. 1984).

平的方案,那么法院在此时就会认定条款是"不同的"。的确,与第 2 项的规则相比,这个规则看起来要更公平。我们在此首先要指出妥当的进路:当辅属条款之间发生了冲突,当事人虽有分歧,但仍然希望受到约束的时候,才应当将风险置于能最好地加以承担之一方。这才是在当事人无约定之时,将何种条款纳入合同所应当考虑的事情。

不过,淘汰规则的问题在于,当冲突的条款被排除后,当事人会受"当事人同意之书面文件的条款,与所有其他依据本法所合并组成的增补条款"之约束。但正如前文所述,当一方(或双方)当事人提出了一项条款,但这并不是在双方无合意之时法律会作出的规定,这种情况不同于双方未有约定之时。一方当事人提出了此种条款,这一事实乃是关于在这种特定情况下(无论正常情况如何)何方当事人能最优负担风险的证据。此方当事人可能会很合理地希望受到不同条款的约束。但根据第 3 款的规定,当事人想不受约束是很难的。

假设一位出卖人希望放弃一项瑕疵担保。如果另一方当事人确认其文件中包含了一项担保(或者因与默示的瑕疵担保相冲突而触发了淘汰规则),那么这一免责声明(disclaimer)就不会变成合同的一部分。这个结果可能是不公平的。更寻常的是,对"货物有缺陷"这一风险,卖家处在加以承担的最优位置。他们能最好地预见和控制这一风险。只要购买瑕疵货物的买家所遭受的损失大致相同,那么卖家就可以针对风险来自我保险,即针对全部买家提高价格,直到足以弥补购买瑕疵货物之卖家所受损害即可。不过,假定有些瑕疵货物的买家所遭受的损害要比其他人大很多,那么这些买家就处在最好的位置而知晓和控制风险。更重要的是,如果卖家针对全部买家提高价格,直到足以弥补这更高的损失,结果就不公平了。这意味着每个买家都会付更多的钱,这些钱会弥补某些买家的风险,但其他人却并不会面临这种风险。

举个例子,假设卖家卖的是黏合剂,这种黏合剂一般是用来提供密封来保护易腐商品的。如果开封导致的损害在不同买家之间差距甚大,买家就处在最优位置来知晓和控制损害的风险,并且可以通过使用黏合剂的诸多交易来分散风险。在著名的 *Rotolith*, *Ltd*. *v*. *F. P.*

Barker & Co. 一案中，[54] 某种黏合剂的生产厂家通过一项格式条款设置了免瑕疵担保。而其中一项瑕疵担保是包含在其顾客的格式条款之中的。法院支持了卖家的主张，理由是"一项回复申明了改变债务的实质性条件，其仅仅对要约人不利"，这就符合第 1 款中所说的"明示地"……"为条件"。很多法院和学者都积极地批评了这个判决，因其在效力上重申了镜像规则而违背了第 2-207 条的意图。不过，如果像很多晚近判决所示，所有的路径都指向第 3 款，那么只要与买家的格式条款相冲突，黏合剂的卖家就很难将免瑕疵担保纳入。这个条款会被淘汰，继而以《统一商法典》的瑕疵担保条款取而代之。不过在 *Rotolith* 一案的情况中，免除条款要比《统一商法典》的瑕疵担保更公平，也更合理。

　　另一个问题是，根据淘汰规则，双方当事人可能会受到约束的条款，均未包含于双方的格式条款（form）之中。一份文件可能规定了瑕疵担保，即只有在 6 个月内发现了瑕疵才会进行修理与换货；而另一份则规定一般性但受限的损害要发生在 1 年之内。在淘汰规则之下，当事人的约束是无时间限制的一般瑕疵担保，因为这是《统一商法典》的规定。

　　当事人使用了一项约定了不同条款的格式条款，他们是在主张，在效力的层面上，他们的情境与典型的买卖双方有所不同。如果其合同包含了与《统一商法典》有所不同的一些内容，而这些内容又合理地相关于其情境与典型买卖双方之间的差异，那么这种主张就更加可信。如果法院相信，在其情境之中的当事人确实会将风险或负担置于能最为轻易地负担之一方，那么法院就应当执行这个约定。

　　（二）初步表达与最终表达之间的冲突：口头证据规则（the Parol Evidence Rule）

　　当一方当事人希望引入条款的外在证据（evidence extrinsic），以此对书面协议的含义进行补充或者变更，那么一个很自然的关注在于，

---

　　[54]　297 F. 2d 497（1st Cir. 1962）.

这一外在证据究竟应当被赋予何种效力。这些证据的可信度可能会引发疑虑，而这些疑虑的产生，可能仅仅是因为这些条款并没有被包含在书面协议之中。

这个可信度的问题被口头证据规则加强了——这个名字是不准确的，因为其关注的是外在证据的条款，而不在于这个证据是口头还是书面的。如果当事人希望自己的书面合同是协议条款的最终表明（final statement），就是所谓的"完全完整"（completely integrated）。对条款有所补充甚至冲突的外在证据都不会被考虑了。如果当事人希望协议只是某些条款的最终表明，这就是所谓的"部分完整"。只有与条款不一致的外在证据才不会被加以考虑。用《第二次重述》的话来说就是：

第 209 条　完整的协议：

（1）一项完整的协议，是指一份或者多份书面文件，对协议的一项或多项条款构成了最终表述。

……

第 210 条　完全和部分完整的协议

（1）一项完全完整的协议，是当事人所采用的一项完整协议，将其作为其协议条款完全且排他的表述。

（2）一项部分完整的协议，是除了完全完整协议之外的其他完整协议。

第 213 条　完整协议对在先协议的效力（口头证据规则）

（1）有约束力的完整协议，会在与其不一致的范围内，排除（discharge）在先协议。

……

（3）一项有约束力的完全完整协议，会在其全部内容的范围内，排除在先协议。

口头证据规则之所以有困难，是因为尽管这一规则强调了外在证据的可信度问题，但其对待这个问题的方式，就像当事人自己已经解决了"外在证据是否应当被考虑"的问题一样。一项书面文件是否完整,是完全完整还是部分完整,取决于当事人是否将其作为一份协议中一项或多项条款的最终表达。如果是,那么当事人就希望用它去排除在先协议。至于在先协议的证据是否可信,则并不重要。即便证据是不可争辩的,当事人若是自己决定排除在先协议,那么这证据也是不相关的。

自从威利斯顿与科宾在《第一次重述》之时展开争议之时,此进路的一个困难就已被指出。我们可能会很难辨明当事人究竟希望自己的协议是完全完整协议,还是部分完整协议,除非我们能知道当事人是否确实地缔结了在先协议。如果他们缔结了,我们就可以探寻,其是否会希望用书面文件来取而代之。那么,看起来法院要想判定在先协议的证据是否会被承认而作为最终协议的补充(甚至与其冲突),就必须判定当事人是否有一项在先协议。在这种情况下,法院必须审视在先协议之证据的可信度。但口头证据规则的目标,却是要防止在先证据的引入,因其可能是不可信的。

这个难题可以两种方式加以解决,但每一种都不尽如人意。威利斯顿相信,法院可以尽可能地判定当事人的意图,而无须审视外在证据。如果看起来书面文件只是关于某些问题而为最终且完整,那么就应当被推定为部分完整;如果是关于所有问题,那么就是完全完整的。这个进路的问题在于,法院会忽视与其需要判定之问题相关的证据。科宾的结论是,法院应当审视所有与当事人意图相关的证据,包括外在证据。其应当在陪审团听审之外来考虑证据,以便作出判定是否允许陪审团考虑这些证据。

《第二次重述》采纳了科宾的进路:

> 如果当事人将一项协议落实(reduce)为一项书面文件,而就其完整性和特定性而言,其看起来是一项完整协议,则应将其作为一项完整协议,除非其他证据可以确证,此书面协议并不构成一份最终

表述。[55]

这一进路的问题在于,法院要考虑外在证据,但却不衡量其可信度,这是很难的。不过口头证据规则的目标,就是在当事人打算让自己的协议是完全或部分完整的时候,防止对外在证据的可信度进行考量。

250

一个进一步的问题是,口头证据规则所关涉的是一项意图,后者关于一份书面文件的法律效力,但这项意图当事人很少会真正想到,即要一份协议完全或者部分完整的意图——或者反过来说,排除"协议构成完整或部分完整协议之外在证据"的意图。如果当事人确有此种意图,他们就要自己决断外在证据是否要被考虑。如果是肯定的,那就方便多了。但他们可能没有想过这一点。

如果当事人在起草最终协议的时候,把所想的事一股脑儿塞了进去,那么就会推定他们是希望这协议能包含一切。但一般来说都不是这样。斯威特(Justin Sweet)已经指出:"真正完整协议的标志,就是其乃是认真和井然地被汇集在一起的。在这种意义上,其类似于起草一部成文法或者一部条约。在整合之前发生了很多:准备起草、审读、再审读,然后再起草。"根据斯威特的观点,很少有合同是以这种方式缔结的,因此将口头证据规则局限于这些合同,几乎等于废止了这一规则(因为根本没合同这么做)。"但这是唯一的书面合同类型,即可以自信地推定要在一个宝库中整合全部交易,而且即便如此,它们也不会包含所有的东西。"[56]

的确,即便当事人明示地解决了"其书面协议是否完整"的问题,法院也常常会无视之。合同经常会包含一个"完整化条款"(integration clause),申明此书面协议包含了当事人的全部协议。正如艾森伯格所看到:"法律对吸收条款(merger clause)应当授予何种效力,仍然

〔55〕 RESTATEMENT (SECOND) OF CONTRACTS § 209(3) (Am. Law Inst. 1981).

〔56〕 Justin Sweet, *Contract Making and Parol Evidence: Diagnosis and Treatment of a Sick Rule*, 53 Cornell L. Rev. 1036 (1968).

是一团乱麻。在某些案件中，这一条款被赋予巨大权重；而在某些案件中又无所谓。某些法院则指出，此种条款的权重则是因时因事而异。"〔57〕

　　根据卡拉布雷西和派瑞罗（Jospeh Perillo）的观点，这个难题的源头，在于"将完整与否的问题作为意图问题来处理"。〔58〕威利斯顿就犯了这个错误，从而引发了科宾的批评。根据卡拉布雷西和派瑞罗的说法，"摒弃了拟制的生硬用语，指向对意图的探寻"，威利斯顿及其拥趸是"在拥护……一种形式的规则"。"尽管偶有不公，但交易的安全要求，采用形式化书面文件的当事人，应当将其全部的协议写为形式化的书面文件，其口头协议以及书面单方约定则无效力。"〔59〕但卡拉布雷西和派瑞罗对口头协议规则的这种用法很怪异。按照传统的观点，这一规则是完成当事人意图的一种方式。但按照卡拉布雷西和派瑞罗的解释，口头证据规则是用来否定意图的，即那些不希望将全部协议写为形式化书面文件之当事人的意图。

　　另一个困难在于，因排除了在先协议的证据，口头证据规则与错误规则发生了冲突。正如我们刚刚看到的，如果双方当事人所执行的书面文件未能表达其真实的意图，法院不仅可以听取"此意图为何"的证据，还可以判令变更书面文件，以便表明双方的真实意图。根据《第二次重述》：

　　由于双方当事人关于书面文件的内容或效力之错误，导致证明或者体现一份协议的书面文件整体或者部分地未能表明该协议，法院可以应一方当事人的请求，变更书面协议来表达这一协议。〔60〕

因此当事人会受其之所想之约束，而不是其在协议中所说之事的约

---

〔57〕　Fuller & Eisenberg, *supra* note 24, at 602.

〔58〕　John D. Calamari & Joseph M. Perillo, *A Plea for a Uniform Parol Evidence Rule and Principles of Interpretation*, 42 Ind. L. J. 333 (1967).

〔59〕　*Id.*

〔60〕　RESTATEMENT (SECOND) OF CONTRACTS § 155 (Am. Law Inst. 1981).

束。正如我们所见,如果当事人同意一项保单,其约定会在被保险人65 岁以后每年支付 500 美元,结果保单因错误而写成了每个月 500 美元。被保险人最后是按 500 美元每年收取的。[61] 如果当事人同意一笔 25000 美元的借款,但由于抄写员的错误,借款的数额被写成了15000 美元,那么借款也是按照 25000 美元计算的。看起来,如果当事人未能将早期协议纳入后来的书面文件,这并不意味着后者就一定会优于前者。一方当事人应当可以用关于错误的证据来要求信息。而且根据《第二次重述》,尽管有口头证据规则,关于错误的证据也是可以被采纳的。[62]

　　一方当事人可能会尝试完全放弃口头证据规则。但常见的是,当事人会将其协议落实为书面文件,以便避免因引入外在证据而诱发的不确定性。他们这么做,可能是因为与"和对方说过什么"的记忆相比,一份书面文件的条款会更清楚,更可靠。他们可能会希望避免另一方在说完之后捏造事实。法院应当探寻当事人是否有此种意图,以及如果有,那么他们希望排除掉什么外在证据。如果是这样,法院就应当尊重当事人确实有的此种意图。它不需要去探问当事人,是否打算让书面协议成为双方协议的一项(或多项)条款的最终表达,从而可优先于一切在先协议。它只要探问当事人是否打算让书面协议优先,即优先于其他被推定为较不可信之证据。

　　为了做到这一点,法院必须考虑当事人为什么要执行一份书面协议。此间之目的可能各有不同。通过两个司法意见,我们或许能理解这个问题,而这两个意见一般被认为是截然对立的。一是 *Mitchell v. Lath* 一案中安德鲁斯法官的意见,另一则是在 *Masterson v. Sine. In Mitchell v. Lath* 一案中特雷纳法官的意见。在第一个案件中,[63] 米切尔夫人签署了一份书面合同,目的是从拉斯(Lath)处购买一块土地,但合同中省略了拉斯要拆除一个不起眼的冰库的承诺。安德鲁斯认

---

〔61〕 *Travelers Ins. Co. v. Bailey*, 197 A. 2d 813 (Vt. 1964).

〔62〕 Restatement (Second) of Contracts § 214(d) (Am. Law Inst. 1981).

〔63〕 160 N. E. 646 (N. Y. 1928).

为,这个承诺的证据是不被采纳的,因为书面合同细致清楚,看起来是完整的。而在 *Masterson v. Sine* 一案中,[64] 马斯特森一家(Mastersons)将土地加以流转,并保留了重购的选择权。特雷纳法官准许了证实该回购的选择权特属于马斯特森一家的外在证据,因此不能由破产中的受托人行使。特雷纳指出,双方当事人可能没有提及对移转的限制,是因为"将附属协议整合进入程式化的契据协议,是很困难的",而且因为该选择权"最好被放在独立的登记契据(recorded deed)之中,以便保留许可人的权利来对抗任何可能的未来购买人"。在这里,他的意见与安德鲁斯的意见并无冲突。安德鲁斯指出,如果交易的条款出现在流转土地的契据中,他的观点可能会有不同。"契据的固定程式使其很不适合插入附属协议,无论这协议与交易的关系是如何密切。"[65]

安德鲁斯和特雷纳都想按照传统的模式来适用口头证据规则。特雷纳指出:"在判定是否存在一项完整(合同)之时,关键的事项是当事人是否打算让其书面文件作为其协议的独有呈现。"二人都同意,在当事人执行(地产)契据之时可能并无这一打算。但在执行书面合同之时,其是否打算排除全部外在证据,这不应该是一个非此即彼的问题。他们打算排除的事情,取决于他们打算让书面文件去实现的事情。安德鲁斯和特雷纳都同意,在(地产)契据中所要实现的事情,和在买卖合同中所要实现的事情,不是同一件事。

在 *Lopez v. Reynoso* 一案中,[66] 雷诺索(Reynoso)在一份文件中将一辆车卖给了洛佩兹,该文件包含了一项完整的条款。该条款指出,车价是6500美元,洛佩兹付款定金500美元。雷诺索被允许证明了实际价格是8000美元,而其从洛佩兹处得到的2000美元,就是定金500美元加上高出来的这1500美元价金。他应洛佩兹的要求,在文件上写了一个更低的价格,为此他收到了2000美元现金。出于个人原因,

253

---

〔64〕 *Masterson v. Sine*, 436 P. 2d 561 (Cal. 1968).

〔65〕 *Mitchell*, 160 N. E. at 383.

〔66〕 Lopez v. Reynoso, 118 P. 3d 398 (Wash. App. 2005).

洛佩兹不希望文件显示自己付了这么多现金。初审法院"认定雷诺索先生的解释更可信,也更合理",部分是因为在买卖协议中所包含的价格并没有超过发票价格。上诉法院维持了这个判决,指出初审法院"暗示认定书面文件仅仅是部分完整的文件"。更好的说法是,买卖协议的用语并不是写来指明全部价金的,而只是所欠的款额。因此,协议的用语不应算数。没有必要去探寻该协议是否是完全的完整协议。

在 Brown v. Oliver 一案中,[67]被告将一家旅店卖给了原告。合同是由"抄写员(scrivener)所写",但并没有提及动产,只是"有一个充分的口头证据证明,买卖包含了旅店的家具"。法院认可以该口头证据来判定合同本打算涵盖的内容。当事人可能有理由将旅店的买卖做成书面文件,但并不适用于家具的买卖,而抄写员就是按这样的指导来起草的。结果是否正确,则取决于他们是否这么做了。

如果这个进路是正确的,那么安德鲁斯就本该对 Mitchell v. Lath 一案中的书面协议探问更多的问题。根据安德鲁斯的观点,"她(指米切尔夫人)制定了一份书面合同,以 8400 美元购买财产,以现金和一项抵押,并且包含此类文件中常见的各种条款"。她是怎么做到的?她自己起草的?律师起草的?还是使用了一个自己在别处所购买的印制文件?如果是后一种情况,那么在印制文件中添加附属协议,无论其与买卖有多密切的关系,难道不是很困难的吗?

如果说当事人制定了一项书面文件,确实是因为他们认为书面证据要比他们所同意的其他证据更值得信任,那么法院就应当考虑何种证据被他们视为较不堪信任。当事人可能会认为,用书面证据作为协议的记录,要比他们的记忆更可靠,或者能防止一方当事人后来捏造事实。如果这就是他们进行书面协议之时所想,那么他们就没有排除掉那些比记忆更可靠的证据,以及使一方当事人捏造事实更困难甚至不可能的证据。

这样一来,在适用口头证据规则之时,法院就应当考虑外在证据

---

[67] *Brown v. Oliver*, 256 P. 1008 (Kan. 1927).

有多可靠。这个观点为波斯纳和波顿（Steven Burton）所持。[68] 根据
波斯纳法官的观点，"这个区分的关键，便在于所称的'客观'与'主
观'之含糊证据（evidence of ambiguity）……所谓'客观证据'，我们指
的是能为无利益相关之第三方提供的含糊证据……所谓'主观证据'，
即是当事人自己证明该合同究为何物的证词"。"主观"证据是自助式
的，很容易被制造出来。按照波斯纳的观点，口头证据规则的策略要
得到最好的实现，便是筛选并允许"客观证据"获得认可。[69] 在很多
案件中，波斯纳的规则都会实现当事人的意图。不过问题应当是，当
事人在将协议做成书面文件之时希望做成什么？ 假设理由是他们认
为书面文件比记忆更可靠，而外在证据很容易捏造，那么"主观"证据
就应当在如下程度上被排除：其是作为当事人的记忆之证词，或者其
作为证据很容易被捏造；而并非此类情况的"客观"证据则应当获得
认可。

正如前文所言，传统认为口头证据规则与错误规则有所抵触。根
据错误规则，如果一项书面合同并不包含当事人对其协议的理解，甚
至会与后者有所冲突，而一方当事人会证明如此，那么法院就可以准
许合同的变更，以便使书面文件与其实际的意图相一致。这里我们看
到了两项冲突的原则：或者令当事人因错误而未能表达出来的意图有
效；或者只认定当事人实际表达出来的意图有效，因为这要比其未表
达的意图更可信。法院不应当一成不变，总是认定未表达意图的证据
或者总是确信其书面文件，这都不对。它能做的就是承认关于错误的
外在证据，但要坚持该证据明确且有实质性。

有时法院就是这么做的。在 *Bollinger v. Central Pennsylvania*

---

〔68〕 Steven J. Burton, Elements of Contract Interpretation（2006）.

〔69〕 *AM International*, *Inc. v. Graphic Management Associates*, *Inc.*, 44 F. 3d 572（7th
Cir. 1995）. 在这个案件中，法院适用了伊利诺伊州的法律，而在后一个案件中，伊利诺伊
州最高法院忽视了波斯纳提出的模式，转而适用了口头证据规则的传统模式。*Air Safety
v. Teachers Realty Corp.*, 706 N. E. 2d 882（Ill. 1999）.

Quarry & Construction Co. 一案中，[70] 根据当事人的书面协议，一家建筑公司被允许在原告的土地上置放建筑废料。原告主张各当事人所同意的是，该公司会先清走表层土，然后在置放废料之后，再将表层土填回废料之上。法院准许了合同的更正，理由是要求公司做这些工作的条款因错误而被忽略了。根据法院的观点，对此种错误的证明责任非常"重"，但原告通过"无可争议的证据"——包括如下事实，在履行合同中，公司一度已经更替了废料上层的表层土——完成了这一证明。

有时，在类似的案件中，法院适用了口头证据规则，排除了外在证据。在 *Gianni v. R. Russell & Co.* 一案中，[71] 原告主张当自己承租被告建筑物中的一间仓库时，被告承诺其不会把仓库租给任何其他出售软饮料的商家。法院排除了这一承诺的外在证据，指出当事人如果同意这一点的话，"正常来说，自然的话"会将此项条款纳入租赁协议。在经典判例 *Thompson v. Libby* 一案中，当事人同意买卖圆木，一方当事人后来主张有一项瑕疵担保的口头协议。这个协议的证据也被排除了。[72] 在这些案件里，可以肯定的是，执行书面协议的理由是为了避免(认可)口头协议所引发的争议。而正是出于这个原因，如果当事人同意了额外条款，他们在将协议做成书面文件之时就犯了错误。因此主张曾有口头协议的当事人，应当被允许证明存在错误——尽管如 *Bollinger* 一案所示，这会是非常沉重的证明责任。

用波斯纳的话说，人们常常指出，口头证据规则提供了"一块更进一步的隔板，来保护当事人免受不确定的审判之苦"。外在证据"必须首先呈现给法官，只有后者认定确实存在不确定时，对该问题的解释才会被提交陪审团"。[73] 的确如此，而法官和陪审团之间的职责界

---

[70]　*Bollinger v. Central Pennsylvania Quarry & Construction Co.*，229 A. 2d 741（Pa. 1967）.

[71]　*Gianni v. R. Russell & Co.* 281 Pa. 320（1924）.

[72]　*Thompson v. Libby*，26 N. W. 1（Minn. 1885）.

[73]　*AM International*，*Inc. v. Graphic Management Associates*，*Inc.*，44 F. 3d 572（7th Cir. 1995）.

分,则提供了一项额外的保障,避免过分相信外在证据。不过,不相信外在证据的原因,首先是要赋予"当事人认为协议的书面条款更可信"之意图以效力。法官在适用这一规则时所扮演的角色,是确保这一意图受到尊重的又一种方法。

256

第四部分　诸种救济

第十二章

对遭受损失与丧失收益的补偿

一、传统的计量方式

根据标准计量方式,合同的救济是用来保护如下三种利益的:期待利益、信赖利益以及返还利益(restitution interest)。

富勒和帕杜撰写了一篇论文,确定了这三种利益,该文被称为最有影响的法律评论论文。[1] 他们的观点成了通说。正如《第二次重述》所解释:

根据本重述的规则所给出的司法救济,是用来保护受诺人以下利益的一种或几种:

(1) 其"期待利益",是指将当事人置于如合同已被履行一样的局面,由此进行交易而取得收益的利益;

(2) 其"信赖利益",是指将当事人置于如合同并未成立一样的局面,由此对因信赖合同而导致的损失进行补偿的利益;或者

(3) 其"返还利益",是指其对移转于另一方的一切收益加以索还的利益。[2]

本章希望提出质疑,确认这三种利益对我们理解合同的救济是否有所助益? 它们为什么要被提出? 我们希望提出一种理解合同救济

---

[1] Lon L. Fuller & William Perdue, Jr. , *The Reliance Interest in Contract Damages*, 46 Yale. L. J. 52 (1936).

[2] RESTATEMENT (SECOND) OF CONTRACTS § 344 (Am. Law Inst. 1981).

的不同方式,它能回应当事人缔结合同的目的。

　　富勒和帕杜正确地指出,这三种"利益"对应着合同救济的三种救济方式。正如威利斯顿所看到(富勒和帕杜援引了其所论述的段落),"通常规则"是"将原告置于如同被告信守合同的位置"。[3] 根据富勒和帕杜的观点,这种救济保护的是当事人的期待利益。

　　相反,救济也可以将原告置于承诺从未作出的局面。在富勒和帕杜发表了他们的论文的 1 年前,沙图克认为这种救济应当在承诺型信赖的诉讼中加以授予。[4] 这个规则被《第一次财产法重述》第 90 条认可。

　　最终,在某些案件中,原告可以对被告因违约所获加以索还。根据富勒和帕杜的观点,这种救济保护的是原告的返还利益。

　　我们会围绕着这三种"利益"而展开讨论,因为它们是标准计量的路标。不过在讨论的过程中,我们需要重写这种计量方式。

二、"期待利益"

　　根据富勒和帕杜的观点,解释法律为何要保护期待利益"并非易事"。"在这种情况下,我们'补偿'原告的,是他从未拥有过的东西。看起来这是一种非常奇诡的'补偿'。"[5]二人指出,可以在合同法中多有论及的"意志论"中找到一个证成。

　　在所援引的部分中,威利斯顿将二人所称的期待利益定义如下:"在确定这些损害赔偿的数额时,法律的一般目的是(而且应当是)授

---

　　[3]　3 Samuel Williston, CONTRACTS 1338 (1920), *cited* in Fuller & Perdue, *supra* note 1, at 52.

　　[4]　Warrren L. Shattuck, *Gratuitous Promises—A New Writ?* 35 Mich. L. Rev. 908 (1937).

　　[5]　Fuller & Perdue, *supra* note 1, at 52-53.

259

予补偿,以将原告置于如同被告信守合同的位置。"〔6〕

富勒和帕杜为保护期待利益所给出的证成之一是全新的:这是间接地保护当事人对合同之信赖的方式。他们所描述(并反对的)另一个证成则是旧的:这"可能会在合同法中多有论及的'意志论'中找到"。他们认为对意志论的一个暗示便是期待利益应当获得保护:

可以说,意志论将合同的当事人视为在行使立法权,因此对合同的法定执行,就单纯是当事人所确立的某种私法状态的贯彻。如果甲以妥当的方式对乙作出了一个承诺,向后者支付 1000 美元,我们强制甲支付这笔钱,仅仅是因为当事人设定的规则或者法律(lex)要求了支付。〔7〕

260

他们援引了最重要的一位意志论者,19 世纪伟大的德国法学家温德沙伊德(Bernhard Windscheid):

法律行为(交易)＊就是行使当事人之意志在法律事务中所拥有的创设权力。个体提出要求,而法律将其要求当成是自己的要求。〔8〕

19 世纪是意志论和概念主义的年代,而德国法学家在此二者上均为大师。正如前文所述,概念主义是始于术语之界定的法律论理方

---

〔6〕 Willison, *supra* note 3, at § 1338, *cited* in Fuller & Perdue, *supra* note 1, at 52. Williston cites Lord Atkinson in *Wertheim v. Chicoutimi Pulp Co.*, 〔1911〕A. C. 301, 307; Parke, B. in *Robinson v. Harman*, 1 Ex. 850, 855; *Federal Wall Paper Co. v. Kempner*,244 Fed. 240, 243. Id. at n.1.

〔7〕 *Id.* at 58.

＊ 此处英文用词是"legal transaction",对应的应是德国民法中的"法律交易"(Rechtsgeschaeft),这一词如今已被通译为我们所熟知的"法律行为"。对"法律交易"概念的考察以及通译名的批评,参见米健:《法律交易论》,载《中国法学》2004 年第 2 期,第 55—64 页。——译者注

〔8〕 1 Bernhard Windscheid, LEHRBUCH DES PANDEKTENRECHTS § 68 (9th ed. 1906), quoted id. at 58.

法,由此出发试着榨出尽可能多的结论。温德沙伊德就曾将合同定义为要求"指向取得某种法律后果的意思表示"。[9] 不过,在计量损害赔偿时,温氏却基于另一种概念式的单纯化(simplification):[10]

> 债务人必须为另一方当事人因特定事件之后果而导致财务状况所受的不利(nachteil)进行补偿。[11]

这个程式是用来涵盖(温德沙伊德在阐释的)罗马法文本中关于合同违约之损害赔偿的规则迷宫的,而这些文本在 1900 年的《德国民法典》生效之前仍然有效。而且,这个程式是要一并涵盖侵权与合同中的损害赔偿。

富勒和帕杜援引了如威利斯顿所形塑的普通法规则,其不同于温德沙伊德:

> 在确定这些损害的数额之时,法律的一般意图在于(而且应当是)授予赔偿——将原告置于如同被告信守合同的位置之上。[12]

261

在 1848 年,在威利斯顿所援引的一份意见中,[13] 帕克法官(Baron Parke)以威利斯顿、富勒和帕杜的方式形塑了这项规则:

> 普通法的规则是,当一方当事人因合同违约而遭受损失,在金钱

---

〔9〕 1 Bernhard Windscheid, LEHRBUCH DES PANDEKTENRECHTS § 69 (7th ed. 1891).

〔10〕 这里我修正了自己之前表达的观点,即 James Gordley, *The Myth of "Expectation Interest,"* 52 Univ. Pac. L. Rev. 77, 79-80 (2020)。

〔11〕 3 Windscheid, *supra* note 9, at § 258.

〔12〕 Willison, *supra* note 3, at § 1338, citing Fuller & Perdue, *supra* note 1, at 52 (还可以参见 *supra* note 6 威利斯顿所援引的权威著作)。

〔13〕 *Id.* at n.1. 也援引了阿特金森法官在如下案件中的意见,Wertheim v. Chicoutimi Pulp Co., 〔1911〕 A.C. 301, 30, 以及 Federal Wall Paper Co. v. Kempner, 244 Fed. 240, 243。

可及的范围内，其所获取的损害赔偿是如同合同已被履行的状况。[14]

相反，尽管阿尔德森法官（Baron Alderson）认同帕克法官，但其是以温德沙伊德的方式而形塑的规则：

我的意见相同。损害赔偿的获取是根据法律的一般规则，即一方当事人缔结了合同却违背了它，那么其必须赔偿所承受的全部损害。[15]

按照帕克、威利斯顿、富勒和帕杜的方式所形塑的规则，奇怪的地方在于"我们'赔偿'原告的是其从未拥有的东西"。[16] 相反，按照阿德斯顿和温德沙伊德的程序，其是指原告就权利的丧失而获赔偿："所承受的全部损失"；"作为特定事件之结果所诱发的……对经济状况的不利（Nachteil）"。就此损害或利益减损（detriment）所获得赔偿的原告，其所获得的数额等同于富勒和帕杜所描述的"期待利益损害赔偿"。但我们是说原告得到了"其从未有过的东西"，还是说其为损失而获得的赔偿，这取决于我们是否相信原告已经对承诺的履行拥有权利。本森以及其他"移转理论"的支持者相信，合同可获执行的原因，在于合同缔结之时承诺人已经将所承诺的履行移转给了受诺人。[17] 如果是这样，那么看起来受诺人受偿的便是权利之损失。这有点类似于侵权中的损害赔偿。原告对身体完整性（bodily integrity）的权利受到了损害，那么其不仅可以对已付的医疗开支进行索还，也可以对未来的收入损失进行索还。当富勒和帕杜问到我们为什么要给原告"其

---

[14] *Robinson v. Harman*, (1848) 1 Ex. Rep. 850, 855.

[15] Id. at 855-56.

[16] Fuller & Perdue, *supra* note 1, at 52-53.

[17] Peter Benson, Justice in Transactions：A Theory of Contract Law 8 (2019). 参见 Seana Valentine Shiffrin, *Promising*, *Intimate Relationships*, *and Conventionalism*, 117 Phil. Rev. 481, 507, 516 (2008); Arthur Ripstein, FORCE AND FREEDOM：KANT'S LEGAL AND POLITICAL PHILOSOPHY 109 (2009)。

262 从未有过的东西",他们已经回避了在先的问题,即"什么东西已经属于原告了"。

富勒和帕杜认为,法律保护"期待利益"的原因是,这是保护当事人对合同之信赖的间接方式。某些因信赖而造成的损失很难证明,比如"因信赖而阻却的收益(也就是损失),涉及放弃缔结其他合同的机会"。[18] 保护期待利益"在如下意义上是一种治疗之策……即为原告因(常常是数量较大又难以证明的)个体作为与不作为(forbearances)——这些构成了对合同的全部信赖——而获得最大可能的补偿提供了返还之度量"。[19]

那么,为什么信赖应当获得保护?根据富勒和帕杜的观点:

> 有一种政策……是愿意推进和便利对商业协议的信赖……当商业协议不仅被缔结,同时也基于该协议而有了行为时,这便利了劳动分工,货物得以到达最需要它的地方,而经济活动一般也获得了激励。[20]

二人在此预见了当代法与经济学运动的一个特征。关于法律为何如此,他们的回答并不是"这是公平的",而是说"这是一个良好的经济政策"。

这个回答面临的一个困难在于,如果这是正确的,那么合同法原则上就会坍缩为侵权法。的确,吉尔莫指出,认可了承诺性信赖,就意味着"合同的死亡"。[21] 一如在侵权法中,被告因过错而担责,或者至少因知晓或应当知晓其行为会导致信赖承诺的原告受损。某些学者相信原告仅因其所受损之数额而索还,这数额便是富勒和帕杜所称的

---

[18]　Fuller & Perdue, *supra* note 1, at 60.
[19]　*Id.*
[20]　*Id.* at 61.
[21]　Grant Gilmore, THE DEATH OF CONTRACT (1974).

原告的"信赖利益损害赔偿"。[22] 某些学者则相信对信赖的保护乃是基于侵权法的规则。[23]

另一个难题在于,号称"期待利益损害赔偿是为了便利受诺人的信赖",这是一个往复循环。根据富勒和帕杜的说法,因信赖的损失包含了"因信赖而阻却的收益(也就是损失),涉及放弃缔结其他合同的机会"。[24] 假设一方当事人为房子投保了 50 万美元的火险,在房子烧毁之后主张这笔钱。按照富勒和帕杜的逻辑,保险公司应当担责,因为原告信赖了前者的承诺,即放弃了与其他保险公司以相同条款签订不同保险合同的机会。但根据相同的逻辑,保险公司应当担责的原因,便是原告会放弃以相同条款与另一家其他保险公司签订合同的机会,如此往复。地球在一个乌龟上,乌龟又在另一个乌龟上,以此类推,所有乌龟最后都掉下去了。

三、一项全新的进路

本森指出,其"移转理论"并非新事。他将其追溯到格劳秀斯,而正如我们所见,格氏又是借自晚期经院主义者。他们是在试图解释,作为一个关系到正义的事项,为什么未满足的受诺人会有权利索还。按照格劳秀斯的说法,原因是承诺人可能"希望……将自己的一项权利移转给他人,这被称为一个完美的承诺,具有与所有权移转类似的效果"。[25] 我们已经看到,这个理论是不完整的。其没能解释为什么

---

[22] Benjamin F. Boyer, *Promissory Estoppel*: *Principle from Precedents*(pts. 1 & 2), 50 Mich. L. Rev. 639, 873 (1952); Warren A. Seavy, *Reliance upon Gratuitous Promises or Other Conduct*, 64 Harv. L. Rev. 913 (1951).

[23] Melvin A. Eisenberg, Foundational Principles of Contract Law 117 (2018). 其他学者则采取了相反的立场,即该规则关注的是对承诺的执行,而不是对因信赖所遭受损失的赔偿。Randy E. Barnett, *The Death of Reliance*, 46 J. Legal Educ. 518, 528 (1996); Edward Yorio & Steve Thel, *The Promissory Basis of Section* 90, 101 *Yale L. J.* 111, 113 (1991).

[24] Fuller & Perdue, *supra* note 1, at 60.

[25] Hugo Grotius, De iure bellis ac pacis libri tres II. xi. 1. 6-2. 1-4 (1688).

某个当事人可以作出某种(而非另一种)承诺。我们已经指出,原因是在交易合同之中,一个承诺若想可执行,则其必须是一方当事人在为另一方承担了风险而提出补偿。

如果是这样,那么授予救济的原因,就在于一方当事人承担了风险而获得了补偿,其应当就风险成真之时的后果承担责任。艾森伯格指出,"允许承诺人将损害赔偿限定为少于受诺人之期待,这会……导致不公平的后果,如同允许承诺人撤回在公平赌局中输掉的赌注"。[26] 艾森伯格是正确的,但在这个背景下使用"期待"一词,是不准确的。受诺人有权利获得的补偿,只有承诺人收钱而要承担的风险后果。放弃承担责任的承诺人,确实相当于"撤回在公平赌局中输掉的赌注"。

264

(一)直接损害与间接损害(consequential damage)

风险的分配

在某些案件中,每一方当事人承担的风险,是根据合同本身的条款加以分配的。合同约定了某项履行是为了换取另一项。知道了这些,我们就能判断特定风险是如何分配的,以及因此损害赔偿应为如何。我们可以将这些损害赔偿称为"直接的"损害赔偿。如果损害赔偿是直接的,那么违约一方当事人就应当承担赔偿责任。

当事人以约定的价格缔结合同,每一方都放弃了进入更优交易的机会。每一方如此都是为了避免缔结更糟合同的风险。如果买卖合同的内容是可替代商品,价格是市场价格,那么卖家放弃的便是如下机会,即市场价格上涨时能卖得更多;他这么做是为了避免如下风险,即市场价格下跌时赔得更多。买家放弃的机会则恰好与之相反:为避免市场价格上涨时花更多钱,放弃了市场价格下跌时能省钱的机会。

---

[26] Shawn J. Bayern & Melvin A. Eisenberg, *The Expectation Measure and Its Discontents*, Mich. St. L. Rev. 1, 53 (2013); Melvin A. Eisenberg, *Actual and Virtual Specific Performance, the Theory of Efficient Breach, and the Indifference Principle in Contract Law*, 93 Calif. L. Rev. 975, 980 (2005).

如果当事人为某些特殊物缔结合同(如一幢房屋),卖家放弃的机会是得到出价更高的要约;而买家放弃的机会则是以更低的价格找到满意的房屋。

在当事人以特定的价格约定未来的履行时,其所承担的风险是履行可能会比预估更高,而另一方的风险则是(其他)履行可能会费用更低。实际履行要求违约一方承担这些风险。因此要其承担风险的损害赔偿,就是要其对合同条款分配的风险加以担责。

由于这些风险是由合同本身的条款加以分配的,因此我们可以分辨是哪一方当事人承担了风险,而无须揣测当事人的意图。如果当事人以特定价格缔约,每一方都承担了"会有更优交易"的风险。艾森伯格说过,当事人事先为他所称"现成的"(off-the-shelf)货物或服务缔约的原因,"很少是要分配价格变化或价格预估的风险:因为消费者一般不会为了这些目的来购买现成的服务"。[27] 一个范例便是,一个瑜伽工作室和一位未来的学员签了约,希望开设一个课程,为期 1 年,限定为 20 人,而且如果学员不满 12 个人,则课程会被取消。学员同意支付 800 美元的费用。他们之所以这么做,大多是为了"保证能在课上占个位置"。[28] 另一个例子则是经销商出售了一辆新型凯美瑞汽车,价格为 30000 美元,未来交车。学员决定上课,但在 16 位学员签名之后,其决定退出。艾森伯格认为其不应当担责。同样,(不要车的)汽车买家也不应当担责。这是正确的,理由后文详述。不过,如果学员不退出,而瑜伽工作室想收 900 美元;或者买家想要车,但经销商想收 35000 美元,这就不公平了。设定了价格,工作室和经销商就放弃了索要更高价格的机会,目的是吸引更多顾客。如果学员或汽车买家希望否定合同,因其发现了能在其他地方获得更便宜的课程或更便宜的汽车,这也是不公平的。此种行为就像接受了一个 5 年合同的工作,然后面对其他更好的要约时就想跑掉一样。

当然,有时合同的价格确实并不是为了约束当事人。在 5 年雇佣

265

---

[27] Eisenberg, *supra* note 22, at 218.
[28] *Id.*

合同的案件中，可能会有一种理解，即如果受雇人的劳务具有特殊价值，那么雇主就会提高工资，这样一来，雇主就会将雇员收到的其他要约纳入考量。但此时无论合同如何约定，我们都不是在讨论一个事先约定价格的交易承诺。在这种情况下，应当有很清楚的证据证明合同并非打算如其所约定一般。

其他风险并未被合同条款所分配。我们将此种风险所造成的损害称为"间接损害"。违约一方会或者不会承担这些风险。比如，违约会导致守约方无法与其他人进行良好的交易。这种损害就是"间接的"。如果当事人没有明示地分配此种风险，那么我们就必须探讨他们的"假定意图"：如果其考虑了这个事情，那么其会如何分配（风险）。对此的回答，取决于何方当事人能以最低的成本承担风险。

何方能最好地承担风险？经济学家给出了解释，如前所述乃是基于三项要素：第一个要素，能最好地预见风险幅度的一方。风险对该方当事人而言会更低，道理基本等同于能偷看其他人手里扑克牌面的人玩牌风险更低。第二个要素则是能最优控制风险的一方。让这一方承担风险成真的成本，那么未来的风险就因无须采取预防措施而被削减了。第三个要素是，由最能通过类似交易——无论是买保险还是自我保险——分散风险之当事人承担风险。比如，房屋被烧毁的风险，对保险公司而言就比对房主更低，因为前者可以通过其所保险的诸多房屋分散风险。再如，一串霉运的风险对赌场而言就要低于个体赌徒。[29]

对于违约的风险而言，最能预见和控制这一风险之人，通常是违约之人。而能够通过类似交易分散风险者，则取决于该风险对违约一方当事人的其他客户以及顾客是否相同。如果不同，那么为了补偿自己承担了这一风险，此方当事人就必须对不利结果会异常巨大的那些

266

---

〔29〕　关于第一个和第三个要素，参见 Richard A. Posner & Andrew M. Rosenfield, *Impossibility and Related Doctrines in Contract Law*: *An Economic Analysis*, 6 J. Legal Stud. 83 (1977)；第二个要素，参见 Guido Calabresi, THE COSTS OF ACCIDENTS: A LEGAL AND ECONOMIC ANALYSIS (1970)。

顾客收取更高的费用。

区分之殇

某些法院对损害(赔偿)进行了区分,包括"直接""一般""正常"的损害(赔偿),以及"间接"或"特殊"的损害(赔偿)。不过正如古德博格(Victor Goldberg)指出,这一区分已成明日黄花。"Westlaw 数据库搜索'间接损害(赔偿)'以及同义的'特殊损害(赔偿)',只有 35 个判例,而类似的搜索(指'一般损害(赔偿)'和同义的'直接损害赔偿')则只找到了 40 个。"[30]

正如他所指出,"《第二次重述》毫无助益"。[31] 其对这一区分的讨论,是在颇具误导性地表明一项要件,即在合同被缔结之时,损害必须是可预见的——对此我们将在后文讨论。根据《第二次重述》,如果某项损失"源自事件通常过程中的违约",那么这就会被法院称为"正常"或"一般"的损害(赔偿)。"可索还的损害赔偿是因源自非事件通常过程中的违约而引发的损失,则有时会被称为'特殊'或'间接'的损害(赔偿)。"根据《第二次重述》,"这些术语有时是误导性的"——也就是说,法院有时会在不同的意义上使用它们,而这是《第二次重述》的起草者所不喜欢的。他们得出结论,"没有必要为了规则的目的而区分'一般'与'特殊'或'间接'的损害(赔偿)"。[32]

普通法法院是从大陆民法借来的这个区分,而后者将损害(赔偿)区分为"相关型"(*circa rem*)和"外在型"(*extra rem*)。如果一方当事人的损害单纯源自其缔约合同之履行而带来的损失,那么就是相关型;如果因违约而遭受了除此之外的损害,那么这就是外在型。正如齐默尔曼看到,这个区分"在数个世纪中主宰了讨论"。[33] 但到了 18

---

〔30〕　Victor P. Goldberg, RETHINKING THE LAW OF CONTRACT DAMAGES 171-72 (2019).

〔31〕　*Id*. at 172.

〔32〕　RESTATEMENT (SECOND) OF CONTRACTS § 351 cmt. b (Am. Law Inst. 1981).

〔33〕　Reinhard Zimmermann, The Law of Obligations Roman Foundations of the Civilian Tradition 831 (1990).

世纪,"其变得不够准确,而与其他标准混为一谈"。〔34〕 温德沙伊德在自己更简单的程式中拒绝适用这一区分:"债务人必须为另一方当事人因特定事件之后果而导致财务状况所受的不利(*nachteil*)进行补偿。"〔35〕

267

这个区分可以上溯至中世纪法学家们对罗马法文本的阐释,而这些文本在欧洲大陆的很多地方当时仍然有效。一个罗马法文本指出,卖酒的人若是没能及时交付,则要根据最高的酒价担责。〔36〕 至于理由,根据这一文本,是"当卖家为标的物未能交付而担责时,那么买家与物本身相关的全部收益都要被纳入考量"(*circa rem ipsam consistit*)。通过援引这个文本,中世纪的法学家教导人们,损害是否可索还,部分取决于损害是相关型还是外在型。

根据中世纪最有影响力的法学家之一的阿库修斯的观点(c. 1182—1263),未履行之损害若为相关型,则可被索还;如是外在型,则不可。〔37〕 根据萨索费拉托的巴托鲁斯(1313—1357)的观点,当损害关涉"从属于事物(履行)本身,或者其价值,其直接源自该事物(如果实或者幼崽)",那么这就是"相关型"或"内在的"。"但如果是产生自周遭情况(*occasione rei*),而非源自事物本身(not *ex re ipsa*),这就被称为外部的(extrinsic)。"〔38〕内在的或相关型的得利损失(*lucrum cessans*)便是合同履行的价格和其通常价值(即我们所称的市场价格)之间的差额:比如,"一桶价值 10 元的谷物在 5 个月后价值成了 20 元,那么利益损失就是 10 元。但如果损害是外部的或外在型,那么得利损失只有在特定的情况下才可以被索还,比如任何为相同履行而缔约

---

〔34〕　*Id*. at 832.

〔35〕　3 Windscheid, *supra* note 9, at § 258. "该不利不需要作为所发生事件的直接后果。"*Id.* 他在一个脚注中提到了与此观点相左的认知:"所谓间接损害(相对于相关型损害的额外型损害)在所有情况下都不需要被支付。"*Id.* at n. 10.

〔36〕　Dig. 19. 21. 3. 3.

〔37〕　Accursius, Glossa ordinaria to C. 7. 47. 2 to dupli (1581).

〔38〕　Bartolus de Saxoferrato, Commentaria Corpus iuris civilis to C. 7. 47. 2 (1615).

的当事人都可以获得的得利。[39] 这是一种被巴托鲁斯称为"无论其去到何处总会追随该物"（*sequitur rem penes quecumque vadat*）的收益。[40]

我们将会看到，巴托鲁斯是正确的。一方当事人应当索还的损害赔偿，是合同价格与市场价格的差额。此种损害赔偿在如下意义上是"直接的"，即因一方当事人为合同本身之条款而分配的风险而获补偿。而一方当事人可以获得的其他利润之损失，便是间接的。只有与违约方签订合同的任何人都会遭受类似的损失，其方可就此索还。

对合同—市场之价差的责任

当事人以约定价格缔结合同，每一方都放弃了以更优价格缔结合同的机会，目的是避免接受更劣价格的局面。这样一来，守约方的典型救济，就是获取当事人在缔约之时锁定的价格利益。实际履行允许当事人以合同约定的价格收到之前承诺的履行。而损害赔偿则应当按照如今守约方可获得的较低价格与合同价格之间的差额而被授予。这一程式广为人知。在买卖货物的合同中，买家收到的便是较高市场价格与合同价格之间的差异，而卖家收到的则是合同价格与较低市场价格（或转售价格）的差额。

这些救济是为了保护富勒和帕杜所称的原告之"期待利益"。但这么做却并不是为了授予一项救济，而是要让一方当事人负担该负担的风险，前提是负担已经获得补偿。有时，当一方当事人如合同被履

268

---

〔39〕 他的这一区分乃是取自拜拉佩提卡的佩特鲁斯（Petrus de Bellapertica），但后者将其用来界定内在损害而非外在损害。REPETITIO IN L. SI RES VENDITA § CUM PER VENDITOREM. ms. Vaticano Borghese 277 fol. 76 vb-fol. 77 ra，引自 Raffaele Volante, ID QUOD INTEREST IL RISARCIMENTO IN EQUIVALENTE NEL DIRITTO COMMUNE 99 (2012)。正如沃朗特（Volante）指出，佩特鲁斯用自己的内部型与外部型损害赔偿，取代了内在型与外在型的损害赔偿分类。*Id.* at 99。

〔40〕 Bartolus, Commentaria to C. 7.47.2. 他援引了罗马法的文本，该文本讨论的是奴隶买卖，一方要把钱给付给任何拥有奴隶之人。Dig. 21.2.8; Dig. 9.2.23. 另一个范例是一个案件，其中利润源自事物的所有权，而不是"将其重新出售或者其他人类行为"。他指出有时在产生利润时，"事物的性质要比人类的勤勉更加重要，譬如从农场中获利"（*ex fundo*）。

行一般,便可实现这个目的;但有时则并非如此。

我们会审视三种并非如此的局面。

丧失营业额(lost-volume)的卖家

未违约一方可能没有接受较劣的价格,但失去了一项额外的交易。通说理论认为,要是卖家未遭受违约则本可进行额外出售,那么其可以针对违约而索还损失的利润。如果保护"期待利益"的目的是授予救济,那么这就是合适的结果。但我们的进路并非如此。丧失额外交易的风险,并不是卖家可以补偿而令买家承担的风险。《统一商法典》第 2-708 条第 2 项允许索还"卖家本可从买家完整履行中所获得的利润(包括合理运营费用)"。一个范例便是 *Neri v. Retail Marine Corp* 一案。[41] 本案中被告缔约,希望从原告(销售商)处购买一艘特定型号的船只。6 天之后,被告通知原告自己希望解除合同,因为他要去住院做手术。4 个月之后,原告收到了被告订购的船只,将其售给了另一位买家,价格就是之前被告同意支付的价格。被告被认定要承担责任,数额是合同价格减去原告所省下的费用,因其无须再另购船只(来加以出售了)。因此,原告就可以被保持在如同第一位顾客已经履行的状态。

以特定价格缔约的当事人,其所受保护针对的是接受较劣价格的风险。在 *Neri* 一案中,卖家没有招致较劣的价格。如果合同被执行,卖家所受保护乃是针对另一种风险:买家不想要货品就不付钱的风险。这个风险并不是那种,即在双方皆为风险反感之人的情况下,卖家可以付给买家来令后者承担的风险。这种风险有点像赌徒在抛硬币之时所创造的风险。如果每方当事人都不受赌注条款的约束,也没人会受损害。如果合同创设了一种损害的风险,而后者只有在合同有约束力时才会存在,那么风险反感的当事人就不会缔约。

假设这里有两位相互竞争的船只经销商,毗邻而处。一位想买船的先去了一家,然后去了另一家,然后又回到第一家,目的是找最优的条款。买家提议,自己可以随时退出,但愿意为此以及导致经销商进

[41] 285 N. E. 2d 311 (N. Y. 1972).

行额外交易的成本支付额外钱款。在竞争的压力之下,每位经销商都会允许买家如此而无须额外付钱。如果买家并未退出,经销商可以多卖一条船;如果退出了,卖家也没有损失。

在讨论损失营业额的卖家之时,古德博格一开始就援引了怀特(James White)和萨默斯:对丧失利润的救济,是"一切心智正常的人都会同意的让丧失营业额之卖家所享有的索还"。[42] 在古德博格看来,"所有心智正常的人都错了"。"买家取消了订单,效力上就是触发了一项默示的终止条款。救济就是卖家需要对此终止(解除)所需支付的价格。"[43] 古德博格是正确的,但我们还要更进一步。正如前文所示,既然推定卖家处于互相竞争的局面,那么除非卖家会遭受丧失额外出售以外的某些损害,否则卖家要为此种条款支付的价格就是零。

艾森伯格坚持丧失营业额的卖家应当因丧失了收益而索还,因为这是"期待原则"的一个后果。[44] 但他也认为,当买家从"现成的"货物或服务合同中退出之时,卖家不应当主张索还。他关于现成货物卖家的论辩,同样适用于丧失营业额的卖家。

之前我们描述了他用来阐释其观点的两个虚拟案件。假设一位经销商将新型凯美瑞汽车出售而在未来交付;假设一个瑜伽工作室为一个尚未足额的课程签了一位学员。在这些案件中,艾森伯格观察到:

270

　　消费者不太可能会明知地缔结一项……合同,即其若是要退出就要被要求支付全部合同价款,因为以这种方式计算的损害赔偿,就如下两方面会明显失衡:消费者现时缔约而不是继续等下去而获得的收益;……以及因顾客违约而导致的供应商的成本。[45]

[42]　1 James J. White & Robert S. Summers, UNIFORM COMMERCIAL CODE 381 (6th ed. 2010), 引自 Goldberg *supra* note 29, at 47。

[43]　Goldberg, *supra* note 29, at 47.

[44]　Eisenberg, *supra* note 22, at 190-91.

[45]　*Id.* at 218.

根据艾森伯格的说法,消费者并没有从事先缔约中获益,因为"这么做很少是为了分配价格变动的风险"。[46] 我们之前已经指出,合同给消费者的保证是工作室/经销商不会涨价。但只要价格不变,那么当事人是否分配了价格变化的风险,就无关大局。更重要的是,在艾森伯格的例子中,瑜伽工作室的成本是零。而对汽车经销商而言,在消费者撤销之前若是没订购凯美瑞,或者可以将其卖给其他人的话,那么成本也是零。这些同样适用于丧失了营业额的卖家。

　　产能过剩的供应商

　　如果买家违约,卖家必须将货物或服务以更低价格出售给他人,那么买家就要就价格的差额而承担责任。但假设货物或服务卖不出去,之前同意付款的违约方是唯一可能的顾客,又该如何?

　　根据传统规则,如果买家违约,卖家可以索还的是合同价格减去货物的残值(scrap value)和其他因未履行而省下的成本。这种救济可以使卖家的状态保持在如合同被信守一般,因而保护的是"期待利益"。但合适的救济应当取决于违约一方所承担的风险。如果是买家承担了风险,内容是卖家会必须接受第三方的较劣要约,那么其无须承担"卖家卖不出去"的风险。如果一个机器的设计者特别订购了仅供自用的部件,或者制片方雇佣了演员排练和出品戏剧,但结果无人问津,那么他们自己是应该承担这种风险的。如果某个企业家投资于一家企业,随后发现只能卖给一个人,那么这个人不应该承担自己"是企业家唯一客户"的风险。

　　在 *Vitex Mfg. Corp. v. Caribtex Corp.* 一案中,[47] 原告在工厂里投入了大量钱款,工厂生产用于浴帘的防水材料。该工厂若想满工运行,则被告必须缔约提供足够的防水材料,否则工厂就会闲置。结果被告违约,没有提供防水材料。此时被告是原告唯一的顾客。原告获得的赔偿额,相当于固定开支或经营成本加上丧失利润——换句话说就是合同价格减去可变成本(variable costs),后者是指因原告无须进

----

〔46〕　*Id.*

〔47〕　377 F. 2d 795 (3d Cir. 1967).

行任何原材料加工而可以节省下来的成本。如果目标是保护当事人的期待利益，那么这就是正确的结果。但这个结果却将"原告投资很糟糕"的风险移转给了他碰巧找到的一个顾客身上。

由顾客承担损失，这是没有道理的。这个顾客碰巧与一个不怎么成功的企业缔约，还没有价格折扣，其不应当承担"是唯一可能之顾客"的风险之责任。而且作为风险反感的当事人，买家也不太可能会愿意为了卖家同意给出的价格折扣来承担这种风险。

对冲赌注(The hedged bet)

在我们刚讨论的案件中，未违约一方并没有收到较劣的价格，但却因合同未能履行而情境更糟了。在另一种情况(虽然很罕见)，未违约一方当事人接受了较低的价格，可能情况并未变糟，但却与"价格会变"这个风险进行了对冲。

一个范例是 *KGM Harvesting Co. v. Fresh Network* 一案。[48] 本案中被告与原告缔约，以每磅 9 美分的价格出售莴苣。随后价格上涨，被告违背了合同，将莴苣以更高的价格卖给了第三方。为了弥补损失，原告在更高的价位购买了莴苣，加工以后卖给了第三方。不过原告并没有变糟，因为转售莴苣的合同并非固定价格，而是要叠加成本的。这样一来，其可以将更高的价格转给自己的客户。

法院认定，原告可以获得其所支付的(莴苣)更高价格与合同价格之间的差价。

这个结果是正确的。但如果目标是要将原告置于一种如同合同已经履行般的位置，那么这个结果就是错的。之所以是正确的，是因为当事人赌的就是莴苣的价格是涨还是跌，而未违约一方当事人会赢得赌局。因为其对冲了自己的赌注，因此其得到了"天上掉下的馅饼"。但如果不允许其索还，那么"馅饼"就会归于违约一方，而这一方本该是输掉赌局的一方。更重要的是，合同保证违约一方即便在莴苣市场价格下跌的情况下也能收到合同的价格，未违约一方当事人提供了这个保证。通过进入其他交易，提供了这一保证的未违约一方令自

272

---

〔48〕　42 Cal. Rptr. 2d 286 (Cal. App. 1995).

已未担风险,这个事实在此是无关紧要的。

(二)"损害可被预见"的要件

根据传统规则,违约一方要对其在缔约之时可以合理预见的损害担责。《第二次重述》第351条规定:

(1) 对于违约当事人在合同成立之时,无理由能预见的作为一种很可能的后果(probable result)之损失,损害赔偿是不可索还的。

(2) 损失可被预见为违约很可能导致的后果,是因为其发生在违约之后是:

(a)日常的事件进程;或者

(b)特殊情况的结果,虽然超出了日常事件进程,但违约一方有理由知晓。

不过我们将会看到,重要(而且常常也被如此视之)的事情,并非损害是否可预见,而在于损害是直接的还是间接的;如果是后者,那么要考察违约一方当事人是否为承担了会引发的风险而获得了补偿。如果损害与合同价格相比高得失衡,而违约方的其他顾客很可能会遭受损害,那么前述情况可能不太会发生。如果损害高得失衡,法院会将其称为"不可预见",即便其并非特别难以预见,亦然。

可预见规则的源起

可预见要件的创设来自著名的 *Hadley v. Baxendale* 一案,[49]发生于1854年的英国。在这个案件中,原告的磨坊停止运营了,因为轴坏掉了。原告雇佣了被告来运输轴,以便将其作为模具而制造一个新的轴。因为被告的违约,运输迟延了,结果原告起诉,要求补偿因磨坊停止运营了这么久而导致的利润损失。法院否定了索还,理由是这个损害在合同缔结之时是不能被预见的。

273

----

[49] 9 Ex. 341 (1854).

在 *Hadley* 一案中法院所适用的规则,是法国法学家波蒂埃(1699—1772)所提议的,并为 1804 年的《法国民法典》所规定。[50] 可预见性应当对责任构成限制,波蒂埃是从更早世纪的法国法学家杜摩兰(Charles du Moulin, 1500—1566)那里借来的这个观念。杜摩兰和波蒂埃是通过将罗马法中的两项规则混合而得出的结论,但这两项规则都无关于可预见性。

第一项规则前文已述。违约一方应当为"相关型"(*circa rem*)的损害赔偿承担责任,或者用波蒂埃的说法是"因为事物本身"(*propter rem ipsam*);但"外在型"(*extra rem*)的损害赔偿则仅仅是在特殊情况下才行。根据波蒂埃的观点,这一限制的理由在于,相关型(或事物本身)的损害是当事人在缔约之时可以预见之事。[51]

杜摩兰解释了以相同方式限制损害赔偿的另一条罗马法规则。根据一份草就的罗马法文本,在为确定(*certum*)之合同中,未违约一方能索还的不得超过"两倍"。[52] 自中世纪以来,法学家已经耗心费力地讨论了何谓"确定",以及何者可叠加,以便明确救济的限度。杜摩兰为规则提供了一个依据:"最可能的是,没有预见或没有想到会遭受更大的损害,以及会在主标的之外另有超过主标的本身的风险。"[53] 波蒂埃推出了杜摩兰的理由,但并非将其视为一个解释,而是自有其理的一项规则:"负有履行义务之人,其仅对在缔约之时可以预见的、接受履行之当事人会遭受的损害担责。"[54]

这样一来,一条调控过高损害赔偿的罗马法规则,变成了一条针对不可预见的损害赔偿的规则。更重要的是,原本是规定了相关型损害的返还,结果变成了可预见型规则的返还。我们已经看到,《第二次

---

[50]　Zimmermann, *supra* note 32, at 830.

[51]　Carolus Molinaeus, TRACTATUS DE EO QUOD INTEREST no. 60 (1574); Robert Pothier, TRAITÉ DES OBLIGATIONS no. 160, in 2 Oeuvres de Pothier 497 (Bugnet ed., 2d ed. 1861).

[52]　C. 7.47.1.

[53]　Molinaeus, *supra* note 50, at no. 60.

[54]　Pothier, *supra* note 50, at n.160.

重述》主张,在"一般"损害和"特殊"或"间接"损害之间有所界分是误导性的:区分因会在"日常事件进程"中发生而可预见的损害赔偿,和并非如此的损害赔偿,这是不严谨的尝试。[55]

274 这就是阅读 *Hadley v. Baxendale* 一案判决的一种方式:重要的在于损害是否在合同缔结之时是可预见的。帕克法官描述了可索还的损害赔偿,即"不履行合同的直接且紧随(directly and immediately)的后果"。[56] 这是援引了赛德维克(Sedwick)对波蒂埃所提规则的翻译。[57] 阿尔德森法官在提交给法院的判决中,则将这些损害描述为"自然产生,也就是根据一般的事件进程,从合同违约行为本身而产生"。[58] 或许正如《第二次重述》所言,重要的事在于损害是否"根据一般的事件进程"而生,因为这样才是可预见的。正如法官阿斯奎斯(Lord Asquith)在 *Victoria Laundry (Windsor) Ltd. v. Newman Industries, Ltd.* 一案中所言:"每一个通情达理者,都应当知道'通常事件进程',以及自己对于此种进程中违反合同约定所导致的何种损失来承担责任。"[59]

如果是这样,那么在合同缔结之时,若损害为可预见的,则其应被索还,即便其并非"自然产生,也就是根据一般的事件进程,从合同违约行为本身而产生"。这看起来就是阿尔德森法官的观点。他指出:

如果合同中的特殊情况实际已为原告和被告所沟通……那么此种合同之违约所导致的损害,是其能够合理考虑到的,则可算作违约所一般导致的损失,即在当事人已知且沟通过的此种特殊情况下的违约损失。[60]

---

〔55〕 RESTATEMENT (SECOND) OF CONTRACTS § 351 cmt. b (Am. Law Inst. 1981).

〔56〕 *Hadley*, 9 Ex. at 346.

〔57〕 FRENCH CIVIL CODE (Code civil) art. 1231-3.

〔58〕 *Hadley*, 9 Ex. at 354.

〔59〕 [1949] 2 K. B. 528 (Ct. App.)

〔60〕 *Hadley*, 9 Ex. at 354-55.

但是,古德博格却展示出 *Hadley* 一案无须作此解读,而且长期以来的确如此。在 *Hadley* 一案中,尽管令人讶异,合同中的特殊情况确实已经交代给了被告。本案的一个批注指出:"原告的仆从告诉被告的雇员,磨坊已经停运,该轴必须被即刻送出。"[61]古德博格指出,这个批注"几乎不可能是"记录员的误写。[62] 在 1856 年(前述判决后 2 年),分任 *Hadley v. Baxendale* 一案中原告与被告代理人的史密斯(James William Smith)与基丁爵士(Sir Henry Singer Keating),在二人的著作《法律不同分支的开创性案例选编》(A Selection of Leading Cases on Various Branches of the Law)一书中,提到了(对被告雇员的)这个沟通。[63] 克朗普顿法官(Sir Roger Crompton)是 *Hadley v. Baxendale* 一案的初审法官,其在后来的意见中写道:"本案中奇怪的地方是,关于不交付此轴的后果,对承运人是有一个明确通知的,但法院却认为这些后果无须纳入考量。"[64]尽管如此,阿尔德森法官是否可能就认为,对这些特殊情况的沟通是无关紧要的呢?

无论其是如何想的,古德博格已经显示出,"将近一个世纪,法院都依赖于 *Hadley v. Baxendale* 一案,将对间接损害的索还限制在承诺人默示同意的损害之上。"[65]在 *Hadley* 一案 12 年后,审理 *British Columbia Saw Mill Co. v. Nettleship* 一案的法院认为:"单纯知晓事实并不能增加责任。这种知晓必须令要付钱之人彻底清楚,在此种情况下,与其缔约的当事人合理地相信,其接受了附加特殊条件的合同。"[66]古德博格援引了梅恩出版于 1946 年的论著《论损害赔偿》(Treatise on Damages,第 11 版),作者们在书中问道:"是否单纯知晓或沟通就足以施加责任?"他们认为并非如此,考虑到 *Hadley* 一案中的

275

---

〔61〕 *Id.* at 156.

〔62〕 Goldberg, *supra* note 29, at 166.

〔63〕 431 (4th ed. 1856), at 166.

〔64〕 *Simmons v. Patchett*, [1857] 26 LJQB 195, 197 in Goldberg, *supra* note 29, at 166.

〔65〕 *Id.* at 165.

〔66〕 [1868] LR 3 CP 499, 508-09, *quoted id.* at 167.

承运人已经被告知了磨坊停运,因此结果就是"一方当事人通过告知(另一方)进一步的后果,而这些后果法律所推定,那么这就能将其责任扩展至这些后果的全部程度,而又未被合同对此效果有所约定"。[67]

按照古德博格的观点,在 1949 年的 *Victoria Laundry v. Newman* 一案中,大法官阿斯奎斯(Cyril Asquith)的意见使规则发生了陡然变化。阿斯奎斯否认了在 *Hadley* 一案中原告曾经沟通过磨坊停运,他说那个批注是"误导性"的。阿斯奎斯区分了 *Hadley v. Baxendale* 一案中的"第一规则"和"第二规则"。根据第一规则,"每个通情达理者都应当知道……对日常进程中违约所致的何种损失要承担责任"。而根据第二规则,"他对'事物的日常进展'之外的情况,以及对违约在此种特殊情况下会导致更多损失,是实际知晓的"。在这种情况下,"额外损失也可以索还"。[68]

根据这一路线,普通法来到了《第二次重述》所形塑的规则。只要在事件的日常进程中损害是可预见的,那么其是否为相关型("自然的""一般的"以及"直接的")损害,以及是否存在高得失衡的局面,都无关紧要了。

一种替代方案

根据阿尔德森法官的说法,这个规则的合理性在于,"若是(导致无法预见之损害的)特殊情况被知晓了,那么关于此种情况下的损害,当事人可能会通过特别条款来对合同违约进行特殊约定。"[69]或许如此。但除非双方同意,否则我们为什么要推定当事人会乐于对其预见到的损害担责?除非他们收取了额外的费用,否则他们为什么会同意呢?

尽管如此,精明世故的经济学对这一规则的论辩同样基于这一推

---

〔67〕 W. E. Earnengy ed. , MAYNE'S TREATISE ON DAMAGES 28-29 (11th ed. London, 1946) *quoted in* Goldberg, *supra* note 29, at 165.

〔68〕 Victoria, 2 K. B. at 539.

〔69〕 Hadley, 9 Ex. at 354-55.

定。根据波斯纳的观点,可预见性规则"诱使知晓风险的当事人,或者
自己采取合适的预防措施,或者,如果其相信另一方是更有效的风险
预防人或分散人(如承保人),则会将此风险披露给另一方并付钱让对
方承担风险"。[70] 根据埃尔斯(Ian Ayres)和格特纳(Robert Gertner)
的观点,可预见性规则会迫使知晓损害的当事人意识到去接受责任;
或者将信息传递给能最好地预防风险的另一方。[71] 或许如此吧,但
在担责之时,一方当事人应当接受风险的责任,并且应可如此索要更
多的钱款。但问题在于,可预见性规则不要求这一方当事人同意,而
仅仅是被通知即可。

　　真正重要的是,损害与合同价格相比、与违约方的其他顾客会遭
受的损害相比,是否会高得失衡。如果是,那么就不应该索还,因为责
任的风险是违约一方不太可能会被补偿的风险。巴托鲁斯在近 700
年前就提出了最优的规则。如果损害是直接的(相关型),或者其可以
通常地落在任何守约方身上(*sequitur rem penes quecumque vadat*),那么
损害就是可索还的。

　　在直接损害的情况下,风险的责任是由合同条款所分配的。如果
损害是直接的,它们在日常进程中就会被预见到可发生,因此可基于
阿斯奎斯大法官所称的 *Hadley v. Baxendale* 一案中的"第一规则"和
《第二次重述》第 351 条第 2 款第(a)项而被索还。但这并不是其可被
索还的原因。之所以可索还,是因为该风险是可以由对方来承担的。
如果缔约是以固定价格,那么每一方当事人都承担了错过更优议价的
风险,换来的就是保证不会承担更差议价的风险。直接损害一般就是
合同价格和丧失利润之间的差额,应可被索还。违约一方的当事人可
能承担非直接或间接损害的风险,但也可能不承担。一位顾客的损失
与合同价格相比、与违约方其他顾客所受损害相比,可能都会高得失
衡。如果是这样,除非该顾客被索要了额外的钱款,否则违约方不应

277

---

　　[70]　Richard A. Posner, ECONOMIC ANALYSIS OF LAW 141 (7th ed. 2007).

　　[71]　Ian Ayres & Robert Gertner, *Filling Gaps in Incomplete Contracts: An Economic Theory of Default Rules*, 99 Yale L. J. 87 (1989).

当就此担责。

　　尽管阿斯奎斯大法官表明了 *Hadley v. Baxendale* 一案中的"第二规则",而《第二次重述》也有第 351 条第 2 款第(b)项的规定,但法院在如下情况下都拒绝认定被告担责,即损害虽然可预见,但却高得失衡。一个范例便是 *Hadley v. Baxendale* 一案本身。原告的仆从告诉了被告的店员磨坊停运了。但除非原告对被告支付了额外款项,要其承担"迟延交付会导致收益损失"的风险,否则原告就不应当有权索还。很可能他没这么做。他付的钱,就和其他相同距离或相同重量(尺寸)的航运顾客所支付的钱是一样的。

　　《第二次重述》基于 *Hadley* 一案给出了一个示例,其中尽管承运人知道迟延交付会导致工厂丧失利润,但索还仍然被否认了:

　　　　甲是一位私人卡车司机,其与乙缔约,要将刚刚修好的机器运给乙的工厂。甲知道,没有这个机器,乙的工厂就没办法再开工。结果由于甲的卡车抛锚,交付迟延了。乙起诉甲合同违约,法院在考量了如下事实后——如缺少详细的书面合同,乙在迟延期间利润损失与卡车服务价格之间的极度失衡——排除了利润丧失的索还。[72]

据推测,缺少详细的书面合同之所以重要,是因为此种合同会将风险置于卡车司机;而如果其希望承担风险,那么其便会索取更高的价格。但为什么极度失衡以及无书面合同就会使得损害不可预见呢?

　　的确,有一系列案件在损害失衡之时否定索还,但看起来其损害是可预见的。它们几乎都可以追溯到 *Hadley v. Baxendale* 一案。[73]

---

〔72〕 RESTATEMENT (SECOND) OF CONTRACTS § 351, illus. 17 (Am. Law Inst. 1981).

〔73〕 Larry T. Garvin, *Disproportionality and the Law of Consequential Damages: Default Theory and Cognitive Reality*, 59 Ohio St. L. Jour. 339, 345-60 (1998).

利润损失源自提供了有瑕疵的船只;[74] 提供了有瑕疵的轮胎;[75] 未能及时提供锅炉;[76] 未能完成铁路修建;[77] 未能按约定提供相应容量的烘干砖头的机器;[78] 未能给原告磨坊进行敷石(dress stone),[79] 以及未能及时归还机器,[80] 法院都否定了索还。的确,有些法院就认为,原告将若是违约则其会遭受的损失通知了被告,这就足够了。比如在 Cook Associates v. Wanick 一案中,[81] 因迟延交付供应商的零部件,导致生产工厂无法及时开工,犹他州最高法院认可了损失利润的损害赔偿。重复千遍,便有法院跟随,哪怕误入歧途亦然,这也是寻常之事。法院在 Cook 一案中指出,被告"断言不存在证据能证明当事人'互相理解了利润的丧失会被纳入违约所带来的损害'"。[82] 法院认为这无关紧要。实际上,它很重要!

正如我们所见,波蒂埃指出,将索还限制在相关型或事物本身的损害,原因是其可预见。不过他认可了一个例外:可以针对不法违约(dol)者主张索还。[83] 在侵权法中,如果是不法行为(wrongful act),那么即便是不可预见的后果,一方当事人也会被认定要承担责任。[84] 我们之前已经指出,这个规则可以解释为什么故意作出虚假陈述之人

278

---

[74]　*Sundance Cruises Corp. v. American Bureau of Shipping*, 7 F. 3d 1077, 1084 (2d Cir. 1993).

[75]　*Armstrong Rubber Co. v. Griffith*, 43 F. 2d 689, 691 (2d Cir. 1930).

[76]　*McEwen v. McKinnon*, 11 N. W. 828, 830 (Mich. 1882).

[77]　*Snell v. Cottingham*, 72 Ill. 161, 170 (1874).

[78]　*Moulthrop v. Hyett*, 17 So. 32, 33-34 (Ala. 1895)(尽管法院加上了理由,说损害赔偿是遥远且投机的).

[79]　*Fleming v. Beck*, 48 Pa. 309, 312 (1864).

[80]　*Armstrong & Latta v. City of Philadelphia*, 94 A. 455, 458 (Pa. 1915).

[81]　664 P. 2d 1161 (Utah 1983).

[82]　*Id*. at 1167.

[83]　Pothier, *supra* note 50, at no. 166.

[84]　James Gordley, *Responsibility in Crime, Tort, and Contract for the Unforeseeable Consequences of an Intentional Wrong: A Once and Future Rule?* 载于 THE LAW OF OBLIGATIONS ESSAYS IN CELEBRATION OF JOHN FLEMING 175 (P. Cane & J. Stapleton eds., 1998).

应当受到约束,即便该虚假陈述不太可能诱使另一方同意,亦然。这一规则暗示着波蒂埃的正确:故意违约的当事人应当承担责任,即便该损害是外在型——后者被波蒂埃界定为是不可预见的。

尽管英国和美国的法院都适用了波蒂埃关于可预见性的规则,但其并未正式地采纳这个例外情况。不过这或许可以解释 Koufos v. C. Czarnikow, Ltd. [the Heron II] 一案的结果。[85] 本案的原告承租被告的船只(苍鹭二号)来运输 3000 吨的白糖,从康斯坦萨(Constanza)到巴士拉,一般需要 20 天。结果该船只偏航,造成了 9 天的迟延而违约。在这段期间,巴士拉白糖的市场价格从 32 英镑 10 先令跌到了 31 英镑 2 先令 9 便士。法院允许原告索还这一差额,理由是白糖是以到达的市场价出售,而价格会有浮动,这是可预见的。这个案件很好地阐释了为什么可预见性的问题并不重要。如果原告航运的是 3000 吨更值钱的商品或者货物,而且价格也更不稳定(诸如金子或者丝绸),那么迟延造成的损失就会更大。但租船费用却是相同的。因为被告并没有多要钱或者少要钱来反馈这种风险,因此其也不应就此承担责任。

在 Koufos 一案中,或许当事人是应当担责的。因为他是故意违约,由于自己的原因故意偏航。根据波蒂埃的规则,他应当担责。

(三)"损害须可确定"的要件

传统规则所认可的对损害(赔偿)的另一项限制,是其在证实之际,必须高于侵权损害或原告在合同中所主张其他要素的确定性。尽管法院再一次提到了确定性,但重要的是该损害是直接的还是间接的。在某些案件中,每一方当事人承担的风险是通过合同的条款加以分配的。正如我们所述,当一方当事人被认定对这些风险担责,此时的损害就是"直接的"。这些损害(赔偿)的数额之确定,无须高于原告案件其他因素之确定性。事实上,我们将会看到,有时法院会要求更低程度的确定性。相反,对于我们所说的"间接损害"——并非以合

---

[85] [1969] A.C. 350 [H.L. 1967].

同条款而加以分配的损害,被告可能承担这些风险,也可能不承担。重要的不在于这些风险能否被确定,而在于被告是否要承担它们。

根据合同条款所分配的一个风险,便是丧失更优交易的风险。当事人为货物或者服务缔约,则承担了市场价格涨跌的风险。在长期合同(即商品出售在一定年限中进行交付)中,确定性的问题可能会发生。在一方当事人要接受的履行是某些企业的利润或者利润份额时,这个问题也会发生。因为这些利润可能是不确定的。在这些案件中,在索还之时要求(确定性)证据的困难比原告案件的其他要素更高,这是没有道理的。我们将会看到,法院并没有对确定性提出更高的要求。

另一项由合同条款分配的风险,是履行的费用可能会比预估得更高。这个风险和第一项风险相同,都是合同条款加以分配的。不过奇怪的是,我们将会看到法院对于证实丧失利润的确定性程度的要求会比其他情况更低。我们将会看到为什么这么做是正确的。

这些损害都是直接的。而未由合同条款所分配的风险,则是间接的。一个范例则是守约方可能会丧失与第三方达成有利可图之交易的风险。无论是否会被肯认损害赔偿,这都不取决于其得证实的确定性,而是应当取决于违约方是否承担了为间接损害担责的风险。而这又取决于前述关于可预见性的那些考量。

当事人所缔结合同中履行价值变化的风险

正如前文所言,如果当事人缔约是为了根据市场价付出或者收获商品,那么如果市场价格上涨,则一方当事人会有所收益,反之则会有所损失。如果已经承担了这个风险,那么违约一方就应当对缔约时的价格与违约时市场价格的差额承担责任。

这个数额可能会很难预估。不过,没有理由要求其确定性要比原告案件中的其他要素更高。在 *Tractebel Energy Mtg. Inc. v. AEP Power Mktg Inc.* 一案中,第二巡回法院采用了纽约州的法律,允许原告就长期合同所损失的收益而索还。本案中,AEP 缔约希望建造工厂,将蒸汽出售给陶氏化学公司(Dow Chemical),将电力卖给特克贝尔公司

(Tractebel)。特克贝尔公司同意至少购买价值 5 千万美元的电力,但在电价下跌时否认了合同。地区法院拒绝授予救济,因为"对损失利润的一切预计,都必须包含关于 20 年的电价以及经营成本"。[86] 上诉法院驳回了这一判决,指出"地区法院所确认的各种变量,在每个长期合同中都存在着"。[87] 未违约一方可以索还,因为该损害如法院所言是"一般性的",用我们的话说就是损害是"直接的"。

> 当守约方仅仅寻求索还违约方在合同中同意支付的钱款,那么其所寻求的损害就是一般的损害……其仍可以被界定为丧失的利润……但是在本案中,丧失的利润是直接的,可能就是违约的结果……AEP 索要的仅仅是其议价的东西,即其可针对特克贝尔承诺在合同的剩余年限中所支付的款项中所获的收益。这几乎一定是主张一般的损害赔偿。[88]

也可能发生的是,作为履行的回报,一方当事人会收到某些企业的利润或者利润份额。其承担了"利润可能更高或者更低"的风险。这里的损害赔偿也是直接的。和前述一样,如果另一方当事人违约,则其可以针对有权获得之利润索还。

281

再一次,没有理由要求守约一方在证明利润之时,要达到高于其案件中其他要素的确定性。和当事人的预估一样,法院的预估也可能过高或者过低,但如果法院要求更高的确定性,就会更像与丧失利润的数额一致。此种要求意味着奖励少于预估的利润数额:基于不确定性而拒绝授予救济,就意味着授予了零损害赔偿。

当然这里会有证明的难题。正如古德博格所言,即便证据要求"某些经济学专家的精密工作","这也是当事人在协商赔偿之时的必

---

〔86〕　487 F. 3d 89, 111 (2d Cir. 2007).

〔87〕　*Id.* at 112.

〔88〕　*Id.* at 112.

经之实践"。[89] 艾森伯格则指出,当事人自己预估了投资的未来价值,就是作出了相同的预测,即法院会授予损害赔偿救济。[90]

眼下,规则并不明朗。古德博格指出,"某些判例法认为,对间接损害赔偿的证据标准要高于"对"直接损害赔偿的证据"。[91]《第二次重述》并没有认定这一区分,但《第二次重述》的规则也并不明确。"如果损失超过了确证合理确定性之证据所允许的数额,那么它们就不能被索还。"这个规则据说是对损害赔偿之索还的"限制"。根据官方对这一"限制"的评论,其"仅仅排除了不能被以合理确定性而证实的损害要素"。更重要的是,其可以与"法院判决并存,即传统上要求违约损害赔偿的证据要比侵权损害赔偿证据的确定性更高"。[92] 但在此,鱼和熊掌不可得兼。

根据艾森伯格的观点,对更高确定性的要求,是 19 世纪合同法的残留。"传统合同法之下所要求的确定性要件,被典型地设定在很高的水准之上。"艾森伯格认为,虽然这个进路已经被某些现代案件所继承,但其是由如下两个纽约州上诉法院的判决所阐释的,[93] 即 *Freund v. Washington Square Press* 一案[94] 和 *Kenford Co. v. Erie County* 一案。[95]

在 *Freund* 一案中,华盛顿广场出版社(Washington Square Press)同意出版弗洛因德(Freund)准备写的一本书,双方共享版税。而在 *Kenford* 一案中,伊利县(Erie County)同意建造一座球形屋顶的体育场,并且将其租给肯福德公司(Kenford)的子公司;或者如果双方无法达成一致,那么就雇佣该子公司来管理该体育场,以换取体育场总收

282

---

〔89〕　Goldberg, *supra* note 29, at 25.

〔90〕　Eisenberg, *supra* note 22, at 233-34.

〔91〕　Goldberg, *supra* note 29, at 171.

〔92〕　RESTATEMENT (SECOND) OF CONTRACTS, § 352 cmt. a (Am. Law Inst. 1981).

〔93〕　Eisenberg, *supra* note 22, at 227.

〔94〕　314 N. E. 2d 419 (N. Y. 1975).

〔95〕　493 N. E. 2d 234 (N. Y. 1986).

入的一定比例。在这两个案件中，法院都否认了索还，理由是原告的损害太不确定。

　　根据艾森伯格的观点，"这一进路太夸张地脱离了现实"。[96] "很多现在的法院已经正确地偏离了那种二元的、形塑于经济学的、全有或全无的传统合同法进路。"[97]为了解释这个现代进路，他援引了三个适用纽约州法律的案件。第一个是 *Ashland Management*, *Inc. v. Janien* 一案，[98]本案原告对被告承诺，会将自己开发的计算机投资模型（computerized investment model）中15%的版税交给被告。第二个案件是 *Contemporary Mission v. Famous Music Corp.* 一案，[99]原告将一部摇滚歌剧（rock opera）的母带以及基于母带生产拷贝的排他权益移转给了被告，以此换取交易中的版税，被告则是要生产和推销拷贝。第三个案件是 *Lexington Products Ltd. V. B. D. Communications*, *Inc.*, [100]本案被告为了获取排他性许可，同意为原告的牙刷进行市场营销，每年购买20万支牙刷，并且为每一支售出的牙刷支付许可费。他还援引了马萨诸塞州的一个判例，*Rombola v. Consindas*, [101]本案中原告同意训练、保养被告的马匹，并且进行参赛，以换取马匹获奖奖金（毛收入）的75%。在所有这些案件中，原告都基于自己本可获得的利润之证据获得了索还：包括投资模型成功之预测；其他已经做过之拷贝的成功数据，以及原告已经拷贝但被告未能推销的记录；牙刷的预估销售；马匹之前的参赛轨迹。

　　艾森伯格正确地指出，在 *Freund* 和 *Kenford* 这两个案件中，[102]法

---

〔96〕　Eisenberg, *supra* note 22, at 229.

〔97〕　*Id*. at 234.

〔98〕　624 N. E. 2d 1007 (N. Y. 1993).

〔99〕　557 F. 2d 918 (2d Cir. 1977).

〔100〕　677 F. 2d 251 (2d Cir. 1982).

〔101〕　220 N. E. 2d 919 (Mass. 1966).

〔102〕　或者如果结果是正确的，这也并不是因为损害是不确定的。参见 Eisenberg, *supra* note 22, at 236[解释了 *Rombola v. Consindas*, 220 N. E. 2d 919, 922 (Mass. 1966)]。

院不该要求损害证据具有更高的确定性。[103] 但这些判决并非过去的遗迹。这是两个相对罕见的判决;而在晚近的案件中,原告被承诺在商业投机过程中分享份额,对此的索还都被法院否定了。

同样,要求更大的确定性,这也不是 19 世纪的遗迹。在 1817 年的 *Gale v. Leckie* 一案中,被告未能按约定提供手稿由原告出版。按计划收益是由双方平分的。埃伦伯勒(Ellenborough)大法官允许陪审团来评估原告所丧失的收益。[104] 在 *McNeil v. Reid* 一案中,被告与原告约定,令原告成为被告公司的合伙人,结果被告违约。陪审团被准许评估原告若成为合伙人可以收取的利润。[105] 这两个英国案件都被纽约州上诉法院在 1853 年的 *Bagley v. Smith* 一案中援引。本案中,被告违约使得原告无法在特定的期限内维持合伙人身份,原告索还了其丧失的收益。[106] 类似的,在 1868 年的 *Taylor v. Bradley* 一案中,合同的内容是原告承租农场并且分享收益,结果被告违约,上诉法院准许原告获得其所丧失的收益。法院承认收益"取决于各种细节,而这些细节或多或少较为偶然和投机",但"原告有权获得其合同的价值……他被剥夺了做生意(adventure)的机会"。[107] 在 1908 年的 *Nash v. Thousand Island Steamboat Co.* 一案中,纽约最高法院上诉部门(New York Appellate Division)允许原告索还收益,即如果被告没有违约,而是授予其"在给定的 3 年内对 6 艘蒸汽船的纪念品、甜品、宣传册、新闻以及包裹检查(parcel checking)的排他权益",这是原告本可获得的相关收益。[108] 本案初审法院否定了原告的索还,"理由是原告没有证实、

〔103〕 古德博格指出,*Kenford* 一案的判决可能是正确的,但理由却不同。原告试着索还的收益,是其本可通过投资球形屋顶的体育场而获得。法院认为丧失的利润太不确定。根据古德博格的观点,错误在于忽视了如下可能性,即原告其时可以自由地投资其他项目,而这些项目也同样可以获益。Goldberg, *supra* note 29, at 228-31.

〔104〕 *Gale v. Leckie* (1817) 2 Stark. 107

〔105〕 *McNeil v. Reid* (1832) 9 Bing. 68.

〔106〕 *Bagley v. Smith*, 10 N. Y. 489 (1853).

〔107〕 *Taylor v. Bradley*, 39 N. Y. 129, 144 (1868).

〔108〕 *Nash v. Thousand Island Steamboat Co.*, 108 N. Y. Supp. 336, 337 (A. D. 1908).

也无法证实若被告履行了合同则原告能取得何种收益"。上诉部门驳回了这一判决,指出"基于某些从未发生的条件判断会有何种未来收益,这总会有困难的"。(因此不应据此驳回判决)[109]

这些案件的判决都是正确的。这些案件中,就像获得了艾森伯格点赞的那些案件一样,一方当事人总是缔约来换取某些业务的收益分配,例如:合伙人的收益(*McNeil*,*Bagley* 案)、出版手稿的收益(*Gale* 案)、赛马获胜奖金(*Rombola* 案)。而在某些案件中,当事人要分享版税/许可费(*Ashland*,*Contemporary Mission*,*Lexington Products* 案),而且还可以援引其他案件。[110] 这些损害都是直接的。说未违约一方应当证明这些收益,要超过其案件中其他要素的确定程度,这是没有道理的。

古德博格相信,在这些案件中,守约一方应当能对这些利益索还,即其所称的"直接损害"。他的理由是,守约一方是享有如下权利的,即其所说的作为一项资产的合同之价值。当一方当事人缔约付出或者收获一项可替代的商品,在违约之时的资产价值就是商品市场价格和合同价格的差额。当一方当事人缔约来换取分享利润,那么资产的价值就是违约之时这些利润的预估值。"合同分配了市场变化的风险。如果市场价格上涨而卖家违约,卖家的损害就是合同价格和市场价格的差额。"某些"'丧失的利润'摆明了就是直接损失。它们授予了索赔人以交易的收益"。[111]

他的分析和我们的很像。我们已经说过,合同的救济应当是这样的,即对于每一方当事人对于已获补偿而要承担之风险,令其对此负责。以固定价格出售货物的卖家,放弃了市场价格上涨而获益的机

---

[109]　Id. at 342.

[110]　Perma Research & Devel. Co. v. Singer Co., 542 F. 2d 111 (2d Cir. 1976); MindGames Inc. v. Western Publ. Co., Inc., 218 F. 3d 652 (7th Cir. 2000).

[111]　Goldberg, *supra* note 29, at 175. 古德博格是在说"间接补偿"的特殊案件,比如,生产商不是给批发商一个固定的价格来进行零售服务,而是将涨价再售的权利加以许可出售。他的论辩转到了其他案件,即交易的收益是取得利润或者利润中的份额。他还提到了许可版税份额的案件,*Id.* at 173。

会,目的是避免市场价格下跌的损失风险。违约的一方当事人就要对市场价和合同价之间的差额担责。而缔约谋求利润份额的当事人,也就对此份额享有权利。

更重要的是,美国法院在处理这些案件的时候,它们探寻的是损害是否直接,而非其是否确定。有些法院直接或间接地从波蒂埃那里借来了结论。波蒂埃说,对损害的索还应当被限定在"事物本身"(波蒂埃的用语,*propter rem ipsam*),或者用埃文斯的翻译,"关于合同客体之特定事物"。他认为原因在于此种损害是可预见的。借来这些用语的法院,经常将其视为对自己的一种限制,而少有(甚至压根没有)注意到其是否为可预见的问题。纽约州最高法院在 *Blanchard v. Ely* 一案中援引了这些词。在该案中,法院否认买家对及时交付之蒸汽船之收益的索还。[112] 随后在 1845 年,法院又在 *Masterton & Smith v. Mayor of Brooklyn* 一案中再次援引了这些说法,认可卖家可以针对生产和交付大理石之合同的违约进行索还。[113] 法院还说,这些损害可以为当事人所"盘算"(contemplate)。随后在 1848 年的 *Freeman v. Clute* 一案中,法院又援引了它们,否认了本案中因提供合适蒸汽机的 3 个月迟延而对买家丧失利润存在损害。[114] 最终,纽约州的法院们通过"原告必须以更高程度的确定性来证明其损害"的规则,补充[115] 或者取代[116] 了这个限制。

285

---

[112] *Blanchard v. Ely*, 21 Wend. 342, 348 (S. Ct. N. Y. 1839).

[113] *Masterton & Smith v. The Mayor &c of the City of Brooklyn*, 9 Hill 61, 68 (S. Ct. N. Y. 1845),援引 *Evans' Poth.* 81. 当损害"与当事人的约定没有法律上或必要性的关联,而且因此不会被推定为在缔约之时被双方考虑"。*Id.* at 68. "与双方缔结之合同紧密相连(direct and immediate)的利润或利益则立足点不同。它们是合同本身的组成部分(part and parcel),进入并且成为合同自身要素的一部分。*Id.* at 69.

[114] *Freeman v. Clute*, 3 Barb. 424, 427 (S. Ct. N. Y. 1848).

[115] *Masterton & Smith v. The Mayor &c of the City of Brooklyn*, 9 Hill 61, 67 (S. Ct. N. Y. 1845); *Wakeman v. Wheeler & Wilson Manufacturing Co.*, 4 N. E. 264, 266 (N. Y. 1886).

[116] *Griffen v. Colver*, 16 N. Y. 489, 493 (Ct. App. 1858).

履行成本的风险

有时当事人以固定价格缔约,是并不确定合同所要提供货物或者服务的成本。货物还没有生产出来,不太确定制造它们要多少钱;服务还没提供,也不太确定提供服务要多少钱。如果预估错误了,那么紧跟着发生的损害就是直接的。约定了固定价格的合同,那么提供货物或服务的当事人就承担了如下风险,即可能会超出成本;但如果成本低于预估,那么其就可以保留额外的利润。如果缔结了一个附加成本的合同,那么成本超出预估的风险,就要归于接受这一合同的当事人。

如果合同是固定价格型,而货物或服务的受领人违约,那么对于另一方可获利润,受领人就需担责。这样做的理由不是要使一方当事人处于与合同未违约时相同的有利地位,而是为了分配合同条款所确定的风险。当事人在超成本的时候会有损失,但若低于合同价格而完工便会赚一笔。这里,我们再一次讨论的是根据合同条款所分配的风险。

证明损害的标准不应当更高。的确,根据某些法院的观点,其还应当更低。某些法院指出,理由是此时的利润是直接的。但这不是一个令人满意的解释,因为在我们之前讨论的案件中,损害也是直接的。

在 1851 年的 *Philadelphia, W. & B. R. Co. v. Howard* 一案中,原告缔约是为了对一条铁路"提供……建筑材料……工艺和劳工"。[117] 在确定被告要为原告损失的利润担责时,美国最高法院援引了波蒂埃:

> ……实际损失明显包含了原告因"尚未占有的事物本身"(*propter rem ipsam non habitam*)* 所遭受的直接和实际的损害。

在此类合同中,全部的损害就是完成工作的成本和为此支付价格之间的差价。这个差价是缔约人缔结合同的诱因和实在考虑(对价)。

---

[117]　54 U. S. (13 How.) 307, 310.

* 即指未能受领已经缔约之物而造成的损害。——译者注为此,他会消耗时间,运用技术,投入资本,并且承担了事业所伴随的风险。当另一方当事人打破合同且不法地终止工作,那么剥夺当事人的这一利益就是不公正的。法律不会要求我们施加这种不公正。当我们说某种利润并不纳入损害,则将会看到,这指的是某种以未来交易、预想或者市场状况为条件的东西,而不是合同标的之约定价格与其确定价值或成本之间的差价。[118]

更晚近一些,在 *Franklin v. Demico, Inc.* 一案中,[119] 原告在合同中要生产特制的电路板,但被告违约了。法院指出:

> 富兰克林(Franklin)的辩论指出,数量是无法证明的,因其包含了利润,而利润必须以所要求的确定程度加以证实。这是没有道理的……富兰克林混淆了适合于利润的法律概念,后者乃是因合同之履行而可以附带生成,内在于合同,其总是可以证明的……尽管我们知道,如异议所争辩的那样,在这种案件中所使用的数学方法,复杂又令人迷惑,无法产生确切的数字精确性,尽管如此,我们仍然要推定,初审法院作为事实的试验者,要能作良莠之分(separated the wheat from the chaff)。[120]

看起来,在这种情况下,丧失的利润的确定,应当与其他案件中的直接损失具有同等水准的确定性。的确,一方可以论辩其应当根据更高的确定性标准加以确立,但相反的说法也是对的。法院要求的确定性水准是更低的,而且这么做也是对的。

认为损害要以更高水准的确定性加以确立,是指一方当事人因收获或者共享某项业务的利润和获得补偿之时,双方当事人并没有彼此

---

[118]　*Id.* at 344.

[119]　347 S. E. 2d 718 (Ga. App. 1986).

[120]　*Id.* at 779. 异议指出:"本质上列出了违约导致损害赔偿的基础后,原告仅需要将涉及生产成本以及购买原材料的相关数字附上,减去从救助或者此种原料的其他用途所获的数额即可,但它没有这么做。" *Id.* at 722.

344 | 第四部分　诸种救济

下注。如果利润多于预期，那么每一方当事人都会收获更多，反之则收获更少。每一方当事人的所得不是另一方当事人的损失。如果利润能在事先被更准确地预估，那么预估就会影响一方当事人可以成功主张作为补偿的利润之份额，但即便如此，前述依然成立。比如，如果账面的利润大大高于预期，那么作者和出版商就会双赢，即便双方事先能知道这本书会大获成功，作者便可主张更高份额的版税了。

与此相对，在以固定价格支付货物但货物尚未生产出来（或服务尚未提供）的合同中，当事人便是互相下注。生产或者提供服务的一方当事人，就承担了成本过高的风险，但如果成本低于预期，则可以保留额外的利润。之所以制定固定价格的合同，是因为事先不确定成本会有多高。看起来，允许守约方索还丧失的成本，就是允许其在必败的赌局中索还赌注。

不过，法院对损失利润要求了确定性更低的证据，这是正确的做法。违约方使得无法准确地判定利润本该为何。雇佣了承包人的当事人不应当被允许从这一允诺中脱身。承包人是承担了风险的。确实，承包人就像丧失了营业额的卖家一样，并没有放弃接受其他要约的机会。因为其将工作分包给其他人，他们可以获得的要约可以和所接受的一样多。不过，承包人接受了成本过高的风险，而且本可以要约以更高的价格完成工作来降低风险。以低价发出要约的意图，是为了诱使对方作出允诺。对方从其他人处获得更优的要约，阻却了承包人履行，却可以因为履行的成本不确定而拒绝付款，这是不应当的。

因此，法院仅基于承包人曾经用来编制投标的预估证据，便允许其索还丧失的利润，这是正确的。在 *American Fidelity Fire Ins. Co. v. Kennedy Bros. Construction*, *Inc.* 一案中，[121] 被告拒绝了原告的低价投标而违约。原告被准许通过提供"标书中……所列举的每一项所计算的成本和利润"之证据而索还。[122] 在 *Alaska Children's Services*, *Inc.*

---

[121]　670 S. W. 2d 798（Ark. 1984）.

[122]　*Id.* at 799.

v. Smart 一案中，[123] 陪审团认定原告在作出了最低投标之后，拥有了盖屋顶的合同。被告违约而解雇了原告，允许重新投标而雇佣了竞争投标人。"本案中丧失利润的证据，就是斯玛特（Smart）的证词，即其基于 ACS 的工作的利润会在 15000～18000 美元之间，其正常的利润率'通常是在 18%～25% 之间'。"[124] 类似的，在 Foster v. United Home Imp. Co. , Inc. 一案中，[125] 被告与一家开发商缔约，但在对方施工之前，就相同的工程与另一家签了合同。法院允许第一家开发商基于其自己的证词，即关于"其对全部工作的预期利润——基于其自 1954 年开始建筑工作的经验……"而索还，"他解释道，这一数字乃是计算自合同价格和其预期开销之间的差额"。法院否定了被告的反对意见，后者认为"记录中唯一的证据就是原告对于其本可获利润的无根据的断言"。[126]

当生产商缔约生产定做商品而仅供买家专用，问题也是类似的。如果买家在生产商有机会生产之前违约，那么可能就没有证据能证明，履行的成本会在其所预估的价格之上高出多少（这也是用来确定要约价格）。不过，原告无法证明自己履行的成本，正是由于被告的违约阻碍了这一点。在 Bead Chain Mfg. Co. v. Saxton Products, Inc. 一案中，[127] 康涅狄格最高法院允许此类生产商索还丧失的利润，基础来自原告"关于其在给工作定价之时考虑的因素"之证词。[128] 法院承认："关于实际生产的预估成本价格，必然是理论性的，因为（被告的）违约使其无法继续生产，而生产本可以使其得到已有的准确数字。"[129] 但他应当准确索还的原因是，"原告定量损害的困难，常常是

---

[123]　677 P. 2d 899 (Alaska 1984).

[124]　Id. at 902. 法院说这个证据被竞争投标人的证言所"支持"，即双方在其投标中有类似的利润率。

[125]　428 N. E. 2d 1351 (Ind. App. 1981).

[126]　Id. at 1357.

[127]　439 A. 2d 314 (Conn. 1981).

[128]　Id. at 320-21.

[129]　Id.

直接源自被告的违约",因此法院会"在事实允许的范围内要求损害证明的程度,而不是要求更多"。[130]

丧失其他交易之利润的风险

另一种风险是,由于合同违约,一方当事人会丧失与第三方缔结有利可图之交易的机会。原告此时对丧失利润索还,是在索求非直接的损害赔偿,亦即间接的损害赔偿。

在这种案件中,法院有时会否定索还,理由是此种损害无法确定地证立。但该索还有时应被否认的原因,并不在于损害不确定。真正重要的是,违约方是否承担了如下风险,即"守约方本可与其他人缔结合同而获得利润,但其(因本合同而)丧失了这一利润"。

违约方是否承担了这个风险,与前述处理可预见性的要件之考量相同。通常的情况是,违约方能最好地预见风险,也处于控制风险的最优位置——不仅是预见和控制,还可以通过类似交易分散风险(即对其每个顾客提高一点费用)。但如果不利后果对某个顾客(客户)来说不同于其他人,要想补偿那些不利后果甚巨者,就必须支付更高的数额。

根据"新业务规则",当合同的违约阻却了新业务的开启时,由此所丧失的利润是不可索还的,理由在于利润无法以足够确定的程度加以证明。有些学者认为,这个规则很蠢;[131] 其他人则认为干脆应该把它废除。[132] 正如损害不可预见而否认索还的情况,重要的在于索还是否会对违约方设置失衡的风险。

古德博格指出,这个规则与可预见性规则服务于相同的目的。比如在 *Cramer v. Grand Rapids Show Case Co.* 一案中,[133] 价值 1376.75 美元的家具被迟延给付,导致零售店的开业延迟,法院否认了因利润

---

[130] *Id.* at 320.

[131] Eisenberg, *supra* note 22, at 234-35; Robert L. Dunn, THE RECOVERY OF DAMAGE FOR LOST PROFITS 392 (6th ed. 2005)

[132] E. Allan Farnsworth, CONTRACTS 833 (3d ed. 1999).

[133] 119 N. E. 227 (N. Y. 1918).

损失而造成的损害赔偿。在 *Marvell Light & Ice Co. v. General Electric Co.* 一案中,[134]制冰机被迟延交付,法院否认了利润损失的损害赔偿。正如古德博格所指出,问题不在于"证明丧失利润数额很困难",而在于 *Hadley v. Baxendale* 一案的可预见性规则是否被满足了。在 *Cramer* 一案中,回答为否;但在 *Marvell* 一案中,回答为是:在合同缔结之时,制冰机的买家已经通知了卖家迟延的结果(但法院还是以不确定性而否认了救济)。正如我们所见,重要的不是可预见性,而是卖家是否会容易遭受不同寻常的过巨损害,以及如果是这样,那么卖家是否对承担这一风险索要了额外的款项。[135]

与此相对,假设卖家提供了商品以供再售。[136] 根据《统一商法典》,如果"间接损害"源自"卖家在缔约时有理由知道的需求,以及无法通过补进货物或其他方法合理避免",[137]那么其便可以被索还。[138] 根据官方评论:"在出售货物(ware)给某人,而后者是进行再售业务之时,再售是卖家有理由了解的要件之一。"[139] 在这一条文一般适用的情况中,卖家是给多个购买人提供类似的货物,而这些人会进行类似的涨价并再售。如果违约,那么这些人所遭受的损害可能是一样的。在这种情况下,卖家就有可能处在承担风险的最优位置。

290

范斯沃思援引了富勒和帕杜[140]指出:"如果可预见性的标准被满

---

[134] 259 S. W. 741 (Ark. 1924).

[135] 古德博格还指出,在丧失利润应被索还的案件中,其并非源自新业务,而是源自无法在一个地点开设业务的原告,其本可以在其他地方通过投资相同资源开业而获取类似利润。Goldberg, *supra* note 29, at 231-39. Examples are *Fera v. Village Plaza*, 242 N. W. 2d 372 (Mich. 1976), *Super Valu Stores, Inc. v. Peterson*, 506 So. 2d 317 (Ala. 1987),以及未来的特许经营人未能证明自己在此会比其他地方更好。Goldberg, *supra* note 29, at 237-38. 古德博格还讨论了"新业务规则"应当适用于版税未付的局面。但根据我们的进路,在这些案件中,损害关涉缔约之履行的价值,在证明确定性的时候,不需要比原告案件的其他要素达到更高的程度。

[136] Goldberg, *supra* note 29, at 184.

[137] Id. at § 2-715(2)(a). ——新版为 § 2-715(b)(1)。

[138] U. C. C. § 2-714(3) (Am. Law Inst. & Unif. L. Comm'n 1977).

[139] U. C. C. § 2-714(3) (Am. Law Inst. & Unif. L. Comm'n 1977).

[140] Fuller & Perdue, *supra* note 1, at 376.

足,但法院认为责任会给违约方施加风险,而后者与合同能授予之回报相比失衡,'确定性的标准'就是最常见的替代品。"[141] 如果是这样,我们就要问问范斯沃思(或者富勒和帕杜),如果重要的是当事人承担的风险,而这接下来又取决于风险是否高得失衡,那么"期待利益"还有什么意义呢?

(四)独特的履行

当履行是独特的,其对受领人有利益,而该利益无法为金钱损害赔偿所衡量。法院会授予实际履行。[142]

这一救济通常会被解释为保护守约方"期待利益"的一种方法。因为所承诺的履行可能具有替代履行所不具有的特殊特征,因此损害赔偿是不够的。只有判定实际履行,才能使得原告处于如合同被履行一般的状况。

这个结果是正确的。不过,原因并不在于授予救济的目的应是维护一方当事人的"期待利益"。目的应当是关于自愿性与经济公平。交易合同不应仅关于经济公平,还应当关于自主自愿。只要各方认定,其所接受之物的价格高于其所付出的,那么这就是自愿的。合适的救济不会剥夺任何一方当事人对已有支付之风险的补偿,也不会将未取得合意之议价强加于任何一方。

291　　　当履行是独特的,损害赔偿就无法使缔约索要约定履行的当事人取得等同之物。损害赔偿的衡量是根据市场价和约定履行价格的差价,这只是类似而非等同。当事人对某个人自愿缔约并承诺,但他可能不愿意对另一个人付相同的价格。

当一个履行是独特的,那么损害赔偿救济就是不公平的。独特物品的价值,取决于其对于未来无法取得恰好相同替代履行之买家的价值。在当事人缔约之时,从物品之独特特质获利的机会便从卖家到了

---

[141]　Farnsworth, *supra* note 131, at 831-32.

[142]　参见 RESTATEMENT (SECOND) OF CONTRACTS §359(1) (Am. Law Inst. 1981)。

买家手中。对卖家而言，违约就是夺走了这个机会。按照假设，损害赔偿不会反映出独特物品在未来基于其独特属性对某人的价值。某人被承诺（卖给）特定房屋或者画作，但无法取得，这有点像被承诺让与封闭型控股公司（closely held company）中的股份。对另一幢房屋、另一幅画作或其他股票进行投资，可能也会有利可图，但其会受制于不同于原先合同约定之房屋、画作或股票的得失风险。

关于当事人为何有权利获得特定履行的这一解释，对"效率违约"理论提出了挑战。后者可能受激于如下观念，即违约之救济的目的是要保护一方当事人的"期待利益"。对于以效率来阐释合同之人来说，保护一方当事人的"期待利益"是"无差别原则"（indifference principle）的一个后果。根据这一原则，合同违约的救济应当"令（受诺人）对被告违约、支付损害赔偿或履行在主观上完全无差别。"[143]

假设甲女同意将某物以特定价格卖给乙男，然后发现丙女愿意出更高的价格，甚至高于乙男面对合同违约之时所遭受之损害。根据波斯纳的观点，甲女对乙男违约就是"有效率的"。乙男没有变糟，因为其会获得损害赔偿，足以令其处于如合同被履行一般的状态。而甲女和丙女都会更好。这样违约就是有效率的。如果"一方当事人从违约中的获益会超过……另一方当事人从完结合同中所获得的预期利润，而如果损害赔偿被限定于对这种赔偿的丧失，那么就有违约的激励，而且应当如此"。[144]

诚然，如果丙女知道甲女和乙男之间的合同，她就可以去与乙男亲自缔约，然后让乙男再卖给她。如果丙女不知道在先合同，甲女也可以联系乙男，要约告知其关于丙女感兴趣的情况，以换回介绍费。无论如何，丙女都能取得所有权，这就是一个有效率的结果。但按照波斯纳的观点，乙再售的做法"会导致额外的一步，此有额外的交易成

292

〔143〕 Richard Craswell, *Contract Remedies, Renegotiation, and the Theory of Efficient Breach*, 61 S. Cal. L. Rev. 629, 636 (1988).

〔144〕 Richard Posner, ECONOMIC ANALYSIS OF LAW 133 (5th ed. 1998).

本"。[145] 当然我们可以对这些"交易成本"的意义提出质疑。波斯纳承认,如果原初买家(乙男)能再售,"诉讼成本就会被降低"。但他预见到交易成本会"更高……因为这会是一个双边垄断的磋商"。[146] 这个论证的一个难题在于,如果甲女直接卖给了丙女,这里也会有一个"双边垄断的磋商"。波斯纳预设甲女会温顺地接受丙女的第一次要约,但这个预设是没有理由的。[147] 而且,交易成本是不是会特别高,对此也不是很清楚,因为当事人有将其最小化的激励。的确,从效率的出发点看,重要的就是丙女最后能取得本案标的,而甲女和乙男都不会变得更糟,同时交易成本还能被最小化。从这一点出发,如果丙女愿意为标的支付远高于乙男的钱款(比如 100 万美元),而如果乙男直接与丙女磋商,交易(成本)则要多花 1000 美元,仅为此,甲女就有权多拿这 100 万美元,只要她能说服丙女付钱就行。这样一来,谁有权利享有一项高价资产的问题,就变成了如何避免交易成本的微小增加的问题。这一进路仅对那种法律经济分析的拥趸有效,就是那些唯效率马首是瞻的人。

相反,假设我们去探究,当事人如何分配"标的会被以高于合同价格再售给第三方"的风险,那么又该如何?如果标的并非独特的,而是在市场上可得,效率违约的问题就不会发生,因为第三人可以去市场上以市场价格购买。如果标的是独特的(诸如一幢房屋或一幅画作),那么因第三方对其独特性而感兴趣而获益的机会,就会由买家随着标的一并购入。在我们的例子中,如果乙男买了标的,他就也买了如下机会:某天如果有人(如丙女这样的)想付更多钱来买,他就可以再售出去。丙女是马上就来,还是后来才来,这都无关紧要了。

为了让自己的主张更有说服力,波斯纳描述了一种情形,其中标的是独特的,但在缔约之时,当事人都相信这标的仅对一位买家会有利益,即卖家为买家定制的标的。在波斯纳假设的案件中,一位卖家

[145] *Id.*

[146] *Id.*

[147] *Id.*

同意将 100000 份"定制组件"以每份 10 美分的价格交货,用于买家的
锅炉厂。在其交付了 10000 份之后,第三方出现,"解释自己此刻急需
25000 份定制组件,因为否则他就只能关闭自己的工厂,这样就损失惨
重"。随后第三方提议以每份 15 美分的价格支付。卖家就把组件卖
给了第三方,导致原买家损失了 1000 美元的利润,但卖家获得了 1250
美元的额外利润。

　　之前我们讨论过此种合同,即生产定制货物,而该货物预期仅供
买家使用。当事人一般会承担的风险,在于履行的成本可能会比合同
价格更高或者更低。但在履行虽为独特而对数个买家都有价值的情
况下(比如卖出东方挂毯、赛马或者弗拉戈纳尔的画),当事人一般要
承担的风险,是任一方是否会受到高于或者低于合同价格的要约。波
斯纳选了一个例子,此例所关涉的风险在于未预期到的第三方出现,
其付的钱要比合同价格更高。但定制货物合同的当事人一般不会想
到这一点,因为他们预期的是该货物只能被自己用。

　　波斯纳设计了一个假设的案件,但很难为其找到一个原则性的解
决方案。这里的风险并不是组件之合同所分配的风险。因为合同的
目标在于为买家的需求生产定制组件,因此卖给第三方的机会不太会
被定价入合同。即便是假定的,双方也都不会对"这个机会应当归谁"
达成一致。无论哪一方当事人胜出,当某类案件的结果原则上是如此
难以捉摸时,为其寻找一个一般性的理论就是很不明智的。

　　(五)不完整履行或瑕疵履行

　　如果一方当事人的履行是不完整的或者有瑕疵的,那么他就不再
有权根据合同价格来衡量损害赔偿。履行的受领人可能有权取消
(cancel)或解除(terminate)合同。行使这一权利的受领人,对固定价
格合同通常所携带的风险不负责任。履行不完整或有瑕疵的一方当
事人,顶多能索还之前所移转给受让人之利益的公平价值。

　　当事人是否有权利取消或者终止合同,应当取决于我们已经讨论
过的自愿和公平原则。一方面,如果是从未同意接受不完整或瑕疵履
行(即便折价亦然)的当事人,就不应当负有接受的义务;但另一方面,

294　一方当事人因承担了风险而接受补偿,但却允许其以"履行不完整或有瑕疵"为由从不利交易中脱逃出来,也是不公平的。如果当事人本可折价接受不完整或者瑕疵履行,那么其就不应当能从交易中脱逃。

　　这个解决方案协调了自愿与公平的原则,但前提是我们在更广义的范围上讨论"自愿"。当事人在缔约之时,交易是自愿的,其含义是指每一方当事人放弃了对自己的价值更低者以换取对其价值更高者。在这里,我们就必须探究当事人是否会认为,不完整履行或者瑕疵履行足以令其同意折价。这是履行受领人从未作出的选择。说"因为受领人本来就可以作出这种选择,因而就是自愿的",这会歪曲"自愿"一词的一般含义。更重要的是,在决断受领人本会选择如何,这全靠猜。艾森伯格观察到,"如果甲和乙签订了履行之议价,那么我们知道,甲愿意为乙提供履行,换取约定的价格。我们不知道的是,甲会不会对乙就更低的价格提供此种履行"。[148] 相反,如果甲提供了低于议价之履行,我们也不知道乙会不会为此支付低于议价的价值,我们只能猜。尽管猜测可能不准确,但最能协调自愿与公平的解决方案在于,如果交易变得更加不利,那么不应允许本来会同意折价支付的一方当事人从合同中脱逃。

　　不过,在交易货物的合同中,不完整或者瑕疵履行的效力,乃是由实质履行、重大违约(material breach)以及根本违约的规则加以规范。这些规则对自愿和公平的协调,前文已有所述。正如批评家所指出,其允许买家通过利用履行允诺中的一个瑕疵作为借口,借此从不利的交易中脱逃。

　　实质履行、重大违约、根本违约

　　我们已经看到,当事人以固定价格缔约之时,就分配了一种风险。每一方都放弃了找到更优要约的机会,换取了不会接受更差要约的保证。在服务合同中,他们分配的风险,是履行成本比预估要更高或者更低。服务受领人接受的风险,是工作会比预期的开销更低;而提供服务者的风险则是工作开销更高。有时,不履行或者履行不完整的一

---

〔148〕　Bayern & Eisenberg, *supra* note 25, at 5.

方当事人,不能再根据合同价格来衡量损害。如果是这样,那么我们就会说当事人没有"实质性的履行",这种违约是"重大的"甚至是"根本性的"。这里的问题是相同的,但法院和学者对相同概念的使用却并不总是基于相同的含义。

295

《第二次重述》使用了"实质性履行"(substantial performance)的术语,意指"重大违约"(material breach)的另一面:没有实质性履行的人,就是重大违约的人。[149] 艾森伯格用"实质性履行"的术语来指代如下情形:一方当事人主张自己的履行足以令其要求对方信守合同义务。他使用了"重大违约"的术语来指代如下情形:应履行义务的一方主张不足以令其受约束。[150]

《第二次重述》使用了"重大违约"的术语,意指有义务履行的一方当事人有权拒绝履行自己的义务,直到违约被治愈。其使用了"根本违约"(total breach)的术语,意指当事人可以因其他人重大违约而解除合同的情形。艾森伯格笔下的"实质违约",则是指"使受诺人终止合同有合法性的违约行为"。[151] "一旦重大违约成立,根本违约的术语就没有必要了,不应再被使用。"[152]不过在重大违约的情况下,承诺人可能有权利去治愈违约行为。[153] 派利洛斯(Perillos)在此和艾森伯格很像,不过他用的是"根本违约"一词:"如果违约行为是重大的,而且也没有随后的治愈,那么受害一方可以取消合同,并且起诉根本违约。"[154]

不过这些问题是相同的。第一,违约一方何时无法再令对方信守合同条款? 第二,此方当事人何时有权通过完成履行或修正瑕疵来治

---

[149]　参见 RESTATEMENT (SECOND) OF CONTRACTS § 237 illus. 11 (Am. Law Inst. 1981),援引于 Lon L. Fuller & Melvin Aron Eisenberg, BASIC CONTRACT LAW 992-93 (8th ed. 2006)。

[150]　*Id.* at 993.

[151]　Eisenberg, *supra* note 22, at 689.

[152]　*Id.* at 688.

[153]　*Id.* at 691.

[154]　4 John D. Calamari & Joseph M. Perillo, CALAMARI AND PERILLO ON CONTRACTS 374 (6th ed. 2009).

愈此前的违约？

基于前述原因，一方当事人若是在折价情况下也不会同意为不完整履行付款，那么就不应要求其接受此种履行。如果其本会同意，那么应当要求其接受折价，而不能从交易中脱逃。此进路的一点好处在于，其与《第二次重述》所总结出来的标准规则相一致。后者列举了数个要素，在判定当事人是否完成了实质性的履行或者是否构成重大违约之时，可将这些要素纳入考量。其中两点是关系到对受领履行之人而言履行价值减损的数额："（a）受损一方合理期待自己会受领之价值所受剥夺的程度；（b）受损一方可对其被剥夺之收益的部分而获补偿的程度。"[155] 第三点是"（c）未能履行一方……会遭受失权（forfeiture）的程度"。这些要素应当被用于如下问题的考量：当受损方在合理预期之下会以折价来接受某价值，而履行会将此种价值加以剥夺，那么受害方是否会同意接受这种履行？

这个资格关涉"失权"的含义。当事人以固定价格缔约，一方当事人会承担"履行成本高于预期"的风险，而另一方则是要承担"履行成本低于预期"的风险。正如前文所言，未实质履行的当事人在成本确实更低之时，会丧失获益的权利。《第二次重述》并非将这种权利丧失认定为"失权"，后者是指当事人因"实质性地依赖对交易的预期，如通过准备或履行"而遭受的损失。[156] 根据这一定义，"失权"就不包括交易收益的损失。但这是没道理的。实质履行规则所要确定的是，当事人何时会因未能实质履行导致交易利益的损失，以及其何时无法基于合同价格而向另一方当事人主张损害赔偿。当事人至多可以针对已完成之工作的价值主张恢复原状。根据《第二次重述》，"如果建筑者享有了恢复原状的权利主张，那么潜在的失权就会被减免。"[157] 建筑者的恢复原状请求可以使其索还已被完工之工程的公平价值。其既不能针对（可折算的）合同价格与已完工工程价款之间的差额索

---

[155] RESTATEMENT (SECOND) OF CONTRACTS § 241 (Am. Law Inst. 1981).

[156] *Id*. at cmt. d.

[157] *Id*.

还,也不能针对尚未完工之工程的利润损失来索还。[158]

想要判别何时当事人本会愿意折价接受此种履行,可能会很难。在 *Jacob & Youngs v. Kent* 一案中,承包商无心之失地安装了 Coulter Pipe,但规格明细要求安装 Reading Pipe(即另一种品牌的水管)。这两个品牌水管的质量是相同的。卡多佐在经典判决中指出,履行中的瑕疵"微乎其微,无关紧要","对工程来说……无甚重要"。[159] 在其他案件中,当瑕疵具有实质性的时候,法院会探寻负有义务履行的一方是否会以折价来接受履行:比如,当承包人安装了黄褐色配有黄色条纹的盖板屋顶,除了重建无法移除。[160] 换成不是如此极端的案件,当事人是否会愿意接受不完美的履行,就是纯靠猜了。不过,这也是无可避免的,并且也有能够同时反映前述两项考量的规则。不会接受交易的当事人,也不应当被强迫接受;而可能愿意接受的当事人,则不应当从固定价格交易合同所分配的风险中脱逃出去。

不过在如下两种情形中,该规则需要有所限定。第一种是,承包人所做甚微。法院已经认定,仅完成工程小部分的,不构成实质履行。[161] 可能的情况是,另一方当事人可以通过雇佣其他人来完成工作,以便接受原合同中所要求的履行。但缔结固定价格合同的当事人,就承担了"工作能否按预期成本完工"的风险。当承包人没做多少就退出的时候,不太可能去判定完工成本本来应该是多少。要是能针对合同价格减去其他当事人完工成本之差额进行索还,那么承包人可能就会签了合同马上违约,然后声称其他当事人过高报价来索还丧失的收益。

297

---

[158] 《第二次重述》对"失权"的定义,与其解释条件因"失权"而被免除,是相互吻合的。因为一方当事人未能履行"会被视为条件未成就,因此一般地在条件案件中,也有相同的利益损失风险"。*Id.* 我们将会看到(此处应为"我们已经看到"——译者注),当其适用于条件问题时,出于相同的原因,这个定义也是不正确的。

[159] *Jacob & Youngs, Inc. v. Kent*, 129 N.E 889, 890, 892 (N.Y. 1921).

[160] *O.W. Grun Roofing & Constr. Co. v. Cope*, 529 S.W. 2d 258 (Tex. Civ. App. 1975).

[161] *Keyer v. Driscoll*, 159 N.W. 2d 680 (Wisc. 1968).

在另一种情况下,承包人有悖信行为。正如《第二次重述》指出,在判定当事人是否进行了实质履行之时,另一个要素在于考虑"未能履行一方之行为与诚信和公平交易标准相符合的程度"。[162] 悖信的一个例子,就是故意替换与合同约定不同且更便宜的材料,以此降低履行成本。即便另一方当事人本来可能愿意折价接受这种使用便宜原材料的履行,承包人也无权根据合同价格来主张损害赔偿。根据合同,承包人承担了"使用约定材料完工所要花费成本"的风险。欺骗的当事人不应当令对方当事人严守赌约。要求另一方当事人接受不同于合同约定之履行的理由,是为了避免对不完整履行人造成不公平。但若为欺骗之事,当事人便不应抱怨不公平。

298

就算当事人的履行太不完整,无法令对方遵守合同,他仍然有权进行治愈。无论是一方当事人处于重大违约,除非有权进行治愈,否则另一方当事人就可以终止合同;还是非为重大违约的一方当事人有权治愈合同,问题都不大。我们刚刚讨论过的、判定违约是否足够严重以致对方可以终结合同的诸多要素,应当可以被用来判定一方当事人是否可以治愈合同。如前所见,根据《第二次重述》,违约是否足够严重而能使另一方当事人有权终止履行,取决于:"(a)受损一方合理预期所接受之价值会被剥夺的程度;(b)受损一方因被剥夺之部分收益而能收获补偿的程度。"是否存在"根本违约"而导致对方可以终结合同,取决于如下额外两项要素:

(b)对受害方而言,迟延会防止或阻碍进行合理的替代性安排的合理可见之程度;

(c)协议规定了履行不可迟延的程度,但在约定日期当天实质性地不履行或者未能提出履行本身并不会免除对方剩余义务,除非根据

---

[162] RESTATEMENT (SECOND) OF CONTRACTS § 241 (e) (Am. Law Inst. 1981). 剩下的一个要素是:"(d)未履行一方当事人……治愈违约的可能性。"正如对这一条文之官方评论所指出,此要素关涉的并不是未违约一方当事人拒绝合同的权利,而是"以保留进一步履行作为担保其对履行交易之预期的权利"。

情况(包括协议的用语)显示出在当天履行或者提出履行是重要的。[163]

与这些考量相关的是,如果合同没有被解除,受害一方是否会被剥夺其合理预期会取得的价值,以及如果会被剥夺,那么其是否能因此损失而受补偿。答案则取决于替代协议是否可被作出,以及守时是否重要。

货物出售

我们已经看到,在提供服务的合同中,一方当事人若实质履行,则不应丧失其议价的收益。正如刚刚所提到的,判定其是否进行了实质履行的要素是:"(a)受损一方合理预期所接受之价值会被剥夺的程度;(b)受害一方因被剥夺之部分收益而能收获补偿的程度。"[164]

如果这一规则被用在货物出售上面,那么结果就会和民法的传统规则很相似。在罗马法中,如果货物有瑕疵,买家有权返还并且索还购买价金,或者有权索还瑕疵对货物价值的削减部分。起初,这些救济是为了购买奴隶和动物的买家而规定,后来就一般化了,所有买家都可以如此。关于买家何时可以解除,何时又可以减价,争议一直未休。早期现代法学家中的优势观点是,只有买家若是知晓了瑕疵便不会购买该物,其方可寻求解除合同。[165] 1804 年的《法国民法典》[166]和 1900 年的《德国民法典》[167]将这一选择权授予了买家。

19 世纪的学者们试图为不甚明晰的普通法带去秩序。如果货不对板,英国法院有时会解销(discharge)合同,有时会允许买家主张损害赔偿。学者们解释道,当合同的条款对货物的描述是买家付款购买的前置条件,那么第一种方案就是正确的。本杰明(Judah Benjamin)

---

[163]　*Id.* at § 242.

[164]　*Id* at § 241.

[165]　Zimmermann, *supra* note 32, at 325.

[166]　FRENCH CIVIL CODE (Code civil) art. 1644.

[167]　GERMAN CIVIL CODE (Bürgerliches gesetzbuch) § 480 (1900). ——原文如此,应当是《德国民法典》第 478 条。——译者注

认为,理由在于"卖家未能遵守……合同本身"。[168] 而损害赔偿的救济则适用于违反担保(breach of warranty)。一项担保(warranty)并不是一项条件,而是一项承诺。但有的时候,某项条款可以同时是一项条件和担保,届时每种救济都是合适的。

在他们的努力之下,一个结果便是形成了如下观念:违反担保同时可以是买家付款义务之前置条件的不成就。"卖家未能遵守……合同本身……就相当于约定是羊肉结果交付了狗肉。"这一观念的后果之一便是"完全履行规则"。(只要货不对板)买家可以拒绝接受货物,无论瑕疵是否重要。在买卖货物之中,不存在实质履行的规则。

这个观念的另一个后果,便是一项担保(warranty)成了一项承诺,因此对违反担保的救济就是违约损害之索还。英国法院还认可了第三种救济,后者被认为不同于针对违背担保之损害的索还,即买家可以要求售价削减,以便反映瑕疵货物的价值贬损。随着如下观念被广为接受——违约救济的目标是要保护当事人的期待利益——这种救济方式便消失了,或者丧失了其独立性。

我们已经指出,当履行是不完整的,如果当事人在缔约之时本会同意折价受领,则其应当被要求如此。19世纪学者们著述的一个不幸后果,便是忘记了如下事实:要求买家折价接受,乃是一种不同的救济方式,有着不同的合法性证成。另一个不幸后果,便是"完全履行规则"。

价格削减

英国法院已经将"要求买家接受折价"的救济视为一种独立的救济,不同于合同违约损害赔偿的索还。在《司法组织法》(Judicature Acts)颁行之前,这些救济必须在不同的诉讼中加以寻求。当卖家起诉之时,买家可以反诉要求价格削减。或者他也可以反诉损害赔偿,如果其于在先诉讼中已经提起了价格削减的反诉,损害赔偿的诉讼也

---

[168] Judah Philip Benjamin, TREATISE ON THE LAW OF SALE OF PERSONAL PROPERTY 634 (4th ed. 1888).

不会被禁止。[169] 在《司法组织法》中，他可以"通过发起主张或者反诉任何主张，无论是否针对原告的请求提出了损害赔偿，都可以成立"（*Order XIX*, r. 3），而且"可以对远超原告起诉之价格数额的后续损害主张索还"。（*Order XXII*, r. 10）[170]

在 1893 年的英国《货物销售法》（English Sale of Goods Act）和 1906 年的美国《统一货物销售法》（American Uniform Sale of Goods Act）中，这两项救济仍然被认为是不一样的。根据《货物销售法》第 53 条第（i）项，买家"可以（a）针对卖家违反担保，主张减价或者免价；或者（b）保持针对卖家就违反担保造成损害的诉讼"。根据《统一货物销售法》第 69 条第（a）项：

> 当卖家存在违反担保的情形，则买家可以自行选择：
>
> 1. 接受或保留货物，并且通过价格减免获得抵扣（recoupment）来针对卖家的违反担保。
>
> 2. 接受或保留货物，并且保持对卖家起诉索取违反担保之损害赔偿。

这两部法律都规定，如果买家诉请损害赔偿，那么"损害的衡量"便是"货物在交付给买家时之价值与若遵守担保其本该具有之价值的差额"。[171]

19 世纪的学者将一项担保描述为一项承诺，且与其他承诺无甚差异。但当违反承诺是为了保护一方当事人的"期待利益"之观念被广为接受后，再对价格减免和违约损害赔偿进行区分，就不再有意义了。《统一商法典》规定：

301

---

[169]　*Id*. at 906.

[170]　*Id*.

[171]　SALE OF GOODS ACT 1893, 56 & 57 Vict. Ch. 71, § 53（i）；UNIFORM SALES ACT § 69（f）（Unif. L. Comm'n 1906）.

违反担保的损害之衡量，乃是在接受货物的当时当地，所接受货物的价值与其若遵守担保而本应具有的价值之间的差额，除非有特殊情况能证实最接近损害的其他数额。[172]

我们已经看到，授予救济的目的，不应当是保护一方当事人的期待利益，而应当是令各当事人对自己所受之风险负责。因此，当卖家的履行不完整时，买家应当折价受领，而不是从此种风险中脱逃责任。这一救济的意图并不是要让买家处于如同卖家并未违约的妥善位置，而是补偿买家接受了一项劣于其所议价之履行。

在《货物销售法》《统一货物销售法》以及《统一商法典》对违反担保之损害的说明中，这一意图并未得到反映。对损害（赔偿）的衡量不应当是"在接受货物的当时当地，所接受货物的价值与其若遵守担保而本应具有的价值之间的差额"。如果如《统一商法典》所言，救济是为了保护买家的期待利益，这倒确实是正确的。但如此一来，其在《货物销售法》《统一货物销售法》中与减价救济并肩出现，就很奇怪了。假设货物出售价为 10 万美元，这是买卖当时的市场价，但货物有瑕疵，导致如果瑕疵为人所知，货物的市场价只能有 9 万美元。再假设在接受的当时当地，货物（无论是否有瑕疵）的市场价已经下跌了30%，那么此时的货物就只值 63000 美元，而如果遵循了合同，那么就该是 7 万美元。每一方当事人都应当接受缔约之后价格浮动的风险。卖家应当收到的款项是 9 万美元（而不是 6.3 万美元），与此相应，买家应当收到的折扣是 1 万美元（而不是 7000 美元）。

《统一商法典》之程式的另一个不幸后果，就是其没有考虑过，如果早就知晓瑕疵的存在，双方当事人是否本会同意以相互接受的价格来缔结合同。比如，货物若不维修就一钱不值，而维修的成本超过了合同价格，又该如何？在 *Continental Sand and Gravel v. K & K Sand and Gravel* 一案中，被告出售前装载机（front-loader）、起重机以及其他

---

〔172〕 U. C. C. § 2-714（2）（Am. Law Inst. & Unif. L. Comm'n 1977）.

设备,价格是 5 万美元。[173] 结果一项明示担保被违背,原告索还 104206.75 美元,这是修理设备使其恢复到担保之状态所需要的维修成本。法院根据《统一商法典》第 2-714 条第(2)款的规定准许了这个索还额度,否定了被告的主张——后者认为索还应当是"从购买价金中削减价值,以此作为违反担保的结果"。法院指出:"这个结果是合逻辑的,因为从购买价金中限定可索还的损害……这会明显地剥夺购买人对交易的收益。"[174] 在合同缔约之时,卖家放弃的机会是,如果其再晚点出售,则可能会比 5 万美元卖的更高;而避免的风险则是晚点出售会卖得更低。假设其知晓了这个瑕疵,那么他本会同意折价出售货物,以防止卖价更低的类似风险。但没有理由认为他会承担如下风险,即如果货物有瑕疵则要对买家支付两倍的合同价格。同样,也没有理由认为买家会为了取得(设备)而愿意付这么多钱。

在另一种情况下,货物无法满足担保的用途,而满足要求的货物成本会超过合同价格。在 *Chatlos Systems, Inc. v National Cash Register Corp.* 一案中,[175] 原告购买了一台电脑,价格是 45000 美元,担保能够用来运行自己希望使用的会计程序。结果程序跑不起来,能跑起来的电脑价值要 205000.31 美元。[176] 法院准许了这个数额,如果违约救济的真实目标是保护守约方的期待利益,那么法院这么做倒是正确的。

正如旺内尔(Christopher Wonnel)所看到,为了避免结果明显不公平,有些学者提出了建议,即如果我们写入了一项默示或填充(gap-filling)条款,能将当事人本可同意的损害赔偿加以限定,那么期待利

---

〔173〕　755 F. 2d 87 (7th Cir. 1985). 我要感谢格尔根(Mark Gergen)指出,5 万美元不太可能是真实的售价。其有可能是为了包括了其他资产移转的更大设备交易而设定的价格,而且可能是人为的低价(类似于我们的淘宝链接上随意写一个价格的意思——译者注)。不过法院将其视为了真实的价格。

〔174〕　755 F. 2d at 91-92.

〔175〕　670 F. 2d 1304 (3d Cir. 1982).

〔176〕　至少,法院接受了这个数字,但异议认为并没有证据能证实这一点。*Id.* at 1307.

益就得到了保护。[177] 正如他所指出:

> 这个论证的问题在于,任何救济方案都可以通过说明双方当事人本会愿意如此,继而与期待理论保持一致。有趣的问题是,合同当事人会想要何种实质性和救济性的方案?[178]

这样我们就又回到了那个问题:当事人在缔约之时承担了何种风险?在 *Chatlos* 一案中,如果当事人在缔约之时早就了解了缺陷,那么就没有理由相信卖家会愿意承担"支付必要的价款买一个能运行买家会计程序的电脑"之风险。我们没有理由相信,买家本会愿意付这么多钱来买一个能运行该程序的电脑。

完美履行(perfect tender)

正如我们所见,19 世纪的学者们揭示了合同的条款可以同时作为一项担保和一项承诺,而且也可能作为买家接受货物并付款之义务的前置条件。英国法院有时会免除卖家义务的原因,按法院所说乃是在这些案件中,涉案的条款是一个条件。

波洛克指出:"合同的条款是否事实上是一项条件或担保,这是一个建构的问题,取决于合同的用语,而且某种程度上取决于交易的性质与实际情况。"[179] 根据 1893 年的《货物买卖法》:

> 一项买卖合同的某项条款是否为一个条件,对其之违背会引发对合同拒绝偿付;或者其是否为一项担保,对其之违背只会引发损害赔

〔177〕 E. Allan Farnsworth & John Honnold, CASES AND MATERIALS ON COMMER-CIAL LAW 690 (4th ed. 1985), cited by Christopher Wonnell, Expectation, *Reliance and the Two Contractual Wrongs*, 8 San Diego L. Rev. 53, 74 n.63 (2001).

〔178〕 Wonnell, *supra* note 176, at 74.

〔179〕 Frederick Pollock, PRINCIPLES OF CONTRACT: BEING A TREATISE ON THE GENERAL PRINCIPLES CONCERNING THE VALIDITY OF AGREEMENTS IN THE LAW OF ENGLAND 488-89 (4th ed. 1885).

偿,但不得拒收货物或拒绝偿付,这取决于每种情况下合同的建构。[180]

美国并没有采纳这个进路。1906 年的《统一货物销售法》规定:"当卖家违反担保,买家可以自行选择……拒绝接受货物,如果财产尚未交付,则可以保持针对卖家提起违反担保的损害赔偿诉讼。"买家可以"解除售卖合同并拒绝受领货物,或者如果货物已经被受领,则可以将其退回或者提出退给买家,索还已被支付的价金或者部分价金。"(第 69 条)

304

《统一商法典》规定:"如果货物或者履行之交付在任何方面未能遵守合同,买家可以……全部拒收。"[181] 这里已经发生了转变:从担保货物的条款可以根据情形而成为条件,变成了担保会和一项条件具有相同的效力——不遵守就可以取消合同——再变成如果货物"与合同的任何方面有所不符,买家就可以……全部拒收",这实际上就是前文所述的合同"完美履行"之一般规则的适用了。

在提供服务的合同中,一方当事人的履行同样被推定为一项默示的条件,后者意味着要想令对方负担义务,其必须被履行完成。通过使用"实质履行"的规则,法院已经更改了要求条件必须被完美履行的做法。但与此相反,《统一商法典》采纳了完美履行规则,其允许买家在货物有任何瑕疵之时,都可以拒绝接受价格折扣而拒收货物。[182] 如果市场价格跌了,买家就可以利用"货物有瑕疵"的借口去买更便宜的货物了。

《统一商法典》的起草者试图改进完美履行规则的效果,其设置了

---

〔180〕 SALE OF GOODS ACT, 1893, 56 & 57 Vict. Ch. 71, § § 11(i)(a) & 11(i)(b).

〔181〕 U. C. C. § 2-601 (Am. Law Inst. & Unif. L. Comm'n 1977).

〔182〕 对买家拒收货物权利的一个限制,是一项一般性的要求,即《统一商法典》之中的权利必须以诚信行使。Id. at §1-304. 但这并没有阻止买家因瑕疵不构成对自己价值的"实质减损"而拒收货物。§ 2-608(1)。《统一商法典》推定其行为是诚信的,即便其如此是为了获取比合同价格更优厚的价格而对卖家更不利,亦然。

一系列的限制。但这些限制只是展示了这个规则有多糟糕,而且不管怎么努力,规则还是留下了。

一个限制是,当且仅当"不符合合同实质性地减损了货物对其的价值,接收货物的买家事后才能拒收",[183]类似的限制用语还出现在了分期交货合同(installment contract)中。只要不符合合同实质性地损害了价值,即便卖家可以挽救,买家仍可以拒绝单期分期付款。而如果一项或数项交付不符合合同实质性地损害了整体价值,则买家可以取消全部合同。[184]

根据我们的进路,正确的规则是:如果买家在要约作出之时,本可折价接受有瑕疵而不符合合同约定的货物,那么买家就必须接受。只允许买家在货物实质性减损其价值的事后拒收货物,这只是万里长征的一小步。不过标准不应当是"实质性损害":如果折扣是实质性的,那么即便价值被实质性地损害了,买家可能也会愿意接受货物。

对完美履行规则的另一项限制是,卖家可能会有权利来通过符合合同的给付来进行治愈。不过,此权利被限制以如下两种方式行使:第一,交付必须是在"履行尚未逾期之时";[185]第二,如果履行已经逾期,那么当且仅当卖家"有合理基础相信,无论是否有金钱折扣,其均会被接受"时,才能算是在"合理期限内"作出的符合合同的履行。[186]

在这两种情况中,即便买家最初同意折价接受不符合约定的货物,其也有权要求符合合同的履行。第一项限制规定卖家的治愈权利取决于是否能及时地购买。如果不能,那么买家就可以在合同签订后市场价格下跌之时拒收货物,即便不符合合同并没有损害其价值,亦然。

第二项限制就很奇怪了。其规定治愈的权利取决于卖家对如下事实的预期,即何种货物是买家本会愿意折价接受的。为什么卖家的

〔183〕 Id at § 2-608(1).

〔184〕 Id. at § 2-612(2)-(3).——似乎应当是2-612(b)-(c),此处原正文有误,译者根据 UCC 的条文进行了调整。——译者注

〔185〕 Id. at § 2-508(1).

〔186〕 Id. at § 2-508(2).

合理预期很重要呢？应当重要的是诚信。但诚信并不等同于一种"货物本可为买家所接受"的信念。卖家并不了解瑕疵。卖家可能知道瑕疵，并怀疑其可能不会被接受。通过欺骗买家而悖信之卖家，就应当丧失交易的收益。关于货物之条件，对买家诚信的卖家是不会尝试如此的。

让我们基于 *T. W. Oil, Inc. v. Consolidated Edison Co.* 一案中的某些事实之变体来考虑这个问题。[187] 卖家根据合同要交付燃油，硫黄含量不得超过 0.5%。但其并没有意识到自己交付的燃油中硫黄含量是 0.9%。不过，如果他知道这一点，他也会合理地相信买家认为此种硫黄含量是可接受的。法院判定卖家无须相信其燃油不符合合同，从而便于后者进行治愈。这个结果是合理的。卖家认为自己交付的是不符合合同的货物，与其相信自己交付的是合格品相比，没有理由认为前者会使卖家处于更优的地位。不过，假设事实相同，但卖家并不知道买家可以使用硫黄含量为 0.9% 的燃油。看起来，尽管买家会合理地发现燃油的硫黄含量可接受，结果还是一样。无论卖家是否合理地相信，这并不影响其所作所为。卖家交付了燃油，而且其合理地相信其只有 0.5% 的硫黄含量。

再假设，卖家对买家能使用燃油的硫黄含量最高值一无所知，前者听说已经出售的燃油具有 0.9% 的硫黄含量，于是便交付了燃油，告知买家这里的差异，希望买家能收货。买家能不能拒收？如果能拒收，那么与之前假设的情况相比，卖家的状况就会变糟，因其错误地猜测了买家的需求，而之前他根本没猜。如果不能拒收，那么尽管有第二项的规则，买家的预期也是无关紧要的。重要的就在于，其交付的货物是否满足了买家的需求。

306

---

[187]　443 N. E. 2d 932（N. Y. 1982）.

四、难以确证损害之时的替代方案

(一)约定违约金条款

当事人如果知道一方违约之时的损害难以确证,那么他们可能就会添加一项约定违约金条款,以此确定违约一方必须支付的损害赔偿。如果此种条款合理地预估了合同缔约之时损害的范围,那么其就是可执行的。[188] 如果预估得不合理,那么可能就是一个"惩罚性条款",是不可执行的。

约定违约金条款应当是可执行的,因其使得一方当事人对另一方当事人所承担的后果风险获得了补偿,即便该补偿有时是难以确定的,亦然。一项惩罚性条款不应被执行,是因其很像一场赌博。其针对风险施加了责任,而每一方当事人都不愿意承担这个风险。对风险反感的当事人是不会赌博的。

一个保险公司不会为房屋投保超过其价值的部分,这不仅因为被保险人可能会把房子烧毁来索要保险金,更是因为超值部分会属于被保险人的意外之财,而被保险人不会愿意为了有机会能获取保险公司会接受的这笔意外之财就去多花钱。这就有点像当事人打赌邻居的房屋是否会被烧毁,或者闪电是否会把邻近公园的某棵树给击倒一样。类似的,在买卖合同中,卖家承担的风险是市场价格上涨自己会亏,而买家承担的风险则是市场价格下跌自己会亏,这就给了卖家以补偿。违约当事人是对违约时的市场价格和合同约定价格之间的差额承担责任。但如果双方当事人是风险反感型,他们就不会同意一方当事人对对方赔偿前述差额的两倍之多。如果合同包含了一项条款令一方当事人如此,那么此当事人就没有因承担这一风险而公平地承担补偿。

307

---

〔188〕 参见 RESTATEMENT (SECOND) OF CONTRACTS § 356 (Am. Law Inst. 1981)。

关于这个规则应当如何适用的一个范例,便是 *Wasserman's Inc. v. Middletown* 一案。[189] 本案中,一份商业租约包含了一项条款,后者规定如果租约被取消,出租人会向承租人支付相当于总收入额25%的损害赔偿。如果没有这项条款,承租人有权索还的是其利润损失。其索还总收入额(之比例)超过了净利润,这是"意外之财"。[190] 新泽西州最高法院正确地拒绝执行这一条款。

关于这一规则不应当被适用的一个范例,来自 *NPS, LLC v. Minihane* 一案。[191] 本案中,新英格兰爱国者队(New England Patriot)橄榄球比赛的 10 年雅座许可协议中,包含了一项加速条款(acceleration clause),约定如果受许可人违约,其必须为许可的剩余年限支付全款。在支持这一条款的判决中,马萨诸塞州最高法院指出:

> 这一约定的总额……与针对因违约而产生的预期实际损失有着合理的关系。其预见了最差的情况,即爱国者队无法将雅座许可的剩余期限加以重售。不过,被告并没有证实,这一结果发生的可能性极小,以至于其数额与合理预估的实际损害极不匹配(grossly disproportionate)。[192]

合理的预估就是根据损失发生的概率来对损失的数额进行折现。认为重售雅座机会不大,这真是稀奇。法院声称"在可执行的约定违约金之案件中,减免是不相关的,不应当在评估损害之时被纳入考量"。[193] 那可不是。约定违约金条款就是对损害的合理预估。如果饲料没有被交付给养鸡场主,这里所发生的损害,并不是因为农场主没能通过到别处去买饲料来减免损害而导致鸡群死亡。损害是农场主到别处购买饲料所付的价格与合同价格之间的差额。

---

[189]　645 A. 2d 100 (N. J. 1994).

[190]　*Id.* at 110.

[191]　886 N. E. 2d 670 (Mass. 2008).

[192]　*Id.* at 675.

[193]　*Id.*

当违约导致的损害在合同缔约之时并不确定,但却可以很容易地
嗣后确证,此时条款是否可被执行,官方对此仍有争议。[194] 假设一方
当事人出售土地或者货物,如果买家违约,损害就是合同价格减去卖
家重售所获的数额。没有一方当事人能事先知道这是多少,但嗣后法
院就可以从合同价格中扣减出重售款。如果合同约定卖家能索还更
多的数额,这是施加了一项惩罚,就像约定了买家可以在合同与重售
价格之差价外,再多索还 1000 美元一样。

(二) 所谓的信赖利益损害

当事人因违约而丧失收益,但无法证明数量,其可以针对为取得
此种收益而支出的数额进行索还。[195] 正如范斯沃思所言,"未能满足
预期受益之证明责任者⋯⋯一般可以通过信赖程度的足够确定性而
满足证明责任⋯⋯从而可以基于信赖而索还损害赔偿"。[196] 比如前
文所言,当一方未能交货,而货物是为了再售,那么其就要就买家损失
的收益而担责。如果买家无法证明再售货物的(获利)数额,其仍然可
以索还(比如)做售卖广告所耗费的钱款。

理由在于,买家的期待是,如果货物能及时交付,其会把这笔钱赚
回来,而且还能多赚一些。将其作为损失利益的良好估价的理由是,
买家花费这笔钱是有预期的。授予信赖利益损害赔偿,乃是作为基于
丧失利益而授予赔偿的替代品。

正因如此,将其称为"信赖利益损害(赔偿)",颇有误导之意。一
般来说,信赖利益损害赔偿是指这样一笔数额,即能够让当事人如被
违背的承诺从未作出一般。范斯沃思的结论是,允许索还信赖利益损
害赔偿,并不会"允许当事人针对合同缔结之前所发生的成本进行索
还"。[197] 不过,允许当事人索还成本,理由在于这些成本的支出乃是

---

〔194〕　对比 *Lee Oldsmobile v. Kaiden*, 363 A. 2d 270 (Md. App. 1976) (条款不可执
行) 和 *Hutchison v. Thompkins*, 259 So. 2d 129 (Fla. 1972)(条款可执行)。

〔195〕　DPJ Co. Ltd. Partnership v. F. D. I. C., 30 F. 3d 247 (1st Cir. 1994)。

〔196〕　Farnsworth, *supra* note 131, at 835.

〔197〕　*Id.*

基于如下期待,即(至少是)合同若被履行所需支出的成本量。只要这是买家的期待,成本是否支出于合同之前,就无关紧要。

有些法院便持此种观点。在 *Security Stove & Mfg. Co. v. American Ry. Express Co.* 一案中,[198] 一家炉灶公司(stove company)无法在展览中展示其产品,因为承诺人没能送达零件,而后者是炉灶运作的必备品。如果炉灶被展示了,它能多卖多少钱,这一点无法判定,因此也无法判定额外的收益。法院授予公司的赔偿数额,就是其在运输合同前后布展所花费的数额。在英国的案件 *Anglia Television Ltd. v. Reed* 中,[199] 由于演出预订(bookings)出现了差错,演员里德(Robert Reed)与一家工作室违约,无法出演一部制作中的电影。这导致电影搁浅,因为找不到合适的替代男主角。原告索还的开支,便是在里德进入协议之前的开销。

这些案件的判决可能不正确,但要说不正确,也不是因为原告索还了合同缔结之前所花费的钱款。法院才能认定,当且仅当原告能证明收益本会存在,其才可索还丧失的收益。不过,无论是承运人还是里德,他们似乎不太可能去承担违约之时炉灶生产商或工作室所丧失利润的风险。很可能的是,承运人根据装柜的重量和尺寸以及运输距离收钱;而里德也不会为承担"工作室白白消耗的全部在先开销"的风险而有额外收入。这就很像我们之前讨论的"不同人所受损害明显不同"的情况。

(三)实际履行

我们已经看到,当原告无法购买到承诺履行的等同物品之时,法院会授予实际履行的救济,而不是损害赔偿。比如土地或承诺物品乃是独特的之时。当原告应当索还的损害难于证明时,法院也会授予实际履行。比如在 *Laclede Gas Co. v. Amoco Oil Co.* 一案中,[200] 法院实

---

[198]　51 So. 2d 572 (Mo. App. 1932).

[199]　[1971] 2 All E. R. 690 (C. A.).

[200]　522 F. 2d 33 (8th Cir. 1975).

际执行了一个长期合同,内容是提供丙烷以供再售给住宅开发,但开发的数额尚不确定。"考虑到未来世界能源供应的不确定性,原告可能无法发现其他丙烷供应商来签订像 Amoco 协议这样的长期合同。"而且即便能找到,"原告也要面临相当大的开销和麻烦,这些都无法在为其住宅区签订分销协议之前预估。"[201]第八巡回上诉法院准许了实际履行。

不过,在诸如 Amoco 一案这样的案件中,原告有权获得的损害赔偿,是市场价格与合同价格的差额,这是为了补偿其所承担的风险。正如我们所见,如果合同违约,当事人所丧失的收益,可能无法与预期所承担的任何风险相对应。在这种情况下,法院就不应当授予实际履行来代替丧失利润的损害赔偿。

在 *Walgreens Co. v. Sara Creek Property Co.* 一案中,[202]克里克公司(Sara Creek)将位于商业中心的地产租给了沃格林公司(Walgreens),承诺不会将商业中心的空间租给任何其他从事药房生意的人,也不会出租给包含药房的百货商店。这一条款希望保证沃格林能免于竞争。后来李(Sara Lee)希望再租给 Phar-Mor,这是一家包含了药房的百货商店,规模和沃格林公司差不多。据推测,后者支付的租金可涵盖对李之责任的补偿,即如果违背前述条款而要对沃格林公司受损所承担的责任。一项损害赔偿本可以补偿沃格林公司的损失。

损害赔偿很难确定。不过,授予实际履行,可能不仅仅是为了补偿沃格林公司的损失。其可以强制 Phar-Mor 公司和李被迫交出其与沃格林公司竞争而获得的利润。沃格林公司可以要求收益分成,从而不去主张实际履行判令。在有些案件中,违约方需要支付"追缴损害赔偿"(disgorgement damages)(如艾森伯格所言)——其因违约而获得的利润。我们将会看到,违反竞业禁止并不包含在这里面。尽管判令实际履行,便不用再去预估沃格林公司因竞争者造成的损失,但也会允许其索还过高的数额,比对损失最夸张的预估都要高。其不应当有

---

　[201]　*Id.* at 40.

　[202]　966 F. 2d 273 (7th Cir. 1992).

权如此。

Walgreens Co. v. Sara Creek Property Co. 一案的判决来自波斯纳法官,他是法与经济学运动中的关键人物。和其他采纳法经济分析的人一样,他关心的不是正义,而是效率。有效率的结果取决于与 Phar-Mor 公司竞争而为沃格林公司带来的成本,与克里克公司租给 Phar-Mor 公司的收益相比,是高了还是低了。克里克公司论辩道,自己对合同的违反会是有效率的。其会支付的损害赔偿,将等同于沃格林公司因增加的竞争而遭受的损失,而且还会因对 Phar-Mor 公司的租约而获益。"如果是这样,如果沃格林公司的损害得到了赔偿,而这赔偿等同于这一成本,而 Phar-Mor 公司被允许进驻而不是被禁制令给赶出去,那么社会就会更好。"[203]波斯纳指出,如果克里克公司能够给沃格林公司支付损害赔偿并有盈余,那么即便颁布了禁制令,它仍然会租给 Phar-Mor 公司,它会向沃格林公司付款来撤销禁制令:

假设让沃格林公司面对 Phar-Mor 公司的竞争,这样成本……会是 100 万美元,而克里克公司租给 Phar-Mor 公司的收益是 200 万美元,那么,以这两个数字之间的任何价款来放弃沃格林公司的禁制令,对双方都是更有利的,而且我们期待,如果司法对法定权利的分配是无效率的,那么双方当事人会围绕着这种分配来进行议价。[204]

311

对波斯纳来说,问题在于哪一种救济的成本会更低:是损害赔偿还是禁制令。要法院判定沃格林的损害赔偿,这成本更高,而且也更不可靠。但如果判定禁制令,则会有额外的成本:"很多禁制令需要法院持续的监管,这会耗费很多成本",尽管本案并非如此。"对于经济学家所说的'双边垄断'(bilateral monopoly)的情况——双方当事人只能和对方交易——这里会有一种更微妙的救济成本:因为这就是禁制令所

---

[203]　*Id.* at 274.

[204]　*Id.* at 276.

创造出来的局面。"〔205〕"由于事关重大,双方当事人都会有动机来为磋商的进程贡献出时间和金钱等实质性资源。如果一方或者双方希望在未来得到一个强硬派(hard bargainer)的名声,这个进程甚至可能会未果。"〔206〕

　　根据这一进路,沃格林公司是应当获得损害赔偿还是禁制令,这就取决于"法院认定事实这种耗费成本的过程"是否会胜过"磋商过程中的金钱和时间"。如果磋商过程成本更低,那么克里克公司就必须购买与沃格林公司进行竞争的权利。这个权利(基于波斯纳的假定数字)可能价值100万美元。波斯纳并不关心沃格林对这一笔钱有没有权利。正如我们所见,其并无权利。其所取得的任何部分都等同于对损害赔偿之追缴索还,但其并没有权利。对波斯纳来说,重要的东西是"法院事实认定"与磋商的比较。如果磋商的成本低了1万美元,沃格林就有一项价值100万美元的权利。从效率的角度出发,沃格林可能会有100万美元的收益,这个事实是不重要的。重要的,仅在于节省成本的可能。

312

---

〔205〕　*Id.*

〔206〕　*Id.*

第十三章
对已转移收益之价值的补偿

一、过去的对价:在承诺作出之前移转的收益

根据"利益减损之议价"(bargained-for-detriment)的程式,如果承诺的作出是为了换取受诺人在过去所移转的收益,那么该承诺没有对价。因为收益已经被受领,承诺作出来并不是要诱使受诺人移转收益。

对于这一规则,有三个传统的例外和一个晚近的例外,而后者要更加一般化。三个传统例外包括:承诺支付的债务,是承诺人作为未成年人而招致的债务;因为诉讼时效经过而不再可诉(actionable)的债务;[1]以及破产中被免除的债务。[2] 在这些情况中,法律插入了一道壁垒,阻却对合同违约损害赔偿的索还,是为了防止出现不公平的状况。法律允许某些不公平,是为了预防更大的恶。当这些恶已经被移除,那么法律就应允许公平的结果。如果公平不重要,法律就不会这么做。

未成年人的合同不能执行,是为了避免年少者囿于自己糟糕的判断。一旦其成年,其判断被推定为明智,足以缔结合同了。

一段时间经过便不可执行债务,这源自诉讼时效法的规定。理由是证据可能遗失,招致债务的当事人会基于"不会有诉讼了"的推定而为行为。承诺清偿债务的当事人,便是知道债务是真实的,并且据此处于应当支付的位置。因此,禁止执行的理由就不复存在了。

---

[1] RESTATEMENT (SECOND) OF CONTRACTS § 82(1) (Am. Law Inst. 1981).

[2] *Id.* at § 83.

在破产中债务被免除,这是为了给债务人一个新起点。据此,后来承诺清偿的债务人,就是东山再起了,可以清偿了。因此债务不可执行的理由也就不复存在了。不过,这个例外有可能被滥用。当破产而免责之后,之前的债权人可能会诱使前债务人承诺清偿债务。前债务人可能会仓促同意,而无视其法律后果。《联邦破产法》已经被修订,明确除非在法院中得到准许,否则对破产中免责的债务承诺清偿,是不可以获得执行的。[3]

在这三种情况下,受诺人可以索还的数额,就是其基于之前的合同所拥有的债权。

更宽泛的一个例外则是基于针对不当得利的规则。一方当事人以另一方的开支而有不当得利,即便不存在合同,亦应就得利范围而被索还。比如,医生停在高速公路上治疗不省人事的事故受害者,其可以索还医生一般诊疗之收费。不过,有时原告无法从不当得利中索还,因为不太清楚是否移转了收益,或者被告本会对此种收益进行何种偿付。假设有一位志愿者,在挽救溺水之人时受伤,此人便无法索还,因为该溺水者可能不需要被救,因此他就不愿意为志愿者的损害而付款。再如原告错误地在他人土地上修建了房屋,其也不能索还,因为土地所有权人可能不想盖房子,因此不会愿意支付修建房屋的开销。在这里,如果被告承诺会为移转之收益付款,这个障碍就会被消除掉。承诺显示出其对收益有欲求,愿意就此款项进行偿付。允许原告基于不当得利规则进行索还的障碍就被移除了。[4]

《第二次重述》规定:"承诺的作出是对承诺人之前从受诺人处所受领收益的认定,该承诺在防止不公的必要范围内有约束力。"[5] 但"如果受诺人认为该收益是一项赠与",则承诺没有约束力。[6] 之所

---

〔3〕 BANKRUPTCY CODE, 11 U.S.C. § 524.

〔4〕 参见 Melvin A. Eisenberg, FOUNDATIONAL PRINCIPLES OF CONTRACT LAW 113 (2018)。

〔5〕 参见 Melvin A. Eisenberg, FOUNDATIONAL PRINCIPLES OF CONTRACT LAW 113 (2018)。

〔6〕 Id. at § 86(2)(a).

以如此,《第二次重述》指出,是因为"作出补偿的后续承诺移除了否定救济的原因,因而反对不当得利之政策胜出了。"〔7〕

这一规则的塑造乃是对 1936 年阿拉巴马州上诉法院 *Webb v. McGowin* 一案〔8〕的概括。本案中,仓库的一位工人在救助一名官员以及自己的雇主免受致命伤害时受伤,永久残疾而无法工作。被救者承诺此后每个月会给这名工人一笔合适的款项。但当此人(指被救者)死后,其遗嘱执行人拒绝支付,救人的工人起诉,法院执行了这个承诺。

当不当得利法授予救济之时,是为了原告自己所移转的收益。(在前面的案例中)医生的索还可以针对其所治疗的不省人事的受害者,但其不得针对受害者的父母或者配偶。这个规则已经在案件中得到了应用,即父母或者配偶后来承诺为受害人所受之收益进行偿付。在《第二次重述》的一个示例中,"甲对乙的儿子(已成年)进行了急救,后者生病并远离家乡且身无分文。乙随后承诺会补偿甲的开销。这个承诺是没有约束力的"〔9〕 相反,"甲发现了属于乙的逃跑的公牛,喂养照顾了它。乙后来承诺会支付合理的补偿,这个承诺是有约束力的"。〔10〕

艾森伯格问道:"人们相信,都是陌生人的情况下,照顾了承诺人的公牛,对这些成本进行补偿的承诺便可执行,但如果是照顾承诺人生病的成年儿子,补偿此处成本的承诺就不可执行,世界会是如此吗?"〔11〕 本不该如此的。医生不能根据不当得利法来针对被诊疗的成年子女之父母主张救济,理由仍然是不确定性的问题。父母没有法定义务来支付其诊疗的费用。无论父母是否愿意就此支付,其是否愿意

---

〔7〕　*Id*. at § 86 cmt. b.

〔8〕　168 So. 196 (Ala. Ct. App. 1935), cert denied, 169 So. 199 (Ala. 1936).

〔9〕　RESTATEMENT (SECOND) OF CONTRACTS § 86 illus. 1 (Am. Law Inst. 1981). 这个示例基于 *Mills v. Wyman*,20 Mass. (3 Pick.) 207 (1825)。

〔10〕　*Id*. at illus. 6.

〔11〕　Lon L. Fuller, Melvin Aron Eisenberg, & Mark P. Gergen, BASIC CONTRACT LAW 54 (10th ed. 2018).

如此以及愿意付多少,这些都不清楚。因此,父母的"后续承诺"就可以在不当得利中"移除否认救济的理由",就和在救助的情况下一样,其承诺应当具有可执行力。

二、返还型救济:当承诺被违背时移转的收益

如果一方当事人缔约以固定价格提供服务,服务提供者就承担了"成本可能会高于预估价格"的风险,而受领人则承担了"成本可能更低"的风险。这就像一场关于"履行成本"的赌博。因此,如果服务提供者违约,受领人可以就完工成本和合同价格之间的差额提出索还。如果受领人违约,那么服务提供者可以就丧失的收益加上已经支出的成本——另一种说法就是,合同的价格减去履行完毕本会引发的成本——进行索还。

正如我们所见,实质履行规则决定了守约方何时能坚持赌约的条款,即便另一方当事人已经违约亦然。如果此方当事人没有实质履行,赌约就被取消。受领人收到的是部分履行,其无须根据合同的比例来进行清偿。服务提供者不能就合同价格减去所受领的已完成履行之数额进行索还。

不过,不当得利规则可能会要求收到收益的受领人偿付其公平价值。根据《第二次重述》,"因不履行或拒绝履行而引发针对根本违约的损害赔偿,受害一方有权就已经通过部分履行或因信赖而移转给另一方的收益而获得返还"。[12] 理由是"防止另一方的不当得利"。[13]

只有实际得利的一方才会担责。在 G. W. Grun Roofing & Construction Co. v. Cope 一案中,承包人"安装房顶,但没有统一着色,而是看起来处处是补丁"。法院认定其没有实质履行,因为所有权人可能会"自己选择……并为能满足其选择的东西来缔约,不会被强迫接受

---

〔12〕 RESTATEMENT (SECOND) OF CONTRACTS § 373 (1) (Am. Law Inst. 1981).

〔13〕 *Id.* at cmt. a.

其他东西"。合同无法"就已经移转的收益"索还,因其并没有证实"原告从被告的瑕疵履行中获得了任何收益"。[14]

如果被告并没有实质履行,原告可能从一项赔钱的合同(a losing contract)中脱逃出来,因而若有实质性的履行,被告可处于更优的位置。在 *United States v. Algernon Blair* 一案中,[15]分包商对建造建筑物钢结构的合同出了个价格更低的投标。第四巡回法院认定,总承包商拒绝为用来建造结构而承租起重机的成本付款,实乃未实质履行。因此,原告可以拒绝完成履行。总承包商要为分包人部分履行的合同价值担责,尽管其若不违背合同,分包人的损失也要比未付的合同价格余款更多。分包商的主张是返还已经移转的利益。"合同价格可能是服务合理价值的证据,但其并不能衡量履行的价值,也不能限制索还。"[16]

因此正如《第三次返还和不当得利法重述》(以下简称《第三次重述》)所指出,授予不当得利之救济的规则是,"面对实质性违约的一方当事人,有权无视合同,如涉案之履行在没有合同的情况下已被实施一样来处理违约一方"。[17] 不过,《第三次重述》指出,此种原则"与合同法其他规则并不一致"。[18] 因此,其拒绝了 *Algernon Blair* 一案的规则,[19]尽管其承认,该案的规则得到了《第二次重述》以及大量判例法的支持。[20] 其声称该规则"与合同法的基础目标相悖,而且与违约

316

------

〔14〕　529 S. W. 2d 258, 262, 263 (Tex. Civ. App. 1975).

〔15〕　479 F. 2d 638 (4th Cir. 1973).

〔16〕　Eisenberg, *supra* note 4, at 326-27 (2018) (chapter coauthored by Mark Gergen). Id. 319 n. 1.

〔17〕　RESTATEMENT (THIRD) OF RESTITUTION AND UNJUST ENRICHMENT II 4 2 Intro. Note (Am. Law Inst. 2011).

〔18〕　*Id.*

〔19〕　*Id.* at § 38.

〔20〕　*Id.* at II 4 2 Intro. Note. See *id.* § 38 cmt. d. 根据帕尔马(George Palmer)的观点,"当发生了违约,导致守约方在部分履行之后可以终结合同,而他果然如此行为时,压倒性的权威观点是准许其可获得返还,而不受合同价格或比例的限制。" 1 George Palmer, THE LAW OF RESTITUTION 389 (1978).

的其他救济也不一致,因为其他救济都以当事人的协议作为衡量原告救济的基准点"。[21]

艾森伯格和格尔根(Mark Gergen)认同这一做法。否则,"受诺人便会基于对赔钱合同的违约而有意外之财"。[22] 这个论证和《第三次重述》的说法一样,都是循环论证。如果即便受诺人未能实质履行,承诺人都应当担责,合同的条款当然就应当作为判定其责任的"基准点",从这些责任中脱逃就是意外之财。正如《第三次重述》所指出:"允许损害赔偿根据不受限制之合同价格的履行价值来衡量……这就重新分配或重新评估了风险,而合同的功能就是对风险进行定价和分配。"但是,如果我们对实质履行规则的分析是正确的,那么这个规则的功能就是判定何时风险应当被重新分配。如果一方当事人没有实质履行,另一方当事人就不应当根据合同的比例来被要求履行。如果说 *Algernon Blair* 一案的结果是错误的,那也是因为法院认为总承包人没有实质履行是错的。但如果确实没有实质履行,那么该案的结果就是正确的。正如艾森伯格和格尔根所看到,*Algernon Blair* 一案的规则授予了"受诺人以一个动机,找到根基去宣称根本违约而避免赔钱合同"。[23] 但承诺人是否根本违约——是否其未能实质履行——取决于承诺人,而不取决于受诺人的欲求。

不过,根据《第三次重述》,"有权因实际违约或拒绝履行(repudiation)而获得救济的原告,可以索还……原告未获补偿值合同履行的市场价格,但不能超过参考双方协议而判定的此种履行之价格"。[24] 因此,合同价格成了索还的限额。在第 17 号示例中,合同价格是 5000万美元。原告完成了一般的工作,成本花了 5000 万美元,要想完工还得再掏 3000 万美元。而其已经完工部分的市场价格是 4000 万美元。

317

---

〔21〕　RESTATEMENT (THIRD) OF RESTITUTION AND UNJUST ENRICHMENT § 38 cmt. d (Am. Law Inst. 2011).

〔22〕　*Id.* at § 38.

〔23〕　Eisenberg, *supra* note 4, at 326.

〔24〕　RESTATEMENT (THIRD) OF RESTITUTION AND UNJUST ENRICHMENT § 38 (Am. Law Inst. 2011).

根据《第三次重述》的规则，因其已经完成了半数的工作，其有权利获得的救济是"4000 万美元封顶、合同价格的一半——2500 万美元。"[25]

也许有人会问，如果根据《第三次重述》，救济应当根据合同价格来衡量，那么为什么已经完工的市场价格还很重要呢？在此我们援引艾森伯格和格尔根的说法："为什么不干脆把返还的救济请求全盘废除呢？……为什么我们要保留这样的一个规则：一旦判决作出要计算期待利益损害赔偿，受诺人就会被置于更优的位置，优于其在合同已被完整履行的情况？"[26]他们的回答是："期待利益损害赔偿"可能是不确定的。的确，根据《第三次重述》，对这一规则的"通常适用"是：

或者是原告的合同期待压根无法确证，或者是可以证实处于上限之下的某种位置——尽管无法确知。无论是这两种情况的哪一种，根据这一规则的替代性损害赔偿计算……都是在证据所允许的范围内保护了原告的期待利益。[27]

这样问题就变成了：为什么"期待利益损害赔偿"的不确定性，会成为"授予根据已经完工之市场价格来衡量的损害赔偿"的理由？在难以预估完工的成本之时，"期待利益"确实是不确定的。根据艾森伯格和格尔根的说法：

通过从预估成本中扣除完整履行之预估成本的一部分（而不是全部），返还规则减少了错误预估完工成本而对损害赔偿的影响。扣除预估成本中的一部分，这就使得天平向受诺人倾斜了。[28]

318

---

〔25〕　*Id*. at illus. 17.

〔26〕　Eisenberg, *supra* note 4, at 327.

〔27〕　RESTATEMENT (THIRD) OF RESTITUTION AND UNJUST ENRICHMENT § 38 cmt. a (Am. Law Inst. 2011).

〔28〕　Eisenberg, *supra* note 4, at 327.

这个论理并不能解释,为什么《第三次重述》的规则会适用在诸如示例17 号的案件之中。在这个示例中,我们知道完工的成本是 3000 万美元。如果被告没有违约,原告就要损失 3000 万美元:合同价格的 5000 万美元减去履行成本的 8000 万美元。如果艾森伯格和格尔根是正确的,那么就没有理由授予一项根据市场价格所衡量的损害赔偿。确实,只要(按艾森伯格的话)损害赔偿明确会使"受诺人置于更优的位置,即优于其在合同已被完整履行的情况",那么就没有理由这么做。

尽管如此,说我们基于市场价格确定损害赔偿,因为市场价格要比完工成本更加确定,这就好像这里有一个醉汉在路灯下寻找自己几个街区外丢失的钱包一样:问他为啥这么干,他说"因为这里更亮"。根据《第三次重述》的规则,原告获得的市场价值是以合同价格乘以完工的百分比来衡量的。为什么这就会接近于合同价格减去完工成本的数额?如果是的话,这确实"使得天平向受诺人倾斜了",但也仅此而已了。

当原告未能实质履行合同,而寻求对其已经移转于被告的收益价值进行索还时,不当得利规则也解释了这个结果。被告并未违约,因此应当受到保护而免于"履行低于/高于预估"之风险。这样一来,原告能索还的,就应限于合同价格减去被告完成原告同意之工作的成本。[29] 更重要的是,尽管司法权威各执一词,被告所付还是不应高于合同的比例,即按照原告完成工作之部分的合同价格比例。[30] 在以上限制之下,原告可以针对移转于被告之收益价值提出索还。合同保护被告免受"为履行的支付多于合同价格"的风险。但当被告本来愿意支付的数额很明确之时,根据不当得利规则,其不得不付钱便获取收益。

---

〔29〕　RESTATEMENT (SECOND) OF CONTRACTS § 374, cmt. a (Am. Law Inst. 1981)("违约一方当事人,在任何情况下,都要对其违约所造成的损害担责……如果其收获的收益超过了损害,本条所表述的规则一般会令违约一方有权针对超额的部分加以索还)。

〔30〕　1 Palmer, *supra* note 20, at 580-83.

第十四章

对已收到收益之价值的追缴(Disgorgement)

一、关于追缴问题

根据《第二次重述》,针对违约的救济是为了保护三种利益:期待利益、信赖利益与返还利益。正如艾森伯格所指出,这里存在一个"令人震惊的忽略":"即追缴利益,指受诺人可以向承诺人要求追缴'因违约而可能有所收获'的利益,但这不包括受诺人已经移转的收益。"[1]他观察到,这个疏忽"摆明了就是故意的","在《第二次重述》发布后不久,范斯沃思作为报告人……写了一篇重要的论文……论辩道,根据规范基础,不应当认可追缴利益"[2]。

尽管追缴利益被《第二次重述》忽略了,但它却被《第三次重述》给认可了。根据后者第 39 条第(1)款:

如果故意的(deliberate)合同违约导致违约的承诺人有所收益,而现有的损害赔偿救济无法对受诺人的合同权利提供妥当的保护,那么受诺人享有对因承诺人违约之结果而取得的收益主张返还的权利。根据这一条规则的返还,是对损害赔偿之救济的一项替代。

这一条所引发的一个问题,在于追缴与违约之通常救济间的关系。根据第 39 条第(1)款,如果"现有的损害赔偿救济无法对受诺人

---

[1] Melvin A. Eisenberg, FOUNDATIONAL PRINCIPLES OF CONTRACT LAW 335 (2018).

[2] *Id.* at 336 援引 E. Allan Farnsworth, *Your Loss or My Gain? The Dilemma of the Disgorgement Principle in Breach of Contract*, 94 Yale L. J. 1339 (1985)。

的合同权利提供妥当的保护",才会允许进行追缴。另一个问题在于,
这项救济是不是以违约为故意或有意为前提。第 39 条第(1)款规定
其必须是"故意的"。

在这两个问题中,《第三次重述》都得出了错误的结论。正如其所
认识到的,不当得利法中有两个基础原则。第一项原则是,"以他人开
销而有不当得利者,负有返还之责任"。[3] 第二个原则是,"当事人不
应因其不法误行而有收益"。[4]《第三次重述》对违约追缴的解释乃
是基于第二项原则。

在某些案件中,这个解释是正确的。比如在 Snepp v. United States
一案中,斯奈普(Snepp)是前中情局的雇员,在未取得中情局在先许可
的情况下(这是合同的约定),发表了一篇关于其受雇期内中情局在南
越活动的报道。最高法院认定其必须交出其收益。他"违背了信任",
并且因自己的误行而受益。这个原则可能是一个道德原则,也可能是
基于对不法误行的威慑。但无论如何,政府都应该获胜。

在 Snepp 一案中,被告根本没有因取得某些原本属于美国的东西
而有得利。但在其他情况下,应当授予追缴赔偿的原因,在于被告因
原告的开销而不当得利,因此"其应当受制于返还责任"。[5]《第三
次重述》的错误在于,其试图以"被告不应从其不法误行中获益"来解
释这些案件。其得出结论,违约必须是"故意的",被告的"不法误行"

---

〔3〕 RESTATEMENT (THIRD) OF RESTITUTION AND UNJUST ENRICHMENT § 1
(Am. Law Inst. 2011).《第一次重述》的用语是相同的。RESTATEMENT IS IDENTICAL.
RESTATEMENT (First) of Restitution § 1 (Am. Law Inst. 1937)。

〔4〕 RESTATEMENT (THIRD) OF RESTITUTION AND UNJUST ENRICHMENT § 3
(Am. Law Inst. 2011).《第一次重述》有"以他人的开销"("at the expense of another")字
样, RESTATEMENT (FIRST) OF RESTITUTION § 3 (Am. Law Inst. 1937).《第三次重
述》删除了这些,"以便防止如下暗示,即被告不法误行之所得必须与原告对此之损失相
一致"。 RESTATEMENT (THIRD) OF RESTITUTION AND UNJUST ENRICHMENT
Reporter's note a (Am. Law Inst. 2011).

〔5〕 RESTATEMENT (THIRD) OF RESTITUTION AND UNJUST ENRICHMENT § 1
(Am. Law Inst. 2011).《第一次重述》的用语也是相同的。RESTATEMENT IS IDENTI-
CAL. RESTATEMENT (First) of Restitution § 1 (Am. Law Inst. 1937)。

使原告可以追缴,因为这是"违约的机会主义"。[6] 因此,救济只能针对"故意"违约。[7] 根据官方评论:

> 对不法误行所得收益之返还的责任范围,显著地取决于被告的可责性(culpability)……不法误行者有意识为之……就应当负担被追缴源自干扰索赔人受保护利益而产生之收益(包括因此而所得)的责任。[8]

322

二、追缴以及针对不当得利的规则

在不当得利法中,"以他人开销而不当得利者,需负担返还责任"。[9] 比如,店主错误地少收了钱,或者雇主多付了钱,都要对所收到的收益担责。使用他人资源而收益者,应当担责,尽管他人并未有所丧失。比如,使用他人土地而获益,该收益须被收缴,尽管土地所有权人并未使用土地。[10] 使用他人机器,必须偿付租金,即便机器的所有权人并没用机器。[11] 医生治疗了不省人事的事故受害人,并无成本支出,也一样可以索还费用。[12] 说一个人因他人开销而得利,这意味着一方当事人因利用了属于他人的资源而获利。但他人并不需要变得更糟。

当存在违约之时,也应当适用相同的规则。一方当事人获得或使

---

〔6〕 RESTATEMENT (THIRD) OF RESTITUTION AND UNJUST ENRICHMENT § 1 cmt. a (Am. Law Inst. 2011).

〔7〕 *Id*. at § 39(1).

〔8〕 *Id*. at cmt. e.

〔9〕 RESTATEMENT (THIRD) OF RESTITUTION AND UNJUST ENRICHMENT § 1 (Am. Law Inst. 2011).《第一次重述》的用语也是相同的。RESTATEMENT IS IDENTICAL. RESTATEMENT (First) of Restitution § 1 (Am. Law Inst. 1937)。

〔10〕 Edwards v. Lee's Administrator, 96 S. W. 2d 1028 Ky 1936(对原告土地下的洞穴进行了商业使用)。

〔11〕 Olwell v. Nye & Nissen Co. 173 P. 2d 652 (Wash. 1956).

〔12〕 Cotnam v. Wisdom, 104 S. W. 164 (Ark. 1907).

用了财产或服务,而该财产和服务根据合同是属于另一方的,那么前者的所得必须被收缴。对于法院收缴因要求违约获得之利益的案件,这是最好的解释。正如弗里德曼(Daniel Friedmann)所解释的:

> 合同关系……可能会引发某种利益,后者会因返还之目的而进入"财产"(权)的范围……

> 根据此处所提出的进路,评估因合同违约而所获利益之返还请求的核心事宜包括:若履行是基于合同的承诺,那么受诺人是否对其可按如下方式"有权"享有,即如果履行被扣留(withheld)、被侵吞(appropriated)或者"拿走",受诺人便可以被认为已经被剥夺了某种"属于"他的利益?[13]

在 *Laurin v. DeCarolis Construction Co.* 一案中[363 N. E. 2d 675 (Mass. 1977)]*,原告买了一幢房屋,当时被告正在进行建造。在合同签署之后交付之前,被告用推土机推倒了树木,并且移走了价值6480 美元的砂石和壤土。原告索还被告所清空的树木、砂石和壤土的价值,尽管原告的财产价值并未削减。法院得出了正确的结果。被告侵犯了原告根据合同所拥有的财产。但法院困惑于原告尚未拥有财产的事实。原告此时只有合同权利。于是法院认定因为诉由是针对合同,而不是针对对原告财产的侵占(conversion),被告的责任仅仅源自其违约是"故意和有意的"。

这就是《第三次重述》的进路。第 39 条的示例 2 正是 *Laurin* 一案的模型。和法院一样,《第三次重述》认为授予救济是因为违约"是故意的"。但被侵犯的权利是被类分为财产性还是合同性的,这本无关紧要。如果被告无意地取走了树木、砂石和壤土,并且错误地相信其

---

[13] Daniel Friedmann, *Restitution of Property Obtained Through the Appropriation of Property or the Commission of a Wrong*, 80 Colum. L. Rev. 504, 513 (1980).

* 此处原文无注释,但案例列表中有——译者注。

位于并未出售的土地上,结果也是一样。用弗里德曼的话讲,他们还是剥夺了"'属于'原告的一项利益"。

在 *EarthInfo, Inc. v. Hydrosphere Resource Consultants, Inc.* 一案中,[14] 被告同意为了"创新的产品理念"(inventive product idea),向原告支付固定的按小时计算的研发费用,以及根据销售额的一定百分比所计算的版税。被告享有一切所有权、版权以及专利。结果被告未支付版税,构成了实质违约。法院要求追缴作为违约后果的一切收益,因为违约既是"有意的",也是"实质的"。[15] 在这个案件中,被告要被追缴的收益,是指使用原告所研发出来、将其交给被告以换取版税的那些产品理念。因为被告构成了实质违约,因此其就不再有权利使用这些理念来换回版税了,其在效力上就构成了侵占。如果其侵占了诸如专利或版权在内的知识产权,其收益就要被追缴。不过,正因如此,就不应当再额外要求该违约是"有意的"。

当被告违背的协议是原告的竞业禁止协议,这就更困难了。假设一个商业中心将某一部分租给杂货店或药店,并且承诺后者是唯一一家杂货店或药店,而对方则反过来承诺不会销售与其他承租人相竞争的产品。[16] 出租人若是违约,则不会对其收益进行追缴。承租人的损害赔偿乃是基于竞争而丧失的收益。即便出租人"悖信"为之,亦然。[17]

324

不过,如果被告将一项正在进行的业务出售给原告,并且承诺不会竞争,那么情况就不一样了。与客户已经确立的关系也是被告出售的资产之一部。弗里德曼给出了一个例子:

甲是一个饭店的所有人,其将自己的业务(包括其商誉)出售给乙。甲承诺不会在现有饭店的 10 公里以内开饭店。结果甲违背了这

---

[14] 900 P. 2d 113 (1995).

[15] *Id.* at 120.

[16] 参见 *Walgreen Co. v. Sara Creek Property Co.*, 966 F. 2d 273 (7th Cir. 1992)。

[17] *Olympus Hills Shopping Center, Ltd. v. Smith's Food & Drug Centers, Inc.*, 889 P. 2d 445 (Utah 1994).

个合同,在其售给乙的饭店附近又开了一家饭店。[18]

他指出"乙获得的是一种前景,即拥有会来甲饭店的那些客户。因此,甲所获得的利润,乃是源自其对已经售给乙之利益的侵占"。[19] 将运营企业(going concern)出售,然后再将客户招引走,这就是部分地对他人所购之物的侵占。

再一次,《第三次重述》得出了正确的结论,但理由却是错误的。它认为结果取决于一方当事人"故意无视"(deliberate disregard)合同的约定。根据第 39 条的示例 6:

买家给卖家支付了 50 万美元,换取(1)卖家现有业务,即一家运营企业,以及(2)卖家承诺在 3 年内不参与竞争。由此对卖家设定的限制是合理的,不予竞争的承诺在当地法律中也是可执行的。而卖家故意无视合同义务,在第三年开设了新业务来与买家竞争,获得收益 5 万美元。买家有权根据本条文从卖家处索还 5 万美元。这并不是买家必须证明被告违约之结果而加以返还的条件。

应当重要的是,买家购买了"买家现有业务,即一家运营企业",尽管《第三次重述》并没有解释为什么这个才是重要的。根据报告人的注释,这个示例所基于的案件,案情基本相似。被告在将商场[20]或窗帘店[21]出售之后,违背了竞业禁止协议。

同一报告人的注释还援引了 *Ingram v. Bigelow* 一案,[22] 但后者的情况却恰恰相反。本案中被告授予了原告就如下业务的许可,即"出售具有专利和版权的原材料和课程(courses),以及与此相关的各

325

---

〔18〕 Friedmann, *supra* note 13, at 1902-03.

〔19〕 *Id.* at 1903.

〔20〕 *Y. J. D. Restaurant Supply Co. v. Dib*, 98 Misc. 2d 462, 413 N. Y. S. 2d 835 (S. Ct. 1979).

〔21〕 *Morgan v. Stagg*, 1987 WL 18703 (Tex. Ct. App.).

〔22〕 138 N. Y. S. 2d 217 (S. Ct. 1954).

项服务"。在许可终止后，被告继续经营与原告相竞争的业务。法院
正确地判定，其必须将以此而获得的收益进行收缴。正如在弗里德曼
的范例中，他所获得的收益"乃是源自其对利益的侵占"。尽管在本案
中，该业务中的利益再度属于了原告。[23]

现在我们能更好地理解第二巡回法院在 *United States Naval Insti-
tute Press v. Charter Communications, Inc.* 一案中的判决了。[24] 克兰斯
（Tom Clancy）的第一本小说《逐猎红色十月》（The Hunt for Red Octo-
ber）精装本由 Naval Institute 发行，后者拥有版权。其授权给了伯克利
出版集团（Berkeley Publishing Group）来发行平装书，合同约定伯克利
必须要在 1985 年的 10 月以后出版。这么做的目的是让 Naval Institute
能有一段时间销售精装本，而不会受到更便宜的平装本的竞争。结果
伯克利违约而在 9 月 15 日（而不是 10 月）开始销售平装本。法院对
Naval Institute 所受的损害授予了救济，因为在（平装本发售以后）这个
阶段几乎没人买精装本了。但法院拒绝收缴伯克利在合同准许日期
之前的销售利润。艾森伯格认为，这个结果支持了《第二次重述》的立
场。他指出这是错误的。[25]

如果伯克利侵犯了 Naval 的版权，那么其本该被收缴收益。法院
不认同这一点，在它们看来，伯克利取得了发行《逐猎红色十月》的权
利，对这个权利的取得并不以"遵守平装本销售时间"的条款为条件。
法院将这个条款视为一个保护"盾牌"，即保护 Naval 销售精装书的时
候免于（平装书）的竞争，就像销售中心的租约条款能包含药房免受竞
争商店抢夺销售份额一样。如果是这样看待合同，那么这个结果就是

---

〔23〕　在同一报告人的注释中引用了另一个案件，即 *Oscar Barnett Foundry Co. v.
Crowe*, 80 N. J. Eq. 258, 86 A. 915 (Err. & App. 1912)。本案中一位发明人给了原告独
家生产其发明的权利。法院认为无论该发明是否可专利，发明人都"没有权利进行相同物
件的生产来与其竞争"。原告有权要求对发明者的利润进行核算。法院并没有强调违约
必须是有意的。*Id.* at 916. 再一次，重要的东西在于，被告试图重新获得独家权利，而该
权利其已经授予了原告。

〔24〕　936 F. 2d 692 (2nd Cir. 1991).

〔25〕　Eisenberg, *supra* note 1, at 341.

正确的。Naval 不再享有追缴的权利,而药房是有的。

根据艾森伯格的观点,"这个判决基于合同权利与财产权利的对立区分,而这种区分是一个学术性的且难以令人信服的界分"。[26] 并非如此。其基础是禁止竞争条款的目的。即便法院错误地认识了这个目的,该判决也没有支持《第二次重述》的立场。它并不是说,原则上不应当授予追缴的损害赔偿。

在我们目前所考虑的这些案件中,被告的所得都是通过剥夺原告所享有的某些东西,而且被告又未付报酬。但在另一类案件中,被告所得源自原告的支付,而该支付是为了一项履行,但被告并未作出该履行。原告可能并无损失,但被告已经因原告的开销而得利。

和之前一样,《第三次重述》认定,原告应该在这些案件中索还。不过,其再一次找了错误的原因:原告的索还基于违约是"有意的"。在第 39 条的示例 7 中:

> 某市与消防协会缔结合同,内容是在接下来的 12 个月中完成防火服务。合同特别规定了在特定的时间和地点保持警戒的人员、马匹以及货车数量,而合同的价格也是被磋商作为一项机制。在 12 个月之后,合同全款付完,城市发现协会提供的用于城市防火的人员、马匹以及货车数量要少于合同的约定。协会是故意违背了合同义务,因其计算(结果是计算得非常准确)出来合同约定的资源超过了城市防火的需求。这样一来,协会在合同期内省下了 10 万美元,而其悖约的行为,也并没有使得城市遭受增加的火灾损失。根据这一条的规定,城市有权从协会索还 10 万美元。

正如在报告者的注释中所看到的,示例 7 采纳的事实和反馈的结果便是 *City of New Orleans v. Firemen's Charitable Association* 一案。[27]

在示例 5 中:

---

[26]　*Id.*
[27]　43 La. Ann. 447, 9 So. 486 (1891).

土地所有人和矿业公司签订了露天采矿合同（strip-mining）。协议授权矿业公司从某地运走煤炭，换取每吨特定的开采使用费的支付。在土地所有人的坚持之下，协议的一项进一步条款包含了矿业公司的义务，即在开采活动完成之后，将该地地表恢复成原有的轮廓。矿业公司从某地运走了煤炭，支付了约定的使用费，但拒绝其重建地表的义务。在土地所有人针对矿业公司的诉讼中，证实了重建会耗费2.5万美元，而如果不去重建，对该地价值的减损几乎可以忽略不计。合同并没有受到错误或情势变更的影响。重建费用与矿业公司可能的预计是一致的，现有的比较表明，矿业公司在计算使用费时将这一成本纳入了考量。根据本条文的规则，土地所有人有权从矿业公司索还2.5万美元。土地所有人索还该笔款项，并不以"后者必须被用来重建该地"为条件。

关键的一项事实是，"矿业公司在计算使用费时将这一成本纳入了考量"。因此，土地所有人为矿业公司并未完成的工作付了钱。与示例7一样，其未能履行是否对原告有损害，以及损害究竟有多少，这些都无关紧要。

再一次，由于被告是因原告的开销而得利，因此被告的违约是否故意，就无关紧要。的确，在示例13之中就是这样的：

建筑人和所有权人达成协议，以200万美元的价格建造房屋。约定中明确了地基要以佛蒙特花岗岩（Vermont granite）支撑，并且据此进行了投标和出价。但因为错误和漫不经心，建筑人建造地基使用的是开采自新安普顿的花岗岩。当建造完工之后，这件事才为人所知。但该财产的价值评估并未因此处不合约定而有所影响。对违约行为进行治愈的成本要远远高出房屋的总价。因为新安普顿的大理石要比佛蒙特同等石材便宜，因此建筑人因其对合同的过失违约而节省了1.5万美元。所有权人可以因建筑人的违约而索还1.5万美元的损害赔偿。

　　正如在示例 5 和示例 7 所示，被告并未做工，但却收到了报酬。《第三次重述》承认"此种情况并未包含在第 39 条的规则之内（因为建筑人的违约不是故意的）"。但其指出："不过不当得利规则证实了如下结论，节省的开销也可以作为此种情况下合同损害赔偿的妥当量度。"正如艾森伯格指出：

　　这个"解释"只是强调了第 39 条的缺陷。如果对合同违约的收缴可以跨越第 39 条文本的限度——当然其本该如此且就是如此，那么第 39 条的人为设限就毫无用处——当然其本该如此且就是如此。[28]

三、议价的收益和针对不当得利的规则

　　在本书第十二章，我们看到了对合同违约的通常救济，就是因承担风险而受补偿的一方当事人对后果担责，否则就意味着，承担风险而获得补偿的此方当事人是在因受诺人的开销而得利。在此种情况下，说违约一方当事人因受诺人的开销而获益，要将此种收益收缴，也同样是正确的。因此，《第三次重述》认为如下案件也应被收缴，也就不足为奇：

　　卖家和买家协议，以 10 万美元购买某地。在交割期满前 2 周，卖家将此地以 11 万美元的价格卖给了第二买受人。第一买家有权根据本规则从卖家索还 1 万美元。其无须证明某地在交割日期的价格，而且卖家也不能通过证明该地的市场价格在交割当天低于了 11 万美元而根据本条文来减免自己的责任。（第 39 条，示例 1）

根据《第三次重述》，之所以应当授予这个救济，是因为违约是"机会主义的"。

---

　　[28]　Eisenberg, *supra* note 1, at 347 n. 34.

弗里德曼给了一个范例：

甲是歌剧歌手，承诺于乙的歌剧院在歌剧季演唱。结果甲违约而接受了丙的要约，在此歌剧季跑到了与乙竞争的歌剧院演唱。乙有权索还甲从丙处所收到的、超过其本该从乙处获得款项之外的更多款项。[29]

根据弗里德曼的观点，这个救济应当被授予，是因为被告取走了某些"属于原告的东西"。[30]

艾森伯格解释道，在这些案件中，守约方应当被授予救济，是因为守约方有权取得议价的收益。"高出价范式"（Overbidder Paradigm）是典型的"机会主义违约"案型。原告购买了一个商品，后者难有替代物。被告随后将其卖给了出价更高之人。正如艾森伯格所看到的，"看起来好像是追缴的案例"，实际就是损害赔偿会给购买人以议价收益的情况。[31]

我们已经看到，艾森伯格是正确的。"高出价范式"就是我们在讨论效率违约理论之时所考虑的范式。[32] 购买独特物件的当事人，购买的就是获利的机会，即出现第三方对此独特物品出价更高的机会。如果卖家违约，把物品卖给了第三方，那么将第三方支付的额外款项授予买家，就是将其议价的收益授予了买家。在此种情况下，"受诺人议价的就是承诺人从违约中获得的收益"：

承诺人已经为了因出售给高出价人而获得利润的权利作出了支付。为无差别的商品签订远期合同（forward contract），反映了出卖人的决定……其最好的赌注便是收取买家当下的要约……而不是等待

---

　　[29]　Friedmann, *supra* note 13, at 1902. 他援引的是 "*Lumley v. Gye*, 118 Eng. Rep. 749（Q. B. 1853）；*Lumley v. Wagner*, 42 Eng. Rep. 687（Ch. 1852）." Id. at n. 115。

　　[30]　*Id.*

　　[31]　Eisenberg, *supra* note 1, at 346.

　　[32]　参见本书边码 49 页。

未来可能会更高的要约。如果卖家接受了更高的要约,她就是在赌桌上反悔了。[33]

正如弗里德曼会说的那样,一方当事人下注然后获胜,而另一方当事人反悔,这就剥夺了胜者本该拥有的东西。因此正如我们所见,法院在 *KGM Harvesting Co. v. Fresh Network* 一案[34]中得出了正确的结论。本案中合同是销售可替代的商品,被告违约,将生菜以高于合同的价格销售给了第三方。尽管原告以更高的价格购买了生菜,但其并没有变糟,因为其再售生菜的合同并不是固定价格,而是附加成本。因此,其可以将所付的高价转移到客户身上。当事人当时的赌注就是生菜的价格是否会有涨跌,未违约的一方赢了赌约。通过对冲赌约,当事人获得了意外之财。如果不允许其索还,这意外之财就会跑到违约方身上,而后者本来是赌约的输家。

对那些坚持传统观点——合同救济应令受诺人处在如同合同已被履行一样的状态——之人来说,这个案件是个谜题。而根据我们提出的进路,即当事人应当对其已经承担的风险担责,这就是顺理成章的。当风险成真,那么反悔之人就是以对方的开销而获益。因此,此种案件中,救济同样可以被描述为追缴。

我们在本书第一部分就看到,从事前的角度看,若没有一方当事人因对方的开销而获益,那么合同就是公平的。从事后的观点看,当 330 然有人会变富而有人会变穷,但从事前看来,无人会因一方当事人承担了风险并获得弥补而出现此种情况。在这种意义上,交易就是平等的。我们在本书第二部分看到,合同默示的条款就是为了保护这种平等性。我们如今看到,这个原则也可以解释大部分的合同违约救济。这个原则便是一种交换正义。要言之,在交易中,无人应当以对方之 331 开销而获益。

---

[33] Eisenberg, *supra* note 1, at 346.

[34] 42 Cal. Rptr. 2d 286 (Cal. App. 1995).

索 引[*]

译后记

翻译这样一本书,此间的机缘颇为玄妙。在完成《私法比较研究导论》一书的翻译之后,我曾作出一个单纯约束自己的宣示,即暂时会停止翻译工作。但当蒋昊教授询问我是否愿意翻译戈德雷教授的这一本新著(他本人正好也是书中若干章节的合作者)时,之前的单边允诺似乎因为有限理性而变得不合时宜了。特别是当时我恰好面临着另外一项挑战,即需要用英文讲授一门合同法与侵权法的课程,故而接下翻译这一本书的工作,会为我带来大量的正外部性,原本的随机决策,会因为有互补的机会而产生协同效应。说人话就是,翻译这本书,除了获得知识增量,除了能小小地增加一点学术 KPI,还会为我的授课提供支撑,看起来违[背我自己的]约是最理性的选择了。Voilà。

但最玄妙的地方在于,我或许就是戈德雷先生笔下那种"经济分析的拥趸"。因为我一直坚信,经济分析会为民法(以及所有的法律与政策)提供一种更加有力的解释,包括实证解释(从事后看事前)与规范解释(从事后看未来)。但我也是实用主义者,因此(或者说因为)我学会了不去拒绝其他的研究范式,包括概念主义(教义学)与道德主义,在某些层面或者某些问题上,它们也能提出正确因而有用的结论。詹姆士说过,真理的最大敌人,就是其他真理。这个判断有一个非常宽容的前提,即便是不认同的观点甚至方法,也有可能是另一层面上的真理。因此自己所信奉的真理,也许并不是那么"真"。如果我国期刊的编辑们和外审的专家们都能学会这一点,每个人的福利都会提升的。

正因如此,尽管戈德雷教授是一位"古典派"的本质主义者,但我对他的研究充满尊敬。他致力于探寻民法制度的古典源头,并且揭示和批判法学与哲学的现代断裂,这些洞见对我都颇有启发。当然,与戈德雷教授不同,我对这种断裂乐享其成,因为法学的最大优势是到每个时代最强力的学科中找寻方法,故而法学家们才会特别喜欢讨论方法论的问题——归根结底是因为法学压根没有属于自己的方法——而哲学的时代早就结束了。但我欣赏探究制度源头的学术取向,因为这有助于揭示制度的起源与最初的目的,进而会证明某些制度可能已经丧失了必要性,或者本该那般这般。霍姆斯在《法律的道路》中就说过,要尽可能地思考制度试图实现的目的;与此相和,戈德雷教授在本书一开始就提到了"purpose"的重要性,并将其落实在合同法的具体规则讨论中(包括且不限于邮筒规则、情势变更、对价规则、赔偿的可预见性限制等)。这无疑彰显了一位古典派学者的现实观照——否则,故纸堆里的钩沉就会成为一种高雅、奢侈但庸俗的学术八卦。避免出现这种情况,正是本书的可贵之处。

在此基础上,戈德雷教授对合同提出了一种与众不同的认知。他认为合同并不是(像意志论所说的)因合意而成立,因为合同(法)中蕴含了大量默示条款,并且在当事人并无意识之处也会有所规范,意志理论难以回答这些问题。合同是为了践行如亚里士多德所说的交换正义,也就是等价自愿。这个想法在《现代合同理论的哲学基础》中便有体现,但在本书之中,戈德雷教授为这个道德化的立场提出了一种规范性方案,并试图将其应用于现代法律之中。他指出,合同的本质是当事人对风险的分配,缔结之时不得以他人的开销而令自己得利。这一认知被戈德雷教授应用在合同法责任认定(定性)到救济认定(定量),其所针对的便是现代美国的诸多制度(包括《合同法重述》《统一商法典》以及大量判例),分析锐利与精当,令人难忘。我只能说,但愿我的翻译,不会褪去本书原有的光彩。

这是一个非常有趣的思路。我并不是说戈德雷教授提出了唯一正确的理论(还记得詹姆士的说法吗?),但它为我们审视合同法规则提供了一种非常独特的视角,这不仅吻合了普通人朴素的道德观,并且还能延伸到以不当得利法为核心的返还法——因为这一思路将合同的合法性定位为公平,而公平恰恰被阐释为"正"当得利。更重要的是,将合同的根源定位为风险的分配,这就距离经济分析很近了;而从《现代合同理论的哲学基础》到这本《美国合同法的根基》,似乎也很像经济学中的从实证到规范的解释进路(当然我相信戈德雷教授会找到更古老的依据)。事实上,戈德雷教授也没有全盘拒绝经济分析,比如在何人能更好地承担合同风险的问题上,他基本援用了经济分析的结论。或许他只是拒绝经济分析以效率为第一要义的做法——但事实上以任何单一价值作为核心大抵都很糟糕,比如特朗普这个愚蠢的关税政策,要是问他,他没准也会说是为了效率(或者公平)。据说列宁说过,好的唯心主义要比坏的唯物主义更接近好的唯物主义;借用这句话,好的道德主义(概念主义、实证主义等)也要比坏的经济分析更接近好的经济分析。

　　不过,经济分析并不是必然以效率作为第一要义的。说得更准确一点,在法律(制度)的经济分析中,对效率的强调并不是为了效率本身,而是为了推动人类行为的理性化。因此当经济分析用数字来假设案件时,这些数字本身都不重要,重要的是借助数值的比较所表现出来的行为取舍与制度选择,继而实现包括降低交易成本与制度成本、提高社会福利等因素在内的理性化目标。也就是说,经济分析中的效率是一个类似柏拉图的理念一样的抽象目标,而具体案件中的具体数字只是这个目标的具象化投影。因此,如果能将其他的要素纳入,那么经济分析就可能会支持与原来相反的观点。如果我们承认,效率的变量中需要考虑公平感(以及信仰等)非理性偏好,那么,经济分析所追求的效率,或许和一般意义上的公平或正义几乎没有本质的区别——当某个制度(判决)违背了公平感,执行它几乎肯定是不效率的!一个很有力的例子,就是戈德雷教授批评(同样为很多中国学者所批评)的效率违约。但他们都误解了这个问题:因为当论证效率违约规则不成立的时候,很多人都是在说效率违约规则对某种情况的处理不够公平,如果我们看到不够公平或许会意味着不效率,那么无效率的结果就会导致不能适用效率违约,而这本身就意味着适用了效率违约的理念,因此它可能总是正确的。

　　所以,由我来翻译戈德雷教授的这一本著作,似乎象征着某种深层的契合,某种认可以不同方式来朝向相同目标的共同努力。戈德雷教授在亚里士多德的框架下所提出的合同逻辑与交换正义,或许就是桑本谦教授所提到的制度的底层逻辑。这种逻辑正确与否,我们既不能证成,也无法证伪——考虑到历史与社会的单线程加上多变量,我们无法在相同条件下对其进行可重复性的测试;也会面对同样多的证据来证实或证否。但探究它,本身就代表了人类对于法律制度的正当性的追问。如果按照默勒斯的说法,法律(裁判)的核心是讲道理,一种在法律上可操作并可获认可的道理,那么我们可以说,在这本书中,戈德雷教授就是为他自己的理念讲出了一个道理。这些道理是否成立,是否能(在美国甚至在中国)落地,在我看来都无关紧要:尽管戈德雷教授在中文版序言中指出,中国也面临着类似的问题;但即便这些问题是纯美国的,他的思考仍然体现了一种正确方向,这就是探寻理由和逻辑。与其说比较法是关注他国经验,不如说是关注他国在特定前提之下处理的理由和逻辑,否则所有私有制国家的经验都不用考虑了。

　　这或许就是学者应当关注的核心,而且只有学者才能做到这一点。相比之下,政府(以及法院和检察院)必须考虑其他现实中的因素(诸如权力干预、社会影响以及国际环境等),其无法去单纯考量制度背后的东西——这实际也在印证着经济分析的结论——但学者就不一样了。我们应当更沉潜一些,独立一些,也冷静一些。提出某个观点,肯定不应当仅仅因为某些个重要的人说了什么,某个法律规定了什么,或者某个(或某些)法院判决了什么——这些或许都很重要,但如果不去探寻背后的理由,而仅仅是把这些东西罗列出来,然后以某些看似广为人知,但其正确性却未获证明的流俗通说作为依据,便贸然得出某些结论或者重复某些已有的判断,这就是霍姆斯所说的"将假定预设的价值当成权威",实质是包含了诉诸权威、诉诸无知以及认知偏差等在内的各种逻辑谬误。尽管这些在目前的学术界里非常普遍,但我仍然希望尽我所能而有所改变,至于成败,就随它去了。

　　因此,我非常感激戈德雷教授与蒋昊教授,让我有翻译这一本书的机会。感谢广东外语外贸大学以及土地法制研究院的陈小君老师、高飞老师以及法学院的耿卓老师等诸位同事,为我提供的各种实际与潜在的帮助。

感谢我的父母为我提供的各种支持。

感谢"麦读"的曾健总编辑、靳振国编辑和张亮编辑等诸位,感谢你们对译稿细致入微的编校,并且在很多地方为我提供了用词的纠正与参考。

最后,我愿将本译稿献给我的妻子,卢文婷博士。或许你(当然还有儿子)就是我幸福的唯一理由。随着年纪增大,我愈发留恋和你在一起的家庭生活。人生苦短,写意会比雕琢更幸福。霍姆斯说,学者的责任是让贫穷变得可敬,更好的消息是,我们还不贫穷。既然如此,有你在我身边,让肤浅与无聊的东西远离我们吧。

张凇纶
2025 年 4 月 11 日
写于广州万科家中

图书在版编目（CIP）数据

美国合同法的根基 /（美）詹姆斯·戈德雷著；张
淞纶译. -- 北京：中国民主法制出版社，2025. 5.
ISBN 978-7-5162-3930-8

Ⅰ．D971. 23

中国国家版本馆 CIP 数据核字第 202537B9R6 号

本书中文简体版经过版权所有人授权北京麦读文化有限责任公司，由中国
民主法制出版社出版。

著作权合同登记号 01-2025-2279

图书出品人：刘海涛
图书策划：麦 读
责任编辑：陈 曦 袁 月
文字编辑：靳振国 张 亮

书名/美国合同法的根基
作者/［美］詹姆斯·戈德雷（James Gordley）
译者/张淞纶

出版·发行/中国民主法制出版社
地址/北京市丰台区右安门外玉林里 7 号（100069）
电话/（010）63055259（总编室） 63058068 63057714（营销中心）
传真/（010）63055259
http：//www. npcpub. com
E-mail：mzfz@ npcpub. com
经销/新华书店
开本/32 开 880 毫米×1230 毫米
印张/13. 25 **字数/**381 千字
版本/2025 年 7 月第 1 版 2025 年 7 月第 1 次印刷
印刷/北京天宇万达印刷有限公司

书号/ISBN 978-7-5162-3930-8
定价/99. 00 元
出版声明/版权所有，侵权必究

（如有缺页或倒装，本社负责退换）